# ANÁLISE DE DADOS

## Técnicas Multivariadas Exploratórias com SPSS® e STATA®

# ANÁLISE DE DADOS

## Técnicas Multivariadas Exploratórias com SPSS® e STATA®

**Luiz Paulo Fávero**

**Patrícia Belfiore**

ELSEVIER

CAMPUS

*Copidesque:* Christiane Simmys
*Revisão:* Silvia Mariângela Spada
*Editoração Eletrônica:* Estúdio Castellani

Elsevier Editora Ltda.
Conhecimento sem Fronteiras
Rua Sete de Setembro, 111 – 16º andar
20050-006 – Centro – Rio de Janeiro – RJ – Brasil

Rua Quintana, 753 – 8º andar
04569-011 – Brooklin – São Paulo – SP – Brasil

Serviço de Atendimento ao Cliente
0800-0265340
atendimento1@elsevier.com

ISBN 978-85-352-7089-1
ISBN (versão digital): 978-85-352-8066-1

**Nota:** Muito zelo e técnica foram empregados na edição desta obra. No entanto, podem ocorrer erros de digitação, impressão ou dúvida conceitual. Em qualquer das hipóteses, solicitamos a comunicação ao nosso Serviço de Atendimento ao Cliente, para que possamos esclarecer ou encaminhar a questão.

Nem a editora nem o autor assumem qualquer responsabilidade por eventuais danos ou perdas a pessoas ou bens, originados do uso desta publicação.

CIP-Brasil. Catalogação na Publicação
Sindicato Nacional dos Editores de Livros, RJ

F276a Fávero, Luiz Paulo
Análise de dados, técnicas multivariadas exploratórias / Luiz Paulo Fávero, Patrícia Belfiore. – 1. ed. – Rio de Janeiro: Elsevier, 2015.
il.; 28 cm.

Apêndice
Inclui bibliografia e índice
ISBN 978-85-352-7089-1

1. Engenharia de produção. 2. Administração da produção. 3. Controle de processos. 4. Controle de qualidade. 5. Administração da qualidade. 6. Estatística. I. Belfiore, Patrícia. II. Título.

15-24157 CDD: 658.5
CDU: 658.5



**Impressão e acabamento:** Mark Press Brasil

*A Gabriela e Luiz Felipe.*

*Hoje entendo bem meu pai. Um homem precisa viajar. Por sua conta, não por meio de histórias, imagens, livro ou televisão. Precisa viajar por si, com seus olhos e pés, para entender o que é seu. Para um dia plantar suas próprias árvores e dar-lhes valor. Conhecer o frio para desfrutar do calor. E o oposto. Sentir a distância e o desabrigo para estar bem sob o próprio teto. Um homem precisa viajar para lugares que não conhece, para quebrar essa arrogância que nos faz ver o mundo como imaginamos e não simplesmente como ele é ou pode ser. Que nos faz professores e doutores do que não vimos, quando deveríamos ser alunos e simplesmente ir ver...* Il faut aller voir *– é preciso ir ver! É preciso questionar o que se aprendeu. É preciso ir tocá-lo.*

**Amyr Klink**

*Mar sem fim*

# OS AUTORES

**LUIZ PAULO FÁVERO** é professor livre-docente da Faculdade de Economia, Administração e Contabilidade da Universidade de São Paulo (FEA/USP) em cursos de graduação, mestrado e doutorado. É graduado em Engenharia Civil pela Escola Politécnica da USP, pós-graduado em Administração pela Fundação Getulio Vargas (FGV/SP) e obteve os títulos de mestre e doutor em Administração pela FEA/USP. Possui Pós-Doutorado em Econometria Financeira pela Columbia University em Nova York. Participou de cursos de Gestão de Negócios pela Harvard Business School e de Técnicas de Modelagem Econométrica pela California State University e pela Universidad de Salamanca. É professor visitante da Universidade Federal de São Paulo (UNIFESP) e professor em cursos de pós-graduação (especialização e MBA) da FIPECAFI, da FIA e da FIPE. Foi coordenador-geral do Congresso USP de Controladoria e Contabilidade e diretor acadêmico da FIPECAFI. É sócio-diretor da Montvero Consultoria e Treinamento e membro do Board of Directors do Global Business Research Committee. É autor dos livros Análise de Dados: Modelos de Regressão com Excel®, Stata® e SPSS®, Métodos Quantitativos com Stata®, Análise de Dados: Modelagem Multivariada para Tomada de Decisões, Pesquisa Operacional para cursos de Engenharia e Pesquisa Operacional para cursos de Administração, Contabilidade e Economia, e coautor de Contemporary Studies in Economics and Financial Analysis e Trends in International Trade Issues.

**PATRÍCIA BELFIORE** é professora da Universidade Federal do ABC (UFABC), onde leciona disciplinas de estatística, pesquisa operacional, planejamento e controle de produção e logística para o curso de Engenharia de Gestão. É mestre em Engenharia Elétrica e doutora em Engenharia de Produção pela Escola Politécnica da Universidade de São Paulo (EPUSP). Possui Pós-Doutorado em Pesquisa Operacional e Logística pela Columbia University em Nova York. Participa de diversos projetos de pesquisa e consultoria nas áreas de modelagem, otimização e logística. Lecionou disciplinas de pesquisa operacional, análise multivariada de dados e gestão de operações e logística em cursos de graduação e mestrado no Centro Universitário da FEI e na Escola de Artes,

Ciências e Humanidades da Universidade de São Paulo (EACH/USP). Seus principais interesses de pesquisa situam-se na área de modelagem e otimização para tomada de decisões. É autora dos livros Análise de Dados: Modelagem Multivariada para Tomada de Decisões, Pesquisa Operacional para cursos de Administração, Pesquisa Operacional para cursos de Engenharia e Redução de Custos em Logística.

# APRESENTAÇÃO

Duas ou mais variáveis podem se relacionar de diversas formas. Enquanto um pesquisador pode ter interesse, por exemplo, no estudo da inter-relação de variáveis categóricas (ou não métricas), a fim de avaliar a existência de eventuais **associações** entre suas categorias, outro pesquisador pode desejar criar indicadores de desempenho (novas variáveis) a partir da existência de **correlações** entre as variáveis originais métricas. Um terceiro ainda pode ter interesse na identificação de grupos homogêneos eventualmente formados a partir da existência de similaridades das variáveis entre observações de determinado banco de dados. Em todas essas situações, o pesquisador poderá fazer uso de **técnicas multivariadas exploratórias**.

As técnicas multivariadas exploratórias, também conhecidas como **técnicas de interdependência**, podem ser utilizadas em provavelmente todos os campos do conhecimento humano em que o pesquisador tenha o objetivo de estudar a **relação entre variáveis** de determinado banco de dados, sem que haja a intenção de se criarem modelos confirmatórios, ou seja, sem que seja necessária a elaboração de inferências sobre os achados para outras observações que não as consideradas na análise propriamente dita, visto que modelos ou equações não são estimados para previsão de comportamento dos dados. Essa característica é crucial para diferenciar as técnicas estudadas neste livro daquelas consideradas de dependência, como os modelos de regressão simples e múltipla, os modelos de regressão logística binária e multinomial, os modelos de regressão para dados de contagem, os modelos de regressão para dados em painel, entre outros.

Não existe, portanto, a definição de uma variável preditora em modelos exploratórios e, neste sentido, seus principais objetivos referem-se à **redução** ou **simplificação estrutural** dos dados, à **classificação** ou **agrupamento** de observações e variáveis, à investigação da existência de **correlação** entre variáveis métricas ou **associação** entre variáveis categóricas e entre suas categorias, à elaboração de ***rankings*** de desempenho de observações a partir de variáveis e à construção de **mapas perceptuais**. As técnicas exploratórias são consideradas extremamente relevantes para que se desenvolvam **diagnósticos** acerca do comportamento dos dados em análise, e, neste sentido, seus mais diversos procedimentos são comumente adotados de forma preliminar, ou até mesmo simultânea, à aplicação de determinado modelo confirmatório.

Este livro, que aborda as principais técnicas multivariadas exploratórias, pode ser considerado resultado de inúmeras discussões e elucubrações, ao longo dos últimos anos, sobre a importância da **modelagem aplicada** voltada à **tomada de decisão**. O crescente acúmulo de dados gerados, cada vez com maior frequência em ambientes acadêmicos e organizacionais, vem acompanhado do aprimoramento de softwares profissionais, como o IBM SPSS Statistics Software® e o Stata Statistical Software®, que, além de oferecerem enorme capacidade de processamento de bases de dados, são capazes de elaborar as mais diversas modelagens apropriadas a cada situação e de acordo com o que o pesquisador e o tomador de decisão desejam.

Além da disponibilidade de dados, de softwares apropriados, dos objetivos de pesquisa e de uma adequada teoria subjacente, é de fundamental importância que o pesquisador também faça uso de sua **intuição** e **experiência** quando da escolha da técnica apropriada de interdependência. O usufruto de todos os benefícios e potencialidades das técnicas multivariadas exploratórias será sentido pelo pesquisador na medida em que seus procedimentos sejam cada vez mais exercitados. Como existem diversos métodos, deve-se ter cautela na definição da técnica, visto que a escolha das alternativas mais adequadas para o tratamento dos dados depende fundamentalmente desse tempo de prática e exercício.

Neste sentido, optamos, com base em critérios didáticos e conceituais, por abordar os três principais conjuntos de técnicas multivariadas exploratórias existentes, ficando o livro estruturado da seguinte maneira:

**CAPÍTULO 1:** Análise de Agrupamentos

**CAPÍTULO 2:** Análise Fatorial por Componentes Principais

**CAPÍTULO 3:** Análise de Correspondência Simples e Múltipla

A decisão sobre a técnica utilizada também passa pela escala de mensuração das variáveis disponíveis no banco de dados, que podem ser **categóricas** ou **métricas** (ou até mesmo **binárias**, um caso particular de categorização). O próprio tipo de questionamento, quando do levantamento dos dados, pode fazer, em algumas situações, com que a resposta se dê de forma categórica ou métrica, o que irá privilegiar o uso de uma ou mais técnicas em detrimento de outras. Dessa forma, a definição preliminar, clara e precisa dos objetivos de pesquisa é fundamental para que sejam obtidas variáveis na escala de mensuração adequada à aplicação de determinada técnica que servirá de **ferramenta** para o atingimento dos objetivos propostos.

A Figura A.1 apresenta a relação entre os capítulos e as escalas de mensuração das variáveis, para o conjunto de técnicas exploratórias abordadas no livro.

Enquanto as técnicas de **análise de agrupamentos** (Capítulo 1), cujos procedimentos podem ser **hierárquicos** ou **não hierárquicos**, são utilizadas quando se

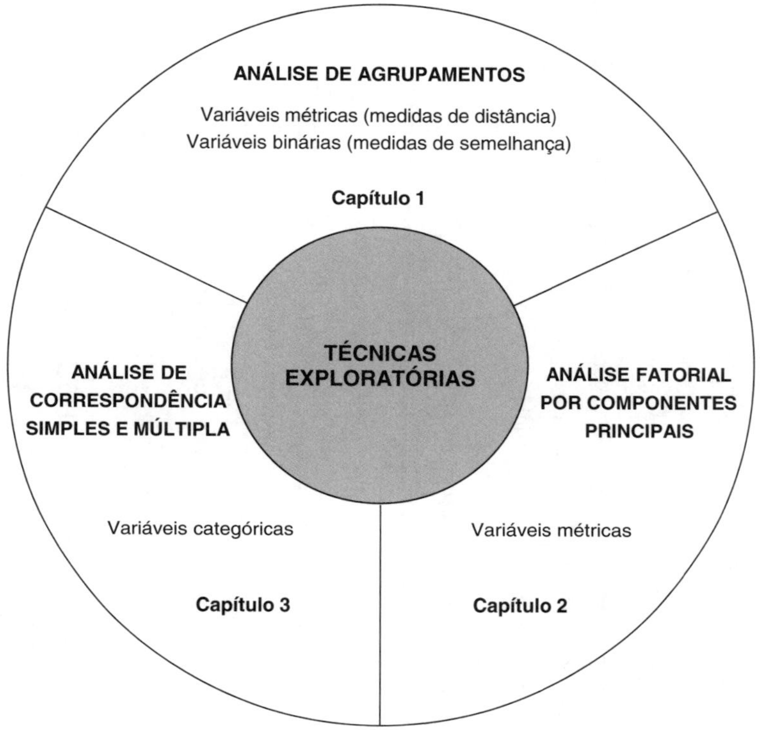


**Figura A.1** Capítulos, técnicas exploratórias e escalas de mensuração das variáveis.

deseja estudar comportamentos semelhantes entre observações (indivíduos, empresas, municípios, países, entre outros exemplos) em relação a determinadas variáveis métricas ou binárias e eventual existência de *clusters* homogêneos (agrupamento de observações), a **análise fatorial** (Capítulo 2) pode ser escolhida como a técnica a ser utilizada quando o intuito principal for a criação de novas variáveis (fatores, ou agrupamento de variáveis) que capturem o comportamento conjunto das variáveis originais métricas. Ainda no Capítulo 1, são apresentados os procedimentos para elaboração da técnica de **escalonamento multidimensional** no SPSS e no Stata, que pode ser considerada uma extensão natural da análise de agrupamentos e tem por principais objetivos a determinação de posições relativas (coordenadas) de cada observação do banco de dados e a construção de gráficos bidimensionais em que são projetadas essas coordenadas.

Já as técnicas de **análise de correspondência** (Capítulo 3) são muito úteis quando o pesquisador tem a intenção de estudar eventuais **associações** entre variáveis e entre suas respectivas categorias. Enquanto a **análise de correspondência simples** é aplicada para o estudo da relação de interdependência de apenas duas variáveis categóricas, o que a caracteriza como técnica bivariada, a **análise de correspondência múltipla** pode ser utilizada para um número maior de variáveis categóricas, sendo, de fato, uma técnica multivariada.

O Quadro A.1 apresenta os principais objetivos de cada uma das técnicas exploratórias abordadas no livro.

**QUADRO A.1 Técnicas exploratórias e principais objetivos**

| Técnica Exploratória | | Escala de Mensuração | Principais Objetivos |
|---|---|---|---|
| **Análise de Agrupamentos** | **Hierárquicos** | Métricas ou Binárias | Ordenamento e alocação das observações em grupos homogêneos internamente e heterogêneos entre si. |
| | | | Definição de uma quantidade interessante de grupos. |
| | **Não Hierárquicos** | Métricas ou Binárias | Avaliação da representatividade de cada variável para a formação de uma quantidade previamente estabelecida de grupos. |
| | | | Identificação, a partir de uma quantidade definida de grupos, da alocação de cada observação. |
| **Análise Fatorial por Componentes Principais** | | Métricas | Identificação de correlações entre variáveis originais para a criação de fatores que representam a combinação daquelas variáveis (redução ou simplificação estrutural). |
| | | | Verificação da validade de constructos previamente estabelecidos. |
| | | | Elaboração de *rankings* por meio da criação de indicadores de desempenho a partir dos fatores. |
| | | | Extração de fatores ortogonais para posterior uso em técnicas multivariadas confirmatórias que necessitem de ausência de multicolinearidade. |
| **Análise de Correspondência** | **Simples** | Categóricas | Avaliação da existência de associação significativa entre duas variáveis categóricas e entre as categorias de cada uma delas. |
| | | | Determinação de coordenadas das categorias para a construção de mapas perceptuais. |
| | **Múltipla** | Categóricas | Avaliação da existência de associação significativa entre três ou mais variáveis categóricas e entre as categorias de cada uma delas. |
| | | | Determinação de coordenadas das categorias para a construção de mapas perceptuais. |

Cada capítulo está estruturado de acordo com a mesma lógica de apresentação. Inicialmente, introduzimos os conceitos pertinentes a cada técnica, sempre acompanhados da resolução algébrica de exercícios práticos a partir de bases de dados elaboradas prioritariamente com foco didático. Na sequência, os mesmos exercícios são resolvidos nos pacotes estatísticos IBM SPSS Statistics Software® e Stata Statistical Software®. Acreditamos que essa lógica facilite o estudo e o entendimento da utilização correta de cada uma das técnicas e a análise dos resultados obtidos. Além disso, a aplicação prática das modelagens em SPSS e Stata também traz benefícios ao pesquisador, na medida em que os resultados podem, a todo instante, ser comparados com os já obtidos algebricamente nas seções iniciais de cada capítulo, além de propiciar uma oportunidade de manuseio desses importantes softwares. Ao final de cada capítulo, são propostos exercícios complementares, cujas respostas, apresentadas por meio de *outputs* gerados em SPSS, estão disponibilizadas ao final do livro. Todas as bases de dados utilizadas no livro estão disponibilizadas em www.elsevier.com.br.

Dessa maneira, acreditamos que o livro seja voltado tanto para pesquisadores que, por diferentes razões, se interessem especificamente por modelagem multivariada, quanto para aqueles que desejam aprofundar seus conhecimentos por meio da utilização dos softwares SPSS e Stata.

Este livro é recomendado a alunos de graduação e pós-graduação *stricto sensu* em Administração, Engenharia, Economia, Contabilidade, Atuária, Estatística, Psicologia, Medicina e Saúde e demais campos do conhecimento relacionados com Ciências Humanas, Exatas e Biomédicas. É destinado também a alunos de cursos de extensão, de pós-graduação *lato sensu* e MBAs, assim como a profissionais de empresas, consultores e demais pesquisadores que têm, como principais objetivos, o tratamento e a análise de dados com vistas à elaboração de modelagens de dados, à geração de informações e ao aprimoramento do conhecimento por meio da tomada de decisão.

Aos pesquisadores que utilizarem este livro, desejamos que surjam formulações de questões de pesquisa adequadas e cada vez mais interessantes, que sejam desenvolvidas modelagens confiáveis e úteis à tomada de decisão, que a interpretação dos *outputs* seja mais amigável e que a utilização dos softwares SPSS e Stata resulte em importantes e valiosos frutos para novas pesquisas e novos projetos.

Aproveitamos para agradecer a todos que contribuíram para que este livro se tornasse realidade. Expressamos aqui os mais sinceros agradecimentos aos profissionais da Montvero Consultoria e Treinamento Ltda., da International Business Machines Corporation© (Armonk, Nova York), da StataCorp LP© (College Station, Texas) e da Editora Elsevier. Por fim, mas não menos importante, agradecemos aos professores, alunos e funcionários da Faculdade de Economia, Administração e Contabilidade da Universidade de São Paulo (FEA/USP) e da Universidade Federal do ABC (UFABC).

Enfatizamos que sempre serão muito bem-vindas contribuições, críticas e sugestões, a fim de que sejam incorporadas para o aprimoramento constante desta obra.

**Luiz Paulo Fávero**
**Patrícia Belfiore**

# SUMÁRIO


*Os autores* ... ix

*Apresentação* ... xi

CAPÍTULO 1

**ANÁLISE DE AGRUPAMENTOS** ... 1

1.1. Introdução ... 1

1.2. Análise de agrupamentos ... 7

1.2.1. Definição das medidas de distância ou de semelhança em análise de agrupamentos ... 7

1.2.1.1. Medidas de distância (dissimilaridade) entre observações para variáveis métricas ... 8

1.2.1.2. Medidas de semelhança (similaridade) entre observações para variáveis binárias ... 15

1.2.2. Esquemas de aglomeração em análise de agrupamentos ... 20

1.2.2.1. Esquemas de aglomeração hierárquicos ... 21

1.2.2.2. Esquema de aglomeração não hierárquico *k-means* ... 39

1.3. Análise de agrupamentos com esquemas de aglomeração hierárquicos e não hierárquicos no software SPSS ... 54

1.3.1. Elaboração de esquema de aglomeração hierárquico no software SPSS ... 54

1.3.2. Elaboração do esquema de aglomeração não hierárquico *k-means* no software SPSS ... 70

1.4. Análise de agrupamentos com esquemas de aglomeração hierárquicos e não hierárquicos no software Stata ... 75

1.4.1. Elaboração de esquemas de aglomeração hierárquicos no software Stata ... 76

1.4.2. Elaboração do esquema de aglomeração não hierárquico *k-means* no software Stata ... 84

1.5. Considerações finais ... 87

1.6. Exercícios ... 88
APÊNDICE Detecção de *Outliers* Multivariados ... 93

*CAPÍTULO 2*
**ANÁLISE FATORIAL POR COMPONENTES PRINCIPAIS** ... 99
2.1. Introdução ... 99
2.2. Análise fatorial por componentes principais ... 102
2.2.1. Correlação linear de Pearson e conceito de fator ... 102
2.2.2. Adequação global da análise fatorial: estatística Kaiser-Meyer-Olkin (KMO) e teste de esfericidade de Bartlett ... 107
2.2.3. Definição dos fatores por componentes principais: determinação dos autovalores e autovetores da matriz de correlações ρ e cálculo dos *scores* fatoriais ... 111
2.2.4. Cargas fatoriais e comunalidades ... 116
2.2.5. Rotação de fatores ... 118
2.2.6. Exemplo prático de análise fatorial por componentes principais ... 122
2.3. Análise fatorial por componentes principais no software SPSS ... 137
2.4. Análise fatorial por componentes principais no software Stata ... 153
2.5. Considerações finais ... 165
2.6. Exercícios ... 165
APÊNDICE Alpha de Cronbach ... 171

*CAPÍTULO 3*
**ANÁLISE DE CORRESPONDÊNCIA SIMPLES E MÚLTIPLA** ... 177
3.1. Introdução ... 177
3.2. Análise de correspondência simples ... 179
3.2.1. Notação ... 179
3.2.2. Associação entre duas variáveis categóricas e entre suas categorias: teste $\chi^2$ e análise dos resíduos ... 180
3.2.3. Decomposição inercial: a determinação de autovalores ... 184
3.2.4. Definição das coordenadas (*scores*) das categorias no mapa perceptual ... 187
3.2.5. Exemplo prático de análise de correspondência simples (Anacor) ... 191
3.3. Análise de correspondência múltipla ... 211
3.3.1. Notação ... 212
3.3.2. Exemplo prático da análise de correspondência múltipla (ACM) ... 215
3.4. Análise de correspondência simples e múltipla no software SPSS ... 220
3.4.1. Elaboração da análise de correspondência simples no software SPSS ... 221
3.4.2. Elaboração da análise de correspondência múltipla no software SPSS ... 234

3.5. Análise de correspondência simples e múltipla no software Stata .................. 245
3.5.1. Elaboração da análise de correspondência simples no software Stata ........ 246
3.5.2. Elaboração da análise de correspondência múltipla no software Stata ....... 250
3.6. Considerações finais ........................................................... 259
3.7. Exercícios ....................................................................... 259
APÊNDICE Configurações do Mapa Perceptual de uma Análise de Correspondência Simples ........ 265

**RESOLUÇÃO DOS EXERCÍCIOS** ........................................................ 267

*APÊNDICE I*
**ÁLGEBRA MATRICIAL** ............................................................... 309
1. Representação e notação geral de uma matriz ........................................ 309
1.1. Definição de uma matriz quadrada ................................................ 309
1.2. Definição de uma matriz simétrica ................................................ 309
1.3. Definição de uma matriz diagonal ................................................. 310
1.4. Definição de uma matriz identidade ............................................... 310
2. Principais operações com matrizes ................................................... 311
2.1. Multiplicação de matriz por escalar (número real) ................................ 311
2.2. Adição e subtração de matrizes ................................................... 311
2.3. Transposição de matrizes ......................................................... 312
2.4. Multiplicação de matrizes ........................................................ 312
2.5. Inversão de matrizes ............................................................. 313
3. Determinantes ....................................................................... 314
3.1. Determinante de uma matriz quadrada de ordem 2 .................................. 314
3.2. Determinante de uma matriz quadrada de ordem 3 (teorema de Laplace) ............... 314
4. Autovalores e autovetores ........................................................... 315
4.1. Definição geral .................................................................. 315
4.2. Polinômio característico ......................................................... 315

*APÊNDICE II*
**TABELAS: DISTRIBUIÇÕES DE PROBABILIDADE** ......................................... 317

***Referências*** ..................................................................... 325
***Índice Remissivo*** ................................................................ 341

CAPÍTULO 1

# Análise de Agrupamentos

*Talvez Hamlet esteja certo. Podemos estar vivendo reclusos numa casca de noz, mas nos considerando reis do espaço infinito.*

**Stephen Hawking**

## Ao final deste capítulo, você terá condições de:

- Estabelecer as circunstâncias a partir das quais a análise de agrupamentos pode ser utilizada.
- Saber calcular, entre duas observações, as diferentes medidas de distância (dissimilaridade) para variáveis métricas e de semelhança (similaridade) para variáveis binárias.
- Compreender os diferentes esquemas de aglomeração hierárquicos em análise de agrupamentos, bem como saber fazer a interpretação de dendrogramas com foco na alocação das observações em cada grupo.
- Entender o esquema de aglomeração não hierárquico *k-means* e saber diferenciá-lo dos esquemas hierárquicos.
- Elaborar a análise de agrupamentos de maneira algébrica e por meio do IBM SPSS Statistics Software® e do Stata Statistical Software® e interpretar seus resultados.

## 1.1. INTRODUÇÃO

A **análise de agrupamentos** representa um conjunto de técnicas exploratórias muito úteis e que podem ser aplicadas quando há a intenção de se verificar a existência de **comportamentos semelhantes entre observações** (indivíduos, empresas, municípios, países, entre outros exemplos) em relação a determinadas variáveis e o objetivo de se criarem grupos, ou ***clusters***, em que prevaleça a **homogeneidade interna**. Nesse sentido, esse conjunto de técnicas, também conhecido por **análise de conglomerados** ou **análise de *clusters***, tem por objetivo principal a alocação de observações em uma quantidade relativamente pequena de agrupamentos **homogêneos internamente e heterogêneos entre si** e que representem o comportamento conjunto das observações a partir de determinadas variáveis. Ou seja, as observações de determinado grupo devem ser relativamente semelhantes entre si, em relação às variáveis inseridas na análise, e consideravelmente diferentes das observações de outros grupos.

As técnicas de análise de agrupamentos são consideradas **exploratórias**, ou de **interdependência**, uma vez que suas aplicações não apresentam caráter preditivo para outras observações não presentes inicialmente na amostra, e a inclusão de novas observações no banco de dados torna necessária a reaplicação da modelagem, para que, eventualmente, sejam gerados novos agrupamentos. Além disso, a inclusão de nova variável também pode fazer com que haja um rearranjo completo das observações nos grupos.

O pesquisador pode optar por elaborar uma análise de agrupamentos quando tiver o objetivo de **ordenar e alocar as observações em grupos** e, a partir de então, estudar qual a quantidade interessante de *clusters* formados, ou pode, a *priori*, definir a quantidade de grupos que deseja formar, embasado por determinado critério, e verificar como se comportam o ordenamento e a alocação das observações naquela quantidade especificada de grupos. Independentemente da natureza do objetivo, a análise de agrupamentos continuará exploratória. Caso um pesquisador tenha a intenção de utilizar uma técnica para, de fato, confirmar o estabelecimento dos grupos e tornar a análise preditiva, poderá fazer uso, por exemplo, de técnicas como **análise discriminante** ou **regressão logística multinomial**.

A elaboração da análise de agrupamentos não exige conhecimento de álgebra matricial ou de estatística, ao contrário de técnicas como análise fatorial e análise de correspondência. O pesquisador interessado em aplicar uma análise de agrupamentos necessita, a partir da **definição dos objetivos de pesquisa**, escolher determinada **medida de distância ou de semelhança**, que servirá de base para que as observações sejam consideradas menos ou mais próximas, e determinado **esquema de aglomeração**, que deverá ser definido entre os métodos hierárquicos e não hierárquicos. Dessa forma, terá condições de analisar, interpretar e comparar os resultados.

É importante ressaltar que resultados obtidos por meio de esquemas de aglomeração hierárquicos e não hierárquicos podem ser comparados, e, nesse sentido, o pesquisador tem a liberdade de elaborar a técnica, fazendo uso de um ou outro método, e reaplicá-la, se julgar necessário. **Enquanto os esquemas hierárquicos permitem a identificação do ordenamento e da alocação das observações, oferecendo possibilidades para que o pesquisador estude, avalie e decida sobre a quantidade de agrupamentos formados, nos esquemas não hierárquicos, parte-se de uma quantidade conhecida de *clusters* e, a partir de então, é elaborada a alocação das observações nesses *clusters*, com posterior avaliação da representatividade de cada variável para a formação deles.** Portanto, o resultado de um método pode servir de *input* para a realização do outro, tornando a **análise cíclica**. A Figura 1.1 apresenta a lógica a partir da qual a análise de agrupamentos pode ser elaborada.

Quando da escolha da medida de distância ou de semelhança e do esquema de aglomeração, devem ser levados em consideração aspectos como a quantidade previamente desejada de agrupamentos, definida com base em algum critério de alocação de recursos, bem como determinadas restrições que podem levar o pesquisador a optar por uma solução específica. Conforme discutem Bussab *et al.* (1990), critérios diferentes a respeito de medidas de distância e de esquemas de aglomeração podem levar a formações distintas de agrupamentos, e a homogeneidade desejada pelo pesquisador depende fundamentalmente dos objetivos estipulados na pesquisa.

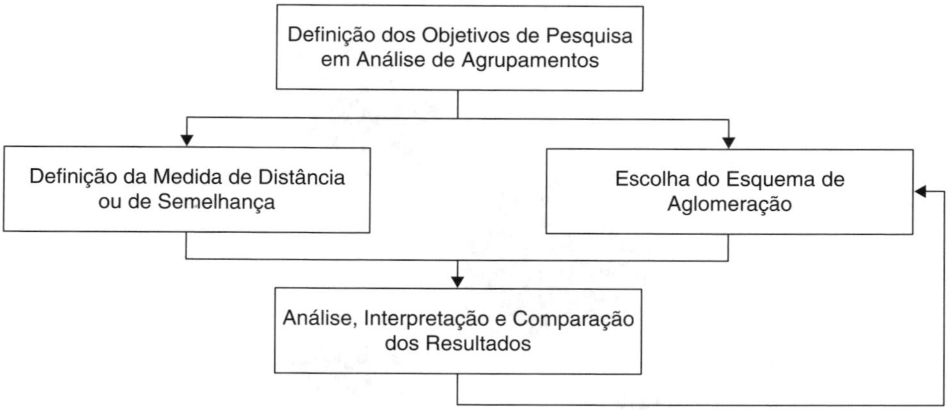


**Figura 1.1** Lógica para elaboração da análise de agrupamentos.

Imagine que um pesquisador tenha interesse em estudar a relação de interdependência entre indivíduos de uma população de determinado município com base apenas em duas variáveis métricas (idade, em anos, e renda média familiar, em R$). Seu intuito é avaliar a eficiência de programas sociais voltados à área da saúde e, com base nessas variáveis, propor uma quantidade ainda desconhecida de novos programas voltados a grupos homogêneos de pessoas. Após a coleta dos dados, o pesquisador elaborou um gráfico de dispersão, como o apresentado na Figura 1.2.

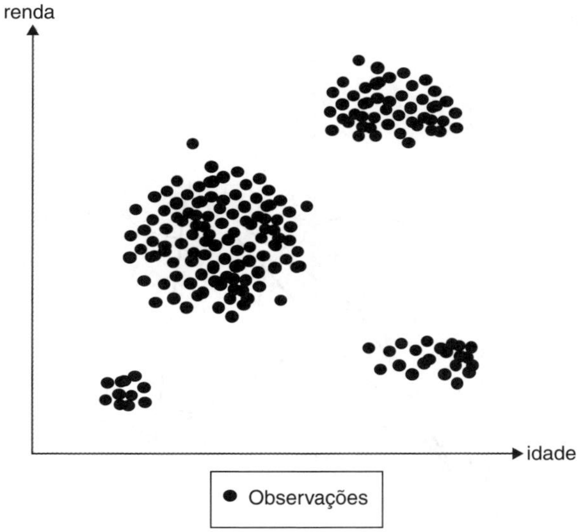


**Figura 1.2** Gráfico de dispersão de indivíduos para *renda* e *idade*.

Com base no gráfico da Figura 1.2, o pesquisador identificou quatro *clusters*, destacando-os em novo gráfico (Figura 1.3).

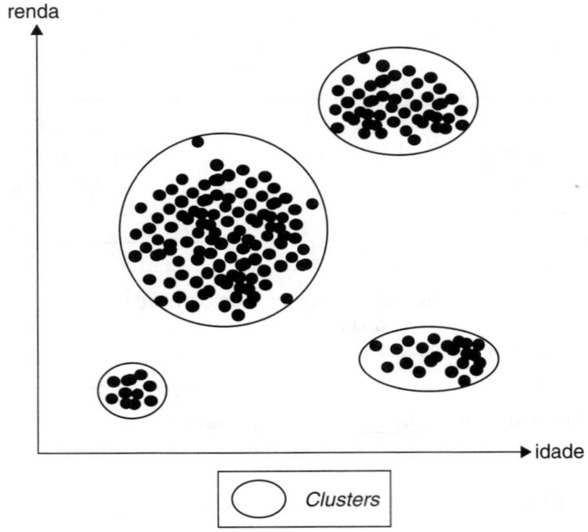


**Figura 1.3** Destaque para a formação de quatro *clusters*.

A partir da formação desses *clusters*, o pesquisador resolveu elaborar uma análise acerca do comportamento das observações em cada grupo ou, mais precisamente, sobre a variabilidade existente dentro dos agrupamentos e entre eles, a fim de pode embasar, de maneira clara e consciente, sua decisão a respeito da alocação dos indivíduos nesses quatro novos programas sociais. A fim de ilustrar essa questão, o pesquisador elaborou o gráfico da Figura 1.4.

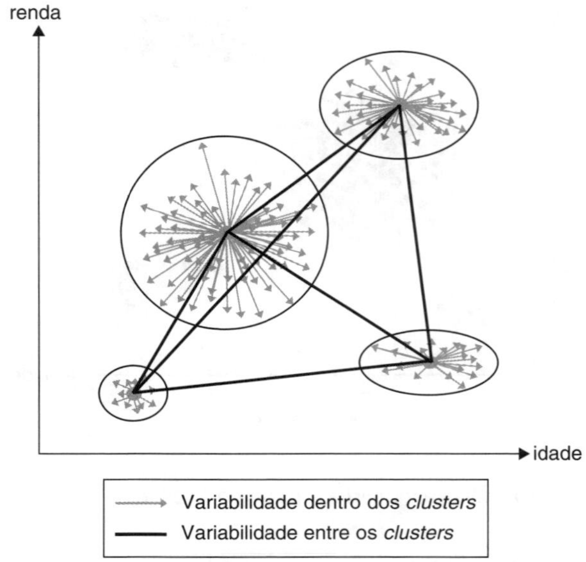


**Figura 1.4** Ilustração sobre a variabilidade dentro dos *clusters* e entre eles.

Com base nesse gráfico, o pesquisador pôde perceber que os grupos formados apresentavam bastante homogeneidade interna, com determinado indivíduo apresentando maior proximidade com outros indivíduos do mesmo grupo do que com indivíduos de outros grupos. Essa é a essência fundamental da análise de agrupamentos.

Caso a quantidade de programas sociais a serem oferecidos à população (quantidade de *clusters*) já tivesse sido imposta ao pesquisador, por razões relativas a restrições orçamentárias, jurídicas ou políticas, ainda assim poderia ser utilizada a análise de agrupamentos para, apenas e tão somente, ser determinada a alocação dos indivíduos do município naquela quantidade de programas (grupos).

Tendo concluído a pesquisa e alocado os indivíduos nos diferentes programas sociais voltados à área da saúde, o pesquisador resolveu elaborar, no ano seguinte, a mesma pesquisa com os indivíduos do mesmo município. Porém, nesse ínterim, um grupo de bilionários em idade avançada resolveu se mudar para a cidade, e, ao elaborar o novo gráfico de dispersão, o pesquisador percebeu que aqueles quatro *clusters* nitidamente formados no ano anterior já não existiam mais, visto que sofreram um processo de fusão quando da inclusão dos bilionários. O novo gráfico de dispersão encontra-se na Figura 1.5.

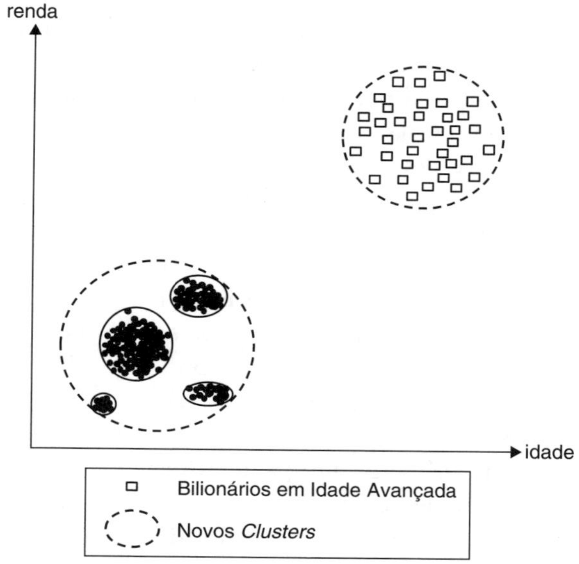


**Figura 1.5** Rearranjo dos *clusters* na presença de bilionários em idade avançada.

Essa nova situação exemplifica a importância de que a **análise de agrupamentos seja sempre reaplicada quando da inclusão de novas observações** (e também novas variáveis), o que descaracteriza e inviabiliza totalmente seu poder preditivo, conforme discutimos.

Mais que isso, esse exemplo demonstra ser recomendável, antes da elaboração de qualquer análise de agrupamentos, que o pesquisador estude o comportamento dos dados e verifique a existência de observações discrepantes em relação a determinadas variáveis, visto que **a formação de *clusters* é bastante sensível à presença de *outliers*.** A **exclusão** ou a **retenção** de *outliers* na base, entretanto, vai depender dos objetivos de pesquisa e da natureza dos dados, já que, se determinadas observações representarem aberrações em termos de valores das variáveis, em comparação às demais observações, e acabarem por formar *clusters* pequenos, insignificantes ou até mesmo individuais, podem, de fato, ser excluídas. Por outro lado, caso essas observações representem um ou mais grupos relevantes, ainda que diferentes dos demais, devem ser consideradas na análise e, quando da reaplicação da técnica, podem ser separadas para que outras segmentações sejam mais bem estruturadas em novos grupos, formados com maior homogeneidade interna.

Ressaltamos que os métodos de análise de agrupamentos são considerados **procedimentos estáticos**, já que a inclusão de novas observações ou variáveis pode alterar os *clusters*, tornando obrigatória a elaboração de uma nova análise.

Nesse exemplo, percebemos que as variáveis originais a partir das quais são estabelecidos os grupos são métricas, visto que a análise de agrupamentos partiu do estudo do **comportamento de distâncias** (**medidas de dissimilaridade**) entre as observações. Em alguns casos, conforme estudaremos ao longo do capítulo, podem ser elaboradas análises de *clusters* a partir do **comportamento de semelhanças** (**medidas de similaridade**) entre observações que apresentam variáveis binárias. É comum, entretanto, que pesquisadores façam uso do **incorreto procedimento de ponderação arbitrária** em variáveis qualitativas como, por exemplo, variáveis em **escala Likert**, para, a partir de então, ser aplicada uma análise de agrupamentos. **Isso é um erro grave**, já que existem técnicas exploratórias destinadas exclusivamente ao estudo do comportamento de variáveis qualitativas, como, por exemplo, a análise de correspondência.

Historicamente, embora muitas medidas de distância e de semelhança remontem ao final do século XIX e início do século XX, a análise de agrupamentos, como conjunto de técnicas mais estruturado, teve origem na Antropologia, com Driver e Kroeber (1932), e na Psicologia, com Zubin (1938a e 1938b) e Tryon (1939), conforme discutem Reis (2001) e Fávero *et al.* (2009). Com o reconhecimento dos procedimentos de aglomeração e classificação de observações como método científico, aliado ao profundo desenvolvimento computacional, verificado principalmente após a década de 1960, a utilização da análise de agrupamentos passa a ser mais frequente após a publicação da relevante obra de Sokal e Sneath (1963), em que são realizados procedimentos para comparar as similaridades biológicas de organismos com características semelhantes e as respectivas espécies.

Atualmente, a análise de agrupamentos apresenta vasta possibilidade de aplicação em áreas como comportamento do consumidor, segmentação de mercado, estratégia, ciência política, economia, finanças, contabilidade, atuária, engenharia, logística, ciência da computação, educação, medicina, biologia, genética, bioestatística, psicologia, antropologia, demografia, geografia, ecologia, climatologia, geologia, arqueologia, criminologia e perícia, entre outras.

Neste capítulo, trataremos das técnicas de análise de agrupamentos, com os seguintes objetivos: (1) introduzir os conceitos; (2) apresentar, de maneira algébrica e prática, o passo a passo da modelagem; (3) interpretar os resultados obtidos; e (4) propiciar a aplicação das técnicas em SPSS e Stata. Seguindo a lógica proposta no livro, será inicialmente elaborada a solução algébrica de um exemplo vinculada à apresentação dos conceitos. Somente após a introdução dos conceitos serão apresentados os procedimentos para a elaboração das técnicas em SPSS e Stata.

## 1.2. ANÁLISE DE AGRUPAMENTOS

Muitos são os procedimentos para que seja elaborada uma análise de agrupamentos, visto que existem diferentes medidas de distância ou de semelhança para, respectivamente, variáveis métricas ou binárias. Além disso, definida a medida de distância ou de semelhança, o pesquisador ainda precisa determinar, entre diversas possibilidades, o método de aglomeração das observações, a partir de determinados critérios hierárquicos ou não hierárquicos. Nesse sentido, o que inicialmente parece trivial, ao se desejar agrupar observações em *clusters* internamente homogêneos, pode se tornar um tanto complexo, na medida em que **há uma multiplicidade de combinações entre diferentes medidas de distância ou de semelhança e métodos de aglomeração**. É de fundamental importância, portanto, que o pesquisador defina, com base na teoria subjacente e em seus objetivos de pesquisa, bem como em sua experiência e intuição, os critérios a partir dos quais as observações serão alocadas em cada um dos grupos.

Nas seções seguintes, apresentaremos o desenvolvimento teórico da técnica, bem como a elaboração de um exemplo prático. Nas seções 1.2.1 e 1.2.2, são apresentados e discutidos os conceitos pertinentes às medidas de distância e de semelhança e aos métodos de aglomeração, respectivamente, sempre acompanhados de resoluções algébricas elaboradas a partir de um banco de dados.

### 1.2.1. Definição das medidas de distância ou de semelhança em análise de agrupamentos

Conforme discutimos, a primeira etapa para a elaboração de uma análise de agrupamentos consiste em definir a medida de distância (dissimilaridade) ou de semelhança (similaridade) que servirá de base para que cada observação seja alocada em determinado grupo.

As medidas de distância são frequentemente utilizadas quando as variáveis do banco de dados forem essencialmente métricas, visto que, quanto maiores as diferenças entre os valores das variáveis de duas determinadas observações, menor a similaridade entre elas ou, em outras palavras, maior a dissimilaridade.

Já as medidas de semelhança são frequentemente utilizadas quando as variáveis forem binárias, e o que interessa é a frequência dos pares de respostas convergentes 1-1 ou 0-0 de duas determinadas observações. Nesse caso, quanto maior a frequência de pares convergentes, maior a semelhança (similaridade) entre as observações.

Exceção a essa lógica está na medida de correlação de Pearson entre duas observações, calculada a partir de variáveis métricas, porém com características de similaridade, conforme veremos na próxima seção.

Enquanto estudaremos as medidas de dissimilaridade para variáveis métricas na seção 1.2.1.1, a seção 1.2.1.2 é destinada ao estudo das medidas de similaridade para variáveis binárias.

#### 1.2.1.1. Medidas de distância (dissimilaridade) entre observações para variáveis métricas

Imagine que tenhamos a intenção de calcular, para uma situação hipotética, a distância entre duas determinadas observações $i$ ($i$ = 1, 2) provenientes de um banco de dados que apresenta três variáveis métricas ($X_{1i}$, $X_{2i}$, $X_{3i}$), com valores na mesma unidade de medida. Esses dados encontram-se na Tabela 1.1.

**Tabela 1.1** Parte de banco de dados com duas observações e três variáveis métricas

| Observação $i$ | $X_{1i}$ | $X_{2i}$ | $X_{3i}$ |
|---|---|---|---|
| 1 | 3,7 | 2,7 | 9,1 |
| 2 | 7,8 | 8,0 | 1,5 |

A partir desses dados, é possível ilustrarmos a configuração das duas observações em um espaço tridimensional, visto que temos exatamente três variáveis. A Figura 1.6 apresenta a posição relativa de cada observação, com destaque para a distância entre elas ($d_{12}$).

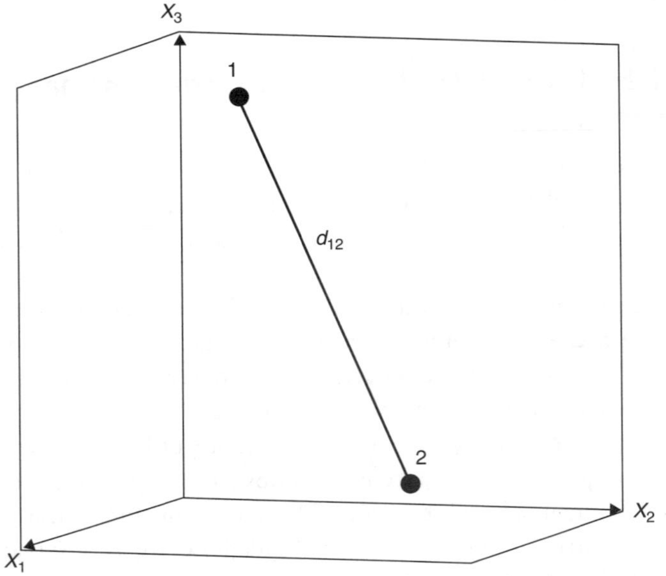


**Figura 1.6** Gráfico de dispersão tridimensional para situação hipotética com duas observações e três variáveis.

A distância $d_{12}$, que é uma medida de dissimilaridade, pode ser facilmente calculada fazendo uso, por exemplo, de sua projeção sobre o plano horizontal formado pelos eixos $X_1$ e $X_2$, chamada de distância $d'_{12}$, conforme mostra a Figura 1.7.

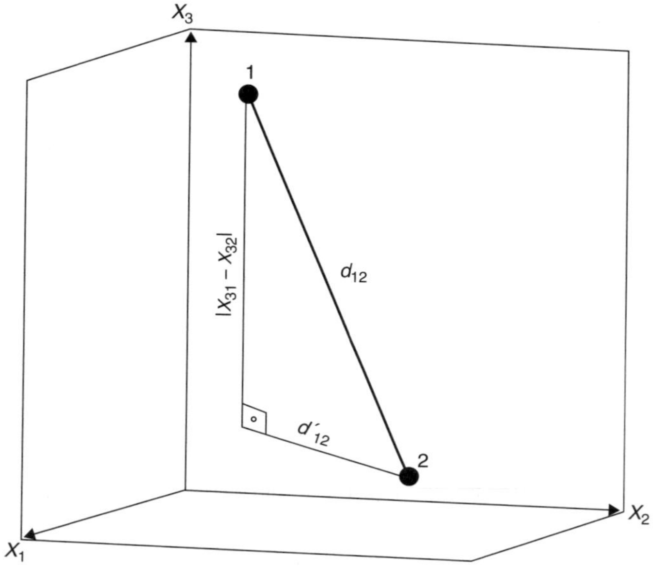


**Figura 1.7** Gráfico tridimensional com destaque para a projeção de $d_{12}$ sobre o plano horizontal.

Dessa forma, com base na conhecida expressão da **distância de Pitágoras** para triângulos retângulos, podemos determinar $d_{12}$ por meio da seguinte expressão:

$$d_{12} = \sqrt{(d'_{12})^2 + (X_{31} - X_{32})^2} \tag{1.1}$$

sabendo-se que $|X_{31} - X_{32}|$ é a distância das projeções verticais (eixo $X_3$) dos pontos 1 e 2.

Entretanto, também não conhecemos a distância $d'_{12}$ e, dessa forma, precisamos novamente recorrer à expressão de Pitágoras, agora fazendo uso das distâncias das projeções dos Pontos 1 e 2 sobre os outros dois eixos ($X_1$ e $X_2$), conforme mostra a Figura 1.8.

Logo, podemos escrever que:

$$d'_{12} = \sqrt{(X_{11} - X_{12})^2 + (X_{21} - X_{22})^2} \tag{1.2}$$

e, substituindo (2) em (1), temos que:

$$d_{12} = \sqrt{(X_{11} - X_{12})^2 + (X_{21} - X_{22})^2 + (X_{31} - X_{32})^2} \tag{1.3}$$

que é a expressão da distância (medida de dissimilaridade) entre os Pontos 1 e 2, também conhecida por expressão da **distância euclidiana**.

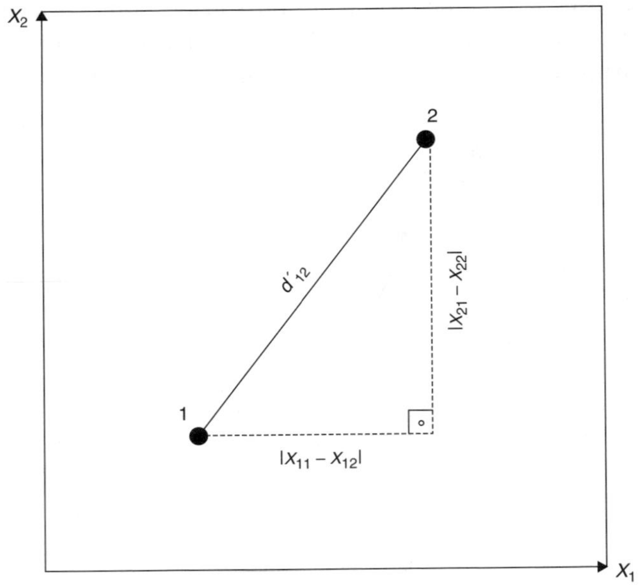


**Figura 1.8** Projeção dos pontos no plano formado por $X_1$ e $X_2$ e destaque para $d'_{12}$.

Portanto, para os dados do nosso exemplo, temos que:

$$d_{12} = \sqrt{(3{,}7-7{,}8)^2 + (2{,}7-8{,}0)^2 + (9{,}1-1{,}5)^2} = 10{,}132$$

cuja unidade de medida é a mesma das variáveis originais do banco de dados. É importante ressaltar que, caso as variáveis não se apresentem na mesma unidade de medida, um **procedimento de padronização dos dados** precisará ser elaborado preliminarmente, conforme discutiremos mais adiante.

Podemos generalizar esse problema para uma situação em que o banco de dados apresente n observações e, para cada observação $i$ ($i$ = 1, ..., $n$), valores correspondentes a cada uma das $j$ ($j$ = 1, ..., $k$) variáveis métricas $X$, conforme mostra a Tabela 1.2.

**Tabela 1.2** Modelo geral de um banco de dados para elaboração da análise de agrupamentos

| | **Variável $j$** | | | |
|---|---|---|---|---|
| **Observação $i$** | $X_{1i}$ | $X_{2i}$ | ... | $X_{ki}$ |
| 1 | $X_{11}$ | $X_{21}$ | | $X_{k1}$ |
| 2 | $X_{12}$ | $X_{22}$ | | $X_{k2}$ |
| ⋮ | ⋮ | ⋮ | | |
| $p$ | $X_{1p}$ | $X_{2p}$ | ... | $X_{kp}$ |
| ⋮ | ⋮ | ⋮ | | |
| $q$ | $X_{1q}$ | $X_{2q}$ | | $X_{kq}$ |
| ⋮ | ⋮ | ⋮ | | ... |
| $n$ | $X_{1n}$ | $X_{2n}$ | | $X_{kn}$ |

Logo, a expressão (1.4), com base na expressão (1.3), apresenta a definição geral da distância euclidiana entre duas observações quaisquer $p$ e $q$.

$$d_{pq} = \sqrt{(X_{1p} - X_{1q})^2 + (X_{2p} - X_{2q})^2 + ... + (X_{kp} - X_{kq})^2} = \sqrt{\sum_{j=1}^{k} (X_{jp} - X_{jq})^2} \quad (1.4)$$

Embora a distância euclidiana seja a mais comumente utilizada em análises de agrupamentos, existem outras medidas de dissimilaridade que podem ser utilizadas, e a adoção de cada uma delas depende dos pressupostos e dos objetivos do pesquisador. Na sequência, apresentamos outras medidas de dissimilaridade que podem ser utilizadas:

- **Distância quadrática euclidiana:** alternativamente à distância euclidiana, pode ser utilizada quando as variáveis apresentarem pequena dispersão de seus valores, fazendo com que o uso da distância euclidiana ao quadrado facilite a interpretação dos *outputs* da análise e a alocação das observações nos grupos. Sua expressão é dada por:

$$d_{pq} = (X_{1p} - X_{1q})^2 + (X_{2p} - X_{2q})^2 + ... + (X_{kp} - X_{kq})^2 = \sum_{j=1}^{k} (X_{jp} - X_{jq})^2 \quad (1.5)$$

- **Distância de Minkowski:** é a expressão de medida de dissimilaridade mais geral a partir da qual outras derivam. É dada por:

$$d_{pq} = \left[ \sum_{j=1}^{k} (|X_{jp} - X_{jq}|)^m \right]^{\frac{1}{m}} \quad (1.6)$$

em que $m$ assume valores inteiros e positivos ($m = 1, 2, ...$). Podemos verificar que a distância euclidiana é um caso particular da distância de Minkowski, quando $m = 2$.

- **Distância de Manhattan:** também conhecida por **distância absoluta** ou **bloco**, não leva em consideração a geometria triangular inerente à expressão inicial de Pitágoras e considera apenas as diferenças entre os valores de cada variável. Sua expressão, também um caso particular da distância de Minkowski quando $m = 1$, é dada por:

$$d_{pq} = \sum_{j=1}^{k} |X_{jp} - X_{jq}| \quad (1.7)$$

- **Distância de Chebychev:** também conhecida por **distância infinita** ou **máxima**, é um caso particular da distância de Manhattan por considerar, para duas determinadas observações, apenas a máxima diferença entre todas as $j$ variáveis em estudo. Sua expressão é dada por:

$$d_{pq} = \text{máx} |X_{jp} - X_{jq}| \quad (1.8)$$

também um caso particular da distância de Minkowski quando $m = \infty$.

- **Distância de Canberra:** utilizada para os casos em que as variáveis apresentam apenas valores positivos, assume valores entre 0 e $j$ (número de variáveis). Sua expressão é dada por:

$$d_{pq} = \sum_{j=1}^{k} \frac{|X_{jp} - X_{jq}|}{(X_{jp} + X_{jq})} \tag{1.9}$$

Na presença de variáveis métricas, o pesquisador ainda pode fazer uso da **correlação de Pearson**, que, embora não seja uma medida de dissimilaridade (na realidade, é uma medida de similaridade), pode propiciar informações importantes quando o intuito for agrupar linhas do banco de dados. A expressão da correlação de Pearson entre os valores de duas observações quaisquer $p$ e $q$ pode ser escrita como:

$$\rho_{pq} = \frac{\sum_{j=1}^{k} (X_{jp} - \overline{X}_p) \cdot (X_{jq} - \overline{X}_q)}{\sqrt{\sum_{j=1}^{k} (X_{jp} - \overline{X}_p)^2} \cdot \sqrt{\sum_{j=1}^{k} (X_{jq} - \overline{X}_q)^2}} \tag{1.10}$$

em que $\overline{X}_p$ e $\overline{X}_q$ representam, respectivamente, a média de todos os valores das variáveis para as observações $p$ e $q$, ou seja, a média de cada uma das linhas do banco de dados.

Podemos notar, portanto, que estamos lidando com um coeficiente de correlação entre linhas, e não entre colunas (variáveis), o mais comum em análise de dados, e seus valores variam entre –1 e 1. **O coeficiente de correlação de Pearson pode ser utilizado como medida de similaridade entre as linhas do banco de dados em análises que envolvem, por exemplo, séries de tempo, ou seja, para os casos em que as observações representam períodos.** Nesse caso, o pesquisador pode ter a intenção de estudar correlações entre períodos distintos, para investigar, por exemplo, uma eventual **recorrência de comportamento em linha para o conjunto de variáveis**, o que pode fazer determinados períodos, não necessariamente subsequentes, serem agrupados por similaridade de comportamento.

Voltando aos dados apresentados na Tabela 1.1, podemos calcular as diferentes medidas de distância entre as observações 1 e 2, dadas pelas expressões (1.4) a (1.9), assim como a medida de similaridade correlacional, dada pela expressão (1.10). A Tabela 1.3 apresenta esses cálculos e os respectivos resultados.

Com base nesses resultados, podemos verificar que medidas diferentes geram resultados distintos, o que pode fazer as observações serem alocadas em diferentes agrupamentos homogêneos, dependendo da escolha da medida para análise, conforme discutem Vicini e Souza (2005) e Malhotra (2012). Nesse sentido, é de fundamental importância que o pesquisador sempre embase sua escolha e tenha em mente as razões que o levaram a utilizar determinada medida, em detrimento das demais. A própria utilização de mais de uma medida, quando da análise do mesmo banco de dados, pode sustentar essa decisão, visto que os resultados podem, nesse caso, ser comparados.

**Tabela 1.3** Medidas de distância e de similaridade correlacional entre as observações 1 e 2

| Observação $i$ | $X_{1i}$ | $X_{2i}$ | $X_{3i}$ | Média |
|---|---|---|---|---|
| 1 | 3,7 | 2,7 | 9,1 | **5,167** |
| 2 | 7,8 | 8,0 | 1,5 | **5,767** |

**Distância euclidiana**

$$d_{12} = \sqrt{(3{,}7-7{,}8)^2+(2{,}7-8{,}0)^2+(9{,}1-1{,}5)^2} = 10{,}132$$

**Distância quadrática euclidiana**

$$d_{12} = (3{,}7-7{,}8)^2+(2{,}7-8{,}0)^2+(9{,}1-1{,}5)^2 = 102{,}660$$

**Distância de Manhattan**

$$d_{12} = |3{,}7-7{,}8|+|2{,}7-8{,}0|+|9{,}1-1{,}5| = 17{,}000$$

**Distância de Chebychev**

$$d_{12} = |9{,}1-1{,}5| = 7{,}600$$

**Distância de Canberra**

$$d_{12} = \frac{|3{,}7-7{,}8|}{(3{,}7+7{,}8)}+\frac{|2{,}7-8{,}0|}{(2{,}7+8{,}0)}+\frac{|9{,}1-1{,}5|}{(9{,}1+1{,}5)} = 1{,}569$$

**Correlação de Pearson (similaridade)**

$$\rho_{12} = \frac{(3{,}7-5{,}167)\cdot(7{,}8-5{,}767)+(2{,}7-5{,}167)\cdot(8{,}0-5{,}767)+(9{,}1-5{,}167)\cdot(1{,}5-5{,}767)}{\sqrt{(3{,}7-5{,}167)^2+(2{,}7-5{,}167)^2+(9{,}1-5{,}167)^2}\cdot\sqrt{(7{,}8-5{,}767)^2+(8{,}0-5{,}767)^2+(1{,}5-5{,}767)^2}} = -0{,}993$$

Esse caso fica bastante visível quando incluímos uma terceira observação na análise, conforme mostra a Tabela 1.4.

**Tabela 1.4** Parte de banco de dados com três observações e três variáveis métricas

| Observação $i$ | $X_{1i}$ | $X_{2i}$ | $X_{3i}$ |
|---|---|---|---|
| 1 | 3,7 | 2,7 | 9,1 |
| 2 | 7,8 | 8,0 | 1,5 |
| 3 | 8,9 | 1,0 | 2,7 |

Enquanto a distância euclidiana sugere que as observações mais similares (menor distância) são a 2 e a 3, por meio da distância de Chebychev as observações 1 e 3 são as mais similares. A Tabela 1.5 apresenta essas distâncias para cada par de observações, com destaque, em negrito, para o menor valor de cada distância.

**Tabela 1.5** Distância euclidiana e de Chebychev entre os pares de observações da Tabela 1.4

| Distância | Par de Observações 1 e 2 | Par de Observações 1 e 3 | Par de Observações 2 e 3 |
|---|---|---|---|
| Euclidiana | $d_{12}$ = 10,132 | $d_{13}$ = 8,420 | **$d_{23}$ = 7,187** |
| Chebychev | $d_{12}$ = 7,600 | **$d_{13}$ = 6,400** | $d_{23}$ = 7,000 |

Portanto, em determinado esquema de aglomeração, teríamos, apenas em função da escolha da medida de dissimilaridade, agrupamentos iniciais distintos.

Além da decisão sobre a escolha da medida de distância, o pesquisador também deve verificar se os dados precisam ser preliminarmente tratados. Nos exemplos abordados até o presente momento, tomamos o cuidado de apresentar variáveis métricas sempre com valores na mesma unidade de medida (por exemplo, notas de Matemática, Física e Química, que variam de 0 a 10). Entretanto, caso as variáveis sejam medidas em unidades distintas (por exemplo, renda em R$, escolaridade em anos de estudo e quantidade de filhos), a intensidade das distâncias entre as observações poderá ser influenciada arbitrariamente pelas variáveis que eventualmente apresentarem maior magnitude de seus valores, em detrimento das demais. Nessas situações, o pesquisador deve padronizar os dados, a fim de que a arbitrariedade das unidades de medida seja eliminada, fazendo cada variável ter a mesma contribuição sobre a medida de distância considerada.

O método mais comumente utilizado para padronização de variáveis é conhecido por **procedimento *Zscores***, em que, para cada observação *i*, o valor de uma nova variável padronizada $ZX_j$ é obtido pela subtração do correspondente valor da variável original $X_j$ pela sua média e, na sequência, o valor resultante é dividido pelo seu desvio-padrão, conforme apresentado na expressão (1.11).

$$ZX_{ji} = \frac{X_{ji} - \overline{X}_j}{s_j} \tag{1.11}$$

em que $\overline{X}$ e $s$ representam a média e o desvio-padrão da variável $X_j$. Dessa forma, independentemente da magnitude dos valores e da natureza das unidades de medida das variáveis originais de um banco de dados, todas as respectivas variáveis padronizadas pelo procedimento *Zscores* terão média igual a 0 e desvio-padrão igual a 1, o que garante a eliminação de eventuais arbitrariedades das unidades de medida sobre a distância entre cada par de observações. Além disso, o procedimento *Zscores* tem a vantagem de não alterar a distribuição da variável original.

Portanto, caso as variáveis originais apresentem unidades de medida distintas, as expressões das medidas de distância (1.4) a (1.9) devem ter os termos $X_{jp}$ e $X_{jq}$ substituídos, respectivamente, por $ZX_{jp}$ e $ZX_{jq}$. O Quadro 1.1 apresenta essas expressões, com base nas variáveis padronizadas.

**Embora a correlação de Pearson não seja uma medida de dissimilaridade (na realidade, é uma medida de similaridade), é relevante comentar que seu uso também requer que as variáveis sejam padronizadas por meio do procedimento *Zscores* caso não apresentem as mesmas unidades de medida.**

**QUADRO 1.1 Expressões das medidas de distância com variáveis padronizadas**

| Medida de Distância (Dissimilaridade) | Expressão |
|---|---|
| Euclidiana | $d_{pq} = \sqrt{\sum_{j=1}^{k}(ZX_{jp} - ZX_{jq})^2}$ |
| Quadrática euclidiana | $d_{pq} = \sum_{j=1}^{k}(ZX_{jp} - ZX_{jq})^2$ |
| Minkowski | $d_{pq} = \left[\sum_{j=1}^{k}(\mid ZX_{jp} - ZX_{jq} \mid)^m\right]^{\frac{1}{m}}$ |
| Manhattan | $d_{pq} = \sum_{j=1}^{k}\mid ZX_{jp} - ZX_{jq}\mid$ |
| Chebychev | $d_{pq} = \text{máx}\mid ZX_{jp} - ZX_{jq} \mid$ |
| Canberra | $d_{pq} = \sum_{j=1}^{k}\frac{\mid ZX_{jp} - ZX_{jq} \mid}{(ZX_{jp} + ZX_{jq})}$ |

Caso o intuito fosse agrupar variáveis, que é o objetivo do próximo capítulo (análise fatorial), a padronização de variáveis por meio do procedimento *Zscores* seria, de fato, irrelevante, dado que a análise consistiria em avaliar a correlação entre colunas do banco de dados. Como o objetivo do presente capítulo, por outro lado, é agrupar linhas do banco de dados que representam as observações, a padronização das variáveis faz-se necessária para a elaboração de uma correta análise de agrupamentos.

### 1.2.1.2. Medidas de semelhança (similaridade) entre observações para variáveis binárias

Imagine agora que tenhamos a intenção de calcular a distância entre duas determinadas observações $i$ ($i = 1, 2$) provenientes de um banco de dados que apresenta sete variáveis ($X_{1i}, ..., X_{7i}$), porém, todas referentes à presença ou ausência de características. Nessa situação, é comum que a presença ou ausência de determinada característica seja representada por uma **variável binária**, ou ***dummy***, que assume valor 1, caso a característica ocorra, e 0, caso contrário. Esses dados encontram-se na Tabela 1.6.

É importante ressaltar que o artifício das variáveis binárias não gera problemas de **ponderação arbitrária**, oriunda das categorias das variáveis, ao contrário do que ocorreria caso fossem atribuídos valores discretos (1, 2, 3, ...) para cada categoria de cada variável qualitativa. Nesse sentido, caso determinada variável qualitativa apresente

$k$ categorias, serão necessárias ($k$-1) variáveis binárias que representarão a presença ou a ausência de cada uma das categorias, ficando todas as variáveis binárias iguais a 0 para o caso de ocorrer a categoria de referência.

**Tabela 1.6** Parte de banco de dados com duas observações e sete variáveis binárias

| Observação $i$ | $X_{1i}$ | $X_{2i}$ | $X_{3i}$ | $X_{4i}$ | $X_{5i}$ | $X_{6i}$ | $X_{7i}$ |
|---|---|---|---|---|---|---|---|
| 1 | 0 | 0 | 1 | 1 | 0 | 1 | 1 |
| 2 | 0 | 1 | 1 | 1 | 1 | 0 | 1 |

Portanto, fazendo uso da expressão (1.4), podemos calcular a distância quadrática euclidiana entre as observações 1 e 2, conforme segue:

$$d_{12}=\sum_{j=1}^{7}(X_{j1}-X_{j2})^2=(0-0)^2+(0-1)^2+(1-1)^2+(1-1)^2+(0-1)^2+(1-0)^2+(1-1)^2=3$$

que representa o número total de variáveis com diferenças de resposta entre as observações 1 e 2.

Logo, para duas quaisquer observações $p$ e $q$, quanto maior a quantidade de respostas iguais (0-0 ou 1-1), menor a distância quadrática euclidiana entre elas, visto que:

$$(X_{jp}-X_{jq})^2=\begin{cases}0 \; se \; X_{jp}=X_{jq}=\begin{cases}0\\1\end{cases}\\1 \; se \; X_{jp}\neq X_{jq}\end{cases} \quad (1.12)$$

Conforme discutem Johnson e Wichern (2007), cada parcela da distância representada pela expressão (1.12) é considerada uma medida de dissimilaridade, uma vez que quantidades maiores de discrepâncias de resposta resultam em maiores distâncias quadráticas euclidianas. Por outro lado, os cálculos ponderam igualmente os pares de respostas 0-0 e 1-1, sem importância relativa superior ao par de respostas 1-1 que, em muitos casos, é um indicador mais forte de similaridade que o par de respostas 0-0. Por exemplo, ao se agruparem pessoas, o fato de duas delas comerem lagosta todos os dias é uma evidência mais forte de similaridade que a ausência dessa característica para ambas.

Nesse sentido, muitos autores, com o intuito de que fossem criadas medidas de semelhança entre observações, propuseram a utilização de coeficientes que levassem em consideração a similaridade de respostas 1-1 e 0-0, sem que necessariamente esses pares tivessem a mesma importância relativa. Para que possamos apresentar essas medidas, é necessário construir uma tabela de frequências absolutas de respostas 0 e 1 para cada par de observações quaisquer $p$ e $q$, conforme mostra a Tabela 1.7.

**Tabela 1.7** Frequências absolutas de respostas 0 e 1 para duas observações $p$ e $q$

| Observação $q$ \ Observação $p$ | 1 | 0 | Total |
|---|---|---|---|
| **1** | $a$ | $b$ | $\boldsymbol{a+b}$ |
| **0** | $c$ | $d$ | $\boldsymbol{c+d}$ |
| **Total** | $\boldsymbol{a+c}$ | $\boldsymbol{b+d}$ | $\boldsymbol{a+b+c+d}$ |

Com base nessa tabela, apresentamos, a seguir, as principais medidas de semelhança existentes, lembrando que a adoção de cada uma depende dos pressupostos e dos objetivos do pesquisador.

- **Medida de emparelhamento simples:** é a medida de similaridade mais utilizada para variáveis binárias, sendo discutida e utilizada por Zubin (1938a) e Sokal e Michener (1958). Essa medida, que iguala os pesos das respostas convergentes 1-1 e 0-0, tem sua expressão dada por:

$$s_{pq} = \frac{a+d}{a+b+c+d} \tag{1.13}$$

- **Medida de Jaccard:** embora tenha sido primeiramente proposta por Gilbert (1894), levou esse nome por ter sido discutida e utilizada em dois seminais trabalhos desenvolvidos por Jaccard (1901, 1908). Essa medida não leva em conta a frequência do par de respostas 0-0, considerada irrelevante. Entretanto, é possível que ocorra uma situação em que todas as variáveis sejam iguais a 0 para duas determinadas observações, ou seja, somente exista frequência na célula *d* da Tabela 1.7. Nesse caso, softwares como o Stata apresentam medida de Jaccard igual a 1, o que faz sentido do ponto de vista de similaridade. Sua expressão geral é dada por:

$$s_{pq} = \frac{a}{a+b+c} \tag{1.14}$$

- **Medida de Dice:** embora conhecida apenas por esse nome, foi sugerida e discutida por Czekanowski (1932), Dice (1945) e Sørensen (1948). É similar ao coeficiente de Jaccard, porém dobra o peso sobre a frequência de pares de respostas em convergência do tipo 1-1. Assim como naquele caso, softwares como o Stata apresentam medida de Dice igual a 1 para os casos em que todas as variáveis sejam iguais a 0 para duas determinadas observações, evitando, assim, a indefinição do cálculo. Sua expressão é dada por:

$$s_{pq} = \frac{2a}{2 \cdot a+b+c} \tag{1.15}$$

- **Medida antiDice:** proposta inicialmente por Sokal e Sneath (1963) e Anderberg (1973), a nomenclatura antiDice decorre do fato de que esse coeficiente dobra o peso sobre as frequências de pares de respostas diferentes do tipo 1-1, ou seja, dobra o peso sobre as divergências de respostas. Assim como as medidas de Jaccard e de Dice, a medida antiDice também ignora a frequência de pares de respostas 0-0. Sua expressão é dada por:

$$s_{pq} = \frac{a}{a+2 \cdot (b+c)} \tag{1.16}$$

- **Medida de Russell e Rao:** também bastante utilizada, privilegia, no cálculo de seu coeficiente, apenas as similaridades das respostas 1-1. Foi proposta por Russell e Rao (1940), tendo sua expressão dada por:

$$s_{pq} = \frac{a}{a+b+c+d} \tag{1.17}$$

- **Medida de Ochiai:** embora conhecida por esse nome, foi proposta inicialmente por Driver e Kroeber (1932), sendo utilizada posteriormente por Ochiai (1957). Esse coeficiente é indefinido quando uma ou ambas as observações estudadas apresentarem os valores de todas as variáveis iguais a 0. Entretanto, se ambos os vetores apresentarem todos os valores iguais a 0, softwares como o Stata oferecem medida de Ochiai igual a 1. Se esse fato ocorrer para apenas um dos dois vetores, a medida de Ochiai é considerada igual a 0. Sua expressão é dada por:

$$s_{pq} = \frac{a}{\sqrt{(a+b)\cdot(a+c)}} \tag{1.18}$$

- **Medida de Yule:** proposta por Yule (1900) e utilizada por Yule e Kendall (1950), essa medida de semelhança para variáveis binárias oferece como resposta um coeficiente que varia de –1 a 1. Conforme podemos verificar, por meio de sua expressão apresentada a seguir, o coeficiente gerado é indefinido se um ou ambos os vetores comparados apresentarem todos os valores iguais a 0 ou 1. Softwares como o Stata geram medida de Yule igual a 1, se $b = c = 0$ (convergência total de respostas), e igual a –1, se $a = d = 0$ (divergência total de respostas).

$$s_{pq} = \frac{a\cdot d - b\cdot c}{a\cdot d + b\cdot c} \tag{1.19}$$

- **Medida de Rogers e Tanimoto:** essa medida, que dobra o peso das respostas discrepantes 0-1 e 1-0 em relação ao peso das combinações de respostas convergentes do tipo 1-1 e 0-0, foi inicialmente proposta por Rogers e Tanimoto (1960). Sua expressão, que passa a ser igual à da medida antiDice quando a frequência de respostas 0-0 for igual a 0 ($d = 0$), é dada por:

$$s_{pq} = \frac{a+d}{a+d+2\cdot(b+c)} \tag{1.20}$$

- **Medida de Sneath e Sokal:** ao contrário da medida de Rogers e Tanimoto, essa medida, proposta por Sneath e Sokal (1962), dobra o peso das respostas convergentes do tipo 1-1 e 0-0 em relação ao das demais combinações de respostas (1-0 e 0-1). Sua expressão, que passa a ser igual à da medida Dice quando a frequência de respostas do tipo 0-0 for igual a 0 ($d = 0$), é dada por:

$$s_{pq} = \frac{2\cdot(a+d)}{2\cdot(a+d)+b+c} \tag{1.21}$$

- **Medida de Hamann:** Hamann (1961) propõe essa medida de semelhança para variáveis binárias com o intuito de que fossem subtraídas as frequências de respostas discrepantes (1-0 e 0-1) do total de respostas convergentes (1-1 e 0-0). Esse coeficiente, que varia de –1 (divergência total de repostas) a 1 (convergência total de respostas), é igual a duas vezes a medida de emparelhamento simples menos 1. Sua expressão é dada por:

$$s_{pq} = \frac{(a+d)-(b+c)}{a+b+c+d} \tag{1.22}$$

Assim como o elaborado na seção 1.2.1.1 em relação às medidas de dissimilaridade aplicadas a variáveis métricas, vamos voltar aos dados apresentados na Tabela 1.6, com o intuito de calcular as diferentes medidas de similaridade entre as observações 1 e 2, que apresentam apenas variáveis binárias. Para tanto, devemos, a partir daquela tabela, construir a tabela de frequências absolutas de respostas 0 e 1 para as referidas observações (Tabela 1.8).

**Tabela 1.8** Frequências absolutas de respostas 0 e 1 para as observações 1 e 2

| Observação 2 \ Observação 1 | 1 | 0 | Total |
|---|---|---|---|
| **1** | 3 | 2 | **5** |
| **0** | 1 | 1 | **2** |
| **Total** | **4** | **3** | **7** |

Logo, fazendo uso das expressões (1.13) a (1.22), temos condições de calcular as medidas de similaridade propriamente ditas. A Tabela 1.9 apresenta os cálculos e os resultados de cada medida.

**Tabela 1.9** Medidas de semelhança (similaridade) entre as observações 1 e 2

| **Emparelhamento Simples** | **Jaccard** |
|---|---|
| $s_{12} = \frac{3+1}{7} = 0{,}571$ | $s_{12} = \frac{3}{6} = 0{,}500$ |
| **Dice** | **AntiDice** |
| $s_{12} = \frac{2\cdot(3)}{2\cdot(3)+2+1} = 0{,}667$ | $s_{12} = \frac{3}{3+2\cdot(2+1)} = 0{,}333$ |
| **Russell e Rao** | **Ochiai** |
| $s_{12} = \frac{3}{7} = 0{,}429$ | $s_{12} = \frac{3}{\sqrt{(3+2)\cdot(3+1)}} = 0{,}671$ |
| **Yule** | **Rogers e Tanimoto** |
| $s_{12} = \frac{3\cdot 1 - 2\cdot 1}{3\cdot 1 + 2\cdot 1} = 0{,}200$ | $s_{12} = \frac{3+1}{3+1+2\cdot(2+1)} = 0{,}400$ |
| **Sneath e Sokal** | **Hamann** |
| $s_{12} = \frac{2\cdot(3+1)}{2\cdot(3+1)+2+1} = 0{,}727$ | $s_{12} = \frac{(3+1)-(2+1)}{7} = 0{,}143$ |

Analogamente ao discutido quando do cálculo das medidas de dissimilaridade, é visível que medidas de similaridade diferentes geram resultados distintos, o que pode fazer, quando da elaboração do método de aglomeração, que as observações sejam alocadas em diferentes agrupamentos homogêneos, dependendo da escolha da medida para análise.

**Lembramos que não faz sentido algum aplicar o procedimento de padronização *Zscores* para o cálculo das medidas de semelhança discutidas nesta seção, visto que as variáveis utilizadas para a análise de agrupamentos são binárias.**

Neste momento, é importante ressaltar que, em vez de serem utilizadas medidas de semelhança para a definição de *clusters* quando da presença de variáveis binárias, é bastante comum que se definam agrupamentos a partir de coordenadas de cada observação, que podem ser geradas quando da elaboração de uma **análise de correspondência** (simples ou múltipla), técnica exploratória aplicada apenas e tão somente a bancos de dados que oferecem variáveis qualitativas, com o intuito de elaborar **mapas perceptuais** construídos com base nas frequências das categorias de cada uma das variáveis em análise. Essa técnica será estudada no Capítulo 3.

Definida a medida a ser utilizada, com base nos objetivos de pesquisa, na teoria subjacente e em sua experiência e intuição, o pesquisador deve partir para a definição do esquema de aglomeração. Os principais esquemas em análise de agrupamentos serão estudados na próxima seção.

### 1.2.2. Esquemas de aglomeração em análise de agrupamentos

Conforme discutem Vicini e Souza (2005) e Johnson e Wichern (2007), na análise de agrupamentos, a escolha do método de aglomeração, também conhecido como **esquema de aglomeração**, é tão importante quanto a definição da medida de distância (ou de semelhança), e essa decisão também precisa ser tomada com base naquilo que o pesquisador pretende em termos de objetivos de pesquisa.

Os esquemas de aglomeração podem ser classificados, basicamente, em dois tipos, conhecidos por **hierárquicos** e **não hierárquicos**. Enquanto os primeiros caracterizam-se por privilegiar uma estrutura hierárquica (passo a passo) para a formação dos agrupamentos, os esquemas não hierárquicos utilizam algoritmos para maximizar a homogeneidade dentro de cada agrupamento, sem que haja um processo hierárquico para tal.

Os esquemas de aglomeração hierárquicos podem ser **aglomerativos** ou **divisivos**, dependendo do modo como é iniciado o processo. Caso todas as observações sejam consideradas separadas e, a partir de suas distâncias (ou semelhanças), sejam formados grupos até que se chegue a um estágio final com apenas um agrupamento, então esse processo é conhecido como aglomerativo. Dentre os esquemas hierárquicos aglomerativos, são mais comumente utilizados aqueles que apresentam **método de encadeamento** do tipo **único** (***nearest neighbor*** ou ***single linkage***), **completo** (***furthest neighbor*** ou ***complete linkage***) ou **médio** (***between groups*** ou ***average linkage***). Por outro lado, caso todas as observações sejam consideradas agrupadas e, estágio após estágio, sejam formados grupos menores pela separação de cada observação, até que essas subdivisões gerem grupos individuais (ou seja, observações totalmente separadas), então, estaremos diante de um processo divisivo.

Já os esquemas de aglomeração não hierárquicos, entre os quais o mais popular é o procedimento ***k-means***, ou **k-médias**, referem-se a processos em que são definidos centros de aglomeração a partir dos quais são alocadas as observações pela proximidade a eles. Ao contrário dos esquemas hierárquicos, em que o pesquisador pode estudar as diversas possibilidades de alocação das observações e até definir uma quantidade interessante de *clusters* com base em cada um dos estágios de agrupamento, um esquema de aglomeração não hierárquico requer a estipulação, *a priori*, da quantidade de *clusters* a partir da qual serão definidos os centros de aglomeração e alocadas as observações. É por essa razão que se recomenda a elaboração de um esquema de aglomeração hierárquico preliminarmente à de um esquema não hierárquico, quando não há uma estimativa razoável da quantidade de *clusters* que podem ser formados a partir das observações do banco de dados e com base nas variáveis em estudo.

A Figura 1.9 apresenta a lógica dos esquemas de aglomeração em análise de agrupamentos.

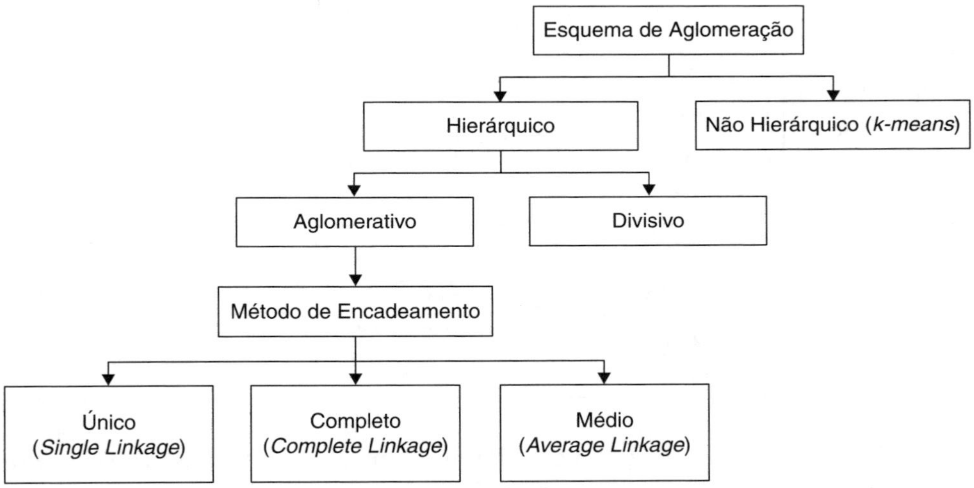


**Figura 1.9** Esquemas de aglomeração em análise de agrupamentos.

Enquanto estudaremos os esquemas de aglomeração hierárquicos na seção 1.2.2.1, a seção 1.2.2.2 é destinada ao estudo do esquema de aglomeração não hierárquico *k-means*.

### 1.2.2.1. Esquemas de aglomeração hierárquicos

Nesta seção, apresentaremos os principais esquemas hierárquicos aglomerativos, em que são formados agrupamentos cada vez maiores a cada estágio de aglomeração pela junção de novas observações ou grupos, em função de determinado critério (método de encadeamento) e com base na medida de distância escolhida. Na seção 1.2.2.1.1 serão apresentados os principais conceitos pertinentes a esses esquemas, e na seção 1.2.2.1.2 será elaborado um exemplo prático resolvido algebricamente.

### 1.2.2.1.1. Notação

Três são os principais métodos de encadeamento em esquemas hierárquicos aglomerativos, conforme mostra a Figura 1.9: método de encadeamento único (*nearest neighbor* ou *single linkage*), completo (*furthest neighbor* ou *complete linkage*) e médio (*between groups* ou *average linkage*).

A Tabela 1.10 apresenta, de forma ilustrativa, a distância a ser considerada em cada estágio de aglomeração, em função do método de encadeamento escolhido.

**Tabela 1.10** Distância a ser considerada em função do método de encadeamento

| Método de Encadeamento | Ilustração | Distância (Dissimilaridade) |
|---|---|---|
| **Único** (*Nearest Neighbor* ou *Single Linkage*) |   | $d_{23}$ |
| **Completo** (*Furthest Neighbor* ou *Complete Linkage*) |   | $d_{15}$ |
| **Médio** (*Between Groups* ou *Average Linkage*) | 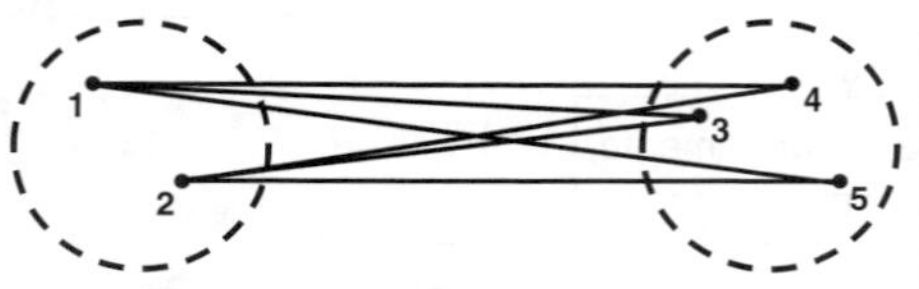  | $\frac{d_{13}+d_{14}+d_{15}+d_{23}+d_{24}+d_{25}}{6}$ |

O método de encadeamento único privilegia as menores distâncias (daí vem a nomenclatura *nearest neighbor*) para que sejam formados novos agrupamentos a cada estágio de aglomeração pela incorporação de observações ou grupos. Nesse sentido, **sua aplicação é recomendável para os casos em que as observações sejam relativamente afastadas**, isto é, diferentes, e deseja-se formar agrupamentos levando-se em consideração um mínimo de homogeneidade. Por outro lado, sua análise fica prejudicada quando da existência de observações ou agrupamentos pouco afastados entre si, conforme mostra a Figura 1.10.

Já o método de encadeamento completo vai em direção contrária, ou seja, privilegia as maiores distâncias entre as observações ou grupos para que sejam formados novos agrupamentos (daí, a nomenclatura *furthest neighbor*) e, dessa maneira, sua adoção é **recomendável para os casos em que não exista considerável afastamento entre as observações** e o pesquisador tenha a necessidade de identificar heterogeneidades entre elas.

Por fim, no método de encadeamento médio dois grupos sofrem fusão com base na **distância média entre todos os pares de observações pertencentes a esses grupos**

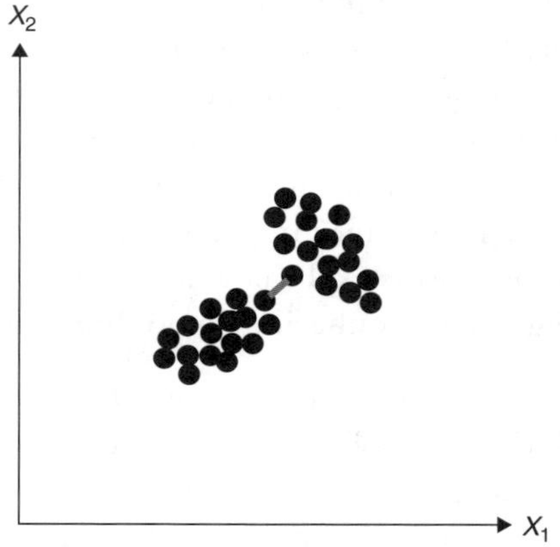


**Figura 1.10** Método de encadeamento único – Análise prejudicada na existência de observações ou agrupamentos pouco afastados.

(daí, a nomenclatura *average linkage*). Dessa forma, embora ocorram alterações no cálculo das medidas de distância entre os agrupamentos, o método de encadeamento médio acaba por preservar a solução de ordenamento das observações em cada grupo, oferecida pelo método de encadeamento único, caso haja um considerável afastamento entre as observações. O mesmo vale em relação à solução de ordenamento oferecida pelo método de encadeamento completo, caso as observações sejam bastante próximas entre si.

Johnson e Wichern (2007) propõem uma sequência lógica de passos para que se facilite o entendimento da análise de agrupamentos, elaborada por meio de determinado método hierárquico aglomerativo:

1. Sendo $n$ a quantidade de observações de um banco de dados, devemos dar início ao esquema de aglomeração com exatamente $n$ grupos individuais (estágio 0), de modo que teremos inicialmente uma matriz de distâncias (ou de semelhanças) $\mathbf{D}_0$ composta pelas distâncias entre cada par de observações.
2. No primeiro estágio, devemos escolher a menor distância entre todas as que compõem a matriz $\mathbf{D}_0$, ou seja, aquela que une as duas observações mais similares. Nesse exato momento, deixamos de ter $n$ grupos individuais para termos $(n - 1)$ grupos, sendo um deles formado por duas observações.
3. No estágio de aglomeração seguinte, devemos repetir o estágio anterior, porém agora levando em consideração a distância entre cada par de observações e entre o primeiro grupo já formado e cada uma das demais observações, com base em um dos métodos de encadeamento adotado. Em outras palavras, teremos, após o primeiro estágio de aglomeração, uma matriz $\mathbf{D}_1$, com dimensões $(n - 1) \times (n - 1)$, em que uma das linhas será representada pelo primeiro par agrupado de observações. No segundo estágio, consequentemente, um novo grupo será formado pelo agrupamento de duas novas observações ou pela junção de determinada observação ao primeiro grupo já formado anteriormente, no primeiro estágio.

4. O processo anterior deve ser repetido ($n - 1$) vezes, até que reste apenas um único grupo formado por todas as observações. Em outras palavras, no estágio ($n - 2$) teremos uma matriz $\mathbf{D_{n\text{-}2}}$ que conterá apenas a distância entre os dois últimos grupos remanescentes, antes da fusão final.
5. Por fim, a partir dos estágios de aglomeração e das distâncias entre os agrupamentos formados, é possível construir um gráfico em formato de árvore, que resume o processo de aglomeração e explicita a alocação de cada observação em cada agrupamento. Esse gráfico é conhecido como **dendrograma** ou **fenograma**.

Portanto, os valores que compõem as matrizes **D** de cada um dos estágios serão função da medida de distância escolhida e do método de encadeamento adotado. Imagine, em determinado estágio de aglomeração $s$, que um pesquisador agrupe dois *clusters* $M$ e $N$ já formados anteriormente, contendo, respectivamente, $m$ e $n$ observações, a fim de que seja formado o *cluster* $MN$. Na sequência, tem a intenção de agrupar $MN$ com outro *cluster* $W$, com $w$ observações. Como sabemos que a decisão de escolha do próximo agrupamento será sempre a menor distância entre cada par de observações ou grupos nos métodos hierárquicos aglomerativos, o esquema de aglomeração será de fundamental importância para que sejam analisadas as distâncias que comporão cada matriz $\mathbf{D_s}$. A partir dessa lógica, e com base na Tabela 1.10, apresentamos, a seguir, o critério de cálculo da distância, inserida na matriz $\mathbf{D_s}$, entre os *clusters* $MN$ e $W$, em função do método de encadeamento:

- **Método de Encadeamento Único (*Nearest Neighbor* ou *Single Linkage*)**

$$d_{(MN)W} = \text{mín}\{d_{MW}; d_{NW}\} \quad (1.23)$$

em que $d_{MW}$ e $d_{NW}$ são as distâncias entre as observações mais próximas dos *clusters* $M$ e $W$ e dos *clusters* $N$ e $W$, respectivamente.

- **Método de Encadeamento Completo (*Furthest Neighbor* ou *Complete Linkage*)**

$$d_{(MN)W} = \text{máx}\{d_{MW}; d_{NW}\} \quad (1.24)$$

em que $d_{MW}$ e $d_{NW}$ são as distâncias entre as observações mais distantes dos *clusters* $M$ e $W$ e dos *clusters* $N$ e $W$, respectivamente.

- **Método de Encadeamento Médio (*Between Groups* ou *Average Linkage*)**

$$d_{(MN)W} = \frac{\sum_{p=1}^{m+n}\sum_{q=1}^{w} d_{pq}}{(m+n)\cdot(w)} \quad (1.25)$$

em que $d_{pq}$ representa a distância entre qualquer observação $p$ do cluster $MN$ e qualquer observação $q$ do *cluster* $W$, e $m+n$ e $w$ representam, respectivamente, a quantidade de observações nos *clusters* $MN$ e $W$.

Na próxima seção, apresentaremos um exemplo prático que será resolvido algebricamente, a partir do qual os conceitos referentes aos métodos hierárquicos aglomerativos poderão ser fixados.

### 1.2.2.1.2. Exemplo prático de análise de agrupamentos com esquemas de aglomeração hierárquicos

Imagine que o professor de uma faculdade, bastante preocupado com a capacidade de aprendizado dos alunos em sua disciplina de métodos quantitativos, tenha o interesse em alocá-los em grupos com a maior homogeneidade possível, com base nas notas obtidas no vestibular em disciplinas consideradas quantitativas (Matemática, Física e Química).

Nesse sentido, o professor fez um levantamento sobre essas notas, que variam de 0 a 10, e, dado que realizará uma análise de agrupamentos inicialmente de maneira algébrica, resolveu trabalhar, para efeitos didáticos, apenas com cinco alunos. O banco de dados encontra-se na Tabela 1.11.

**Tabela 1.11** Exemplo: Notas de Matemática, Física e Química no vestibular

| Estudante (Observação) | Nota de Matemática ($X_{1i}$) | Nota de Física ($X_{2i}$) | Nota de Química ($X_{3i}$) |
|---|---|---|---|
| Gabriela | 3,7 | 2,7 | 9,1 |
| Luiz Felipe | 7,8 | 8,0 | 1,5 |
| Patrícia | 8,9 | 1,0 | 2,7 |
| Ovídio | 7,0 | 1,0 | 9,0 |
| Leonor | 3,4 | 2,0 | 5,0 |

Com base nos dados obtidos, é construído o gráfico da Figura 1.11, e, como as variáveis são métricas, será adotada a medida de dissimilaridade conhecida por distância euclidiana para a análise de agrupamentos. Além disso, **como todas as variáveis apresentam valores na mesma unidade de medida (notas de 0 a 10), não será necessária, nesse caso, a elaboração da padronização pelo procedimento *Zscores*.**

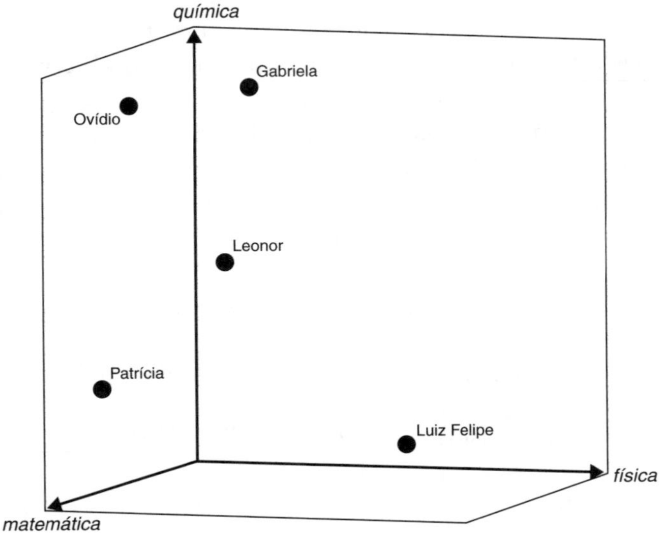


**Figura 1.11** Gráfico tridimensional com posição relativa dos cinco estudantes.

Nas próximas seções, serão elaborados os esquemas hierárquicos aglomerativos com base na distância euclidiana, por meio dos três métodos de encadeamento estudados.

### 1.2.2.1.2.1. Método de encadeamento único (*nearest neighbor* ou *single linkage*)

A partir dos dados apresentados na Tabela 1.11, iremos, neste momento, elaborar uma análise de agrupamentos por meio de um esquema de aglomeração hierárquico com método de encadeamento único. Inicialmente, definimos a matriz $\mathbf{D_0}$, composta pelas distâncias euclidianas (dissimilaridades) entre cada par de observações, conforme segue:

$\mathbf{D_0}$ =

| | Gabriela | Luiz Felipe | Patrícia | Ovídio | Leonor |
|---|---|---|---|---|---|
| **Gabriela** | 0,000 | | | | |
| **Luiz Felipe** | 10,132 | 0,000 | | | |
| **Patrícia** | 8,420 | 7,187 | 0,000 | | |
| **Ovídio** | 3,713 | 10,290 | 6,580 | 0,000 | |
| **Leonor** | 4,170 | 8,223 | 6,045 | 5,474 | 0,000 |

É importante mencionar que, neste momento inicial, cada observação é considerada um *cluster* individual, ou seja, no estágio 0, temos 5 *clusters* (tamanho da amostra). Em destaque, na matriz $\mathbf{D_0}$, está a menor distância entre todas as observações e, portanto, serão inicialmente agrupadas, no primeiro estágio, as observações **Gabriela** e **Ovídio**, que passam a formar um novo *cluster*.

Para que seja elaborado o próximo estágio de aglomeração, devemos construir a matriz $\mathbf{D_1}$, em que são calculadas as distâncias entre o *cluster* **Gabriela-Ovídio** e as demais observações, ainda isoladas. Dessa forma, por meio do método de encadeamento único e com base na expressão (1.23), temos que:

$$d_{\text{(Gabriela-Ovídio)Luiz Felipe}} = \mathbf{mín\ \{10{,}132;\ 10{,}290\}} = 10{,}132$$

$$d_{\text{(Gabriela-Ovídio)Patrícia}} = \mathbf{mín\ \{8{,}420;\ 6{,}580\}} = 6{,}580$$

$$d_{\text{(Gabriela-Ovídio)Leonor}} = \mathbf{mín\ \{4{,}170;\ 5{,}474\}} = 4{,}170$$

A matriz $\mathbf{D_1}$ encontra-se a seguir:

$D_1 =$

| | Gabriela Ovídio | Luiz Felipe | Patrícia | Leonor |
|---|---|---|---|---|
| **Gabriela Ovídio** | 0,000 | | | |
| **Luiz Felipe** | 10,132 | 0,000 | | |
| **Patrícia** | 6,580 | 7,187 | 0,000 | |
| **Leonor** | 4,170 | 8,223 | 6,045 | 0,000 |

Da mesma forma, na matriz $\mathbf{D_1}$ está em destaque a menor distância entre todas. Portanto, no segundo estágio, é inserida a observação **Leonor** no *cluster* já formado **Gabriela-Ovídio**. As observações **Luiz Felipe** e **Patrícia** permanecem ainda isoladas.

Para que possamos dar o próximo passo, devemos construir a matriz $\mathbf{D_2}$, em que são calculadas as distâncias entre o *cluster* **Gabriela-Ovídio-Leonor** e as duas observações remanescentes. Analogamente, temos que:

$$d_{\text{(Gabriela-Ovídio-Leonor)Luiz Felipe}} = \textbf{mín } \{\textbf{10,132; 8,223}\} = 8{,}223$$

$$d_{\text{(Gabriela-Ovídio-Leonor)Patrícia}} = \textbf{mín } \{\textbf{6,580; 6,045}\} = 6{,}045$$

A matriz $\mathbf{D_2}$ pode ser escrita como:

$D_2 =$

| | Gabriela Ovídio Leonor | Luiz Felipe | Patrícia |
|---|---|---|---|
| **Gabriela Ovídio Leonor** | 0,000 | | |
| **Luiz Felipe** | 8,223 | 0,000 | |
| **Patrícia** | 6,045 | 7,187 | 0,000 |

No terceiro estágio de aglomeração, é incorporada a observação **Patrícia** no *cluster* **Gabriela-Ovídio-Leonor**, visto que a correspondente distância é a menor entre todas as apresentadas na matriz $\mathbf{D_2}$. Portanto, podemos escrever a matriz $\mathbf{D_3}$, que se encontra na sequência, levando em consideração o seguinte critério:

$$d_{\text{(Gabriela-Ovídio-Leonor-Patrícia) Luiz Felipe}} = \textbf{mín } \{\textbf{8,223; 7,187}\} = 7{,}187$$

$D_3 =$

| | Gabriela Ovídio Leonor Patrícia | Luiz Felipe |
|---|---|---|
| **Gabriela Ovídio Leonor Patrícia** | 0,000 | |
| **Luiz Felipe** | 7,187 | 0,000 |

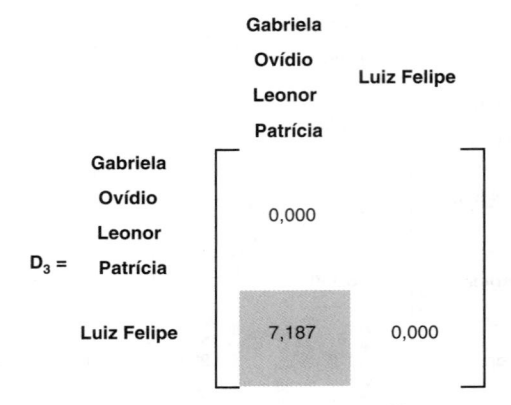

Por fim, no quarto e último estágio, todas as observações estão alocadas no mesmo agrupamento, encerrando-se, assim, o processo hierárquico. A Tabela 1.12 apresenta um resumo desse esquema de aglomeração elaborado por meio do método de encadeamento único.

**Tabela 1.12** Esquema de aglomeração pelo método de encadeamento único

| Estágio | Agrupamento | Observação Agrupada | Menor Distância Euclidiana |
|---|---|---|---|
| 1 | Gabriela | Ovídio | 3,713 |
| 2 | Gabriela – Ovídio | Leonor | 4,170 |
| 3 | Gabriela – Ovídio – Leonor | Patrícia | 6,045 |
| 4 | Gabriela – Ovídio – Leonor – Patrícia | Luiz Felipe | 7,187 |

Com base nesse esquema de aglomeração, podemos construir um gráfico em formato de árvore, conhecido como **dendrograma** ou **fenograma**, cujo intuito é ilustrar o passo a passo dos agrupamentos e facilitar a visualização da alocação de cada observação em cada estágio. O dendrograma encontra-se na Figura 1.12.

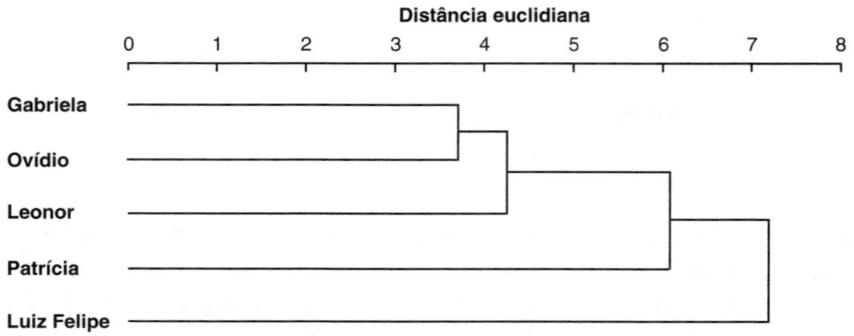


**Figura 1.12** Dendrograma – Método de encadeamento único.

Por meio das Figuras 1.13 e 1.14, temos condições de interpretar o dendrograma construído.

Inicialmente, traçamos três linhas (I, II e III) ortogonais às linhas do dendrograma, conforme mostra a Figura 1.13, que permitem identificar as quantidades de agrupamentos em cada estágio de aglomeração, bem como as observações em cada *cluster*.

Assim, a linha I "corta" o dendrograma imediatamente após o primeiro estágio de aglomeração e, neste momento, podemos verificar que existem quatro *clusters* (quatro encontros com as linhas horizontais do dendrograma), um deles formado pelas observações **Gabriela** e **Ovídio**, e os demais, pelas observações individuais.

Já a linha II encontra três linhas horizontais do dendrograma, o que significa que, após o segundo estágio, em que foi incorporada a observação **Leonor** ao agrupamento já formado **Gabriela-Ovídio**, existem três *clusters*.

Por fim, a linha III é desenhada imediatamente após o terceiro estágio, em que ocorre o agrupamento da observação **Patrícia** com o *cluster* **Gabriela-Ovídio-Leonor**. Como são identificados dois encontros entre essa linha e as linhas horizontais do dendrograma, verificamos que a observação **Luiz Felipe** permanece isolada, enquanto as demais formam um único agrupamento.

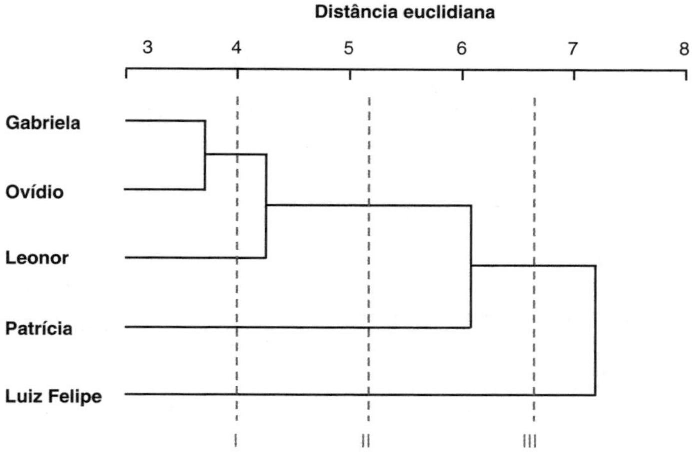


**Figura 1.13** Interpretação do dendrograma – Quantidade de *clusters* e alocação das observações.

Além de propiciar o estudo sobre a quantidade de *clusters* em cada estágio de aglomeração, bem como sobre a alocação das observações, o dendrograma também permite que o pesquisador analise a magnitude dos saltos de distância para que se estabeleçam os agrupamentos. Um salto com magnitude elevada, em comparação aos demais, pode indicar que determinada observação ou *cluster* consideravelmente distintos estejam incorporados a agrupamentos já formados, o que fornece subsídios ao estabelecimento de uma solução da quantidade de agrupamentos sem a necessidade de um próximo estágio de aglomeração.

Embora se saiba que a determinação taxativa de uma solução da quantidade de *clusters* pode prejudicar a análise, o estabelecimento de um indício dessa quantidade, dados a medida de distância utilizada e o método de encadeamento adotado, pode fazer o pesquisador compreender mais razoavelmente as características das observações que levaram a esse fato. Além disso, como a quantidade de agrupamentos é importante para a elaboração de esquemas de aglomeração não hierárquicos, essa informação (considerada *output* do esquema hierárquico) pode servir de *input* para o procedimento *k-means*.

A Figura 1.14 apresenta três saltos de distância (A, B e C), referentes a cada um dos estágios de aglomeração, e, a partir de sua análise, podemos verificar que o salto B, que representa a incorporação da observação **Patrícia** ao *cluster* já formado **Gabriela-Ovídio-Leonor**, é o maior dos três. Assim, caso haja a intenção de definir uma quantidade interessante de agrupamentos nesse exemplo, o pesquisador pode optar pela solução com três *clusters* (linha II da Figura 1.13), sem o estágio em que é incorporada a observação **Patrícia**, visto que possivelmente apresenta características não tão homogêneas que inviabilizam sua inclusão no *cluster* já formado, dado o grande salto de distância. Nesse caso, portanto, teríamos um agrupamento formado por **Gabriela**, **Ovídio** e **Leonor**, outro formado apenas por **Patrícia** e um terceiro formado apenas por **Luiz Felipe**.

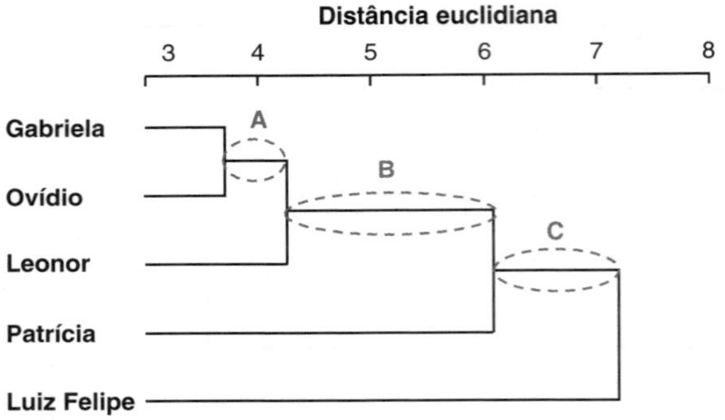


**Figura 1.14** Interpretação do dendrograma – Saltos de distância.

Um **critério muito útil para a identificação da quantidade de *clusters***, quando do uso de medidas de dissimilaridade em métodos aglomerativos, consiste em **identificar um considerável salto de distância** (quando possível) e definir a quantidade de agrupamentos formados no estágio de aglomeração imediatamente anterior ao grande salto, visto que **saltos muito elevados podem incorporar observações com características não tão homogêneas**.

Além disso, é relevante também comentar que, caso os saltos de distância de um estágio para outro sejam pequenos, pela existência de variáveis com valores muito próximos para as observações, o que pode dificultar a leitura do dendrograma, **o**

**pesquisador poderá fazer uso da distância quadrática euclidiana, a fim de que os saltos fiquem mais nítidos e explicitados**, facilitando a identificação dos agrupamentos no dendrograma e propiciando melhores argumentos para a tomada de decisão.

Softwares como o SPSS apresentam dendrogramas com medidas de distância rescalonadas, a fim de facilitar a interpretação da alocação de cada observação e a visualização dos grandes saltos de distância.

A Figura 1.15 apresenta, de forma ilustrativa, como podem ser estabelecidos os agrupamentos após a elaboração do método de encadeamento único.

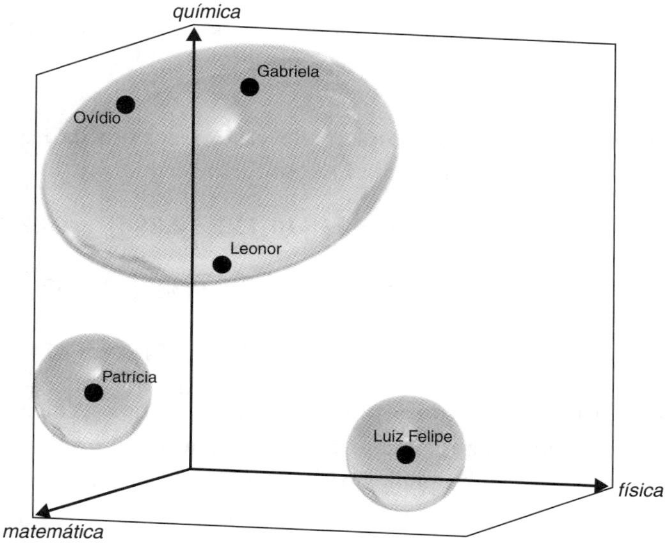


**Figura 1.15** Sugestão de agrupamentos formados após o método de encadeamento único.

Na sequência, elaboraremos o mesmo exemplo, porém fazendo uso dos métodos de encadeamento completo e médio, a fim de que possam ser comparados os ordenamentos das observações e os saltos de distância.

### 1.2.2.1.2.2. Método de encadeamento completo (*furthest neighbor* ou *complete linkage*)

A matriz $\mathbf{D}_0$, reproduzida a seguir, é obviamente a mesma, e a menor distância euclidiana, em destaque, ocorre entre as observações **Gabriela** e **Ovídio**, que passam a formar o primeiro agrupamento. Ressalta-se que o primeiro agrupamento será sempre o mesmo, independentemente do método de encadeamento adotado, visto que o primeiro estágio sempre levará em consideração a menor distância entre dois pares de observações ainda isoladas.

$D_0$ =

| | Gabriela | Luiz Felipe | Patrícia | Ovídio | Leonor |
|---|---|---|---|---|---|
| **Gabriela** | 0,000 | | | | |
| **Luiz Felipe** | 10,132 | 0,000 | | | |
| **Patrícia** | 8,420 | 7,187 | 0,000 | | |
| **Ovídio** | 3,713 | 10,290 | 6,580 | 0,000 | |
| **Leonor** | 4,170 | 8,223 | 6,045 | 5,474 | 0,000 |

No método de encadeamento completo, devemos fazer uso da expressão (1.24), a fim de que possa ser construída a matriz $\mathbf{D_1}$, conforme segue:

$$d_{\text{(Gabriela-Ovídio)Luiz Felipe}} = \mathbf{máx}\ \{\mathbf{10{,}132;\ 10{,}290}\} = 10{,}290$$

$$d_{\text{(Gabriela-Ovídio)Patrícia}} = \mathbf{máx}\ \{\mathbf{8{,}420;\ 6{,}580}\} = 8{,}420$$

$$d_{\text{(Gabriela-Ovídio)Leonor}} = \mathbf{máx}\ \{\mathbf{4{,}170;\ 5{,}474}\} = 5{,}474$$

A matriz $\mathbf{D_1}$ encontra-se a seguir, e, por meio dela, podemos verificar que a observação **Leonor** será incorporada ao *cluster* formado por **Gabriela** e **Ovídio**. Novamente, o menor valor, entre todos apresentados na matriz $\mathbf{D_1}$, encontra-se em destaque.

$D_1$ =

| | Gabriela Ovídio | Luiz Felipe | Patrícia | Leonor |
|---|---|---|---|---|
| **Gabriela Ovídio** | 0,000 | | | |
| **Luiz Felipe** | 10,290 | 0,000 | | |
| **Patrícia** | 8,420 | 7,187 | 0,000 | |
| **Leonor** | 5,474 | 8,223 | 6,045 | 0,000 |

Assim como o verificado quando da elaboração do método de encadeamento único, aqui, as observações **Luiz Felipe** e **Patrícia** também permanecem isoladas neste estágio. As diferenças entre os métodos começam a surgir na sequência. Vamos, portanto, construir a matriz $\mathbf{D_2}$, fazendo uso dos seguintes critérios:

$$d_{(\text{Gabriela-Ovídio-Leonor})\text{Luiz Felipe}} = \textbf{máx } \{\mathbf{10{,}290; 8{,}223}\} = 10{,}290$$

$$d_{(\text{Gabriela-Ovídio-Leonor})\text{Patrícia}} = \textbf{máx } \{\mathbf{8{,}420; 6{,}045}\} = 8{,}420$$

A matriz $\mathbf{D_2}$ pode ser escrita como:

$D_2$ =

| | Gabriela Ovídio Leonor | Luiz Felipe | Patrícia |
|---|---|---|---|
| **Gabriela Ovídio Leonor** | 0,000 | | |
| **Luiz Felipe** | 10,290 | 0,000 | |
| **Patrícia** | 8,420 | 7,187 | 0,000 |

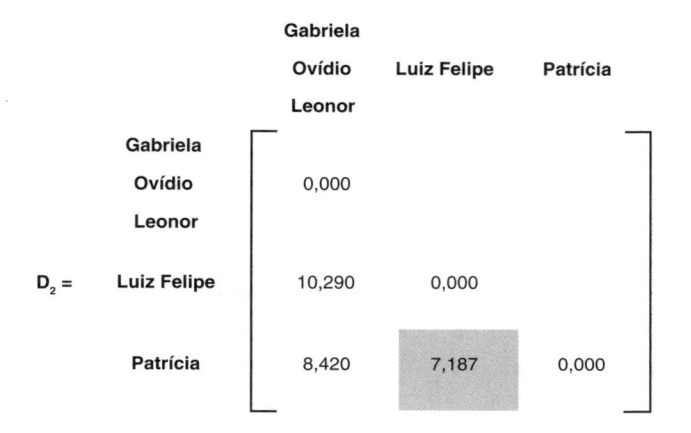

No terceiro estágio de aglomeração, um novo agrupamento é formado pela fusão das observações **Patrícia** e **Luiz Felipe**, visto que o critério *furthest neighbor* adotado pelo método de encadeamento completo faz a distância entre essas duas observações ser a menor entre todas calculadas para a construção da matriz $\mathbf{D_2}$. Note, portanto, que, nesse estágio, ocorrem diferenças em relação ao método de encadeamento único no que diz respeito ao ordenamento e à alocação das observações em grupos.

Para a construção da matriz $\mathbf{D_3}$, portanto, devemos levar em consideração o seguinte critério:

$$d_{(\text{Gabriela-Ovídio-Leonor})\ (\text{Luiz Felipe-Patrícia})} = \textbf{máx } \{\mathbf{10{,}290; 8{,}420}\} = 10{,}290$$

$D_3$ =

| | Gabriela Ovídio Leonor | Luiz Felipe Patrícia |
|---|---|---|
| **Gabriela Ovídio Leonor** | 0,000 | |
| **Luiz Felipe Patrícia** | 10,290 | 0,000 |

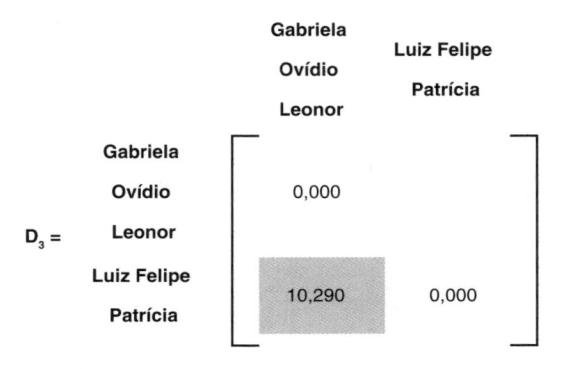

Da mesma forma, no quarto e último estágio, todas as observações estão alocadas no mesmo *cluster*, visto que há o agrupamento de **Gabriela-Ovídio-Leonor** com **Luiz Felipe-Patrícia**. A Tabela 1.13 apresenta um resumo desse esquema de aglomeração, elaborado por meio do método de encadeamento completo.

**Tabela 1.13** Esquema de aglomeração pelo método de encadeamento completo

| Estágio | Agrupamento | Observação Agrupada | Menor Distância Euclidiana |
|---|---|---|---|
| 1 | Gabriela | Ovídio | 3,713 |
| 2 | Gabriela – Ovídio | Leonor | 5,474 |
| 3 | Luiz Felipe | Patrícia | 7,187 |
| 4 | Gabriela – Ovídio – Leonor | Luiz Felipe – Patrícia | 10,290 |

O dendrograma desse esquema de aglomeração encontra-se na Figura 1.16. Podemos inicialmente verificar que o ordenamento das observações é diferente do observado no dendrograma da Figura 1.12.

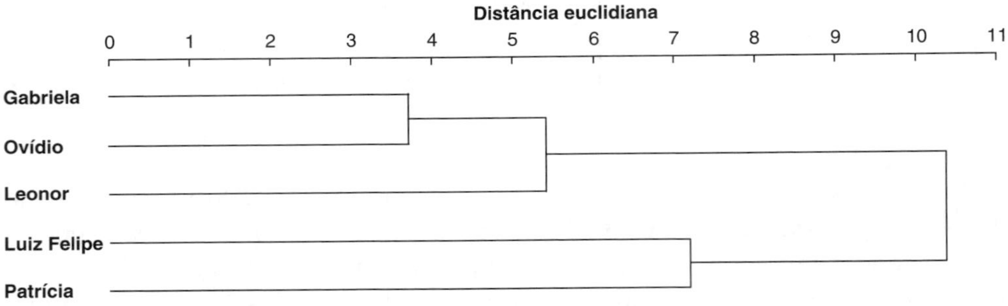


**Figura 1.16** Dendrograma – Método de encadeamento completo.

Analogamente ao realizado no método anterior, optamos por desenhar duas linhas verticais (I e II) sobre o maior salto de distância, conforme podemos observar na Figura 1.17.

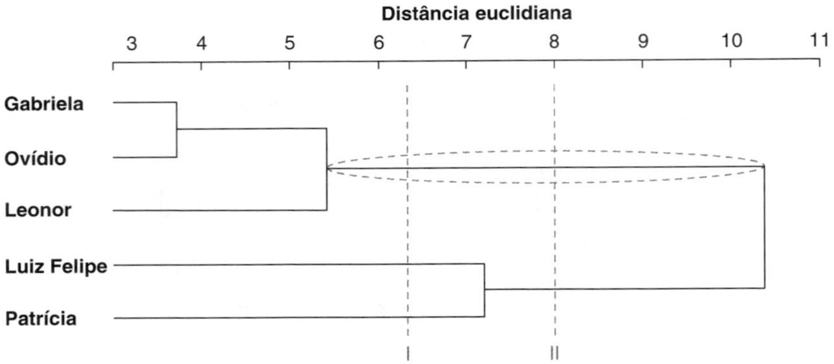


**Figura 1.17** Interpretação do dendrograma – *Clusters* e salto de distância.

Logo, caso o pesquisador opte por considerar três *clusters*, a solução ficará igual àquela encontrada anteriormente pelo método de encadeamento único, sendo um composto por **Gabriela**, **Ovídio** e **Leonor**, outro, por **Luiz Felipe**, e um terceiro, por **Patrícia** (linha I da Figura 1.17). Entretanto, caso opte por definir dois agrupamentos (linha II), a solução será diferente, visto que, nesse caso, o segundo *cluster* será formado por **Luiz Felipe** e **Patrícia**, enquanto no caso anterior, era formado apenas por **Luiz Felipe**, já que a observação **Patrícia** fora alocada no primeiro *cluster*.

Analogamente ao realizado no método anterior, a Figura 1.18 apresenta, de forma ilustrativa, como podem ser estabelecidos os agrupamentos após a elaboração do método de encadeamento completo.

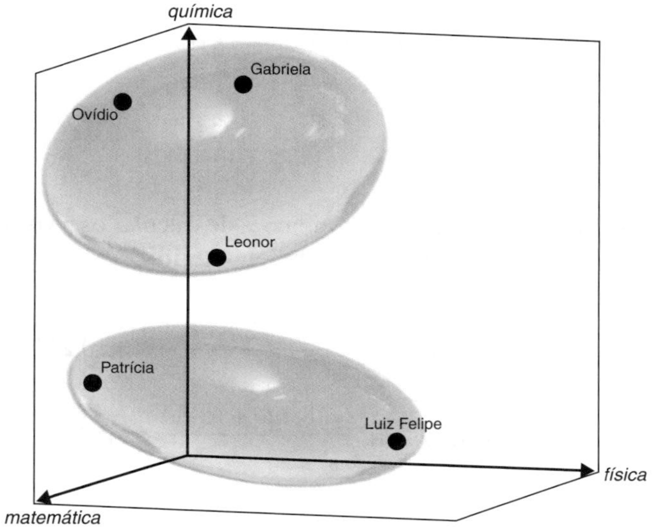


**Figura 1.18** Sugestão de agrupamentos formados após o método de encadeamento completo.

A definição do método de aglomeração pode ser embasada pela aplicação do método de encadeamento médio, em que dois grupos sofrem fusão com base na distância média entre todos os pares de observações pertencentes a esses grupos. Portanto, conforme discutimos, **caso o método mais adequado seja o de encadeamento único pela existência de observações com considerável afastamento, o ordenamento e a alocação das observações serão mantidos pelo método de encadeamento médio**. Por outro lado, **os *outputs* desse método apresentarão consistência com a solução obtida pelo método de encadeamento completo no que diz respeito ao ordenamento e à alocação das observações, caso estas sejam bastante similares nas variáveis em estudo**.

Neste sentido, é recomendável que o pesquisador aplique os três métodos de encadeamento quando da elaboração de análise de agrupamento por meio de esquemas de aglomeração hierárquicos. Vamos, portanto, ao método de encadeamento médio.

### 1.2.2.1.2.3. Método de encadeamento médio (*between groups* ou *average linkage*)

Inicialmente, reproduzimos a seguir a matriz de distâncias euclidianas entre cada par de observações (matriz $\mathbf{D_0}$), com destaque novamente para a menor distância entre elas.

$D_0 =$

| | Gabriela | Luiz Felipe | Patrícia | Ovídio | Leonor |
|---|---|---|---|---|---|
| **Gabriela** | 0,000 | | | | |
| **Luiz Felipe** | 10,132 | 0,000 | | | |
| **Patrícia** | 8,420 | 7,187 | 0,000 | | |
| **Ovídio** | 3,713 | 10,290 | 6,580 | 0,000 | |
| **Leonor** | 4,170 | 8,223 | 6,045 | 5,474 | 0,000 |

Com base na expressão (1.25), temos condições de calcular os termos da matriz $\mathbf{D_1}$, dado que já é formado o primeiro *cluster* **Gabriela-Ovídio**. Assim, temos que:

$$d_{\text{(Gabriela-Ovídio)Luiz Felipe}} = \frac{10{,}132 + 10{,}290}{2} = 10{,}211$$

$$d_{\text{(Gabriela-Ovídio)Patrícia}} = \frac{8{,}420 + 6{,}580}{2} = 7{,}500$$

$$d_{\text{(Gabriela-Ovídio)Leonor}} = \frac{4{,}170 + 5{,}474}{2} = 4{,}822$$

A matriz $\mathbf{D_1}$ encontra-se a seguir, e, por meio dela, podemos verificar que a observação **Leonor** é novamente incorporada ao *cluster* formado por **Gabriela** e **Ovídio**. O menor valor, entre todos apresentados na matriz $\mathbf{D_1}$, também se encontra em destaque.

$D_1 =$

| | Gabriela Ovídio | Luiz Felipe | Patrícia | Leonor |
|---|---|---|---|---|
| **Gabriela Ovídio** | 0,000 | | | |
| **Luiz Felipe** | 10,211 | 0,000 | | |
| **Patrícia** | 7,500 | 7,187 | 0,000 | |
| **Leonor** | 4,822 | 8,223 | 6,045 | 0,000 |

Para a construção da matriz $\mathbf{D_2}$, em que são calculadas as distâncias entre o *cluster* **Gabriela-Ovídio-Leonor** e as duas observações remanescentes, devemos elaborar os seguintes cálculos:

$$d_{\text{(Gabriela-Ovídio-Leonor) Luiz Felipe}} = \frac{10{,}132 + 10{,}290 + 8{,}223}{3} = 9{,}548$$

$$d_{\text{(Gabriela-Ovídio-Leonor) Patrícia}} = \frac{8{,}420 + 6{,}580 + 6{,}045}{3} = 7{,}015$$

Note que as distâncias utilizadas para o cálculo das dissimilaridades a serem inseridas na matriz $\mathbf{D_2}$ são as medidas euclidianas originais entre cada par de observações, ou seja, são provenientes da matriz $\mathbf{D_0}$. A matriz $\mathbf{D_2}$ encontra-se a seguir:

$D_2$ =

| | Gabriela Ovídio Leonor | Luiz Felipe | Patrícia |
|---|---|---|---|
| Gabriela Ovídio Leonor | 0,000 | | |
| Luiz Felipe | 9,548 | 0,000 | |
| Patrícia | 7,015 | 7,187 | 0,000 |

Assim como verificado quando da elaboração do método de encadeamento único, aqui, a observação **Patrícia** também é incorporada ao *cluster* já formado por **Gabriela, Ovídio** e **Leonor**, permanecendo isolada a observação **Luiz Felipe**. Por fim, a matriz $\mathbf{D_3}$ pode ser construída a partir do seguinte cálculo:

$$d_{\text{(Gabriela-Ovídio-Leonor-Patrícia)Luiz Felipe}} = \frac{10{,}132 + 10{,}290 + 8{,}223 + 7{,}187}{4} = 8{,}958$$

$D_3$ =

| | Gabriela Ovídio Leonor Patrícia | Luiz Felipe |
|---|---|---|
| Gabriela Ovídio Leonor Patrícia | 0,000 | |
| Luiz Felipe | 8,958 | 0,000 |

Novamente, no quarto e último estágio, todas as observações estão no mesmo agrupamento. A Tabela 1.14 e a Figura 1.19 apresentam, respectivamente, o resumo desse esquema de aglomeração e o correspondente dendrograma resultante desse método de encadeamento médio.

**Tabela 1.14** Esquema de aglomeração pelo método de encadeamento médio

| Estágio | Agrupamento | Observação Agrupada | Menor Distância Euclidiana |
|---|---|---|---|
| 1 | Gabriela | Ovídio | 3,713 |
| 2 | Gabriela – Ovídio | Leonor | 4,822 |
| 3 | Gabriela – Ovídio – Leonor | Patrícia | 7,015 |
| 4 | Gabriela – Ovídio – Leonor – Patrícia | Luiz Felipe | 8,958 |

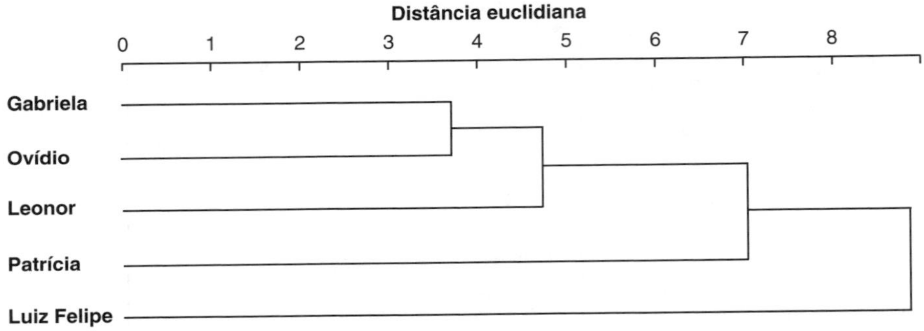


**Figura 1.19** Dendrograma – Método de encadeamento médio.

Podemos verificar que a Tabela 1.14 e a Figura 1.19, embora com outros valores de distância, apresentam o mesmo ordenamento e a mesma alocação de observações nos agrupamentos que os apresentados, respectivamente, na Tabela 1.12 e na Figura 1.12, obtidos quando da elaboração do método de encadeamento único.

Nesse sentido, podemos afirmar que as observações são consideravelmente distintas em relação às variáveis estudadas, fato comprovado pela consistência de respostas obtidas pelos métodos de encadeamento único e médio. Caso as observações fossem mais similares, fato não observado no gráfico da Figura 1.11, a consistência de respostas ocorreria entre os métodos de encadeamento completo e médio, conforme já discutido. Portanto, **a elaboração inicial de gráficos de dispersão, quando possível, pode auxiliar o pesquisador, ainda que de forma preliminar, na escolha do método a ser adotado**.

Os esquemas de aglomeração hierárquicos são bastante úteis para oferecer uma possibilidade de que seja analisada, de forma exploratória, a similaridade entre observações com base no comportamento de determinadas variáveis. É de fundamental importância, todavia, que o pesquisador compreenda que **esses métodos não são conclusivos** em si mesmos e mais de uma resposta pode ser obtida, dependendo do que se deseja e do comportamento dos dados.

Além disso, é preciso que o pesquisador tenha consciência sobre a sensibilidade desses métodos em relação à presença de *outliers*. **A existência de uma observação muito discrepante pode fazer outras observações, não tão similares entre si, serem alocadas em um mesmo agrupamento pelo fato de se diferenciarem mais substancialmente da considerada *outlier*.** Portanto, é recomendável que sucessivas aplicações de esquemas hierárquicos aglomerativos com o método de encadeamento escolhido sejam elaboradas, e, em cada aplicação, seja identificada uma ou mais observações consideradas *outliers*. Esse procedimento tornará a análise de agrupamentos mais confiável, visto que poderão ser formados *clusters* cada vez mais homogêneos. O pesquisador tem a liberdade de caracterizar a observação mais discrepante como aquela que acabou por ficar isolada após o penúltimo estágio de aglomeração, caso aconteça, ou seja, antes da fusão total. Porém, muitos são os métodos para que se defina um *outlier*. Barnett e Lewis (1994), por exemplo, citam quase 1.000 artigos provenientes da literatura sobre *outliers*, e, para efeitos didáticos, discutiremos, no apêndice deste capítulo, um efetivo procedimento em Stata para a detecção de *outliers* quando de uma análise multivariada de dados.

É relevante também enfatizar, conforme discutimos na presente seção, que diferentes métodos de encadeamento, quando da elaboração de esquemas hierárquicos aglomerativos, devem ser aplicados ao mesmo banco de dados, e os **dendrogramas resultantes, comparados**. Esse procedimento auxiliará o pesquisador em sua tomada de decisão, tanto em relação à escolha de uma interessante quantidade de agrupamentos quanto em relação ao ordenamento das observações e à alocação de cada uma nos diferentes *clusters* formados. Isso propiciará inclusive que se tome uma decisão coerente em relação à quantidade de agrupamentos que poderá ser considerada *input* de uma eventual análise não hierárquica.

Por fim, mas não menos importante, vale a pena comentar que os esquemas de aglomeração apresentados nesta seção (Tabelas 1.12, 1.13 e 1.14) oferecem **valores crescentes das medidas de agrupamento pelo fato de ter sido adotada uma medida de dissimilaridade** (distância euclidiana) como critério de comparação entre as observações. Caso tivéssemos escolhido a correlação de Pearson entre as observações, medida de similaridade também utilizada para variáveis métricas, conforme discutimos na seção 1.2.1.1, **os valores das medidas de agrupamento nos esquemas de aglomeração seriam decrescentes**. Este último fato também ocorre para análises de agrupamento em que são utilizadas medidas de semelhança (similaridade), como as estudadas na seção 1.2.1.2, para avaliar o comportamento de observações com base em variáveis binárias.

Na próxima seção elaboraremos, de forma algébrica, o mesmo exemplo por meio da aplicação do esquema de aglomeração não hierárquico *k-means*.

### 1.2.2.2. Esquema de aglomeração não hierárquico *k-means*

Dentre os esquemas de aglomeração não hierárquicos, o procedimento *k-means* é o mais utilizado por pesquisadores em diversos campos do conhecimento. Dado que a quantidade de *clusters* é definida preliminarmente pelo pesquisador, esse procedimento pode ser elaborado após a aplicação de um esquema hierárquico aglomerativo quando não se tem ideia da quantidade de *clusters* que podem ser formados, e, nessa situação, o *output* obtido por esse procedimento pode servir de *input* para o não hierárquico.

### 1.2.2.2.1. Notação

Assim como a elaborada na seção 1.2.2.1.1, apresentamos, a seguir, uma sequência lógica de passos, com base em Johnson e Wichern (2007), para que seja facilitado o entendimento da análise de agrupamentos, elaborada por meio do procedimento *k-means*:

1. Definimos a quantidade inicial de *clusters* e os respectivos centroides. O objetivo é dividir as observações do banco de dados em *K clusters*, de modo que aquelas dentro de cada *cluster* estejam mais próximas entre si se comparadas a qualquer outra pertencente a um diferente. Para tal, as observações precisam arbitrariamente ser alocadas nos *K clusters*, a fim de que possam ser calculados os respectivos centroides.
2. Devemos selecionar determinada observação que se encontra mais próxima de um centroide e realocá-la nesse *cluster*. Neste momento, outro *cluster* acaba de perder aquela observação, e, portanto, devem ser recalculados os centroides do *cluster* que a recebe e os do *cluster* que a perde.
3. Devemos proceder com o passo anterior até que não seja mais possível realocar observação alguma por maior proximidade a um centroide de outro *cluster*.

A coordenada $\bar{x}$ de um centroide deve ser recalculada quando da inclusão ou exclusão de determinada observação $p$ no respectivo *cluster*, com base nas seguintes expressões:

$$\bar{x}_{novo} = \frac{N \cdot \bar{x} + x_p}{N+1}, \text{ caso a observação } p \text{ seja inserida no } cluster \text{ em análise} \quad (1.26)$$

$$\bar{x}_{novo} = \frac{N \cdot \bar{x} + x_p}{N-1}, \text{ caso a observação } p \text{ seja excluída do } cluster \text{ em análise} \quad (1.27)$$

em que $N$ e $\bar{x}$ referem-se, respectivamente, à quantidade de observações no *cluster* e à coordenada de seu centroide antes da realocação daquela observação. Além disso, $x_p$ refere-se à coordenada da observação $p$ que sofreu mudança de *cluster*.

A Figura 1.20 apresenta, para duas variáveis ($X_1$ e $X_2$), uma situação hipotética que representa o término do procedimento *k-means*, em que não é mais possível realocar observação alguma pelo fato de não mais haver maiores proximidades a centroides de outros agrupamentos.

A matriz de distâncias entre as observações não precisa ser definida a cada passo, ao contrário dos esquemas de aglomeração hierárquicos, o que reduz a exigência em relação à capacidade computacional, permitindo que os esquemas de aglomeração não hierárquicos possam ser aplicados a bancos de dados consideravelmente maiores que aqueles tradicionalmente estudados por meio de esquemas hierárquicos.

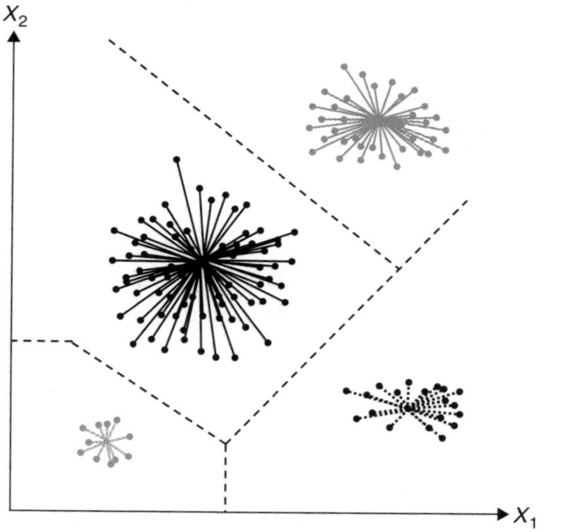


**Figura 1.20** Situação hipotética que representa o término do procedimento *k-means.*

Além disso, lembramos que as variáveis devem ser padronizadas antes da elaboração do procedimento *k-means*, assim como nos esquemas de aglomeração hierárquicos, caso os respectivos valores não estejam na mesma unidade de medida.

Finalmente, após a conclusão desse procedimento, é importante que o pesquisador estude se os valores de determinada variável métrica diferem-se entre os grupos definidos, ou seja, se a variabilidade entre os *clusters* é significativamente superior à variabilidade interna a cada *cluster*. O teste *F* da análise de variância de um fator (em inglês, *one-way analysis of variance* ou *one-way ANOVA*) permite que seja elaborada essa análise, sendo que suas hipóteses nula e alternativa podem ser definidas da seguinte maneira:

$H_0$: a variável em análise apresenta a mesma média em todos os grupos formados.

$H_1$: a variável em análise apresenta média diferente em pelo menos um dos grupos em relação aos demais.

Dessa forma, um único teste *F* pode ser aplicado para cada variável, com o intuito de se avaliar a existência de pelo menos uma diferença entre todas as possibilidades de comparações, e, nesse sentido, a principal vantagem de sua aplicação reside no fato de que não precisam ser elaborados ajustes em relação a dimensões discrepantes dos grupos para se analisarem diversas comparações. Por outro lado, a rejeição da hipótese nula, a determinado nível de significância, não permite que o pesquisador saiba qual(is) grupo(s) é(são) estatisticamente diferente(s) dos demais em relação à variável em análise.

A expressão da estatística *F*, correspondente a esse teste, é dada pela seguinte expressão:

$$F = \frac{\textit{variabilidade entre os grupos}}{\textit{variabilidade dentro dos grupos}} = \frac{\dfrac{\sum_{k=1}^{K} N_k \cdot (\overline{X}_k - \overline{X})^2}{K-1}}{\dfrac{\sum_{ki} (X_{ki} - \overline{X}_k)^2}{n-K}} \tag{1.28}$$

em que $N$ representa a quantidade de observações no $k$-ésimo *cluster*, $\overline{X}_k$ é a média da variável $X$ no mesmo $k$-ésimo *cluster*, $\overline{X}$ é a média geral da variável $X$ e $X_{ki}$ é o valor que a variável $X$ assume para determinada observação $i$ presente no $k$-ésimo *cluster*. Além disso, $K$ representa a quantidade de grupos (*clusters*) a serem comparados, e $n$, o tamanho da amostra.

Fazendo uso da estatística $F$, o pesquisador terá condições de identificar as variáveis cujas médias mais se diferem entre os grupos, ou seja, aquelas que mais contribuem para a formação de pelo menos um dos $K$ *clusters* (maior estatística $F$), bem como aquelas que não contribuem para a formação da quantidade sugerida de agrupamentos, a determinado nível de significância.

Na próxima seção, apresentaremos um exemplo prático que será resolvido por meio de solução algébrica, a partir do qual os conceitos referentes ao procedimento *k-means* poderão ser fixados.

## 1.2.2.2.2. Exemplo prático de análise de agrupamentos com esquema de aglomeração não hierárquico *k-means*

Para resolução algébrica do esquema de aglomeração não hierárquico *k-means*, faremos uso dos dados de nosso próprio exemplo, que se encontram na Tabela 1.11 e são reproduzidos na Tabela 1.15.

**Tabela 1.15** Exemplo: Notas de Matemática, Física e Química no vestibular

| Estudante (Observação) | Nota de Matemática ($X_{1i}$) | Nota de Física ($X_{2i}$) | Nota de Química ($X_{3i}$) |
|---|---|---|---|
| Gabriela | 3,7 | 2,7 | 9,1 |
| Luiz Felipe | 7,8 | 8,0 | 1,5 |
| Patrícia | 8,9 | 1,0 | 2,7 |
| Ovídio | 7,0 | 1,0 | 9,0 |
| Leonor | 3,4 | 2,0 | 5,0 |

Softwares como o SPSS utilizam a distância euclidiana como padrão de medida de dissimilaridade, razão pela qual elaboraremos os procedimentos algébricos com base nessa medida. Esse critério inclusive permitirá que os resultados obtidos sejam comparados com os encontrados quando da elaboração dos esquemas de aglomeração hierárquicos na seção 1.2.2.1.2, visto que, naquelas situações, também foi utilizada a distância euclidiana. Da mesma forma, não será também necessária a padronização das variáveis pelo procedimento *Zscores*, já que apresentam valores na mesma unidade de medida (notas de 0 a 10). Caso contrário, **é de fundamental importância que o pesquisador padronize as variáveis antes da elaboração do procedimento *k-means*.**

Fazendo uso da sequência lógica apresentada na seção 1.2.2.2.1, vamos elaborar o procedimento *k-means* com $K = 3$ *clusters*. Essa quantidade de agrupamentos pode ser oriunda de uma decisão do pesquisador pautada por determinado critério preliminar ou escolhida com base nos *outputs* dos esquemas de aglomeração hierárquicos. No nosso caso, a decisão foi tomada com base na comparação dos dendrogramas já elaborados e pela semelhança dos *outputs* obtidos pelos métodos de encadeamento único e médio.

Assim, precisamos alocar arbitrariamente as observações em três *clusters*, a fim de que possam ser calculados os respectivos centroides. Portanto, podemos definir que as observações **Gabriela** e **Luiz Felipe** formam o primeiro *cluster*, **Patrícia** e **Ovídio**, o segundo, e **Leonor**, o terceiro. A Tabela 1.16 apresenta a formação arbitrária desses *clusters* preliminares, bem como o cálculo das coordenadas dos respectivos centroides, o que possibilita o passo inicial do algoritmo do procedimento *k-means*.

**Tabela 1.16** Alocação arbitrária das observações em $K = 3$ *clusters* e cálculo das coordenadas dos centroides – Passo inicial do procedimento *k-means*

| | Coordenadas dos Centroides | | |
|---|---|---|---|
| | Variável | | |
| Agrupamento | Nota de Matemática | Nota de Física | Nota de Química |
| Gabriela<br>Luiz Felipe | $\frac{3,7+7,8}{2} = 5,75$ | $\frac{2,7+8,0}{2} = 5,35$ | $\frac{9,1+1,5}{2} = 5,30$ |
| Patrícia<br>Ovídio | $\frac{8,9+7,0}{2} = 7,95$ | $\frac{1,0+1,0}{2} = 1,00$ | $\frac{2,7+9,0}{2} = 5,85$ |
| Leonor | 3,40 | 2,00 | 5,00 |

Com base nessas coordenadas, construímos o gráfico da Figura 1.21, que apresenta a alocação arbitrária de cada observação em seu *cluster*, bem como os respectivos centroides.

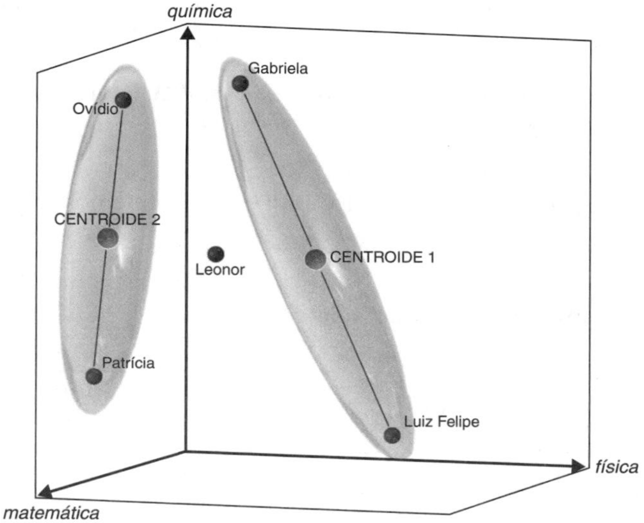


**Figura 1.21** Alocação arbitrária das observações em $K = 3$ *clusters* e respectivos centroides – Passo inicial do procedimento *k-means*.

Com base no segundo passo da sequência lógica apresentada na seção 1.2.2.2.1, devemos escolher determinada observação e calcular a distância entre ela e os centroides de todos os agrupamentos, supondo que seja ou não realocada em cada *cluster*. Selecionando, por exemplo, a primeira observação (**Gabriela**), vamos calcular as distâncias entre ela e os centroides dos agrupamentos já formados (**Gabriela-Luiz Felipe**, **Patrícia-Ovídio** e **Leonor**) e, na sequência, supor que ela deixe seu *cluster* (**Gabriela-Luiz Felipe**) e seja inserida em um dos outros dois agrupamentos, formando o *cluster* **Gabriela-Patrícia-Ovídio** ou o **Gabriela-Leonor**. Assim, a partir das expressões (1.26) e (1.27), devemos recalcular as coordenadas dos novos centroides, simulando que, de fato, ocorra a realocação de **Gabriela** para um dos dois *clusters*, conforme mostra a Tabela 1.17.

**Tabela 1.17** Simulação de realocação de Gabriela e cálculo das coordenadas dos novos centroides

| | | Coordenadas dos Centroides | | |
|---|---|---|---|---|
| | | Variável | | |
| **Agrupamento** | **Simulação** | **Nota de Matemática** | **Nota de Física** | **Nota de Química** |
| Luiz Felipe | Exclusão de **Gabriela** | $\frac{2\cdot(5{,}75)-3{,}70}{2-1}=7{,}80$ | $\frac{2\cdot(5{,}35)-2{,}70}{2-1}=8{,}00$ | $\frac{2\cdot(5{,}30)-9{,}10}{2-1}=1{,}50$ |
| Gabriela Patrícia Ovídio | Inclusão de **Gabriela** | $\frac{2\cdot(7{,}95)+3{,}70}{2+1}=6{,}53$ | $\frac{2\cdot(1{,}00)+2{,}70}{2+1}=1{,}57$ | $\frac{2\cdot(5{,}85)+9{,}10}{2+1}=6{,}93$ |
| Gabriela Leonor | Inclusão de **Gabriela** | $\frac{1\cdot(3{,}40)+3{,}70}{1+1}=3{,}55$ | $\frac{1\cdot(2{,}00)+2{,}70}{1+1}=2{,}35$ | $\frac{1\cdot(5{,}00)+9{,}10}{1+1}=7{,}05$ |

**Obs.:** Note que os valores calculados das coordenadas do centróide de **Luiz Felipe** são exatamente iguais às coordenadas originais dessa observação, conforme mostra a Tabela 1.15.

Nesse sentido, a partir das Tabelas 1.15, 1.16 e 1.17, podemos calcular as seguintes distâncias euclidianas:

- **Suposição de que Gabriela não seja realocada:**

$$d_{\textbf{Gabriela-(Gabriela-Luiz Felipe)}} = \sqrt{(3{,}70-5{,}75)^2+(2{,}70-5{,}35)^2+(9{,}10-5{,}30)^2}=5{,}066$$

$$d_{\textbf{Gabriela-(Patrícia-Ovídio)}} = \sqrt{(3{,}70-7{,}95)^2+(2{,}70-1{,}00)^2+(9{,}10-5{,}85)^2}=5{,}614$$

$$d_{\textbf{Gabriela-Leonor}} = \sqrt{(3{,}70-3{,}40)^2+(2{,}70-2{,}00)^2+(9{,}10-5{,}00)^2}=4{,}170$$

- **Suposição de que Gabriela seja realocada:**

$$d_{\text{Gabriela-Luiz Felipe}} = \sqrt{(3{,}70-7{,}80)^2+(2{,}70-8{,}00)^2+(9{,}10-1{,}50)^2}=10{,}132$$

$$d_{\text{Gabriela-(Gabriela-Patrícia-Ovídio)}} = \sqrt{(3{,}70-6{,}53)^2+(2{,}70-1{,}57)^2+(9{,}10-6{,}93)^2}=3{,}743$$

$$d_{\text{Gabriela-(Gabriela-Leonor)}} = \sqrt{(3{,}70-3{,}55)^2+(2{,}70-2{,}35)^2+(9{,}10-7{,}05)^2}=2{,}085$$

Como **Gabriela** encontra-se mais próxima do centroide de **Gabriela-Leonor** (menor distância euclidiana), devemos realocar essa observação no *cluster* formado inicialmente apenas pela observação **Leonor**. Logo, o *cluster* em que a observação **Gabriela** estava inicialmente (**Gabriela-Luiz Felipe**) acaba de perdê-la, passando a observação **Luiz Felipe** a compor um *cluster* individual; portanto, devem ser recalculados os centroides do *cluster* que a recebe e do que a perde. A Tabela 1.18 apresenta a formação dos novos *clusters*, assim como o cálculo das coordenadas dos respectivos centroides.

**Tabela 1.18** Novos centroides com realocação de Gabriela

| | Coordenadas dos Centroides | | |
|---|---|---|---|
| | Variável | | |
| **Agrupamento** | **Nota de Matemática** | **Nota de Física** | **Nota de Química** |
| Luiz Felipe | 7,80 | 8,00 | 1,50 |
| Patrícia<br>Ovídio | 7,95 | 1,00 | 5,85 |
| Gabriela<br>Leonor | $\frac{3{,}7+3{,}4}{2}=3{,}55$ | $\frac{2{,}7+2{,}0}{2}=2{,}35$ | $\frac{9{,}1+5{,}0}{2}=7{,}05$ |

Com base nessas novas coordenadas, podemos construir o gráfico que se encontra na Figura 1.22.

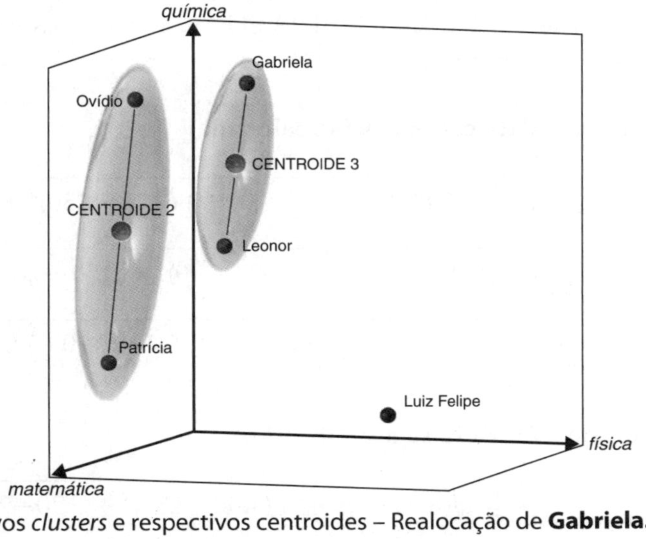


**Figura 1.22** Novos *clusters* e respectivos centroides – Realocação de **Gabriela.**

Vamos proceder novamente com o passo anterior. Como a observação **Luiz Felipe** está, neste momento, isolada, vamos simular a realocação da terceira observação (**Patrícia**). Devemos calcular as distâncias entre ela e os centroides dos agrupamentos já formados (**Luiz Felipe**, **Patrícia-Ovídio** e **Gabriela-Leonor**) e, na sequência, supor que ela deixe seu *cluster* (**Patrícia-Ovídio**) e seja inserida em um dos outros dois agrupamentos, formando o *cluster* **Luiz Felipe-Patrícia** ou o **Gabriela-Patrícia-Leonor**. Também com base nas expressões (1.26) e (1.27), devemos recalcular as coordenadas dos novos centroides, simulando que de fato ocorra a realocação de **Patrícia** para um desses dois *clusters*, conforme mostra a Tabela 1.19.

**Tabela 1.19** Simulação de realocação de Patrícia – Passo seguinte do algoritmo do procedimento *k-means*

| | | Coordenadas dos Centroides | | |
|---|---|---|---|---|
| | | Variável | | |
| **Agrupamento** | **Simulação** | **Nota de Matemática** | **Nota de Física** | **Nota de Química** |
| Luiz Felipe Patrícia | Inclusão de **Patrícia** | $\frac{1\cdot(7,80)+8,90}{1+1}=8,35$ | $\frac{1\cdot(8,00)+1,00}{1+1}=4,50$ | $\frac{1\cdot(1,50)+2,70}{1+1}=2,10$ |
| Ovídio | Exclusão de **Patrícia** | $\frac{2\cdot(7,95)-8,90}{2-1}=7,00$ | $\frac{2\cdot(1,00)-1,00}{2-1}=1,00$ | $\frac{2\cdot(5,85)-2,70}{2-1}=9,00$ |
| Gabriela Patrícia Leonor | Inclusão de **Patrícia** | $\frac{2\cdot(3,55)+8,90}{2+1}=5,33$ | $\frac{2\cdot(2,35)+1,00}{2+1}=1,90$ | $\frac{2\cdot(7,05)+2,70}{2+1}=5,60$ |

**Obs.:** Note que os valores calculados das coordenadas do centroide de **Ovídio** são exatamente iguais às originais dessa observação, conforme mostra a Tabela 1.15.

Analogamente ao realizado quando da simulação de realocação de **Gabriela**, vamos calcular, com base nas Tabelas 1.15, 1.18 e 1.19, as distâncias euclidianas entre **Patrícia** e cada um dos centroides:

- **Suposição de que Patrícia não seja realocada:**

$$d_{\textbf{Patrícia-Luiz Felipe}} = \sqrt{(8,90-7,80)^2+(1,00-8,00)^2+(2,70-1,50)^2}=7,187$$

$$d_{\textbf{Patrícia-(Patrícia-Ovídio)}} = \sqrt{(8,90-7,95)^2+(1,00-1,00)^2+(2,70-5,85)^2}=3,290$$

$$d_{\textbf{Patrícia-(Gabriela-Leonor)}} = \sqrt{(8,90-3,55)^2+(1,00-2,35)^2+(2,70-7,05)^2}=7,026$$

- **Suposição de que Patrícia seja realocada:**

$$d_{\textbf{Patrícia-(Luiz Felipe-Patrícia)}} = \sqrt{(8,90-8,35)^2+(1,00-4,50)^2+(2,70-2,10)^2}=3,593$$

$$d_{\text{Patrícia-Ovídio}} = \sqrt{(8{,}90-7{,}00)^2+(1{,}00-1{,}00)^2+(2{,}70-9{,}00)^2} = 6{,}580$$

$$d_{\text{Patrícia-(Gabriela-Patrícia-Leonor)}} = \sqrt{(8{,}90-5{,}33)^2+(1{,}00-1{,}90)^2+(2{,}70-5{,}60)^2} = 4{,}684$$

Tendo em vista que a distância euclidiana entre **Patrícia** e o *cluster* **Patrícia-Ovídio** é a menor, não iremos realocá-la para outro agrupamento e manteremos, nesse momento, a solução apresentada na Tabela 1.18 e na Figura 1.22.

Na sequência, vamos elaborar o mesmo procedimento, porém simulando a realocação da quarta observação (**Ovídio**). Analogamente, devemos, portanto, calcular as distâncias entre essa observação e os centroides dos agrupamentos já formados (**Luiz Felipe**, **Patrícia-Ovídio** e **Gabriela-Leonor**) e, em seguida, fazer a suposição de que ela deixe seu *cluster* (**Patrícia-Ovídio**) e seja inserida em um dos outros dois agrupamentos, formando o *cluster* **Luiz Felipe-Ovídio** ou o **Gabriela-Ovídio-Leonor**. Novamente por meio das expressões (1.26) e (1.27), podemos recalcular as coordenadas dos novos centroides, simulando que de fato ocorra a realocação de **Ovídio** para um desses dois *clusters*, conforme mostra a Tabela 1.20.

**Tabela 1.20** Simulação de realocação de Ovídio – Novo passo do algoritmo do procedimento *k-means*

| | | Coordenadas dos Centroides | | |
|---|---|---|---|---|
| | | Variável | | |
| **Agrupamento** | **Simulação** | **Nota de Matemática** | **Nota de Física** | **Nota de Química** |
| Luiz Felipe<br>Ovídio | Inclusão de **Ovídio** | $\frac{1\cdot(7{,}80)+7{,}00}{1+1}=7{,}40$ | $\frac{1\cdot(8{,}00)+1{,}00}{1+1}=4{,}50$ | $\frac{1\cdot(1{,}50)+9{,}00}{1+1}=5{,}25$ |
| Patrícia | Exclusão de **Ovídio** | $\frac{2\cdot(7{,}95)-7{,}00}{2-1}=8{,}90$ | $\frac{2\cdot(1{,}00)-1{,}00}{2-1}=1{,}00$ | $\frac{2\cdot(5{,}85)-9{,}00}{2-1}=2{,}70$ |
| Gabriela<br>Ovídio<br>Leonor | Inclusão de **Ovídio** | $\frac{2\cdot(3{,}55)+7{,}00}{2+1}=4{,}70$ | $\frac{2\cdot(2{,}35)+1{,}00}{2+1}=1{,}90$ | $\frac{2\cdot(7{,}05)+9{,}00}{2+1}=7{,}70$ |

**Obs.:** Note que os valores calculados das coordenadas do centroide de **Patrícia** são exatamente iguais às originais dessa observação, conforme mostra a Tabela 1.15.

A seguir, encontram-se os cálculos das distâncias euclidianas entre **Ovídio** e cada um dos centroides, elaborados a partir das Tabelas 1.15, 1.18 e 1.20:

- **Suposição de que Ovídio não seja realocado:**

$$d_{\text{Ovídio-Luiz Felipe}} = \sqrt{(7{,}00-7{,}80)^2+(1{,}00-8{,}00)^2+(9{,}00-1{,}50)^2} = 10{,}290$$

$$d_{\text{Ovídio-(Patrícia-Ovídio)}} = \sqrt{(7{,}00-7{,}95)^2+(1{,}00-1{,}00)^2+(9{,}00-5{,}85)^2} = 3{,}290$$

$$d_{\text{Ovídio-(Gabriela-Leonor)}} = \sqrt{(7{,}00-3{,}55)^2+(1{,}00-2{,}35)^2+(9{,}00-7{,}05)^2} = 4{,}187$$

- **Suposição de que Ovídio seja realocado:**

$$d_{\text{Ovídio-(Luiz Felipe-Ovídio)}} = \sqrt{(7,00-7,40)^2+(1,00-4,50)^2+(9,00-5,25)^2} = 5,145$$

$$d_{\text{Ovídio-Patrícia}} = \sqrt{(7,00-8,90)^2+(1,00-1,00)^2+(9,00-2,70)^2} = 6,580$$

$$d_{\text{Ovídio-(Gabriela-Ovídio-Leonor)}} = \sqrt{(7,00-4,70)^2+(1,00-1,90)^2+(9,00-7,70)^2} = 2,791$$

Nesse caso, como a observação **Ovídio** encontra-se mais próxima do centroide de **Gabriela-Ovídio-Leonor** (menor distância euclidiana), devemos realocar essa observação no *cluster* formado inicialmente por **Gabriela** e **Leonor**. Portanto, a observação **Patrícia** passa a formar um *cluster* individual. A Tabela 1.21 apresenta as coordenadas dos centróides dos *clusters* **Luiz Felipe**, **Patrícia** e **Gabriela-Ovídio-Leonor**.

**Tabela 1.21** Novos centroides com realocação de Ovídio

| | Coordenadas dos Centroides | | |
|---|---|---|---|
| | Variável | | |
| Agrupamento | Nota de Matemática | Nota de Física | Nota de Química |
| Luiz Felipe | 7,80 | 8,00 | 1,50 |
| Patrícia | 8,90 | 1,00 | 2,70 |
| Gabriela Ovídio Leonor | 4,70 | 1,90 | 7,70 |

Não iremos elaborar o procedimento proposto para a quinta observação (**Leonor**), visto que ela já sofreu fusão com a observação **Gabriela** logo no primeiro passo do algoritmo. Podemos considerar que o procedimento *k-means* esteja encerrado, uma vez que não é mais possível realocar qualquer observação por maior proximidade a um centroide de outro *cluster*. A Figura 1.23 apresenta a alocação de cada observação em seu *cluster*, bem como os respectivos centroides. Note que a solução obtida é igual à encontrada por meio dos métodos de encadeamento único (Figura 1.15) e médio, quando da elaboração dos esquemas de aglomeração hierárquicos.

Conforme já discutimos, podemos verificar que a matriz de distâncias entre as observações não precisa ser definida a cada passo do algoritmo referente ao procedimento *k-means*, ao contrário dos esquemas de aglomeração hierárquicos, o que reduz a exigência em relação à capacidade computacional, permitindo que os esquemas de aglomeração não hierárquicos possam ser aplicados a bancos de dados consideravelmente maiores que os tradicionalmente estudados por meio de esquemas hierárquicos.

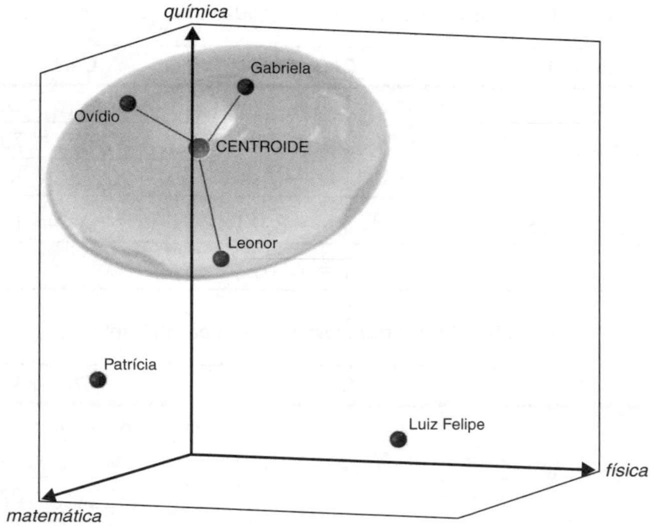


**Figura 1.23** Solução do procedimento *k-means.*

A Tabela 1.22 apresenta as distâncias euclidianas entre cada observação do banco de dados original e os centroides de cada um dos *clusters* formados.

**Tabela 1.22** Distâncias euclidianas entre observações e centroides dos *clusters*

| | **Agrupamento** | | |
|---|---|---|---|
| **Estudante (Observação)** | **Luiz Felipe** | **Patrícia** | **Gabriela Ovídio Leonor** |
| Gabriela | 10,132 | 8,420 | 1,897 |
| Luiz Felipe | 0,000 | 7,187 | 9,234 |
| Patrícia | 7,187 | 0,000 | 6,592 |
| Ovídio | 10,290 | 6,580 | 2,791 |
| Leonor | 8,223 | 6,045 | 2,998 |

Ressaltamos que esse algoritmo pode ser elaborado com outra alocação preliminar das observações nos *clusters* além da escolhida nesse exemplo. **A reaplicação do procedimento *k-means* com diversas escolhas arbitrárias, dada a quantidade *K* de *clusters*, permite que o pesquisador avalie a estabilidade do procedimento de agrupamento e embase, de maneira consistente, a alocação das observações nos grupos.**

Após a conclusão desse procedimento, é de fundamental importância que verifiquemos, por meio do teste *F* da análise de variância de um fator (*one-way analysis of variance* ou *one-way ANOVA*), se os valores de cada uma das três variáveis consideradas na análise são estatisticamente diferentes entre os três *clusters*. Para facilitar o cálculo das estatísticas *F* correspondentes a esse teste, elaboramos as Tabelas 1.23, 1.24 e 1.25, que apresentam as médias por *cluster* e geral das variáveis *matemática*, *física* e *química*, respectivamente.

**Tabela 1.23** Médias por *cluster* e geral da variável *matemática*

| *Cluster* 1 | *Cluster* 2 | *Cluster* 3 |
|---|---|---|
| $X_{\text{Luiz Felipe}} = 7{,}80$ | $X_{\text{Patrícia}} = 8{,}90$ | $X_{\text{Gabriela}} = 3{,}70$ |
| | | $X_{\text{Ovídio}} = 7{,}00$ |
| | | $X_{\text{Leonor}} = 3{,}40$ |
| $\bar{X}_1 = 7{,}80$ | $\bar{X}_2 = 8{,}90$ | $\bar{X}_3 = 4{,}70$ |
| $\bar{X} = 6{,}16$ | | |

**Tabela 1.24** Médias por *cluster* e geral da variável *física*

| *Cluster* 1 | *Cluster* 2 | *Cluster* 3 |
|---|---|---|
| $X_{\text{Luiz Felipe}} = 8{,}00$ | $X_{\text{Patrícia}} = 1{,}00$ | $X_{\text{Gabriela}} = 2{,}70$ |
| | | $X_{\text{Ovídio}} = 1{,}00$ |
| | | $X_{\text{Leonor}} = 2{,}00$ |
| $\bar{X}_1 = 8{,}00$ | $\bar{X}_2 = 1{,}00$ | $\bar{X}_3 = 1{,}90$ |
| $\bar{X} = 2{,}94$ | | |

**Tabela 1.25** Médias por *cluster* e geral da variável *química*

| *Cluster* 1 | *Cluster* 2 | *Cluster* 3 |
|---|---|---|
| $X_{\text{Luiz Felipe}} = 1{,}50$ | $X_{\text{Patrícia}} = 2{,}70$ | $X_{\text{Gabriela}} = 9{,}10$ |
| | | $X_{\text{Ovídio}} = 9{,}00$ |
| | | $X_{\text{Leonor}} = 5{,}00$ |
| $\bar{X}_1 = 1{,}50$ | $\bar{X}_2 = 2{,}70$ | $\bar{X}_3 = 7{,}70$ |
| $\bar{X} = 5{,}46$ | | |

Logo, com base nos valores apresentados nessas tabelas e fazendo uso da expressão (1.28), temos condições de calcular as variabilidades entre os grupos e dentro deles para cada uma das variáveis, bem como as respectivas estatísticas *F*. As Tabelas 1.26, 1.27 e 1.28 apresentam esses cálculos.

**Tabela 1.26** Variabilidades e estatística *F* para a variável *matemática*

| | |
|---|---|
| Variabilidade entre os grupos | $\frac{(7{,}80-6{,}16)^2+(8{,}90-6{,}16)^2+3\cdot(4{,}70-6{,}16)^2}{3-1}=8{,}296$ |
| Variabilidade dentro dos grupos | $\frac{(3{,}70-4{,}70)^2+(7{,}00-4{,}70)^2+(3{,}40-4{,}70)^2}{5-3}=3{,}990$ |
| *F* | $\frac{8{,}296}{3{,}990}=2{,}079$ |

**Obs.:** O cálculo da variabilidade dentro dos grupos levou em consideração apenas o *cluster* 3, visto que os demais apresentam variabilidade igual a 0 por serem formados por uma única observação.

**Tabela 1.27** Variabilidades e estatística *F* para a variável *física*

| | |
|---|---|
| Variabilidade entre os grupos | $\frac{(8{,}00-2{,}94)^2+(1{,}00-2{,}94)^2+3\cdot(1{,}90-2{,}94)^2}{3-1}=16{,}306$ |
| Variabilidade dentro dos grupos | $\frac{(2{,}70-1{,}90)^2+(1{,}00-1{,}90)^2+(2{,}00-1{,}90)^2}{5-3}=0{,}730$ |
| *F* | $\frac{16{,}306}{0{,}730}=22{,}337$ |

**Obs.:** Igual à da tabela anterior.

**Tabela 1.28** Variabilidades e estatística *F* para a variável *química*

| | |
|---|---|
| Variabilidade entre os grupos | $\frac{(1{,}50-5{,}46)^2+(2{,}70-5{,}46)^2+3\cdot(7{,}70-5{,}46)^2}{3-1}=19{,}176$ |
| Variabilidade dentro dos grupos | $\frac{(9{,}10-7{,}70)^2+(9{,}00-7{,}70)^2+(5{,}00-7{,}70)^2}{5-3}=5{,}470$ |
| *F* | $\frac{19{,}176}{5{,}470}=3{,}506$ |

**Obs.:** Igual à da Tabela 1.26.

Vamos agora analisar a rejeição ou não da hipótese nula dos testes *F* para cada uma das variáveis. Como existem dois graus de liberdade para a variabilidade entre os grupos ($K-1=2$) e dois graus de liberdade para a variabilidade dentro dos grupos ($n-K=2$), temos, por meio da Tabela A do Apêndice II, que $F_c = 19{,}00$ (*F* crítico ao nível de significância de 5%). Dessa forma, apenas para a variável *física* podemos rejeitar a hipótese nula de que todos os grupos formados possuem a mesma média, uma vez que *F* calculado $F_{cal} = 22{,}337 > F_c = F_{2,2,5\%} = 19{,}00$, Logo, para essa variável, existe pelo menos um grupo que apresenta média estatisticamente diferente dos demais. Para as variáveis *matemática* e *química*, no entanto, não podemos rejeitar a hipótese nula do teste ao nível de significância de 5%.

Softwares como o SPSS e o Stata não oferecem o $F_c$ para os graus de liberdade definidos e determinado nível de significância. Todavia, oferecem o nível de significância do $F_{cal}$ para esses graus de liberdade. Assim, em vez de analisarmos se $F_{cal} > F_c$, devemos verificar se o nível de significância do $F_{cal}$ é menor que 0,05 (5%). Portanto:

> Se *Sig. F* (ou *Prob. F*) < 0,05, existe pelo menos uma diferença entre os grupos para a variável em análise.

O nível de significância do $F_{cal}$ pode ser obtido no Excel por meio do comando **Fórmulas → Inserir Função → DISTF**, que abrirá uma caixa de diálogo como a apresentada na Figura 1.24.

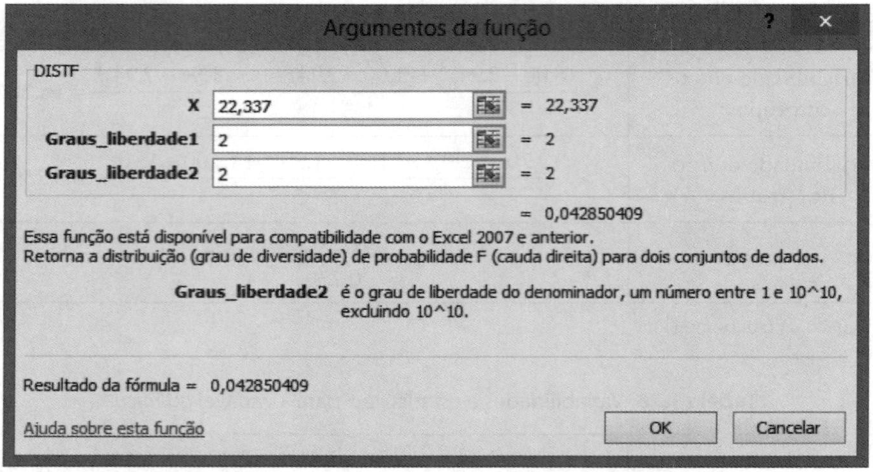


**Figura 1.24** Obtenção do nível de significância de *F* (comando **Inserir Função**).

Conforme podemos observar por meio dessa figura, o *sig. F* para a variável *física* é menor que 0,05 (*sig. F* = 0,043), ou seja, existe pelo menos uma diferença entre os grupos para essa variável ao nível de significância de 5%. Um pesquisador interessado poderá realizar o mesmo procedimento para as variáveis *matemática* e *química*. A Tabela 1.29 apresenta, de forma resumida, os resultados da análise de variância de um fator, com as variabilidades de cada variável, as estatísticas *F* e os respectivos níveis de significância.

**Tabela 1.29** Análise de variância de um fator (*ANOVA*)

| Variável | Variabilidade entre os grupos | Variabilidade dentro dos grupos | *F* | *Sig. F* |
|---|---|---|---|---|
| *matemática* | 8,296 | 3,990 | 2,079 | 0,325 |
| *física* | 16,306 | 0,730 | 22,337 | 0,043 |
| *química* | 19,176 | 5,470 | 3,506 | 0,222 |

A tabela de **análise de variância de um fator ainda permite que o pesquisador identifique as variáveis que mais contribuem para a formação de pelo menos um dos *clusters***, por possuírem média estatisticamente diferente em pelo menos um dos grupos em relação aos demais, visto que elas apresentarão maiores valores da estatística *F*. É relevante comentar que **os valores da estatística *F* são bastante sensíveis ao tamanho da amostra**, e, nesse caso, as variáveis *matemática* e *química* acabaram por não apresentar médias estatisticamente diferentes entre os três grupos, muito em função de a amostra ser reduzida (apenas cinco observações).

Ressaltamos que essa **análise de variância de um fator também pode ser realizada logo após a aplicação de determinado esquema de aglomeração hierárquico**, visto que depende apenas da classificação das observações em grupos. O único cuidado que o pesquisador deve ter, ao comparar os resultados obtidos por um esquema hierárquico com os obtidos por um esquema não hierárquico, é em relação à adoção da mesma medida de distância em ambas as situações. **Alocações diferentes das observações em uma mesma quantidade de *clusters* podem ocorrer caso sejam utilizadas medidas distintas de distância em um esquema hierárquico e em um esquema não hierárquico; portanto, podem ser calculados valores diferentes das estatísticas *F* nas duas situações.**

De maneira geral, caso haja uma ou mais variáveis que não contribuam para a formação da quantidade sugerida de agrupamentos, recomendamos que o **procedimento seja reaplicado sem sua presença.** Nessas situações, poderá ocorrer a alteração da quantidade de agrupamentos e, caso o pesquisador veja a necessidade de embasar o *input* inicial a respeito da quantidade *K* de *clusters*, **poderá inclusive fazer uso de um esquema hierárquico aglomerativo sem a presença daquelas variáveis antes da reaplicação do procedimento *k-means*, o que tornará a análise cíclica.**

Além disso, a existência de *outliers* pode gerar *clusters* com considerável dispersão, e o **tratamento da base de dados com foco na identificação de observações muito discrepantes passa a ser um procedimento recomendável** antes da elaboração de esquemas de aglomeração não hierárquicos. No apêndice deste capítulo, será apresentado um importante procedimento em Stata para a detecção de *outliers* multivariados.

Assim como os esquemas de aglomeração hierárquicos, **o procedimento não hierárquico *k-means* não pode ser utilizado como técnica isolada** com a finalidade de que seja tomada uma decisão conclusiva a respeito do agrupamento de observações. **O comportamento dos dados, o tamanho da amostra e os critérios adotados pelo pesquisador podem ser bastante sensíveis para a alocação das observações e a formação de *clusters*.** A combinação dos *outputs* encontrados com os provenientes de outras técnicas pode mais fortemente embasar as escolhas do pesquisador e propiciar maior transparência no processo decisório.

Ao término da análise de agrupamentos, como os ***clusters* formados podem ser representados no banco de dados por uma nova variável qualitativa** com termos vinculados a cada observação (*cluster* 1, *cluster* 2, ..., *cluster K*), a partir dela, podem ser elaboradas outras técnicas multivariadas exploratórias, como análise de correspondência, a fim de que se estude, dependendo dos objetivos do pesquisador, uma eventual associação entre os agrupamentos e as categorias de outras variáveis qualitativas.

Essa nova variável qualitativa, que representa a alocação de cada observação, pode também ser utilizada como **explicativa** de determinado fenômeno em modelos multivariados confirmatórios como, por exemplo, modelos de regressão múltipla, desde que transformada em variáveis *dummy* que representem as categorias (*clusters*) dessa nova variável gerada na análise de agrupamentos. Por outro lado, tal procedimento somente faz sentido quando há o intuito de elaborar um **diagnóstico** acerca do comportamento da variável dependente, sem que haja a intenção de previsões. Como uma nova observação não possui seu posicionamento em determinado *cluster*, a obtenção de sua alocação somente é possível ao se incluir tal observação em nova análise de agrupamentos, a fim de que seja obtida uma nova variável qualitativa e, consequentemente, novas *dummies*.

Além disso, essa nova variável qualitativa também pode ser considerada dependente de um modelo de regressão logística multinomial, permitindo que o pesquisador avalie as probabilidades que cada observação tem de pertencer a cada um dos *clusters* formados, em função do comportamento de outras variáveis explicativas não inicialmente consideradas na análise de agrupamentos. Ressaltamos, da mesma forma, que esse procedimento depende dos objetivos e do constructo estabelecido de pesquisa e apresenta caráter de diagnóstico do comportamento das variáveis na amostra para as observações existentes, sem finalidade preditiva.

Por fim, se os agrupamentos formados apresentarem **substancialidade** em relação à quantidade de observações alocadas, podem inclusive ser aplicadas, com o uso de outras variáveis, **técnicas confirmatórias específicas para cada *cluster* identificado**, a fim de que possam eventualmente ser gerados modelos mais bem ajustados.

Na sequência, o mesmo banco de dados será utilizado para que se elaborem análises de agrupamentos nos softwares SPSS e Stata. Enquanto na seção 1.3 serão apresentados os procedimentos para elaboração das técnicas estudadas no SPSS, assim como seus resultados, na seção 1.4 serão apresentados os comandos para realização dos procedimentos no Stata, com respectivos *outputs*.

## 1.3. ANÁLISE DE AGRUPAMENTOS COM ESQUEMAS DE AGLOMERAÇÃO HIERÁRQUICOS E NÃO HIERÁRQUICOS NO SOFTWARE SPSS

Nesta seção, apresentaremos o passo a passo para a elaboração do nosso exemplo no IBM SPSS Statistics Software®. O principal objetivo é propiciar ao pesquisador uma oportunidade de elaborar análises de agrupamentos com esquemas hierárquicos e não hierárquicos nesse software, dada sua facilidade de manuseio e a didática das operações. A cada apresentação de um *output*, faremos menção ao respectivo resultado obtido quando da solução algébrica nas seções anteriores, a fim de que o pesquisador possa compará-los e formar seu conhecimento e erudição sobre o tema. A reprodução das imagens nesta seção tem autorização da International Business Machines Corporation©.

### 1.3.1. Elaboração de esquema de aglomeração hierárquico no software SPSS

Voltando ao exemplo apresentado na seção 1.2.2.1.2, lembremos que nosso professor tem o interesse de agrupar estudantes em *clusters* homogêneos em relação a notas (de 0 a 10) obtidas no vestibular nas disciplinas de Matemática, Física e Química. Os dados encontram-se no arquivo **Vestibular.sav** e são exatamente iguais aos apresentados na Tabela 1.11. Nesta seção, realizaremos a análise de agrupamentos fazendo uso da distância euclidiana entre as observações e levando em consideração apenas o método de encadeamento único.

Para que seja elaborada uma análise de agrupamentos por meio de um método hierárquico no SPSS, devemos clicar em **Analyze → Classify → Hierarchical Cluster...**. Uma caixa de diálogo como a apresentada na Figura 1.25 será aberta.

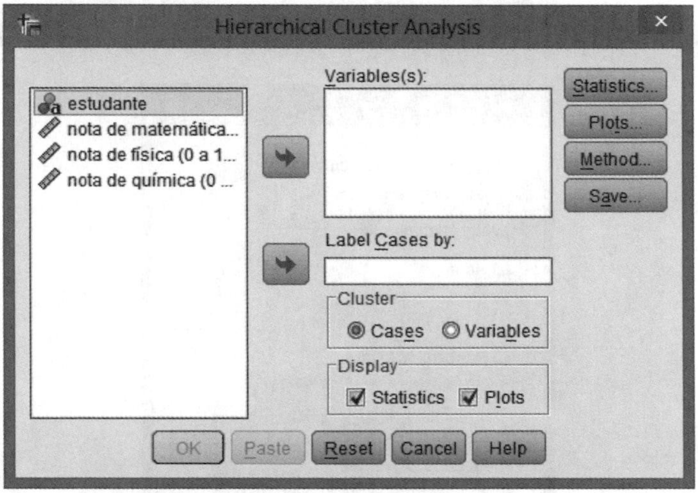


**Figura 1.25** Caixa de diálogo para elaboração da análise de agrupamentos com método hierárquico no SPSS.

Na sequência, devemos inserir as variáveis originais de nosso exemplo (*matemática*, *física* e *química*) em **Variables** e a variável que identifica as observações (*estudante*) em **Label Cases by**, conforme mostra a Figura 1.26. Caso o pesquisador não possua uma variável que represente o nome das observações (neste caso, uma *string*), poderá deixar este último campo sem preenchimento.

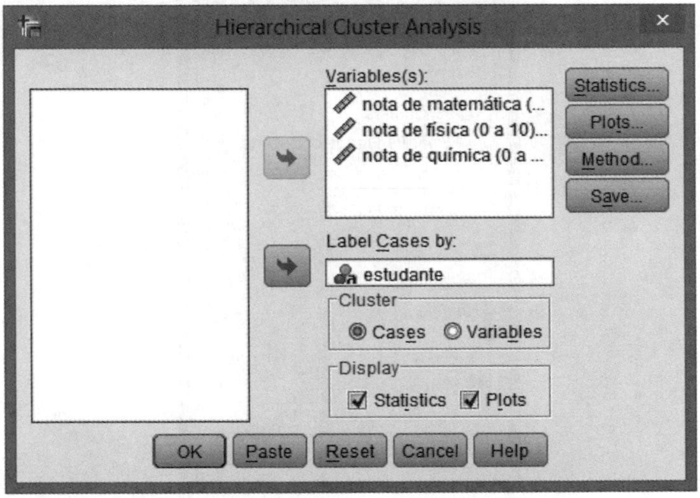


**Figura 1.26** Seleção das variáveis originais.

No botão **Statistics...**, marcaremos primeiramente as opções **Agglomeration schedule** e **Proximity matrix**, que fazem com que sejam apresentados, nos *outputs*, a tabela com o esquema de aglomeração, elaborada com base na medida de distância a ser escolhida e no método de encadeamento a ser definido, e a matriz de distâncias entre cada par de observações, respectivamente. Ainda manteremos a opção **None** em **Cluster Membership**. A Figura 1.27 mostra como ficará essa caixa de diálogo.

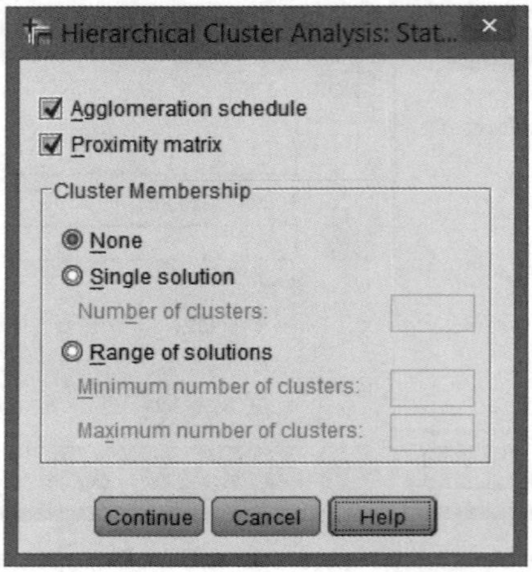


**Figura 1.27** Seleção das opções que geram o esquema de aglomeração e a matriz de distâncias entre pares de observações.

Ao clicarmos em **Continue**, voltaremos para a caixa de diálogo principal da análise de agrupamentos hierárquicos. Na sequência, devemos clicar no botão **Plots...**. Conforme mostra a Figura 1.28, iremos selecionar a opção **Dendrogram** e a opção **None** em **Icicle**.

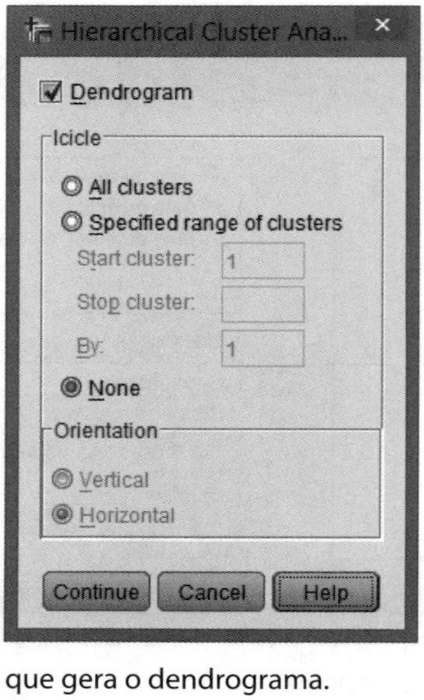


**Figura 1.28** Seleção da opção que gera o dendrograma.

Da mesma forma, vamos clicar em **Continue** para que retornemos à caixa de diálogo principal.

Em **Method...**, que é a caixa de diálogo mais importante da análise de agrupamentos hierárquicos, devemos escolher o método de encadeamento único, também conhecido por *nearest neighbor* ou *single linkage*. Portanto, em **Cluster Method**, vamos selecionar a opção **Nearest neighbor**. Um curioso pesquisador poderá verificar que os métodos de encadeamento completo (**Furthest neighbor**) e médio (**Between-groups linkage**), estudados na seção 1.2.2.1, também estão disponíveis para seleção nesta opção.

Além disso, como as variáveis do banco de dados são métricas, vamos escolher uma das medidas de dissimilaridade dispostas em **Measure → Interval**. A fim de que seja mantida a mesma lógica utilizada quando da resolução algébrica de nosso exemplo, escolheremos a distância euclidiana como medida de dissimilaridade e, portanto, devemos selecionar a opção **Euclidean distance**. Pode-se verificar também que, nessa opção, estão dispostas as outras medidas de dissimilaridade estudadas na seção 1.2.1.1, como a distância quadrática euclidiana, Minkowski, Manhattan (**Block**, no SPSS), Chebychev e a própria correlação de Pearson que, embora seja uma medida de similaridade, também é utilizada para variáveis métricas.

É importante mencionar que, embora não façamos uso de medidas de semelhança neste exemplo, pelo fato de não estarmos trabalhando com variáveis binárias, algumas medidas de similaridade podem ser selecionadas caso seja a situação com que se depare o pesquisador. Portanto, conforme estudamos na seção 1.2.1.2, podem ser selecionadas, em **Measure → Binary**, as medidas de emparelhamento simples (**Simple matching**, no SPSS), Jaccard, Dice, AntiDice (**Sokal and Sneath 2**, no SPSS), Russell e Rao, Ochiai, Yule (**Yule's Q**, no SPSS), Rogers e Tanimoto, Sneath e Sokal (**Sokal and Sneath 1**, no SPSS) e Hamann, entre outras.

Ainda na mesma caixa de diálogo, o pesquisador pode solicitar que a análise de agrupamentos seja elaborada a partir das variáveis padronizadas. Caso seja o intuito, para situações em que as variáveis originais apresentem unidades de medida distintas, pode ser selecionada a opção **Z scores** em **Transform Values → Standardize**, que fará todos os cálculos serem elaborados a partir da padronização das variáveis, que passarão a apresentar médias iguais a 0 e desvios-padrão iguais a 1.

Feitas essas considerações, a caixa de diálogo no nosso exemplo ficará conforme mostra a Figura 1.29.

Na sequência, podemos clicar em **Continue** e em **OK**.

O primeiro *output* (Figura 1.30) apresenta a matriz de dissimilaridades $\mathbf{D_0}$ composta pelas distâncias euclidianas entre cada par de observações. Podemos notar, inclusive, que, na legenda, consta o dizer "*This is a dissimilarity matrix*". Caso essa matriz fosse composta por medidas de semelhança, oriundas de cálculos elaborados a partir de variáveis binárias, o dizer seria "*This is a similarity matrix*".

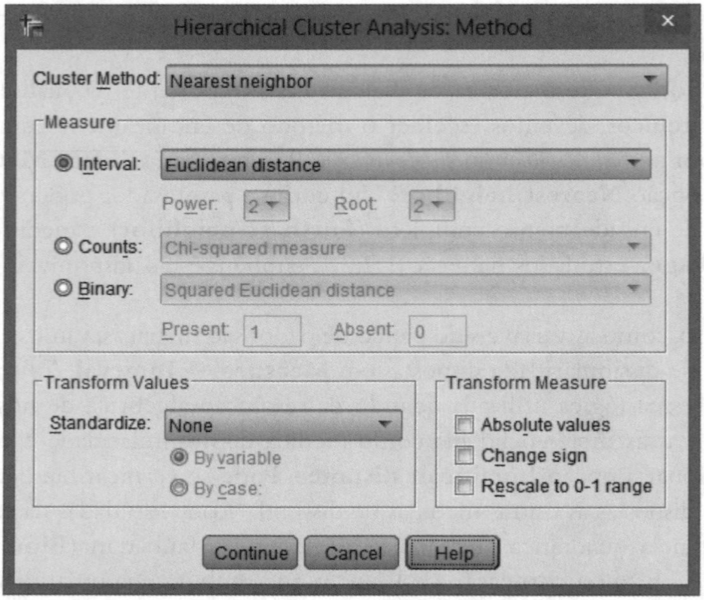


**Figura 1.29** Caixa de diálogo para seleção do método de encadeamento e da medida de distância.

Por meio dessa matriz, que é igual àquela cujos valores foram calculados e apresentados na seção 1.2.2.1.2, podemos verificar que as observações **Gabriela** e **Ovídio** são as mais similares (menor distância euclidiana) em relação às variáveis *matemática*, *física* e *química* ($d_{\text{Gabriela-Ovídio}} = 3{,}713$).

**Proximity Matrix**

| Case | Euclidean Distance | | | | |
|---|---|---|---|---|---|
| | 1:Gabriela | 2:Luiz Felipe | 3:Patrícia | 4:Ovídio | 5:Leonor |
| 1:Gabriela | ,000 | 10,132 | 8,420 | 3,713 | 4,170 |
| 2:Luiz Felipe | 10,132 | ,000 | 7,187 | 10,290 | 8,223 |
| 3:Patrícia | 8,420 | 7,187 | ,000 | 6,580 | 6,045 |
| 4:Ovídio | 3,713 | 10,290 | 6,580 | ,000 | 5,474 |
| 5:Leonor | 4,170 | 8,223 | 6,045 | 5,474 | ,000 |

This is a dissimilarity matrix

**Figura 1.30** Matriz de distâncias euclidianas (medidas de dissimilaridade) entre pares de observações.

Portanto, no esquema hierárquico apresentado na Figura 1.31, o primeiro estágio de aglomeração justamente ocorre pela fusão desses dois estudantes, com **Coefficient** (distância euclidiana) igual a 3,713. Note que as colunas **Cluster Combined Cluster 1** e **Cluster 2** referem-se a observações isoladas, quando ainda não incorporadas a determinado agrupamento ou a *clusters* já formados. Obviamente, no primeiro estágio de aglomeração, o primeiro *cluster* é formado pela fusão de duas observações isoladas.

**Agglomeration Schedule**

| Stage | Cluster Combined | | Coefficients | Stage Cluster First Appears | | Next Stage |
|---|---|---|---|---|---|---|
| | Cluster 1 | Cluster 2 | | Cluster 1 | Cluster 2 | |
| 1 | 1 | 4 | 3,713 | 0 | 0 | 2 |
| 2 | 1 | 5 | 4,170 | 1 | 0 | 3 |
| 3 | 1 | 3 | 6,045 | 2 | 0 | 4 |
| 4 | 1 | 2 | 7,187 | 3 | 0 | 0 |

**Figura 1.31** Esquema hierárquico de aglomeração – Método de encadeamento único e distância euclidiana.

Na sequência, no segundo estágio, a observação **Leonor** (5) é incorporada ao *cluster* já formado anteriormente por **Gabriela** (1) e **Ovídio** (4). Podemos verificar que, em se tratando do método de encadeamento único, a distância considerada para a aglomeração de **Leonor** foi a menor entre essa observação e **Gabriela** ou **Ovídio**, ou seja, o critério adotado foi:

$$d_{(\textbf{Gabriela-Ovídio})\ \textbf{Leonor}} = \textbf{mín}\ \{\textbf{4,170; 5,474}\} = 4{,}170$$

Podemos notar também que, enquanto as colunas **Stage Cluster First Appears Cluster 1** e **Cluster 2** indicam em qual estágio anterior cada correspondente observação foi incorporada a determinado agrupamento, a coluna **Next Stage** mostra em qual futuro estágio o respectivo *cluster* receberá uma nova observação ou agrupamento, dado que estamos lidando com um método aglomerativo.

No terceiro estágio, ao *cluster* já formado, **Gabriela-Ovídio-Leonor**, é incorporada a observação **Patrícia** (3), respeitando-se o seguinte critério de distância:

$$d_{(\textbf{Gabriela-Ovídio-Leonor})\ \textbf{Patrícia}} = \textbf{mín}\ \{\textbf{8,420; 6,580; 6,045}\} = 6{,}045$$

E, por fim, no quarto e último estágio, dado que temos cinco observações, a observação **Luiz Felipe**, ainda isolada (note que a última observação a ser incorporada a um *cluster* corresponde ao último valor igual a 0 na coluna **Stage Cluster First Appears Cluster 2**), passa a ser incorporada ao *cluster* já formado pelas demais observações, encerrando-se o esquema aglomerativo. A distância considerada nesse estágio é dada por:

$$d_{(\textbf{Gabriela-Ovídio-Leonor-Patrícia})\ \textbf{Luiz Felipe}} = \textbf{mín}\ \{\textbf{10,132; 10,290; 8,223; 7,187}\} = 7{,}187$$

Com base na ordenação das observações no esquema de aglomeração e nas distâncias utilizadas como critério de agrupamento, pode ser construído o dendrograma, que se encontra na Figura 1.32. Note que as medidas de distância são rescalonadas para a construção dos dendrogramas no SPSS, a fim de que possa ser facilitada a interpretação da alocação de cada observação nos *clusters* e, principalmente, a visualização dos maiores saltos de distância, conforme discutimos na seção 1.2.2.1.2.1.

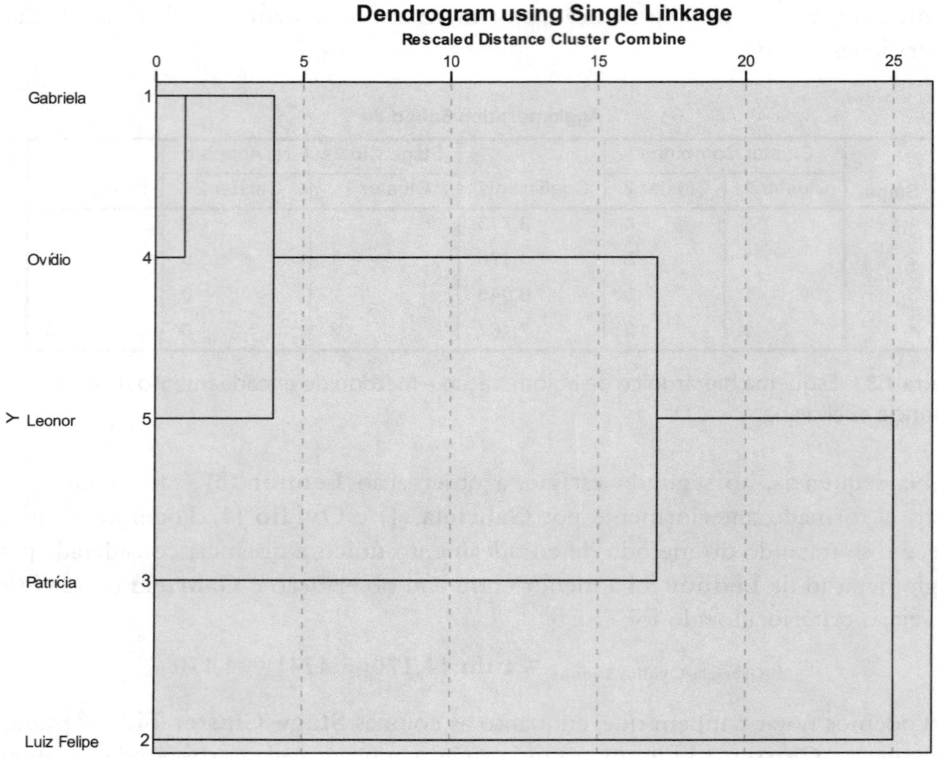


**Figura 1.32** Dendrograma – Método de encadeamento único e distâncias euclidianas reescalonadas no SPSS.

O ordenamento das observações no dendrograma corresponde ao que foi apresentado no esquema de aglomeração (Figura 1.31), e, a partir da análise da Figura 1.32, é possível identificar que o maior salto de distância ocorre quando da fusão de **Patrícia** com o *cluster* já formado **Gabriela-Ovídio-Leonor**. Esse salto já podia ter sido identificado no esquema de aglomeração da Figura 1.31, visto que um grande aumento de distância ocorre quando se passa do segundo para o terceiro estágio, ou seja, quando se incrementa a distância euclidiana de 4,170 para 6,045 (44,96%) para que novo *cluster* possa ser formado pela incorporação de outra observação. Portanto, podemos optar pela configuração existente ao final do segundo estágio de aglomeração, em que são formados três *clusters*. Conforme discutimos na seção 1.2.2.1.2.1, **o critério para a identificação da quantidade de *clusters* que leva em consideração o estágio de aglomeração imediatamente anterior a um grande salto é bastante útil e muito adotado**.

A Figura 1.33 apresenta uma linha vertical (tracejada) que "corta" o dendrograma na região em que ocorrem os maiores saltos. Neste momento, como acontecem três

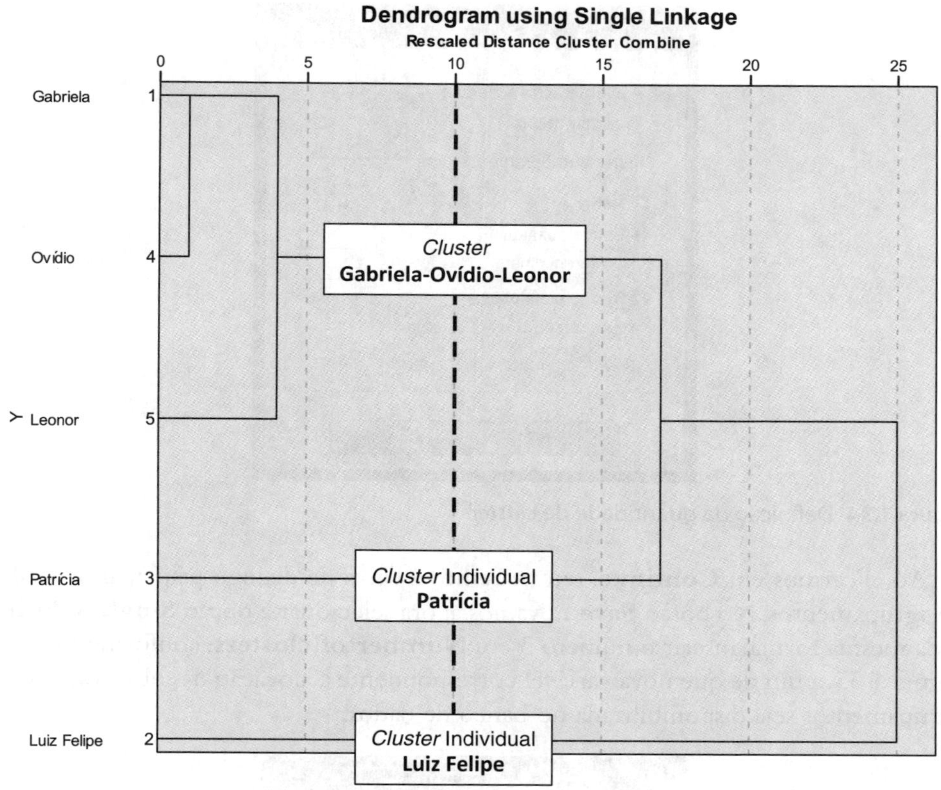


**Figura 1.33** Dendrograma com identificação dos *clusters*.

encontros com linhas do dendrograma, podemos identificar três correspondentes *clusters*, formados, respectivamente, por **Gabriela-Ovídio-Leonor**, **Patrícia** e **Luiz Felipe**.

Conforme discutimos, **é comum encontramos dendrogramas que ofereçam certa dificuldade para que se identifiquem saltos de distância**, muito em função da existência de observações consideravelmente similares no banco de dados em relação a todas as variáveis em análise. Nessas situações, é recomendável que se utilize a **medida de distância quadrática euclidiana e método de encadeamento completo** (*furthest neighbor*). **Essa combinação de critérios é bastante popular em bases de dados com observações muito homogêneas.**

Adotada a solução com três *clusters*, podemos novamente clicar em **Analyze → Classify → Hierarchical Cluster...** e, no botão **Statistics...**, selecionar a opção **Single solution** em **Cluster Membership**. Nessa opção, devemos inserir o número 3 em **Number of clusters**, conforme mostra a Figura 1.34.

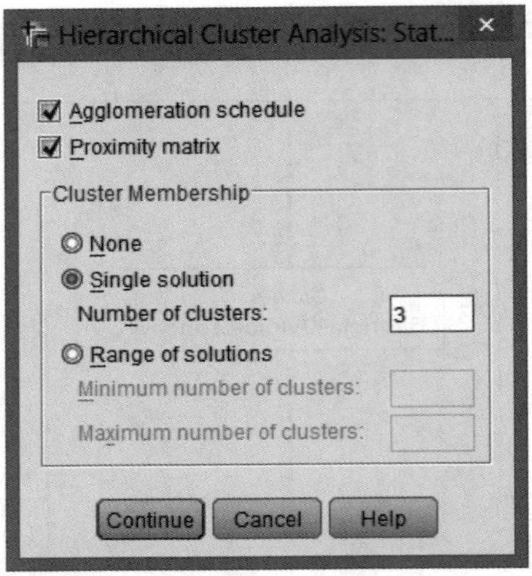


**Figura 1.34** Definição da quantidade de *clusters.*

Ao clicarmos em **Continue**, retornaremos à caixa de diálogo principal da análise de agrupamentos. No botão **Save...**, vamos agora selecionar a opção **Single solution** e, da mesma forma, inserir o número 3 em **Number of clusters**, conforme mostra a Figura 1.35, a fim de que nova variável correspondente à alocação das observações nos agrupamentos seja disponibilizada no banco de dados.

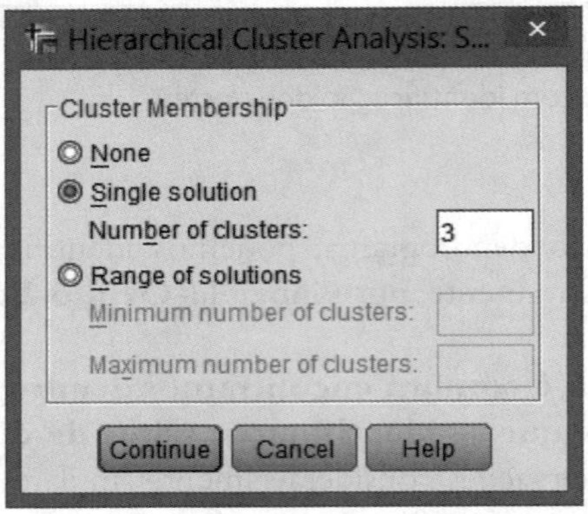


**Figura 1.35** Seleção da opção para salvar a alocação das observações nos *clusters* como nova variável no banco de dados – Procedimento hierárquico.

Na sequência, podemos clicar em **Continue** e em **OK**.

Embora os *outputs* gerados sejam os mesmos, é importante notar que uma nova tabela de resultados é apresentada, correspondente à alocação propriamente dita das observações nos *clusters*. A Figura 1.36 mostra, para três agrupamentos, que, enquanto as observações **Gabriela**, **Ovídio** e **Leonor** formam um único *cluster*, nomeado por 1, as observações **Luiz Felipe** e **Patrícia** formam dois *clusters* individuais, nomeados, respectivamente, por 2 e 3. Embora as nomeações sejam numéricas, é importante ressaltar que representam apenas **rótulos** (**categorias**) de uma variável qualitativa.

**Cluster Membership**

| Case | 3 Clusters |
|---|---|
| 1:Gabriela | 1 |
| 2:Luiz Felipe | 2 |
| 3:Patrícia | 3 |
| 4:Ovídio | 1 |
| 5:Leonor | 1 |

**Figura 1.36** Alocação das observações nos *clusters.*

Ao elaborarmos o procedimento descrito, podemos verificar que é gerada uma nova variável no banco de dados, chamada pelo SPSS de *CLU3_1*, conforme mostra a Figura 1.37.

File Edit View Data Transform Analyze Direct Marketing Graphs Utilities Add-

| | estudante | matemática | física | química | CLU3_1 |
|---|---|---|---|---|---|
| 1 | Gabriela | 3,7 | 2,7 | 9,1 | 1 |
| 2 | Luiz Felipe | 7,8 | 8,0 | 1,5 | 2 |
| 3 | Patrícia | 8,9 | 1,0 | 2,7 | 3 |
| 4 | Ovídio | 7,0 | 1,0 | 9,0 | 1 |
| 5 | Leonor | 3,4 | 2,0 | 5,0 | 1 |

**Figura 1.37** Banco de dados com nova variável *CLU3_1* – Alocação de cada observação.

A natureza dessa nova variável é automaticamente classificada pelo software como **Nominal**, ou seja, qualitativa, conforme podemos comprovar na Figura 1.38, que pode ser obtida ao clicarmos em **Variable View**, no canto inferior esquerdo da tela do SPSS.

*Vestibular.sav [DataSet1] - IBM SPSS Stat

File Edit View Data Transform Analyze Direct Marketing Graphs Utilities Add-ons Window Help

| | Name | Type | Width | Decimals | Label | Values | Missing | Columns | Align | Measure | Role |
|---|---|---|---|---|---|---|---|---|---|---|---|
| 1 | estudante | String | 11 | 0 | | None | None | 11 | Left | Nominal | Input |
| 2 | matemática | Numeric | 9 | 1 | nota de matem... | None | None | 8 | Right | Scale | Input |
| 3 | física | Numeric | 9 | 1 | nota de física (... | None | None | 8 | Right | Scale | Input |
| 4 | química | Numeric | 9 | 1 | nota de químic... | None | None | 8 | Right | Scale | Input |
| 5 | CLU3_1 | Numeric | 8 | 0 | Single Linkage | None | None | 10 | Right | Nominal | Input |

**Figura 1.38** Classificação nominal (qualitativa) da variável *CLU3_1.*

Conforme discutimos, a variável *CLU3_1* pode ser utilizada em outras técnicas exploratórias, como análise de correspondência, ou em técnicas confirmatórias. Neste último caso, pode ser inserida, por exemplo, no vetor de variáveis explicativas (desde que transformada para *dummies*) de um modelo de regressão múltipla, ou como variável dependente de determinado modelo de regressão logística multinomial em que haja a intenção de estudar o comportamento de outras variáveis não inseridas na análise de agrupamentos sobre a probabilidade de inserção de cada observação em cada um dos *clusters* formados. Essa decisão, no entanto, depende dos objetivos e do constructo de pesquisa.

Neste momento, o pesquisador pode considerar a análise de agrupamentos com esquemas de aglomeração hierárquicos finalizada. Entretanto, com base na criação da nova variável *CLU3_1*, poderá ainda estudar, por meio da análise de variância de um fator, se os valores de determinada variável diferem-se entre os *clusters* formados, ou seja, se a variabilidade entre os grupos é significativamente superior à variabilidade interna a cada um deles. Mesmo que a análise não tenha sido elaborada quando da resolução algébrica dos esquemas hierárquicos, visto que optamos por realizá-la apenas após o procedimento *k-means*, na seção 1.2.2.2.2, mostraremos a seguir como pode ser aplicada neste momento, visto que já temos a alocação das observações nos grupos.

Para tanto, vamos clicar em **Analyze** → **Compare Means** → **One-Way ANOVA...**. Na caixa de diálogo que será aberta, devemos inserir as variáveis *matemática*, *física* e *química* em **Dependent List** e a variável *CLU3_1* (*Single Linkage*) em **Factor**. A caixa de diálogo ficará conforme mostra a Figura 1.39.

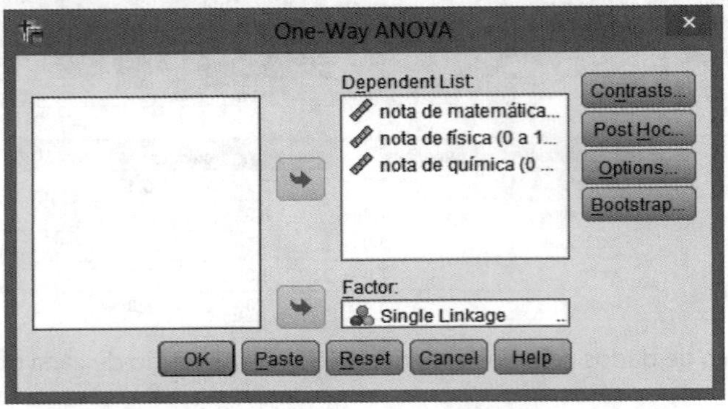


**Figura 1.39** Caixa de diálogo com seleção das variáveis para elaboração da análise de variância de um fator no SPSS.

No botão **Options...**, marcaremos as opções **Descriptive** (em **Statistics**) e **Means plot**, como mostra a Figura 1.40.

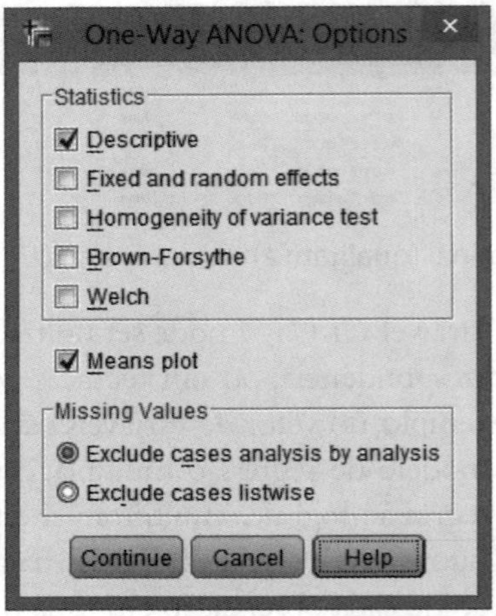


**Figura 1.40** Seleção de opções para realização da análise de variância de um fator.

Na sequência, podemos clicar em **Continue** e em **OK**.

Enquanto a Figura 1.41 apresenta as estatísticas descritivas dos *clusters* por variável, de forma correspondente às Tabelas 1.23, 1.24 e 1.25, a Figura 1.42 faz uso desses valores e apresenta o cálculo das variabilidades entre os grupos (**Between Groups**) e dentro dos grupos (**Within Groups**), bem como as estatísticas *F* para cada variável e os respectivos níveis de significância. Podemos verificar que esses valores correspondem aos calculados algebricamente na seção 1.2.2.2.2 e apresentados na Tabela 1.29.

**Descriptives**

| | | | | | | 95% Confidence Interval for Mean | | | |
|---|---|---|---|---|---|---|---|---|---|
| | | N | Mean | Std. Deviation | Std. Error | Lower Bound | Upper Bound | Minimum | Maximum |
| nota de matemática (0 a 10) | 1 | 3 | 4,700 | 1,9975 | 1,1533 | -,262 | 9,662 | 3,4 | 7,0 |
| | 2 | 1 | 7,800 | . | . | . | . | 7,8 | 7,8 |
| | 3 | 1 | 8,900 | . | . | . | . | 8,9 | 8,9 |
| | Total | 5 | 6,160 | 2,4785 | 1,1084 | 3,083 | 9,237 | 3,4 | 8,9 |
| nota de física (0 a 10) | 1 | 3 | 1,900 | ,8544 | ,4933 | -,222 | 4,022 | 1,0 | 2,7 |
| | 2 | 1 | 8,000 | . | . | . | . | 8,0 | 8,0 |
| | 3 | 1 | 1,000 | . | . | . | . | 1,0 | 1,0 |
| | Total | 5 | 2,940 | 2,9186 | 1,3052 | -,684 | 6,564 | 1,0 | 8,0 |
| nota de química (0 a 10) | 1 | 3 | 7,700 | 2,3388 | 1,3503 | 1,890 | 13,510 | 5,0 | 9,1 |
| | 2 | 1 | 1,500 | . | . | . | . | 1,5 | 1,5 |
| | 3 | 1 | 2,700 | . | . | . | . | 2,7 | 2,7 |
| | Total | 5 | 5,460 | 3,5104 | 1,5699 | 1,101 | 9,819 | 1,5 | 9,1 |

**Figura 1.41** Estatísticas descritivas dos *clusters* por variável.

**ANOVA**

| | | Sum of Squares | df | Mean Square | F | Sig. |
|---|---|---|---|---|---|---|
| nota de matemática (0 a 10) | Between Groups | 16,592 | 2 | 8,296 | 2,079 | ,325 |
| | Within Groups | 7,980 | 2 | 3,990 | | |
| | Total | 24,572 | 4 | | | |
| nota de física (0 a 10) | Between Groups | 32,612 | 2 | 16,306 | 22,337 | ,043 |
| | Within Groups | 1,460 | 2 | ,730 | | |
| | Total | 34,072 | 4 | | | |
| nota de química (0 a 10) | Between Groups | 38,352 | 2 | 19,176 | 3,506 | ,222 |
| | Within Groups | 10,940 | 2 | 5,470 | | |
| | Total | 49,292 | 4 | | | |

**Figura 1.42** Análise de variância de um fator – Variabilidades entre grupos e dentro dos grupos, estatísticas *F* e níveis de significância por variável.

A partir da Figura 1.42, podemos verificar que o *sig. F* para a variável *física* é menor que 0,05 (*sig. F* = 0,043), ou seja, existe pelo menos um grupo que apresenta média estatisticamente diferente dos demais ao nível de significância de 5%. Porém, o mesmo não pode ser dito em relação às variáveis *matemática* e *química*.

Embora tenhamos uma ideia acerca de qual grupo apresenta média estatisticamente diferente dos demais para a variável *física*, com base nos *outputs* da Figura 1.41, a elaboração de gráficos pode facilitar ainda mais a análise das diferenças de médias das variáveis por *cluster*. Os gráficos gerados pelo SPSS (Figuras 1.43, 1.44 e 1.45) permitem que visualizemos essas diferenças entre os grupos para cada variável analisada.

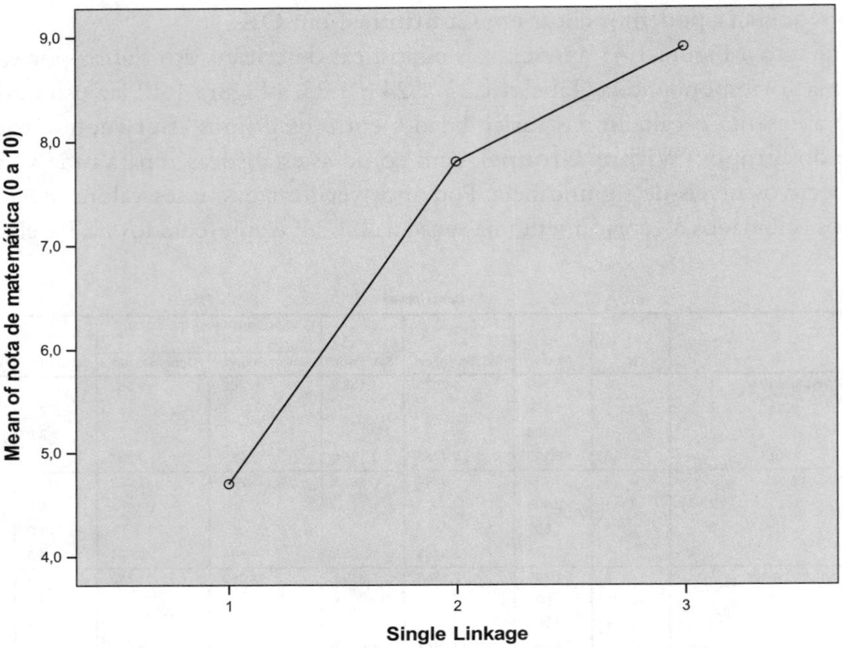


**Figura 1.43** Médias da variável *matemática* nos três *clusters.*

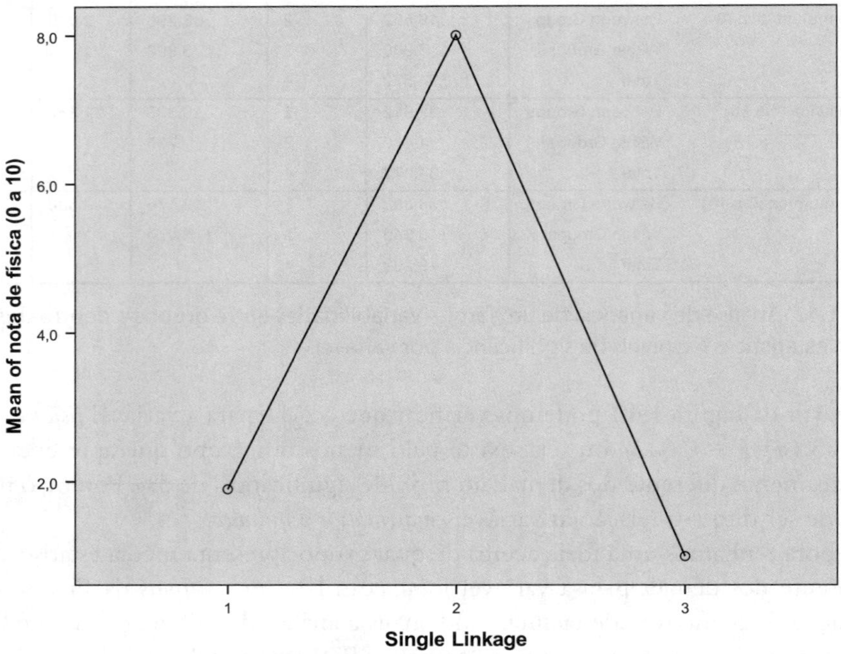


**Figura 1.44** Médias da variável *física* nos três *clusters.*

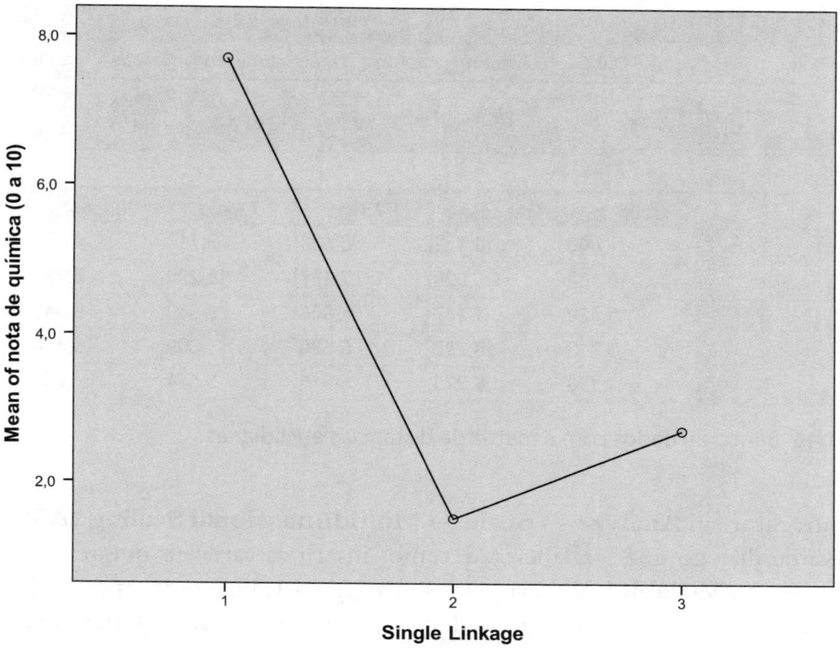


**Figura 1.45** Médias da variável *química* nos três *clusters.*

Logo, a partir do gráfico da Figura 1.44, é possível visualizar que o grupo 2, formado apenas pela observação **Luiz Felipe**, apresenta, de fato, média diferente dos demais em relação à variável *física*.

Além disso, embora notemos, a partir dos gráficos das Figuras 1.43 e 1.45, que existem diferenças de médias das variáveis *matemática* e *química* entre os grupos, essas diferenças não podem ser consideradas estatisticamente significantes, ao nível de significância de 5%, visto que estamos lidando com uma quantidade muito pequena de observações, e os valores da estatística *F* são bastante sensíveis ao tamanho da amostra. Essa análise gráfica torna-se bastante útil quando do estudo de bancos de dados com uma quantidade maior de observações e variáveis.

Por fim, o pesquisador pode ainda complementar sua análise elaborando um procedimento conhecido por **escalonamento multidimensional**, já que o uso da matriz de distâncias pode propiciar a elaboração de um gráfico que permite a visualização das posições relativas de cada observação de forma bidimensional, independentemente da quantidade total de variáveis.

Para tanto, devemos estruturar um novo banco de dados, formado justamente pela matriz de distâncias. Para os dados de nosso exemplo, podemos abrir o arquivo **VestibularMatriz.sav**, que contém a matriz de distâncias euclidianas apresentada na Figura 1.46. Note que as colunas desse novo banco de dados se referem às observações do banco de dados original, assim como as linhas (matriz quadrada de distâncias).

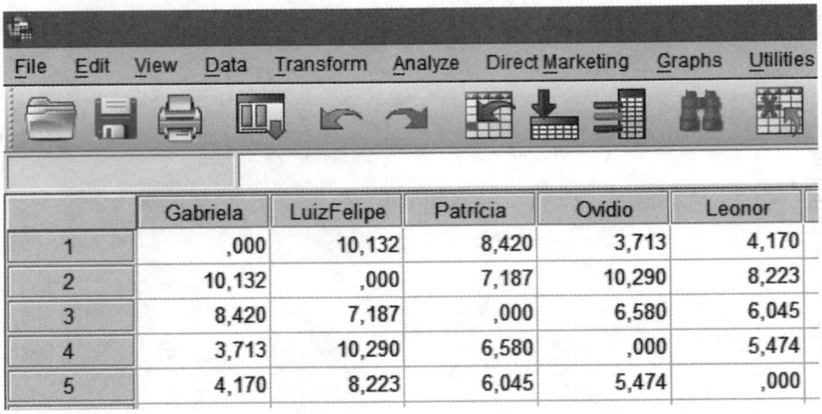


| | Gabriela | LuizFelipe | Patrícia | Ovídio | Leonor |
|---|---|---|---|---|---|
| 1 | ,000 | 10,132 | 8,420 | 3,713 | 4,170 |
| 2 | 10,132 | ,000 | 7,187 | 10,290 | 8,223 |
| 3 | 8,420 | 7,187 | ,000 | 6,580 | 6,045 |
| 4 | 3,713 | 10,290 | 6,580 | ,000 | 5,474 |
| 5 | 4,170 | 8,223 | 6,045 | 5,474 | ,000 |

**Figura 1.46** Banco de dados com a matriz de distâncias euclidianas.

Vamos clicar em **Analyze → Scale → Multidimensional Scaling (ASCAL)...**. Na caixa de diálogo que será aberta, devemos inserir as variáveis que representam as observações em **Variables**, conforme mostra a Figura 1.39. Como os dados já correspondem a distâncias, nada precisará ser feito em relação ao campo **Distances**.

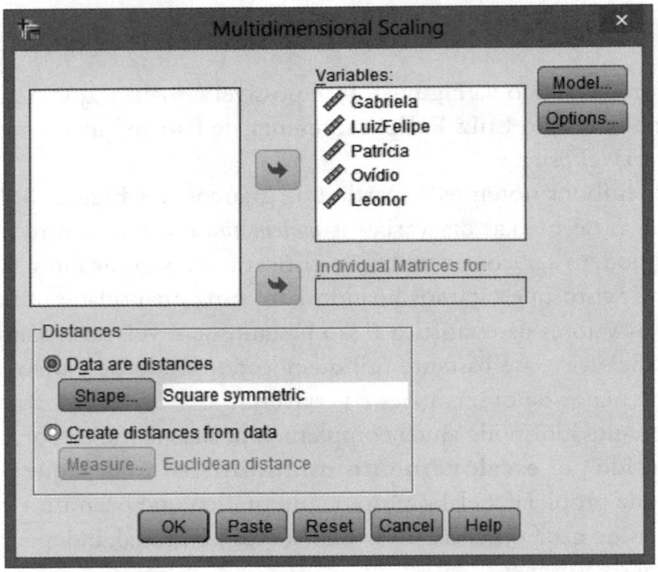


**Figura 1.47** Caixa de diálogo com seleção das variáveis para elaboração de escalonamento multidimensional no SPSS.

No botão **Model...**, marcaremos a opção **Ratio** em **Level of Measurement** (note que já está selecionada a opção **Euclidean distance** em **Scaling Model**) e, no botão **Options...**, a opção **Group plots** em **Display**, conforme mostram, respectivamente, as Figuras 1.48 e 1.49.

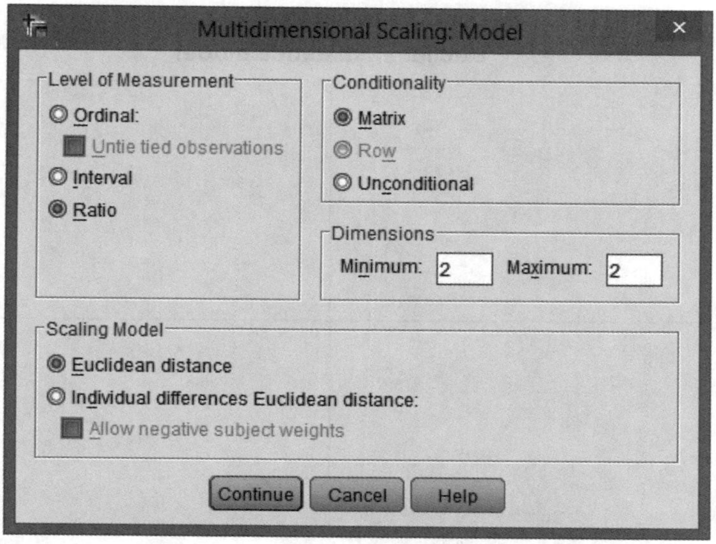


**Figura 1.48** Definição da natureza da variável correspondente à medida de distância.

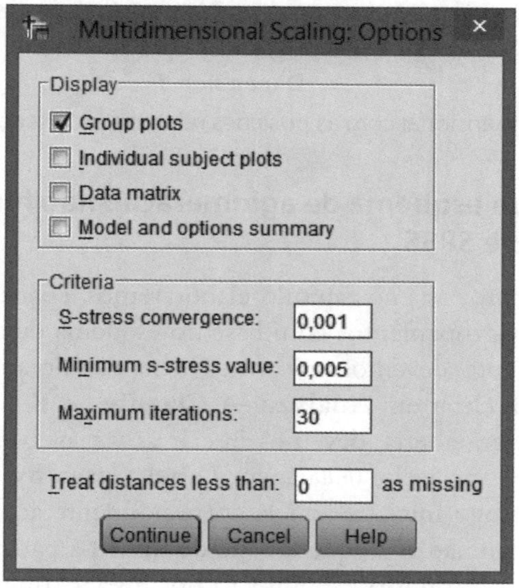


**Figura 1.49** Seleção de opção para elaboração de gráfico bidimensional.

Na sequência, podemos clicar em **Continue** e em **OK**.

A Figura 1.50 apresenta o gráfico com as posições relativas das observações projetadas em um plano.

Esse tipo de gráfico é bastante útil quando se deseja elaborar apresentações didáticas sobre o agrupamento de observações (indivíduos, empresas, municípios, países, entre outros exemplos) e facilitar a interpretação dos *clusters*, principalmente quando há uma quantidade relativamente grande de variáveis no banco de dados.

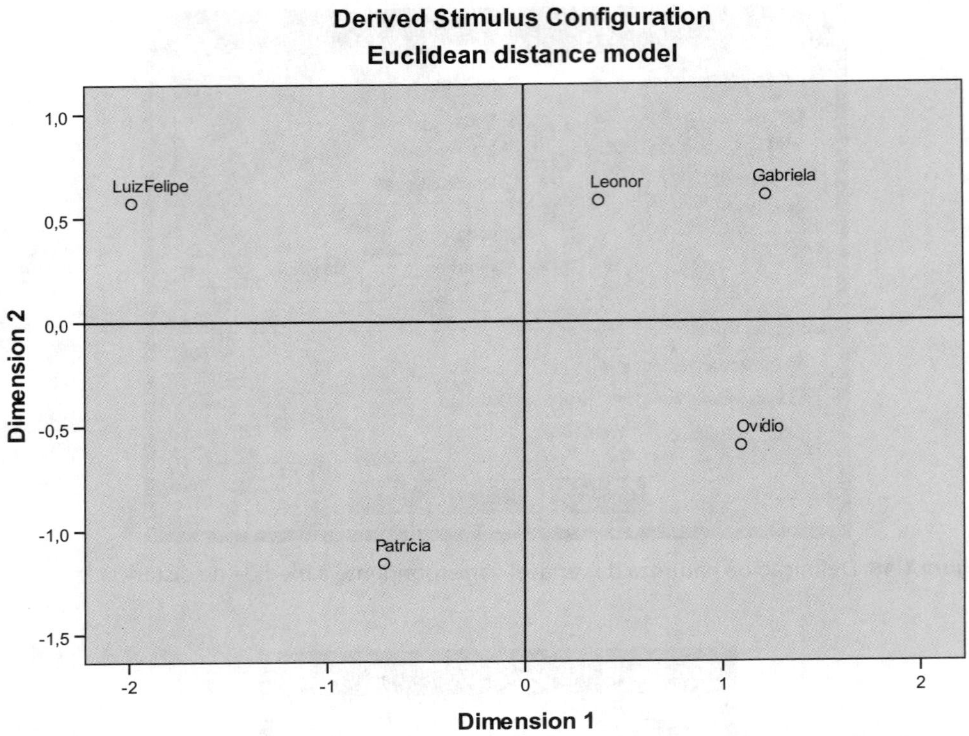


**Figura 1.50** Gráfico bidimensional com as posições relativas projetadas das observações.

## 1.3.2. Elaboração do esquema de aglomeração não hierárquico *k-means* no software SPSS

Mantendo a lógica proposta no capítulo, elaboraremos, a partir do mesmo banco de dados, uma análise de agrupamentos com base no esquema de aglomeração não hierárquico *k-means*. Portanto, devemos novamente fazer uso do arquivo **Vestibular.sav**.

Para tanto, devemos clicar em **Analyze → Classify → K-Means Cluster...**. Na caixa de diálogo que será aberta, devemos inserir as variáveis *matemática*, *física* e *química* em **Variables**, e a variável *estudante* em **Label Cases by**. A principal diferença entre essa caixa de diálogo inicial e aquela correspondente ao procedimento hierárquico refere-se à determinação da quantidade de *clusters* a partir da qual o algoritmo *k-means* será elaborado. Em nosso exemplo, vamos inserir o número 3 em **Number of Clusters**. A Figura 1.51 mostra como ficará a caixa de diálogo.

Podemos notar que inserimos as variáveis originais no campo **Variables**. Esse procedimento é aceitável, visto que, para nosso exemplo, possuem valores na mesma unidade de medida. Entretanto, caso esse fato não se verifique, o pesquisador deverá, antes de elaborar o procedimento *k-means*, padronizá-las pelo procedimento *Zscores*, em **Analyze → Descriptive Statistics → Descriptives...**, inserir as variáveis originais em **Variables** e selecionar a opção **Save standardized values as variables**. Ao clicar em **OK**, o pesquisador irá verificar que novas variáveis padronizadas passarão a compor o banco de dados.

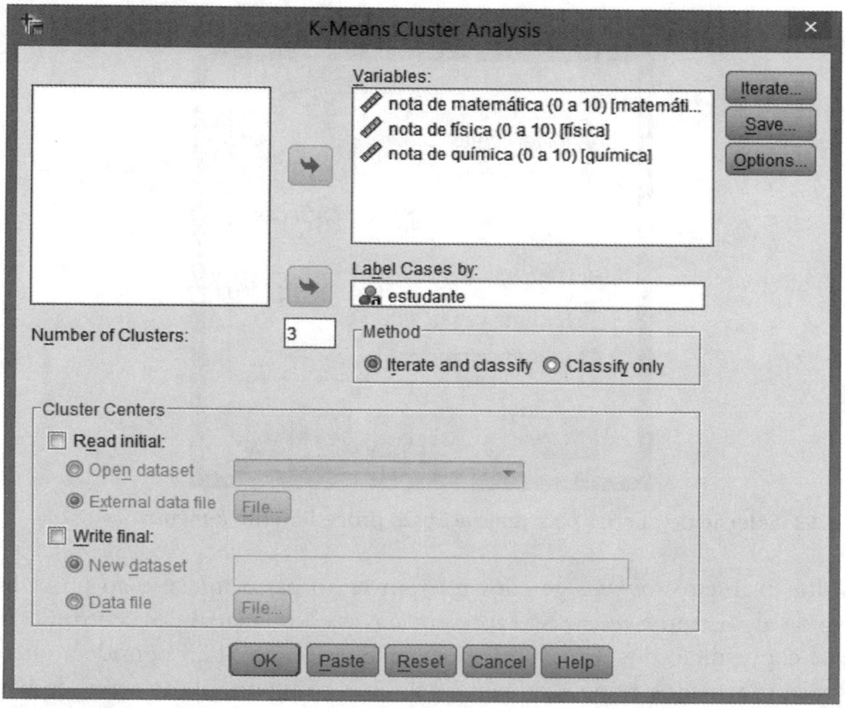


**Figura 1.51** Caixa de diálogo para elaboração da análise de agrupamentos com método não hierárquico *k-means* no SPSS.

Voltando à tela inicial do procedimento *k-means*, vamos clicar no botão **Save...**. Na caixa de diálogo que será aberta, devemos selecionar a opção **Cluster membership**, conforme mostra a Figura 1.52.

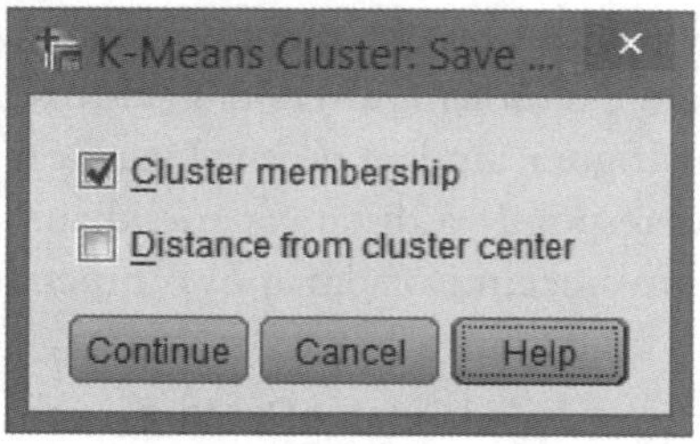


**Figura 1.52** Seleção da opção para salvar a alocação das observações nos *clusters* como nova variável no banco de dados – Procedimento não hierárquico.

Ao clicarmos em **Continue**, voltaremos à caixa de diálogo anterior. No botão **Options...**, vamos selecionar as opções **Initial cluster centers**, **ANOVA table** e **Cluster information for each case**, em **Statistics**, conforme mostra a Figura 1.53.

Na sequência, podemos clicar em **Continue** e em **OK**. É importante mencionar que o SPSS já utiliza como padrão a distância euclidiana como medida de dissimilaridade quando da elaboração do procedimento *k-means*.

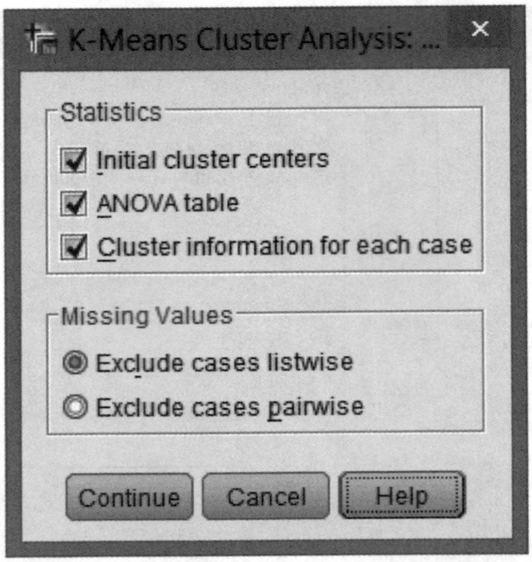


**Figura 1.53** Seleção de opções para realização do procedimento *k-means*.

Os dois primeiros *outputs* gerados referem-se ao passo inicial e ao procedimento iterativo do algoritmo *k-means*. São apresentadas as coordenadas dos centroides no passo inicial e, por meio dos quais, podemos perceber que o SPSS considera que os três *clusters* sejam formados, respectivamente, pelas três primeiras observações do banco de dados. Embora essa decisão seja diferente da adotada por nós na seção 1.2.2.2.2, essa escolha é puramente arbitrária, e, conforme poderemos verificar adiante, não afetará em nada a formação dos *clusters* no passo final do algoritmo *k-means*.

Enquanto a Figura 1.54 apresenta os valores propriamente ditos das variáveis originais para as observações **Gabriela, Luiz Felipe** e **Patrícia** (conforme mostra a Tabela 1.15) como coordenadas dos centroides dos três grupos, na Figura 1.55 podemos verificar, após a primeira iteração do algoritmo, que a mudança de coordenada do centroide do primeiro *cluster* é de 1,897, que corresponde exatamente à distância euclidiana entre a observação **Gabriela** e o *cluster* **Gabriela-Ovídio-Leonor** (conforme mostra a Tabela 1.22). Nessa última figura, ainda é possível verificar a menção, em seu rodapé, à medida de 7,187, que corresponde à distância euclidiana entre as observações **Luiz Felipe** e **Patrícia**, que permanecem isoladas após o procedimento iterativo.

**Initial Cluster Centers**

| | Cluster | | |
|---|---|---|---|
| | 1 | 2 | 3 |
| nota de matemática (0 a 10) | 3,7 | 7,8 | 8,9 |
| nota de física (0 a 10) | 2,7 | 8,0 | 1,0 |
| nota de química (0 a 10) | 9,1 | 1,5 | 2,7 |

**Figura 1.54** Passo inicial do algoritmo *k-means* – Centroides dos três grupos como coordenadas das observações.

**Iteration History**[a]

| Iteration | Change in Cluster Centers 1 | 2 | 3 |
|---|---|---|---|
| 1 | 1,897 | ,000 | ,000 |
| 2 | ,000 | ,000 | ,000 |

a. Convergence achieved due to no or small change in cluster centers. The maximum absolute coordinate change for any center is ,000. The current iteration is 2. The minimum distance between initial centers is 7,187.

**Figura 1.55** Primeira iteração do algoritmo *k-means* e mudança nas coordenadas dos centroides.

As três figuras seguintes referem-se ao estágio final do algoritmo *k-means*. Enquanto o *output* **Cluster Membership** (Figura 1.56) mostra a alocação de cada observação em cada um dos três *clusters*, bem como as distâncias euclidianas entre cada observação e o centroide do respectivo grupo, o *output* **Distances between Final Cluster Centers** (Figura 1.58) apresenta as distâncias euclidianas entre os centroides dos grupos. Esses dois *outputs* trazem valores já calculados algebricamente na seção 1.2.2.2.2 e apresentados na Tabela 1.22. Além disso, o *output* **Final Cluster Centers** (Figura 1.57) apresenta as coordenadas dos centroides dos grupos após o estágio final desse procedimento não hierárquico, que correspondem aos valores já calculados e apresentados na Tabela 1.21.

**Cluster Membership**

| Case Number | estudante | Cluster | Distance |
|---|---|---|---|
| 1 | Gabriela | 1 | 1,897 |
| 2 | Luiz Felipe | 2 | ,000 |
| 3 | Patrícia | 3 | ,000 |
| 4 | Ovídio | 1 | 2,791 |
| 5 | Leonor | 1 | 2,998 |

**Figura 1.56** Estágio final do algoritmo *k-means* – Alocação das observações e distâncias a centroides de respectivos *clusters*.

**Final Cluster Centers**

| | Cluster 1 | 2 | 3 |
|---|---|---|---|
| nota de matemática (0 a 10) | 4,7 | 7,8 | 8,9 |
| nota de física (0 a 10) | 1,9 | 8,0 | 1,0 |
| nota de química (0 a 10) | 7,7 | 1,5 | 2,7 |

**Figura 1.57** Estágio final do algoritmo *k-means* – Coordenadas dos centroides dos *clusters*.

**Distances between Final Cluster Centers**

| Cluster | 1 | 2 | 3 |
|---|---|---|---|
| 1 | | 9,234 | 6,592 |
| 2 | 9,234 | | 7,187 |
| 3 | 6,592 | 7,187 | |

**Figura 1.58** Estágio final do algoritmo *k-means* – Distâncias entre os centroides dos *clusters*.

O *output* **ANOVA** (Figura 1.59) é análogo àquele apresentado na Tabela 1.29 da seção 1.2.2.2.2 e na Figura 1.42 da seção 1.3.1 e, por meio do qual, podemos verificar que apenas a variável *física* apresenta média estatisticamente diferente em pelo menos um dos grupos formados em relação aos demais, ao nível de 5% de significância.

Conforme discutimos anteriormente, caso uma ou mais variáveis não estejam contribuindo para a formação da quantidade sugerida de agrupamentos, sugere-se que o algoritmo seja reaplicado sem a presença dessas variáveis. O pesquisador pode inclusive fazer uso de um procedimento hierárquico sem a presença das referidas variáveis antes da reaplicação do procedimento *k-means*. Para os dados de nosso exemplo, entretanto, a análise se tornaria univariada pela exclusão das variáveis *matemática* e *química*, o que comprova o **risco que o pesquisador assume ao trabalhar com bancos de dados muito pequenos em análise de agrupamentos**.

**ANOVA**

| | Cluster | | Error | | F | Sig. |
|---|---|---|---|---|---|---|
| | Mean Square | df | Mean Square | df | | |
| nota de matemática (0 a 10) | 8,296 | 2 | 3,990 | 2 | 2,079 | ,325 |
| nota de física (0 a 10) | 16,306 | 2 | ,730 | 2 | 22,337 | ,043 |
| nota de química (0 a 10) | 19,176 | 2 | 5,470 | 2 | 3,506 | ,222 |

The F tests should be used only for descriptive purposes because the clusters have been chosen to maximize the differences among cases in different clusters. The observed significance levels are not corrected for this and thus cannot be interpreted as tests of the hypothesis that the cluster means are equal.

**Figura 1.59** Análise de variância de um fator no procedimento *k-means* – Variabilidades entre grupos e dentro dos grupos, estatísticas *F* e níveis de significância por variável.

É importante mencionar que o *output* **ANOVA** deve ser utilizado apenas para o estudo das variáveis que mais contribuem para a formação da quantidade especificada de *clusters*, visto que esta é escolhida para que sejam maximizadas as diferenças entre as observações alocadas em grupos distintos. Portanto, como explicita o rodapé desse *output*, não se pode utilizar a estatística *F* com o intuito de verificar a igualdade ou não dos grupos formados. Por essa razão, não é raro que encontremos na literatura o termo ***pseudo F*** para essa estatística.

Por fim, a Figura 1.60 mostra a quantidade de observações em cada um dos *clusters*.

**Number of Cases in each Cluster**

| | | |
|---|---|---|
| Cluster | 1 | 3,000 |
| | 2 | 1,000 |
| | 3 | 1,000 |
| Valid | | 5,000 |
| Missing | | ,000 |

**Figura 1.60** Quantidade de observações em cada *cluster*.

Analogamente ao procedimento hierárquico, podemos verificar que é gerada uma nova variável (obviamente qualitativa) no banco de dados após a elaboração do procedimento *k-means*, chamada pelo SPSS de *QCL_1*, conforme mostra a Figura 1.61.

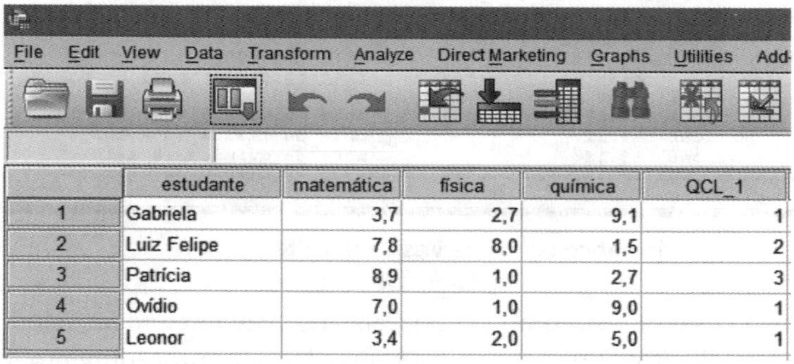


| | estudante | matemática | física | química | QCL_1 |
|---|---|---|---|---|---|
| 1 | Gabriela | 3,7 | 2,7 | 9,1 | 1 |
| 2 | Luiz Felipe | 7,8 | 8,0 | 1,5 | 2 |
| 3 | Patrícia | 8,9 | 1,0 | 2,7 | 3 |
| 4 | Ovídio | 7,0 | 1,0 | 9,0 | 1 |
| 5 | Leonor | 3,4 | 2,0 | 5,0 | 1 |

**Figura 1.61** Banco de dados com nova variável *QCL_1* – Alocação de cada observação.

Essa variável acabou sendo idêntica à variável *CLU3_1* (Figura 1.37) neste exemplo. Porém, esse fato nem sempre acontece para uma quantidade maior de observações e nos casos em que são utilizadas medidas de dissimilaridade distintas nos procedimentos hierárquico e não hierárquico.

Apresentados os procedimentos para aplicação da análise de agrupamentos no SPSS, partiremos para a elaboração da técnica no Stata.

## 1.4. ANÁLISE DE AGRUPAMENTOS COM ESQUEMAS DE AGLOMERAÇÃO HIERÁRQUICOS E NÃO HIERÁRQUICOS NO SOFTWARE STATA

Apresentaremos agora o passo a passo para a elaboração de nosso exemplo no Stata Statistical Software®. Nosso objetivo, nesta seção, não é discutir novamente os conceitos pertinentes à análise de agrupamentos, mas propiciar ao pesquisador uma oportunidade de elaborar a técnica por meio dos comandos desse software. A cada apresentação de um *output*, faremos menção ao respectivo resultado obtido quando da aplicação da técnica de forma algébrica e também por meio do SPSS. A reprodução das imagens apresentadas nesta seção tem autorização da StataCorp LP©.

## 1.4.1. Elaboração de esquemas de aglomeração hierárquicos no software Stata

Já partiremos, portanto, para o banco de dados elaborado pelo professor a partir dos levantamentos das notas de Matemática, Física e Química obtidas no vestibular por cinco alunos. O banco de dados encontra-se no arquivo **Vestibular.dta** e é exatamente igual ao apresentado na Tabela 1.11 da seção 1.2.2.1.2.

Inicialmente, podemos digitar o comando **desc**, que possibilita a análise das características do banco de dados, como a quantidade de observações, a quantidade de variáveis e a descrição de cada uma. A Figura 1.62 apresenta o primeiro *output* do Stata.

```
. desc

 obs:              5
 vars:             4
 size:           135 (99.9% of memory free)
-------------------------------------------------------------------------------
               storage  display     value
variable name   type    format      label      variable label
-------------------------------------------------------------------------------
estudante       str11   %11s
matemática      float   %9.1f                  nota de matemática (0 a 10)
física          float   %9.1f                  nota de física (0 a 10)
química         float   %9.1f                  nota de química (0 a 10)
-------------------------------------------------------------------------------
Sorted by:
```

**Figura 1.62** Descrição do banco de dados **Vestibular.dta**.

Conforme já discutimos, como as variáveis originais apresentam valores na mesma unidade de medida, não é necessário padronizá-las pelo procedimento *Zscores* nesse exemplo. Entretanto, caso o pesquisador deseje, poderá obter as variáveis padronizadas por meio dos seguintes comandos:

```
egen zmatemática = std(matemática)

egen zfísica = std(física)

egen zquímica = std(química)
```

Inicialmente, vamos obter a matriz de distâncias entre os pares de observações. De maneira geral, a sequência de comandos para a obtenção de matrizes de distância ou de semelhança no Stata é:

```
matrix dissimilarity D = variáveis*, opção*

matrix list D
```

em que o termo **variáveis*** deverá ser substituído pela lista de variáveis a serem consideradas na análise, e o termo **opção*** deverá ser substituído pelo termo correspondente à medida de distância ou de semelhança que se deseja utilizar. Enquanto o

Quadro 1.2 apresenta os termos do Stata correspondentes a cada uma das medidas para variáveis métricas estudadas na seção 1.2.1.1, o Quadro 1.3 apresenta os termos referentes às medidas utilizadas para variáveis binárias estudadas na seção 1.2.1.2.

**QUADRO 1.2 Termos do Stata correspondentes às medidas para variáveis métricas**

| Medida para Variáveis Métricas | Termo do Stata |
|---|---|
| Euclidiana | `L2` |
| Quadrática euclidiana | `L2squared` |
| Manhattan | `L1` |
| Chebychev | `Linf` |
| Canberra | `Canberra` |
| Correlação de Pearson | `corr` |

**QUADRO 1.3 Termos do Stata correspondentes às medidas para variáveis binárias**

| Medida para Variáveis Binárias | Termo do Stata |
|---|---|
| Emparelhamento simples | `matching` |
| Jaccard | `Jaccard` |
| Dice | `Dice` |
| AntiDice | `antiDice` |
| Russell e Rao | `Russell` |
| Ochiai | `Ochiai` |
| Yule | `Yule` |
| Rogers e Tanimoto | `Rogers` |
| Sneath e Sokal | `Sneath` |
| Hamann | `Hamann` |

Portanto, como desejamos obter a matriz de distâncias euclidianas entre os pares de observações, a fim de que seja mantido o critério adotado no capítulo, devemos digitar a seguinte sequência de comandos:

```
matrix dissimilarity D = matemática física química, L2

matrix list D
```

O *output* gerado, que se encontra na Figura 1.63, está em conformidade com o apresentado na matriz $\mathbf{D}_0$ da seção 1.2.2.1.2.1, e também na Figura 1.30 quando da elaboração da técnica no SPSS (seção 1.3.1).

```
. matrix dissimilarity D = matemática física química, L2

. matrix list D

symmetric D[5,5]
            obs1        obs2        obs3        obs4        obs5
obs1           0
obs2   10.132127           0
obs3   8.4196199   7.1867934           0
obs4   3.7134889   10.290287   6.5802734           0
obs5   4.1701323   8.2225301   6.0448321   5.4735728           0
```

**Figura 1.63** Matriz de distâncias euclidianas entre pares de observações.

Na sequência, vamos partir para a realização da análise de agrupamentos propriamente dita. O comando geral para a elaboração de uma análise de agrupamentos por meio de um esquema hierárquico no Stata é dado por:

```
cluster método* variáveis*, measure(opção*)
```

em que, além da substituição dos termos **variáveis*** e **opção***, conforme discutimos anteriormente, devemos substituir o termo **método*** pelo correspondente ao método de encadeamento escolhido pelo pesquisador. O Quadro 1.4 apresenta os termos do Stata referentes aos métodos estudados na seção 1.2.2.1.

**QUADRO 1.4 Termos do Stata correspondentes aos métodos de encadeamento em esquemas hierárquicos de aglomeração**

| Método de Encadeamento | Termo do Stata |
|---|---|
| Único | **singlelinkage** |
| Completo | **completelinkage** |
| Médio | **averagelinkage** |

Portanto, para os dados de nosso exemplo e seguindo o critério adotado ao longo do capítulo (método de encadeamento único com distância euclidiana – termo **L2**), devemos digitar o seguinte comando:

```
cluster singlelinkage matemática física química, measure(L2)
```

Em seguida, podemos digitar o comando **cluster list**, que faz com que sejam apresentados, de forma resumida, os critérios utilizados pelo pesquisador para a elaboração da análise de agrupamentos hierárquicos. A Figura 1.64 apresenta os *outputs* gerados.

```
. cluster singlelinkage matemática física química, measure(L2)
cluster name: _clus_1

. cluster list
_clus_1  (type: hierarchical,  method: single,  dissimilarity: L2)
      vars: _clus_1_id (id variable)
            _clus_1_ord (order variable)
            _clus_1_hgt (height variable)
      other:cmd: cluster singlelinkage matemática física química, measure(L2)
            varlist: matemática física química
            range: 0 .
```

**Figura 1.64** Elaboração da análise de agrupamentos hierárquicos e resumo dos critérios adotados.

A partir da Figura 1.64 e da análise do banco de dados, podemos verificar que três novas variáveis são criadas, referentes à identificação de cada observação (*_clus_1_id*), ao ordenamento das observações quando dos agrupamentos (*_clus_1_ord*) e às distâncias euclidianas utilizadas para que se agrupe nova observação em cada um dos estágios de aglomeração (*_clus_1_hgt*). A Figura 1.65 mostra como fica o banco de dados após a elaboração dessa análise de agrupamentos.

| | estudante | matemática | física | química | _clus_1_id | _clus_1_ord | _clus_1_hgt |
|---|---|---|---|---|---|---|---|
| 1 | Gabriela | 3.7 | 2.7 | 9.1 | 1 | 2 | 7.1867934 |
| 2 | Luiz Felipe | 7.8 | 8.0 | 1.5 | 2 | 3 | 6.0448321 |
| 3 | Patrícia | 8.9 | 1.0 | 2.7 | 3 | 1 | 3.7134889 |
| 4 | Ovídio | 7.0 | 1.0 | 9.0 | 4 | 4 | 4.1701323 |
| 5 | Leonor | 3.4 | 2.0 | 5.0 | 5 | 5 | . |

**Figura 1.65** Banco de dados com as novas variáveis.

É importante mencionar que o Stata apresenta a variável *_clu_1_hgt* com valores defasados em uma linha, o que pode tornar a análise um pouco confusa. Nesse sentido, enquanto a distância de 3,713 refere-se à fusão entre as observações **Ovídio** e **Gabriela** (primeiro estágio do esquema de aglomeração), a distância de 7,187 corresponde à fusão entre **Luiz Felipe** e o *cluster* já formado por todas as demais observações (último estágio do esquema de aglomeração), conforme já mostravam a Tabela 1.12 e a Figura 1.31.

Logo, para que o pesquisador corrija este problema de defasagem e obtenha o real comportamento das distâncias em cada novo estágio de aglomeração, poderá digitar a sequência de comandos a seguir, cujo *output* se encontra na Figura 1.66. Note que uma nova variável é criada (*dist*) e corresponde à correção da defasagem da variável *_clu_1_hgt* (termo `[_n-1]`), apresentando o valor de cada distância euclidiana para que se estabeleça um novo agrupamento em cada estágio do esquema de aglomeração.

```
gen dist = _clus_1_hgt[_n-1]

replace dist=0 if dist==.

sort dist

list estudante dist
```

```
. gen dist = _clus_1_hgt[_n-1]
(1 missing value generated)

. replace dist=0 if dist==.
(1 real change made)

. sort dist

. list estudante dist

     +-------------------------+
     |   estudante        dist |
     |-------------------------|
  1. |    Gabriela           0 |
  2. |      Ovídio    3.713489 |
  3. |      Leonor    4.170132 |
  4. |    Patrícia    6.044832 |
  5. | Luiz Felipe    7.186793 |
     +-------------------------+
```

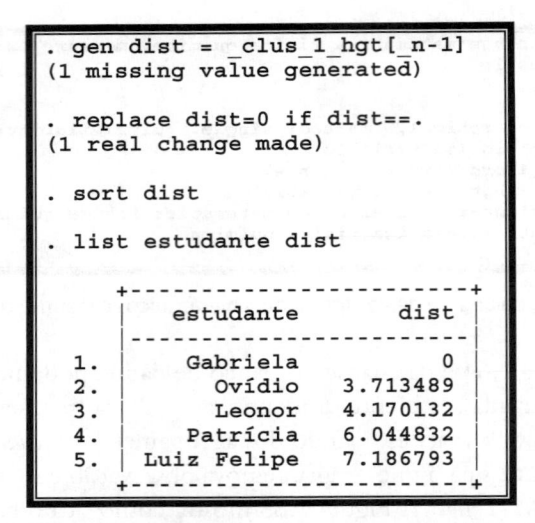

**Figura 1.66** Estágios do esquema de aglomeração e respectivas distâncias euclidianas.

Elaborada essa etapa, podemos solicitar que o Stata construa o dendrograma, digitando um dos dois equivalentes comandos:

```
cluster dendrogram, labels(estudante) horizontal
```

ou

```
cluster tree, labels(estudante) horizontal
```

O gráfico gerado encontra-se na Figura 1.67.

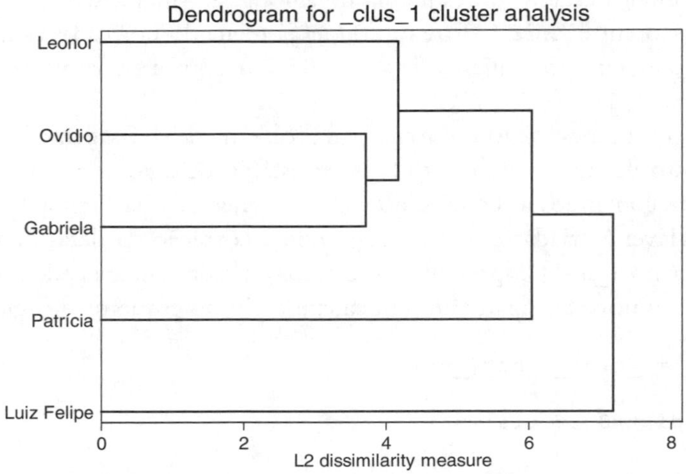


**Figura 1.67** Dendrograma – Método de encadeamento único e distâncias euclidianas no Stata.

Podemos notar que o dendrograma construído pela Stata, em termos de distâncias euclidianas, é igual ao apresentado na Figura 1.12, elaborada quando da resolução algébrica da modelagem, porém difere-se daquele construído pelo SPSS (Figura 1.32) por não considerar medidas rescalonadas. Independentemente desse fato, vamos adotar como possível solução uma quantidade de três *clusters*, sendo um formado por **Leonor**, **Ovídio** e **Gabriela**, outro, por **Patrícia**, e um terceiro, por **Luiz Felipe**, já que os critérios discutidos sobre grandes saltos de distância nos levam coerentemente a essa decisão.

Para que seja gerada uma nova variável, correspondente à alocação das observações nos três *clusters*, devemos digitar a sequência de comandos a seguir. Note que nomeamos essa nova variável de *cluster*. O *output* da Figura 1.68 mostra a alocação das observações nos grupos e é equivalente ao apresentado na Figura 1.36 (SPSS).

```
cluster generate cluster = groups(3), name(_clus_1)

sort _clus_1_id

list estudante cluster
```

```
. cluster generate cluster = groups(3), name(_clus_1)

. sort _clus_1_id

. list estudante cluster

     +----------------------+
     |   estudante  cluster |
     |----------------------|
  1. |    Gabriela        3 |
  2. | Luiz Felipe        1 |
  3. |    Patrícia        2 |
  4. |      Ovídio        3 |
  5. |      Leonor        3 |
     +----------------------+
```

**Figura 1.68** Alocação das observações nos *clusters*.

Finalmente, vamos estudar, por meio da análise de variância de um fator (*ANOVA*), se os valores de determinada variável diferem-se entre os grupos representados pelas categorias da nova variável qualitativa *cluster* gerada no banco de dados, ou seja, se a variabilidade entre os grupos é significativamente superior à variabilidade interna a cada um deles, seguindo a lógica proposta na seção 1.3.1. Para tanto, vamos digitar os seguintes comandos, em que são relacionadas individualmente as três variáveis métricas (*matemática*, *física* e *química*) com a variável *cluster*:

```
oneway matemática cluster, tabulate

oneway física cluster, tabulate

oneway química cluster, tabulate
```

Os resultados da *ANOVA* para as três variáveis estão na Figura 1.69.

```
. oneway matemática cluster, tabulate

            |  Summary of nota de matemática (0 a
            |                  10)
    cluster |        Mean   Std. Dev.       Freq.
------------+------------------------------------
          1 |         7.8         0.0           1
          2 |         8.9         0.0           1
          3 |         4.7         2.0           3
------------+------------------------------------
      Total |         6.2         2.5           5

                        Analysis of Variance
    Source              SS         df      MS            F     Prob > F
------------------------------------------------------------------------
Between groups      16.5919981      2   8.29599906      2.08     0.3248
 Within groups      7.97999966      2   3.98999983
------------------------------------------------------------------------
    Total           24.5719978      4   6.14299944

. oneway física cluster, tabulate

            |  Summary of nota de física (0 a 10)
    cluster |        Mean   Std. Dev.       Freq.
------------+------------------------------------
          1 |         8.0         0.0           1
          2 |         1.0         0.0           1
          3 |         1.9         0.9           3
------------+------------------------------------
      Total |         2.9         2.9           5

                        Analysis of Variance
    Source              SS         df      MS            F     Prob > F
------------------------------------------------------------------------
Between groups      32.6119999      2       16.306     22.34     0.0429
 Within groups      1.46000008      2   .730000038
------------------------------------------------------------------------
    Total               34.072      4   8.51799999

. oneway química cluster, tabulate

            |  Summary of nota de química (0 a 10)
    cluster |        Mean   Std. Dev.       Freq.
------------+------------------------------------
          1 |         1.5         0.0           1
          2 |         2.7         0.0           1
          3 |         7.7         2.3           3
------------+------------------------------------
      Total |         5.5         3.5           5

                        Analysis of Variance
    Source              SS         df      MS            F     Prob > F
------------------------------------------------------------------------
Between groups      38.3520014      2   19.1760007      3.51     0.2219
 Within groups      10.9400011      2   5.47000053
------------------------------------------------------------------------
    Total           49.2920025      4   12.3230006
```

**Figura 1.69** *ANOVA* paras as variáveis *matemática*, *física* e *química*.

Os *outputs* dessa figura, que apresentam os resultados das variabilidades entre os grupos (**Between groups**) e dentro dos grupos (**Within groups**), as estatísticas *F* e os respectivos níveis de significância (*Prob. F*, ou **Prob > F** no Stata) para cada variável, são iguais aos calculados algebricamente e apresentados na Tabela 1.29 (seção 1.2.2.2.2) e também na Figura 1.42 quando da elaboração deste procedimento no SPSS (seção 1.3.1).

Portanto, conforme já discutimos, podemos verificar que, enquanto para a variável *física* existe pelo menos um *cluster* que apresenta média estatisticamente diferente dos demais, ao nível de significância de 5% (*Prob. F* = 0,0429 < 0,05), as variáveis *matemática* e *química* não possuem médias estatisticamente diferentes entre os três grupos formados para essa amostra e ao nível de significância estipulado.

É importante lembrar que, caso exista uma quantidade maior de variáveis que apresentem *Prob. F* menor que 0,05, aquela considerada mais discriminante dos grupos é a com maior estatística *F* (ou seja, menor nível de significância *Prob. F*).

Mesmo podendo finalizar a análise hierárquica neste momento, o pesquisador tem a opção de elaborar um escalonamento multidimensional, a fim de visualizar as projeções das posições relativas das observações em um gráfico bidimensional, assim como realizado na seção 1.3.1. Para tanto, poderá digitar o seguinte comando:

```
mds matemática física química, id(estudante) method(modern)
measure(L2) loss(sstress) config nolog
```

Os *outputs* gerados encontram-se nas Figuras 1.70 e 1.71, sendo que o gráfico desta última figura corresponde ao apresentado na Figura 1.50.

```
. mds  matemática física química, id(estud) method(modern) measure(L2) loss(sstress)
config nolog
(transform(identity) assumed)

Modern multidimensional scaling
    dissimilarity: L2, computed on 3 variables

    Loss criterion: sstress = raw_sstress/norm(distances^2)
    Transformation: identity (no transformation)

                                              Number of obs     =          5
                                              Dimensions        =          2
    Normalization: principal                  Loss criterion    =     0.1095

Configuration in 2-dimensional Euclidean space (principal normalization)

      estudante |          dim1          dim2
    ------------+---------------------------
       Gabriela |        3.9262        1.9516
         Ovídio |        3.5524       -1.9206
         Leonor |        1.2243        1.8871
       Patrícia |       -2.2858       -3.7417
    Luiz_Felipe |       -6.4170        1.8237
--------------------------------------------
```

**Figura 1.70** Elaboração do escalonamento multidimensional no Stata.

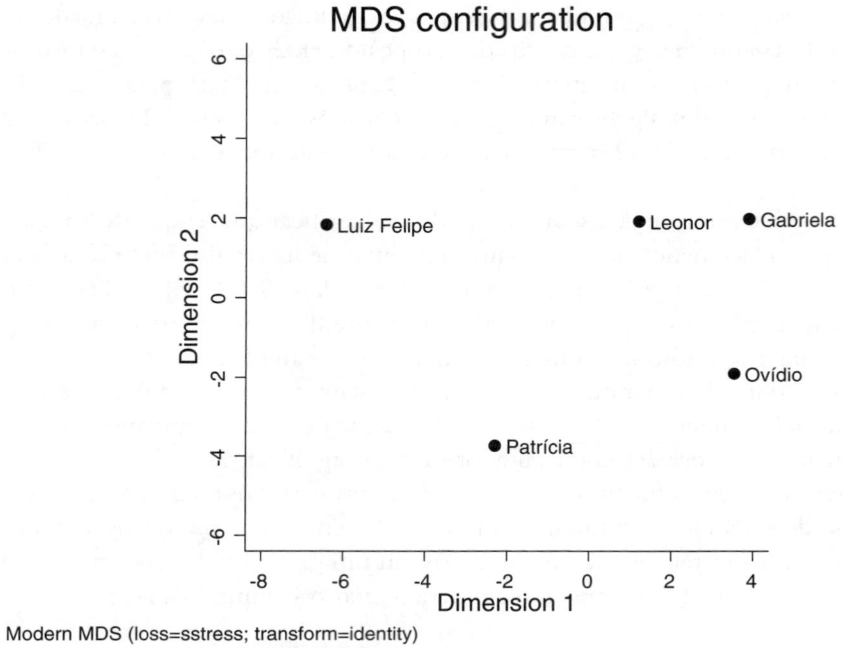


**Figura 1.71** Gráfico com projeções das posições relativas das observações.

Apresentados os comandos para a realização da análise de agrupamentos com esquema de aglomeração hierárquico no Stata, partiremos para a elaboração do esquema de aglomeração não hierárquico *k-means* no mesmo software.

## 1.4.2. Elaboração do esquema de aglomeração não hierárquico *k-means* no software Stata

Para que realizemos o procedimento *k-means* aos dados do arquivo **Vestibular.dta**, devemos digitar o seguinte comando:

```
cluster kmeans matemática física química, k(3) name(kmeans)
measure(L2) start(firstk)
```

em que o termo **k(3)** é *input* para que o algoritmo seja elaborado com três agrupamentos. Além disso, definimos que uma nova variável com a alocação das observações nos três grupos será gerada no banco de dados com o nome *kmeans* (termo **name(kmeans)**), e a medida de distância utilizada será a distância euclidiana (termo **L2**). Além disso, o termo **firstk** especifica que as coordenadas das primeiras *k* observações da amostra serão utilizadas como centroides dos *k clusters* (no nosso caso, $k = 3$), o que corresponde exatamente ao critério adotado pelo SPSS, conforme discutimos na seção 1.3.2.

Na sequência, podemos digitar o comando **cluster list kmeans** para que sejam apresentados, de forma resumida, os critérios adotados para a elaboração do procedimento *k-means*.

Os *outputs* da Figura 1.72 mostram o que é gerado pelo Stata após a digitação dos dois últimos comandos.

```
. cluster kmeans matemática física química, k(3) name(kmeans) measure(L2) start(firstk)

. cluster list kmeans
kmeans  (type: partition,  method: kmeans,  dissimilarity: L2)
      vars: kmeans (group variable)
     other: cmd: cluster kmeans matemática física química, k(3) name (kmeans)
measure(L2) start(firstk)
            varlist: matemática física química
            k: 3
            start: firstk
            range: 0 .
```

**Figura 1.72** Elaboração do procedimento não hierárquico *k-means* e resumo dos critérios adotados.

Os dois comandos seguintes geram, nos *outputs* do software, duas tabelas referentes, respectivamente, à quantidade de observações em cada um dos três *clusters* formados, bem como a alocação de cada observação nesses grupos:

```
table kmeans

list estudante kmeans
```

A Figura 1.73 mostra esses *outputs*.

```
. table kmeans

----------------------
   kmeans |      Freq.
----------+-----------
        1 |          3
        2 |          1
        3 |          1
----------------------

. list estudante kmeans

     +-----------------------+
     |    estudante   kmeans |
     |-----------------------|
  1. |     Gabriela        1 |
  2. | Luiz Felipe         2 |
  3. |     Patrícia        3 |
  4. |       Ovídio        1 |
  5. |       Leonor        1 |
     +-----------------------+
```

**Figura 1.73** Quantidade de observações em cada *cluster* e alocação das observações.

Esses resultados correspondem ao encontrado quando da resolução algébrica do procedimento *k-means* na seção 1.2.2.2.2 (Figura 1.23) e ao obtido quando da elaboração desse procedimento por meio do SPSS na seção 1.3.2 (Figuras 1.60 e 1.61).

Embora tenhamos condições de elaborar uma análise de variância de um fator para as variáveis originais do banco de dados, a partir da nova variável qualitativa gerada (*kmeans*), optamos por não realizar esse procedimento aqui, visto que já o fizemos para a variável *cluster* gerada na seção 1.4.1 após o procedimento hierárquico, que é exatamente igual à variável *kmeans* neste caso.

Por outro lado, apresentamos, para efeitos didáticos, o seguinte comando, que permite que as médias de cada variável nos três *clusters* sejam geradas, para efeitos de comparação:

```
tabstat matemática física química, by(kmeans)
```

O *output* gerado encontra-se na Figura 1.74, e equivale ao apresentado nas Tabelas 1.23, 1.24 e 1.25.

```
. tabstat matemática física química, by(kmeans)

Summary statistics: mean
  by categories of: kmeans

  kmeans |  matemá~a    física   química
---------+------------------------------
       1 |       4.7       1.9       7.7
       2 |       7.8         8       1.5
       3 |       8.9         1       2.7
---------+------------------------------
   Total |      6.16      2.94      5.46
----------------------------------------
```

**Figura 1.74** Médias por *cluster* e geral das variáveis *matemática, física* e *química.*

Por fim, o pesquisador pode ainda elaborar um gráfico que mostra as inter-relações das variáveis, duas a duas. Esse gráfico, conhecido por **`matrix`**, pode propiciar ao pesquisador melhor entendimento sobre como as variáveis se relacionam, oferecendo inclusive sugestões acerca do posicionamento relativo das observações de cada *cluster* nessas inter-relações. Para a construção do gráfico, que se encontra na Figura 1.75, devemos digitar o seguinte comando:

```
graph matrix matemática física química, mlabel(kmeans)
```

Obviamente, este gráfico poderia também ter sido construído na seção anterior, porém optamos por apresentá-lo apenas ao término da elaboração do procedimento *k-means* no Stata. Por meio de sua análise, é possível verificarmos, entre outros fatos,

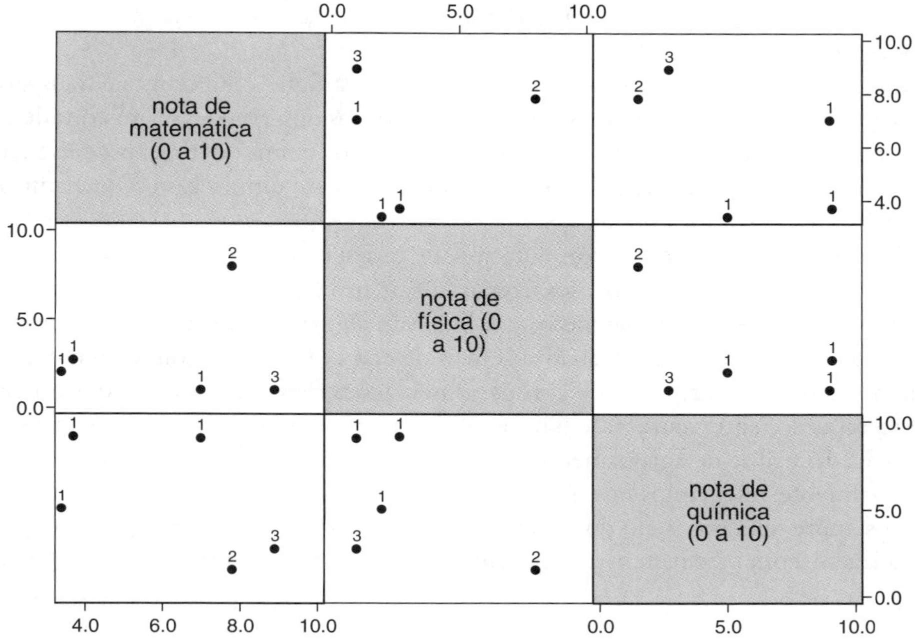


**Figura 1.75** Inter-relação das variáveis e posição relativa das observações de cada *cluster* – Gráfico `matrix`.

que a consideração apenas das variáveis *matemática* e *química* não é suficiente para que sejam afastadas as observações **Luiz Felipe** e **Patrícia** (*clusters* 2 e 3, respectivamente), sendo necessária a consideração da variável *física* para que esses dois estudantes sejam, de fato, alocados em *clusters* distintos quando da formação de três agrupamentos. Embora seja um tanto quanto óbvio quando analisamos os dados na própria base, o gráfico torna-se bastante útil para amostras maiores e com uma quantidade considerável de variáveis, fato que multiplicaria essas inter-relações.

## 1.5. CONSIDERAÇÕES FINAIS

Muitas são as situações em que o pesquisador pode desejar agrupar observações (indivíduos, empresas, municípios, países, partidos políticos, espécies vegetais, entre outros exemplos) a partir de determinadas variáveis métricas ou até mesmo binárias. A criação de agrupamentos homogêneos, a redução estrutural dos dados e a verificação da validade de constructos previamente estabelecidos são algumas das principais razões que levam o pesquisador a optar por trabalhar com a análise de agrupamentos.

Esse conjunto de técnicas permite que os mecanismos de tomada de decisão sejam mais bem estruturados e justificados a partir do comportamento e da relação de interdependência entre as observações de determinado banco de dados. Como a variável que representa os *clusters* formados é qualitativa, os *outputs* da análise de agrupamentos podem servir de *inputs* em outras técnicas multivariadas, tanto exploratórias, quanto confirmatórias.

É fortemente recomendável que o pesquisador justifique, com clareza e transparência, a escolha da medida que servirá de base para que as observações sejam consideradas mais ou menos similares, bem como as razões que o levam à definição de esquemas de aglomeração não hierárquicos ou hierárquicos e, neste último caso, à determinação dos métodos de encadeamento.

A evolução da capacidade computacional e o desenvolvimento de novos softwares com recursos bastante aprimorados fizeram surgir, nos últimos anos, novas e esmeradas técnicas de análise de agrupamentos que utilizam algoritmos cada vez mais requintados e voltados à tomada de decisão nos mais diversos campos do conhecimento, sempre com o objetivo principal de agrupar observações frente a determinados critérios. Neste capítulo, entretanto, procuramos oferecer uma visão geral sobre os principais métodos de análise de agrupamentos, considerados também os mais populares.

Finalmente, ressaltamos que a aplicação desse importante conjunto de técnicas deve ser sempre feita por meio do correto e consciente uso do software escolhido para a modelagem, com base na teoria subjacente e na experiência e intuição do pesquisador.

## 1.6. EXERCÍCIOS

1. O departamento de concessão de bolsas de estudo de uma faculdade deseja investigar a relação de interdependência entre os estudantes ingressantes em determinado ano letivo, com base apenas em duas variáveis métricas (idade, em anos, e renda média familiar, em R$). O objetivo é propor uma quantidade ainda desconhecida de novos programas de concessão de bolsas voltados a grupos homogêneos de alunos. Para tanto, foram coletados os dados dos 100 novos estudantes e elaborada uma base, que se encontra nos arquivos **Bolsa de Estudo.sav** e **Bolsa de Estudo.dta**, com as seguintes variáveis:

| Variável | Descrição |
|---|---|
| *estudante* | Variável *string* que identifica o estudante ingressante na faculdade. |
| *idade* | Idade do estudante (anos). |
| *renda* | Renda média familiar (R$). |

Pede-se:

a. Elabore uma análise de agrupamentos por meio de um esquema de aglomeração hierárquico, com método de encadeamento completo (*furthest neighbor*) e distância quadrática euclidiana. Apresente apenas a parte final da tabela do esquema de aglomeração e discuta os resultados. **Lembrete:** Como as variáveis possuem unidades distintas de medida, é necessária a aplicação do procedimento de padronização *Zscores* para a correta elaboração da análise de agrupamentos.

**b.** Com base na tabela do item anterior e no dendrograma, pergunta-se: Há indícios de serem formados quantos agrupamentos de estudantes?
**c.** É possível identificar um ou mais estudantes muito discrepantes dos demais em relação às duas variáveis em análise?
**d.** Se a resposta do item anterior for positiva, elabore novamente a análise de agrupamentos hierárquicos com os mesmos critérios, porém, agora, sem o(s) estudante(s) considerado(s) discrepante(s). A partir da análise dos novos resultados, podem ser identificados novos agrupamentos?
**e.** Discuta como a presença de *outliers* pode prejudicar a interpretação dos resultados em análise de agrupamentos.

**2.** A diretoria de marketing de um grupo varejista deseja estudar eventuais discrepâncias existentes em suas 18 lojas espalhadas em três regionais distribuídas pelo território nacional. A direção da companhia, a fim de manter e preservar a imagem e a identidade da marca, deseja saber se as lojas são homogêneas em relação à percepção dos consumidores sobre atributos como atendimento, sortimento e organização. Dessa forma, foi inicialmente elaborada uma pesquisa com amostras de clientes em cada loja, a fim de que fossem coletados dados referentes a esses atributos, definidos com base na nota média obtida (0 a 100) em cada estabelecimento comercial.

Na sequência, foi elaborado o banco de dados de interesse, que contém as seguintes variáveis:

| Variável | Descrição |
|---|---|
| *loja* | Variável *string* que varia de 01 a 18 e que identifica o estabelecimento comercial (loja). |
| *regional* | Variável *string* que identifica cada regional (Regional 1 a Regional 3). |
| *atendimento* | Avaliação média dos consumidores sobre o atendimento (nota de 0 a 100). |
| *sortimento* | Avaliação média dos consumidores sobre o sortimento (nota de 0 a 100). |
| *organização* | Avaliação média dos consumidores sobre a organização da loja (nota de 0 a 100). |

Os dados encontram-se nos arquivos **Regional Varejista.sav** e **Regional Varejista.dta**. Pede-se:

**a.** Elabore uma análise de agrupamentos por meio de um esquema de aglomeração hierárquico, com método de encadeamento único e distância euclidiana. Apresente a matriz de distâncias entre cada par de observações. **Lembrete:** Como as variáveis possuem a mesma unidade de medida, não é necessária a aplicação do procedimento de padronização *Zscores*.
**b.** Apresente e discuta a tabela do esquema de aglomeração.
**c.** Com base na tabela do item anterior e no dendrograma, pergunta-se: Há indícios de serem formados quantos agrupamentos de lojas?
**d.** Elabore um escalonamento multidimensional e, na sequência, apresente e discuta o gráfico bidimensional gerado com as posições relativas das lojas.

**e.** Elabore uma análise de agrupamentos por meio do procedimento *k-means*, com a quantidade de agrupamentos sugerida no item (c), e interprete, considerando o nível de significância de 5%, a análise de variância de um fator para cada variável considerada no estudo. Qual variável mais contribui para a formação de pelo menos um dos *clusters* formados, ou seja, qual delas é a mais discriminante dos grupos?

**f.** Existe correspondência entre as alocações das observações nos grupos obtidas pelos métodos hierárquico e não hierárquico?

**g.** É possível identificar associação entre alguma regional e determinado grupo discrepante de lojas, o que poderia justificar a preocupação da diretoria em relação à imagem e à identidade da marca? Caso a resposta seja afirmativa, elabore novamente a análise de agrupamentos hierárquicos com os mesmos critérios, porém, agora, sem esse grupo discrepante de lojas. A partir da análise dos novos resultados, pode-se visualizar, de forma mais nítida, as diferenças entre as demais lojas?

**3.** Um analista do mercado financeiro decide elaborar uma pesquisa com presidentes e diretores de grandes empresas atuantes nos setores de saúde, educação e transporte, a fim de investigar o modo como são realizados as operações das companhias e os mecanismos que regem os processos decisórios. Para tanto, elaborou um questionário com 50 perguntas, cujas respostas são apenas dicotômicas, ou binárias. Após a aplicação do questionário, obteve um retorno de 35 empresas e, a partir de então, estruturou o banco de dados, presente nos arquivos **Pesquisa Binária.sav** e **Pesquisa Binária.dta**. De maneira genérica, as variáveis são:

| Variável | Descrição |
|---|---|
| *q1* a *q50* | 50 variáveis *dummy* que se referem ao modo como são realizados as operações e os processos de tomada de decisão nas empresas. |
| *setor* | Setor de atuação da empresa (critério Bovespa). |

O principal objetivo do analista é verificar se empresas atuantes no mesmo setor apresentam similaridades em relação ao modo como são realizados as operações e os processos de tomada de decisão, ao menos na perspectiva dos próprios gestores. Para tanto, após a coleta dos dados, pode ser elaborada uma análise de agrupamentos. Pede-se:

**a.** Com base na análise de agrupamentos hierárquicos elaborada com método de encadeamento médio (*between groups*) e medida de semelhança (similaridade) de emparelhamento simples para variáveis binárias, analise o esquema de aglomeração gerado.

**b.** Interprete o dendrograma.

**c.** Verifique se existe correspondência entre as alocações das empresas nos *clusters* e os respectivos setores de atuação, ou, em outras palavras, se as empresas atuantes no mesmo setor apresentam similaridades em relação ao modo como são realizados as operações e os processos de tomada de decisão.

**4.** O proprietário de uma empresa hortifrúti decide monitorar as vendas de seus produtos ao longo de 16 semanas (4 meses). O objetivo principal é verificar se existe recorrência do comportamento de vendas de três principais produtos (banana, laranja e maçã) após certo período, em função das oscilações semanais de preços dos produtores, repassados aos consumidores e que podem afetar as vendas. Os dados encontram-se nos arquivos **Hortifrúti.sav** e **Hortifrúti.dta**, que apresentam as seguintes variáveis:

| Variável | Descrição |
|---|---|
| *semana* | Variável *string* que varia de 1 a 16 e identifica a semana em que as vendas foram monitoradas. |
| *semana_mês* | Variável *string* que varia de 1 a 4 e identifica a semana de cada um dos meses. |
| *banana* | Quantidade de bananas vendidas na semana (un.). |
| *laranja* | Quantidade de laranjas vendidas na semana (un.). |
| *maçã* | Quantidade de maçãs vendidas na semana (un.). |

Pede-se:

**a.** Elabore uma análise de agrupamentos por meio de um esquema de aglomeração hierárquico, com método de encadeamento único (*nearest neighbor*) e medida de correlação de Pearson. Apresente a matriz de medidas de similaridade (correlação de Pearson) entre cada linha do banco de dados (períodos semanais). **Lembrete:** Como as variáveis possuem a mesma unidade de medida, não é necessária a aplicação do procedimento de padronização *Zscores*.

**b.** Apresente e discuta a tabela do esquema de aglomeração.

**c.** Com base na tabela do item anterior e no dendrograma, pergunta-se: Há indícios de recorrência do comportamento conjunto de vendas de banana, laranja e maçã em determinadas semanas?

APÊNDICE

# Detecção de *Outliers* Multivariados

Embora a detecção de *outliers* seja extremamente importante quando da aplicação de praticamente todas as técnicas em análise multivariada de dados, optamos por inserir este apêndice no presente capítulo em razão de a análise de agrupamentos representar o primeiro conjunto estudado de técnicas exploratórias, cujos *outputs* podem ser utilizados como *inputs* de diversas outras técnicas, bem como pelo fato de observações muito discrepantes poderem interferir consideravelmente na formação dos *clusters*.

Barnett e Lewis (1994) citam quase 1.000 artigos provenientes da literatura sobre *outliers*; porém, optamos por apresentar um algoritmo bastante efetivo e computacionalmente simples e rápido para a detecção de *outliers* multivariados.

## A. Breve apresentação do algoritmo *Blocked Adaptative Computationally Efficient Outlier Nominators*

Billor, Hadi e Velleman (2000), em seminal trabalho, apresentam um interessante algoritmo que possui a finalidade de detectar *outliers* multivariados, denominado ***Blocked Adaptative Computationally Efficient Outlier Nominators*** ou, simplesmente, ***BACON***. Esse algoritmo, explicado de forma clara e didática por Weber (2012), é definido com base na elaboração de alguns passos, descritos brevemente a seguir:

**1.** A partir de um banco de dados com $n$ observações e $j$ ($j = 1, ..., k$) variáveis $X$, sendo cada observação identificada por $i$ ($i = 1, ..., n$), a distância entre uma observação $i$, que possui um vetor com dimensão $k$ $\mathbf{x}_i = (x_{i1}, x_{i2}, ..., x_{ik})$, e a média geral dos valores de toda a amostra (grupo $G$), que também possui um vetor com dimensão $k$ $\bar{\mathbf{x}}$ ($\bar{x}_1, \bar{x}_2, ..., \bar{x}_k$), é dada pela seguinte expressão, conhecida por **distância de Mahalanobis**:

$$d_{iG} = \sqrt{(\mathbf{x}_i - \bar{\mathbf{x}})' \cdot \mathbf{S}^{-1} \cdot (\mathbf{x}_i - \bar{\mathbf{x}})} \qquad (1.29)$$

em que $\mathbf{S}$ representa a matriz de covariâncias das $n$ observações. Portanto, o passo inicial do algoritmo consiste em identificar $m$ ($m > k$) observações homogêneas (grupo inicial $M$) que apresentam as menores distâncias de Mahalanobis com relação à amostra toda.

É importante mencionar que a medida de dissimilaridade conhecida por distância de Mahalanobis, não abordada ao longo do capítulo, é adotada pelos autores supramencionados por possuir a propriedade de não ser suscetível à existência de diferentes unidades de medida das variáveis.

**2.** Na sequência, são calculadas as distâncias de Mahalanobis entre cada observação *i* e a média dos valores das *m* observações pertencentes ao grupo *M*, que também possui um vetor com dimensão $k$ $\overline{\mathbf{x}}_M$ ($\overline{\mathbf{x}}_{M1}, \overline{\mathbf{x}}_{M2}, \ldots, \overline{\mathbf{x}}_{Mk}$), de modo que:

$$d_{iM} = \sqrt{(\mathbf{x}_i - \overline{\mathbf{x}}_M)' \cdot \mathbf{S}_M^{-1} \cdot (\mathbf{x}_i - \overline{\mathbf{x}}_M)} \quad (1.30)$$

em que $\mathbf{S}_M$ representa a matriz de covariâncias das *m* observações.

**3.** Todas as observações com distâncias de Mahalanobis menores que determinado limiar são adicionadas ao grupo *M* de observações. Esse limiar é definido como um percentil corrigido da distribuição $\chi^2$ (85% no padrão do Stata).

Os passos 2 e 3 devem ser reaplicados até que não existam mais modificações no grupo *M*, que possuirá apenas observações consideradas não *outliers*. Portanto, as excluídas do grupo serão consideradas ***outliers* multivariados**.

Weber (2012) codifica o algoritmo proposto no trabalho de Billor, Hadi e Velleman (2000) no Stata, criando o comando **bacon**. Na sequência, apresentamos um exemplo em que é utilizado esse comando, cuja principal vantagem é ser computacionalmente muito rápido, mesmo quando aplicado a grandes bancos de dados.

## B. Exemplo: O comando bacon no Stata

Antes da elaboração específica deste procedimento no Stata, devemos instalar o comando **bacon**, digitando **findit bacon** e clicando no link **st0197 from http://www.stata-journal.com/software/sj10-3**. Na sequência, devemos clicar em **click here to install**. Por fim, retornando à tela de comandos do Stata, podemos digitar **ssc install moremata** e **mata: mata mlib index**. Feito isso, temos condições de aplicar o comando **bacon**.

Para o uso do comando, utilizaremos o arquivo **Bacon.dta**, que apresenta dados de 20.000 engenheiros sobre renda média familiar (R$), idade (anos) e tempo de formado (anos). Inicialmente, podemos digitar o comando **desc**, que possibilita a análise das características do banco de dados. A Figura 1.76 apresenta esse primeiro *output*.

```
. desc

  obs:          20,000
 vars:               3
 size:         200,000 (99.6% of memory free)
-------------------------------------------------------------------------------
              storage  display     value
variable name   type   format      label      variable label
-------------------------------------------------------------------------------
renda           float  %9.0g                  renda média familiar (R$)
idade           byte   %8.0g                  idade (anos)
tformado        byte   %8.0g                  tempo de formado (anos)
-------------------------------------------------------------------------------
Sorted by:
```

**Figura 1.76** Descrição do banco de dados **Bacon.dta**.

Na sequência, podemos digitar o seguinte comando, que identifica, com base no algoritmo apresentado, as observações consideradas *outliers* multivariados:

```
bacon renda idade tformado, generate(outbacon)
```

em que o termo **generate(outbacon)** faz com que seja gerada uma nova variável *dummy* no banco de dados, denominada *outbacon*, que apresenta valores iguais a 0 para observações não consideradas *outliers*, e valores iguais a 1 para as consideradas como tal. Esse *output* encontra-se na Figura 1.77.

```
. bacon renda idade tformado, generate(outbacon)

Total number of observations:         20000
   BACON outliers (p = 0.15):             4
      Non-outliers remaining:         19996
```

**Figura 1.77** Aplicação do comando **bacon** no Stata.

Por meio dessa figura, é possível verificarmos que quatro observações são classificadas como *outliers* multivariados. Além disso, o Stata considera 85% o padrão de percentil da distribuição $\chi^2$, utilizado como limiar de separação entre observações tidas como *outliers* e não *outliers*, conforme discutido anteriormente e destacado por Weber (2012). Essa é a razão de, nos *outputs*, aparecer o termo **BACON outliers (p = 0.15)**. Esse valor poderá ser alterado em função de algum critério estabelecido pelo pesquisador, porém, ressalta-se que o padrão **percentile(0.15)** é bastante adequado para a obtenção de respostas consistentes.

A partir do comando a seguir, que gera o *output* da Figura 1.78, podemos investigar quais as observações classificadas como *outliers*:

```
list if outbacon == 1
```

```
. list if outbacon==1

       +-----------------------------------------+
       |    renda   idade   tformado   outbacon |
       |-----------------------------------------|
 1935. | 30869.93      30         15          1 |
 2468. | 34773.54      42         17          1 |
14128. | 41191.15      50         21          1 |
16833. | 32924.19      31         16          1 |
       +-----------------------------------------+
```

**Figura 1.78** Observações classificadas como *outliers* multivariados.

Mesmo que estejamos trabalhando com três variáveis, podemos elaborar gráficos de dispersão bidimensionais, que permitem identificar as posições das observações consideradas *outliers* em relação às demais. Para tanto, vamos digitar os seguintes comandos, que geram os referidos gráficos para cada par de variáveis:

```
scatter renda idade, ml(outbacon) note("0 = não outlier, 1 = outlier")
scatter renda tformado, ml(outbacon) note("0 = não outlier, 1 = outlier")
scatter idade tformado, ml(outbacon) note("0 = não outlier, 1 = outlier")
```

Os três gráficos encontram-se nas Figuras 1.79, 1.80 e 1.81.

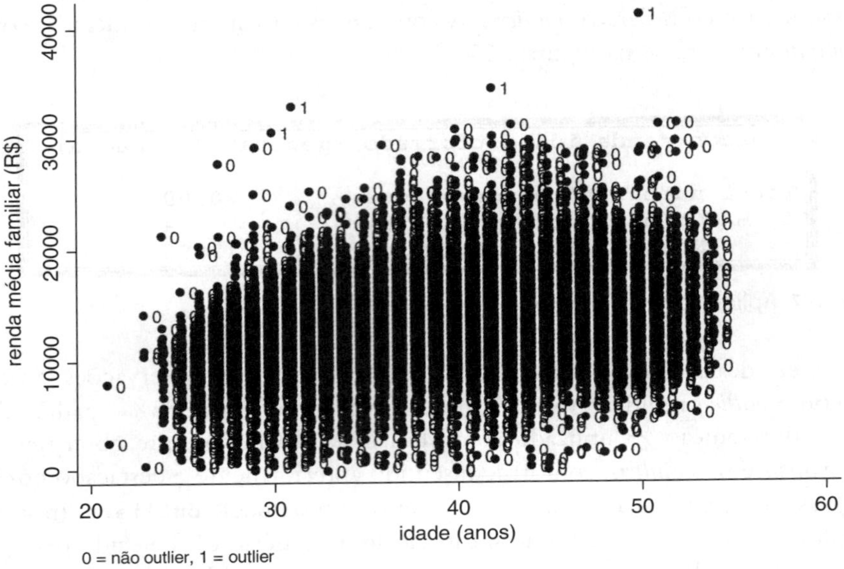


**Figura 1.79** Variáveis *renda* e *idade* – Posição relativa das observações.

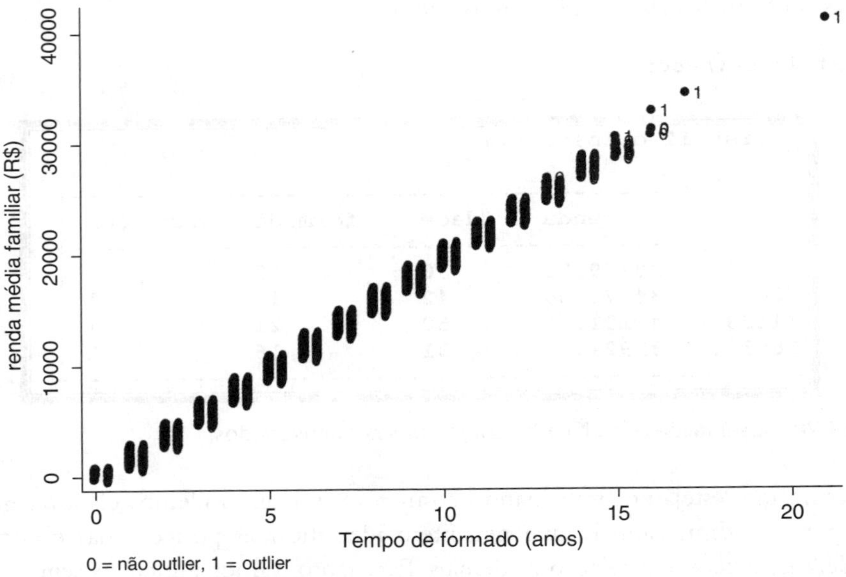


**Figura 1.80** Variáveis *renda* e *tformado* – Posição relativa das observações.

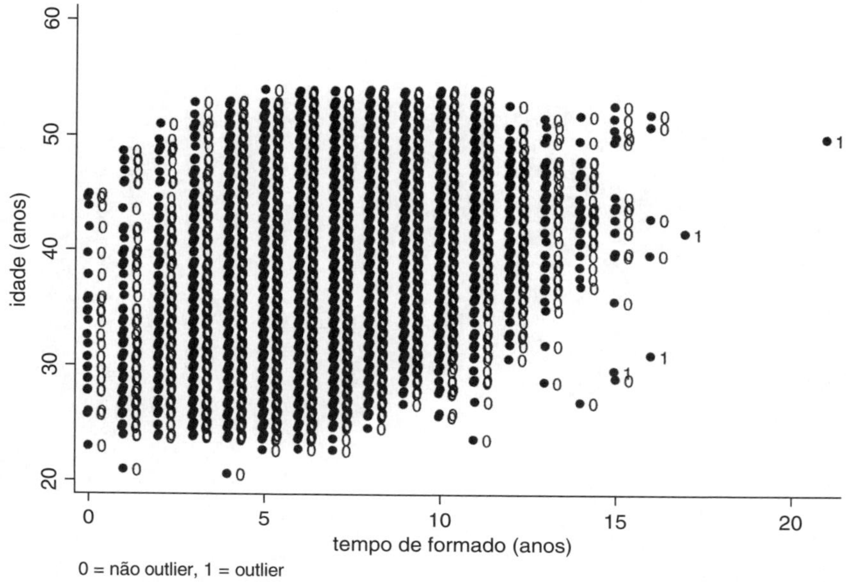


**Figura 1.81** Variáveis *idade* e *tformado* – Posição relativa das observações.

Embora os *outliers* tenham sido identificados, é importante mencionar que a decisão sobre o que fazer com essas observações pertence totalmente ao pesquisador, que deverá tomá-la em função de seus objetivos de pesquisa. Conforme discutimos ao longo do capítulo, a exclusão desses *outliers* da base pode representar uma opção a ser considerada. Porém, o estudo sobre as razões que os tornaram multivariadamente discrepantes também pode gerar muitos frutos interessantes de pesquisa.

CAPÍTULO 2

# Análise Fatorial por Componentes Principais

*O amor e a verdade estão tão unidos entre si que é praticamente impossível separá-los. São como duas faces da mesma moeda.*

**Mahatma Gandhi**

### Ao final deste capítulo, você terá condições de:

- Estabelecer as circunstâncias a partir das quais a técnica de análise fatorial por componentes principais pode ser utilizada.
- Entender o conceito de fator.
- Saber avaliar a adequação global da análise fatorial por meio da estatística KMO e do teste de esfericidade de Bartlett.
- Compreender os conceitos de autovalores e autovetores em matrizes de correlação de Pearson.
- Saber calcular e interpretar os *scores* fatoriais e, a partir dos mesmos, definir fatores.
- Determinar e interpretar cargas fatoriais e comunalidades.
- Construir *loading plots*.
- Entender os conceitos referentes à rotação de fatores e elaborar a rotação ortogonal Varimax.
- Construir *rankings* de desempenho a partir do comportamento conjunto de variáveis.
- Elaborar a técnica de análise fatorial por componentes principais de maneira algébrica e por meio do IBM SPSS Statistics Software® e do Stata Statistical Software® e interpretar seus resultados.

## 2.1. INTRODUÇÃO

As técnicas exploratórias de **análise fatorial** são muito úteis quando há a intenção de se trabalhar com variáveis que apresentem, entre si, **coeficientes de correlação** relativamente elevados e se deseja estabelecer novas variáveis que captem o comportamento conjunto das variáveis originais. Cada uma dessas novas variáveis é chamada de **fator**, que pode ser entendido como o **agrupamento de variáveis** a partir de critérios estabelecidos. Nesse sentido, a análise fatorial é uma técnica multivariada que procura identificar uma quantidade relativamente pequena de fatores que representam o comportamento conjunto de variáveis originais interdependentes. Assim, enquanto a análise de agrupamentos estudada no capítulo anterior faz uso de medidas de distância ou de semelhança para agrupar observações e formar *clusters*, a análise fatorial utiliza coeficientes de correlação para agrupar variáveis e gerar fatores.

Dentre os métodos para determinação de fatores, o conhecido como **componentes principais** é, sem dúvida, o mais utilizado em análise fatorial, já que se baseia no pressuposto de que podem ser extraídos **fatores não correlacionados** a partir de **combinações lineares das variáveis originais**. A análise fatorial por componentes principais permite, portanto, que, a partir de um conjunto de variáveis originais correlacionadas entre si, seja determinado outro conjunto de variáveis (fatores) resultantes da combinação linear do primeiro conjunto.

Embora na literatura, como sabemos, apareça com certa frequência o termo **análise fatorial confirmatória**, a análise fatorial é, em essência, uma **técnica multivariada exploratória**, ou de **interdependência**, visto que não possui caráter preditivo para outras observações não presentes inicialmente na amostra, e a inclusão de novas observações no banco de dados torna necessária a reaplicação da técnica, para que sejam gerados novos fatores mais precisos e atualizados. Conforme discute Reis (2001), a análise fatorial pode ser utilizada tanto com o objetivo exploratório de redução da dimensão dos dados, com foco na criação de fatores a partir de variáveis originais, quanto com o objetivo de se confirmar uma hipótese inicial de que os dados poderão ser reduzidos a determinado fator, ou determinada dimensão, previamente estabelecido. Independentemente da natureza do objetivo, a análise fatorial continuará exploratória. Caso um pesquisador tenha a intenção de utilizar uma técnica para, de fato, confirmar as relações encontradas na análise fatorial, poderá fazer uso, por exemplo, de **modelos de equações estruturais**.

A análise fatorial por componentes principais apresenta quatro objetivos principais: (1) identificação de correlações entre variáveis originais para a criação de fatores que representam a combinação linear daquelas variáveis (**redução estrutural**); (2) verificação da **validade de constructos** previamente estabelecidos, tendo em vista a alocação das variáveis originais em cada fator; (3) **elaboração de *rankings*** por meio da criação de indicadores de desempenho a partir dos fatores; e (4) extração de fatores ortogonais para posterior uso em técnicas multivariadas confirmatórias que necessitam de **ausência de multicolinearidade**.

Imagine que um pesquisador tenha interesse em estudar a relação de interdependência entre diversas variáveis quantitativas que traduzem o comportamento socioeconômico dos municípios de uma nação. Nessa situação, podem ser determinados fatores que eventualmente consigam explicar o comportamento das variáveis originais, e, nesse sentido, a análise fatorial é utilizada para a redução estrutural dos dados e para posterior elaboração de um indicador socioeconômico que capte o comportamento conjunto dessas variáveis. A partir desse indicador, pode inclusive ser criado um *ranking* de desempenho dos municípios, e os próprios fatores podem ser utilizados em uma eventual análise de agrupamentos.

Em outra situação, fatores extraídos a partir de variáveis originais podem ser utilizados como variáveis explicativas de outra variável (dependente), inicialmente não considerada na análise. Por exemplo, fatores obtidos a partir do comportamento conjunto das notas escolares em determinadas disciplinas do último ano do ensino médio podem ser utilizados como variáveis explicativas da classificação geral dos estudantes no vestibular ou do fato de o estudante ter ou não sido aprovado. Note, nessas situações, que os fatores (ortogonais entre si) são utilizados, em vez das próprias variáveis originais, como variáveis explicativas de determinado fenômeno em modelos multivariados confirmatórios, como regressão múltipla ou regressão logística, a fim de que sejam eliminados eventuais problemas de multicolinearidade. É importante ressaltar, entretanto, que esse procedimento somente faz sentido quando há o intuito de elaborar um **diagnóstico** acerca do comportamento da variável dependente, sem a intenção de previsões para outras observações não presentes inicialmente na amostra. Como novas observações não apresentam os correspondentes valores dos fatores gerados, a obtenção desses valores somente é possível ao se incluírem tais observações em nova análise fatorial.

Em uma terceira situação, imagine que uma empresa varejista esteja interessada em avaliar o nível de satisfação dos clientes por meio da aplicação de um questionário em que as perguntas tenham sido previamente classificadas em determinados grupos. Por exemplo, as perguntas A, B e C foram classificadas no grupo *qualidade do atendimento*, as perguntas D e E, no grupo *percepção positiva de preços*, e as perguntas F, G, H e I, no grupo *variedade do sortimento de produtos*. Após a aplicação do questionário em uma amostra significativa de consumidores, em que essas nove variáveis são levantadas por meio da atribuição de notas que variam de 0 a 10, a empresa varejista decide elaborar uma análise fatorial por componentes principais para verificar se, de fato, a combinação das variáveis reflete o constructo previamente estabelecido. Se isso ocorrer, a análise fatorial terá sido utilizada para validar o constructo, apresentando objetivo de natureza confirmatória.

Podemos perceber, em todas essas situações, que as variáveis originais a partir das quais serão extraídos fatores são quantitativas, visto que a análise fatorial parte do estudo do comportamento dos coeficientes de correlação de Pearson entre as variáveis. É comum, entretanto, que pesquisadores façam uso do **incorreto procedimento de ponderação arbitrária** em variáveis qualitativas, como variáveis em **escala Likert**, para, a partir de então, ser aplicada uma análise fatorial. **Trata-se de um erro grave!** Existem técnicas exploratórias destinadas exclusivamente ao estudo do comportamento de variáveis qualitativas como, por exemplo, a análise de correspondência a ser estudada no próximo capítulo, e a análise fatorial definitivamente não se apresenta para tal finalidade!

Em um contexto histórico, o desenvolvimento da análise fatorial é devido, em parte, aos trabalhos pioneiros de Pearson (1896) e Spearman (1904). Enquanto Karl Pearson desenvolveu um tratamento matemático rigoroso acerca do que se convencionou chamar de correlação, Charles Edward Spearman publicou, no início do século XX, um seminal trabalho em que eram avaliadas as inter-relações entre os desempenhos de estudantes em diversas disciplinas, como Francês, Inglês, Matemática e Música. Como as notas dessas disciplinas apresentavam forte correlação, Spearman propôs que *scores* oriundos de testes aparentemente incompatíveis compartilhavam um fator geral único, e estudantes que apresentavam boas notas possuíam algum componente psicológico ou de inteligência mais desenvolvido. De modo geral, Spearman destacou-se profundamente pela aplicação de métodos matemáticos e estudos de correlação para a análise da mente humana.

Décadas mais tarde, o estatístico matemático e influente teórico econômico Harold Hotelling convencionou chamar, em 1933, de *Principal Component Analysis* a análise que determina componentes a partir da maximização da variância de dados originais. Ainda na primeira metade do século XX, o psicólogo Louis Leon Thurstone, a partir da investigação sobre as ideias de Spearman e com base na aplicação de determinados testes psicológicos cujos resultados foram submetidos à análise fatorial, identificou sete aptidões primárias das pessoas: aptidões espaciais e visuais, compreensão verbal, fluidez verbal, rapidez perceptual, aptidão numérica, raciocínio e memória. Na psicologia, o termo *fatores mentais* é inclusive destinado a variáveis que apresentam maior influência sobre determinado comportamento.

Atualmente, a análise fatorial é utilizada em diversos campos do conhecimento, como marketing, economia, estratégia, finanças, contabilidade, atuária, engenharia, logística, psicologia, medicina, ecologia e bioestatística, entre outros.

A análise fatorial por componentes principais deve ser definida com base na teoria subjacente e na experiência do pesquisador, de modo que seja possível aplicar a técnica de forma correta e analisar os resultados obtidos.

Neste capítulo, trataremos da técnica de análise fatorial por componentes principais, com os seguintes objetivos: (1) introduzir os conceitos; (2) apresentar, de maneira algébrica e prática, o passo a passo da modelagem; (3) interpretar os resultados obtidos; e (4) propiciar a aplicação da técnica em SPSS e Stata. Seguindo a lógica proposta no livro, será inicialmente elaborada a solução algébrica de um exemplo vinculada à apresentação dos conceitos. Somente após a introdução dos conceitos, serão apresentados os procedimentos para a elaboração da técnica em SPSS e Stata.

## 2.2. ANÁLISE FATORIAL POR COMPONENTES PRINCIPAIS

Muitos são os procedimentos inerentes à análise fatorial, com diferentes métodos para a determinação (**extração**) de fatores a partir da matriz de correlações de Pearson. O método mais utilizado, adotado para a extração dos fatores neste capítulo, é conhecido por componentes principais, em que a consequente redução estrutural é também chamada de **transformação de Karhunen-Loève**.

Nas seções seguintes, apresentaremos o desenvolvimento teórico da técnica, bem como a elaboração de um exemplo prático. Enquanto nas seções 2.2.1 a 2.2.5 serão apresentados os principais conceitos, a seção 2.2.6 é destinada à resolução de um exemplo prático por meio de solução algébrica, a partir de um banco de dados.

### 2.2.1. Correlação linear de Pearson e conceito de fator

Imaginemos um banco de dados que apresente $n$ observações e, para cada observação $i$ ($i = 1, ..., n$), valores correspondentes a cada uma das $k$ variáveis métricas $X$, conforme mostra a Tabela 2.1.

**Tabela 2.1** Modelo geral de um banco de dados para elaboração de análise fatorial

| Observação $i$ | $X_{1i}$ | $X_{2i}$ | ... | $X_{ki}$ |
|---|---|---|---|---|
| 1 | $X_{11}$ | $X_{21}$ | | $X_{k1}$ |
| 2 | $X_{12}$ | $X_{22}$ | | $X_{k2}$ |
| 3 | $X_{13}$ | $X_{23}$ | ... | $X_{k3}$ |
| ⋮ | ⋮ | ⋮ | | ⋮ |
| $n$ | $X_{1n}$ | $X_{2n}$ | | $X_{kn}$ |

A partir do banco de dados, e dada a intenção de que sejam extraídos fatores a partir das $k$ variáveis $X$, devemos definir a **matriz de correlações** ρ que apresenta os valores da **correlação linear de Pearson** entre cada par de variáveis, conforme mostra a expressão (2.1).

$$\rho = \begin{pmatrix} 1 & \rho_{12} & \cdots & \rho_{1k} \\ \rho_{21} & 1 & \cdots & \rho_{2k} \\ \vdots & \vdots & \ddots & \vdots \\ \rho_{k1} & \rho_{k2} & \cdots & 1 \end{pmatrix} \qquad (2.1)$$

A matriz de correlações ρ é simétrica em relação à diagonal principal que, obviamente, apresenta valores iguais a 1. Para, por exemplo, as variáveis $X_1$ e $X_2$, a correlação de Pearson $\rho_{12}$ pode ser calculada com base na expressão (2.2).

$$\rho_{12} = \frac{\sum_{i=1}^{n}(X_{1i} - \overline{X}_1)\cdot(X_{2i} - \overline{X}_2)}{\sqrt{\sum_{i=1}^{n}(X_{1i} - \overline{X}_1)^2} \cdot \sqrt{\sum_{i=1}^{n}(X_{2i} - \overline{X}_2)^2}} \qquad (2.2)$$

em que $\overline{X}_1$ e $\overline{X}_2$ representam, respectivamente, as médias das variáveis $X_1$ e $X_2$.

Logo, como a correlação de Pearson é uma medida do grau da relação linear entre duas variáveis métricas, podendo variar entre –1 e 1, um valor mais próximo de um desses extremos indica a existência de relação linear entre as duas variáveis em análise, que, dessa forma, podem contribuir significativamente para a extração de um único fator. Por outro lado, um valor da correlação de Pearson muito próximo de 0 indica que a relação linear entre as duas variáveis é praticamente inexistente; portanto, diferentes fatores podem ser extraídos.

Imaginemos uma situação hipotética em que determinado banco de dados apresente apenas três variáveis ($k$ = 3). Um gráfico de dispersão tridimensional pode ser elaborado a partir dos valores de cada variável para cada observação. O gráfico encontra-se, de maneira exemplificada, na Figura 2.1.

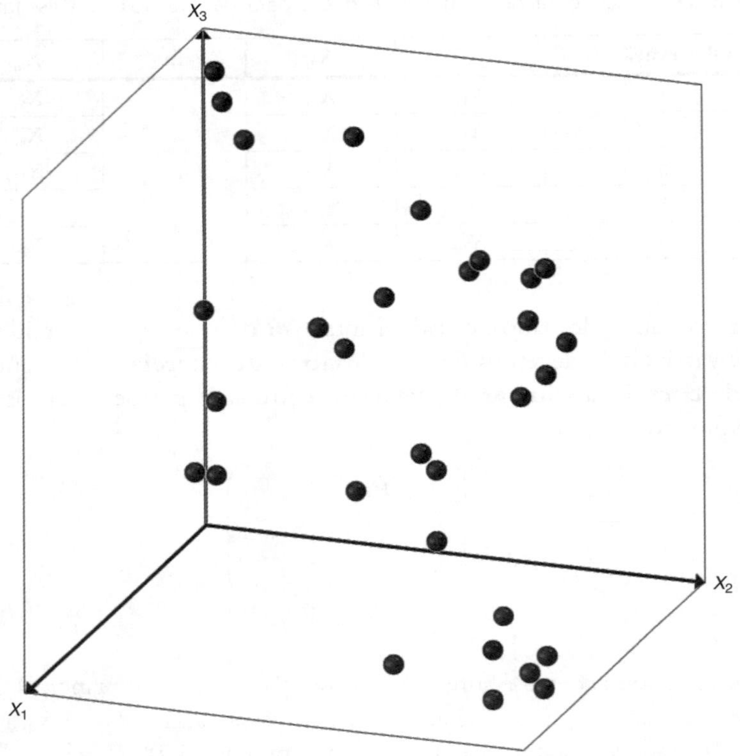


**Figura 2.1** Gráfico de dispersão tridimensional para situação hipotética com três variáveis.

Com base apenas na análise visual do gráfico da Figura 2.1, é difícil avaliar o comportamento das relações lineares entre cada par de variáveis. Nesse sentido, a Figura 2.2 apresenta a projeção dos pontos correspondentes a cada observação em cada um dos planos formados pelos pares de variáveis, com destaque, em tracejado, para o ajuste que representa a relação linear entre as respectivas variáveis.

Enquanto a Figura 2.2a mostra que existe considerável relação linear entre as variáveis $X_1$ e $X_2$ (correlação de Pearson muito alta), as Figuras 2.2b e 2.2c explicitam que não existe relação linear entre $X_3$ e essas variáveis. A Figura 2.3 mostra essas projeções no gráfico tridimensional, com os respectivos ajustes lineares em cada plano (retas tracejadas).

Dessa forma, nesse exemplo hipotético, enquanto as variáveis $X_1$ e $X_2$ poderão ser representadas de maneira bastante significativa por um único fator, que chamaremos de $F_1$, a variável $X_3$ poderá ser representada por outro fator, $F_2$, ortogonal a $F_1$. A Figura 2.4 apresenta, de maneira tridimensional, a extração desses novos fatores.

Logo, os fatores podem ser entendidos como **representações de dimensões latentes** que explicam o comportamento de variáveis originais.

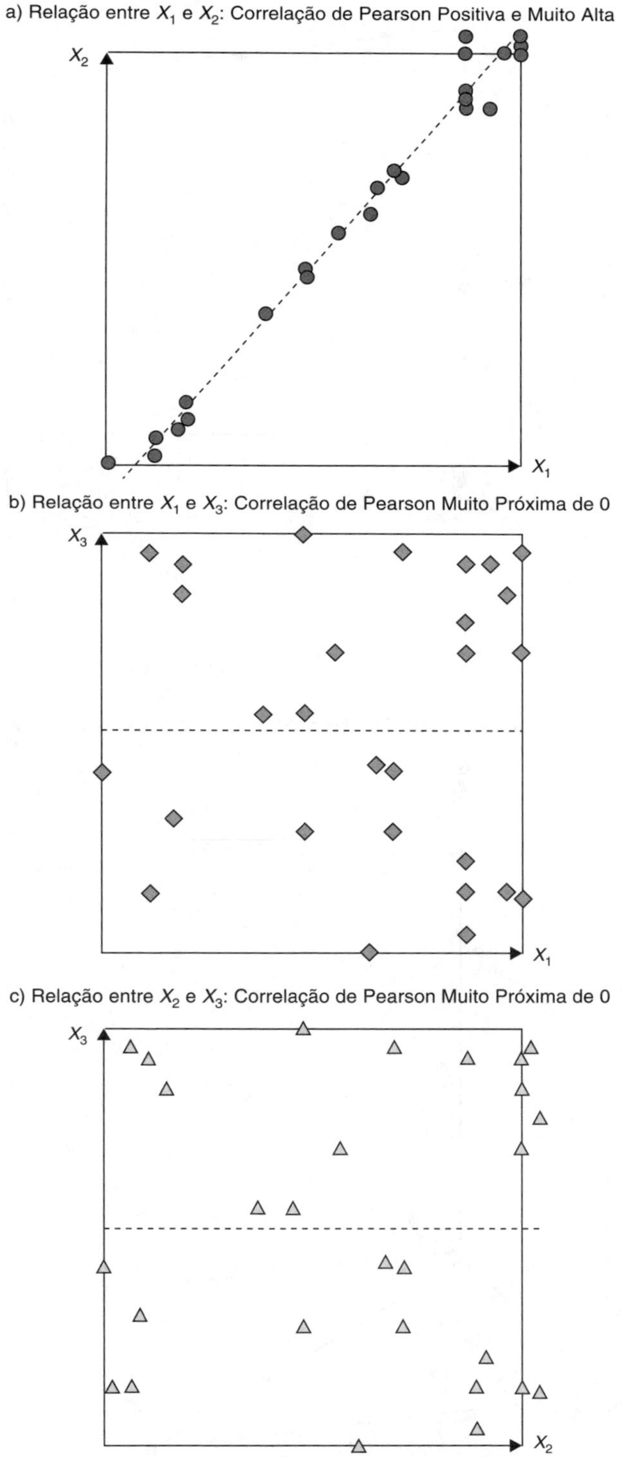


**Figura 2.2** Projeção dos pontos em cada plano formado por determinado par de variáveis.

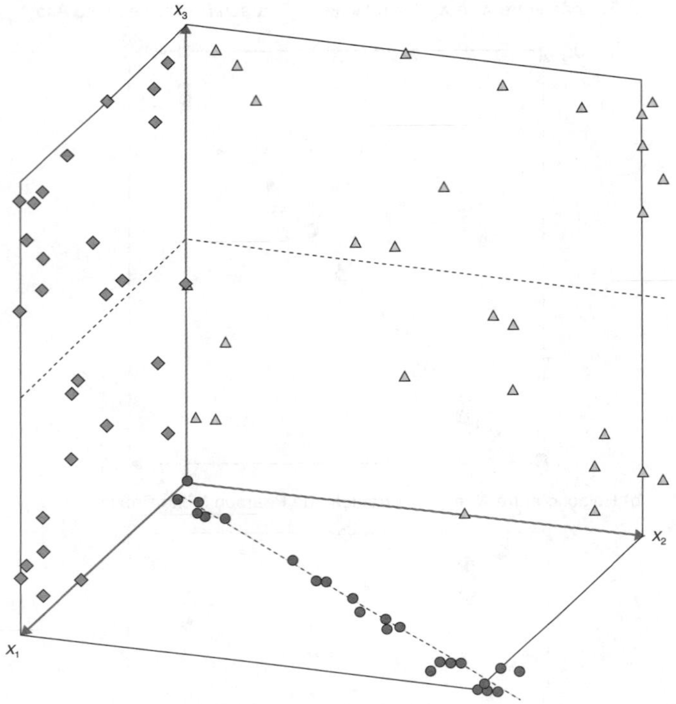


**Figura 2.3** Projeção dos pontos em gráfico tridimensional com ajustes lineares por plano.

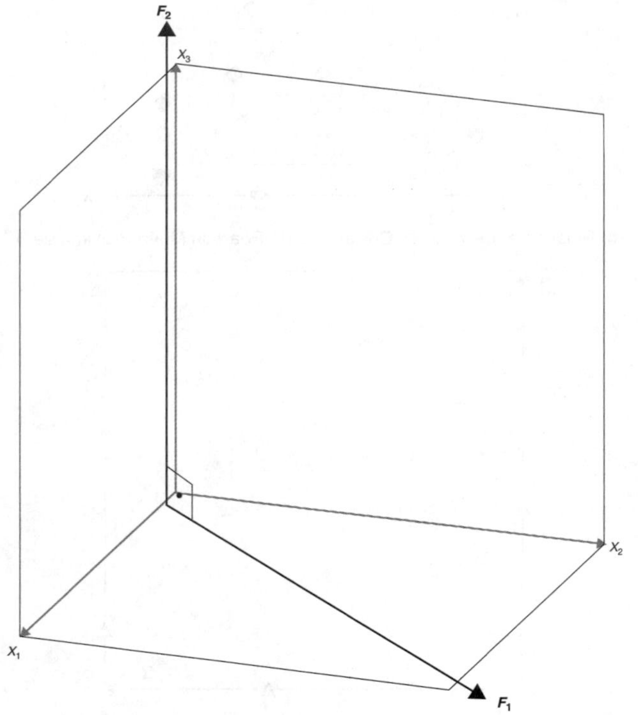


**Figura 2.4** Extração de fatores.

Apresentados esses conceitos iniciais, é importante salientar que, em muitos casos, o pesquisador pode optar por não extrair um fator representado de maneira considerável por apenas uma variável (neste caso, o fator $F_2$), e o que vai definir a extração de cada um dos fatores é o cálculo dos autovalores da matriz de correlações ρ, conforme será estudado na seção 2.2.3. Antes disso, entretanto, será necessário que se verifique a **adequação global da análise fatorial**, a ser discutida na próxima seção.

## 2.2.2. Adequação global da análise fatorial: estatística Kaiser-Meyer-Olkin (KMO) e teste de esfericidade de Bartlett

Uma adequada extração de fatores a partir de variáveis originais requer que a matriz de correlações ρ apresente valores relativamente elevados e estatisticamente significantes. Conforme discutem Hair *et al.* (2009), embora a inspeção visual da matriz de correlações ρ não revele se a extração de fatores será, de fato, adequada, uma quantidade substancial de valores inferiores a 0,30 representa um preliminar indício de que a análise fatorial poderá ser inapropriada.

Para que seja verificada a adequação global propriamente dita da extração dos fatores, devemos recorrer à **estatística Kaiser-Meyer-Olkin** (**KMO**) e ao **teste de esfericidade de Bartlett**.

A estatística KMO fornece a proporção de variância considerada comum a todas as variáveis na amostra em análise, ou seja, que pode ser atribuída à existência de um fator comum. Essa estatística varia de 0 a 1, e, enquanto valores mais próximos de 1 indicam que as variáveis compartilham um percentual de variância bastante elevado (correlações de Pearson altas), valores mais próximos de 0 são decorrentes de correlações de Pearson baixas entre as variáveis, o que pode indicar que a análise fatorial será inadequada. A estatística KMO, apresentada inicialmente por Kaiser (1970), pode ser calculada por meio da expressão (2.3).

$$\text{KMO} = \frac{\sum_{l=1}^{k}\sum_{c=1}^{k} \rho_{lc}^{2}}{\sum_{l=1}^{k}\sum_{c=1}^{k} \rho_{lc}^{2} + \sum_{l=1}^{k}\sum_{c=1}^{k} \varphi_{lc}^{2}}, l \neq c \tag{2.3}$$

em que $l$ e $c$ representam, respectivamente, as linhas e colunas da matriz de correlações ρ, e os termos $\varphi$ representam os **coeficientes de correlação parcial** entre duas variáveis. Enquanto os coeficientes de correlação de Pearson ρ são também chamados de **coeficientes de correlação de ordem zero**, os coeficientes de correlação parcial $\varphi$ são também conhecidos por **coeficientes de correlação de ordem superior**. Para três variáveis, são também chamados de **coeficientes de correlação de primeira ordem**, para quatro variáveis, de **coeficientes de correlação de segunda ordem** e, assim, sucessivamente.

Imaginemos outra situação hipotética em que determinado banco de dados apresenta novamente três variáveis ($k$ = 3). **É possível que $\rho_{12}$ reflita, de fato, o grau de relação linear entre $X_1$ e $X_2$, estando a variável $X_3$ relacionada com as**

**outras duas?** Nessa situação, $\rho_{12}$ pode não representar o verdadeiro grau de relação linear entre $X_1$ e $X_2$ na presença de $X_3$, o que pode fornecer uma falsa impressão sobre a natureza da relação entre as duas primeiras. É nesse sentido que os coeficientes de correlação parcial podem contribuir com a análise, visto que, segundo Gujarati e Porter (2008), são utilizados quando se deseja conhecer a correlação entre duas variáveis, controlando-se ou desconsiderando-se os efeitos de outras variáveis presentes na base de dados. Para nossa situação hipotética, é o coeficiente de correlação independente da influência, se é que ela existe, de $X_3$ sobre $X_1$ e $X_2$.

Dessa maneira, para três variáveis $X_1$, $X_2$ e $X_3$, podemos definir da seguinte forma os coeficientes de correlação de primeira ordem:

$$\varphi_{12,3} = \frac{\rho_{12} - \rho_{13} \cdot \rho_{23}}{\sqrt{(1-\rho_{13}^2) \cdot (1-\rho_{23}^2)}} \tag{2.4}$$

em que $\varphi_{12,3}$ representa a correlação entre $X_1$ e $X_2$, mantendo-se $X_3$ constante,

$$\varphi_{13,2} = \frac{\rho_{13} - \rho_{12} \cdot \rho_{23}}{\sqrt{(1-\rho_{12}^2) \cdot (1-\rho_{23}^2)}} \tag{2.5}$$

em que $\varphi_{13,2}$ representa a correlação entre $X_1$ e $X_3$, mantendo-se $X_2$ constante, e

$$\varphi_{23,1} = \frac{\rho_{23} - \rho_{12} \cdot \rho_{13}}{\sqrt{(1-\rho_{12}^2) \cdot (1-\rho_{13}^2)}} \tag{2.6}$$

em que $\varphi_{23,1}$ representa a correlação entre $X_2$ e $X_3$, mantendo-se $X_1$ constante.

De maneira geral, um coeficiente de correlação de primeira ordem pode ser obtido por meio da seguinte expressão:

$$\varphi_{ab,c} = \frac{\rho_{ab} - \rho_{ac} \cdot \rho_{bc}}{\sqrt{(1-\rho_{ac}^2) \cdot (1-\rho_{bc}^2)}} \tag{2.7}$$

em que *a*, *b* e *c* podem assumir valores 1, 2 ou 3, correspondentes às três variáveis em análise.

Já, para uma situação em que estejam presentes na análise quatro variáveis, a expressão geral de determinado coeficiente de correlação parcial (coeficiente de correlação de segunda ordem) é dada por:

$$\varphi_{ab,cd} = \frac{\varphi_{ab,c} - \varphi_{ad,c} \cdot \varphi_{bd,c}}{\sqrt{(1-\varphi_{ad,c}^2) \cdot (1-\varphi_{bd,c}^2)}} \tag{2.8}$$

em que $\varphi_{ab,cd}$ representa a correlação entre $X_a$ e $X_b$, mantendo-se $X_c$ e $X_d$ constantes, sabendo-se que *a*, *b*, *c* e *d* podem assumir valores 1, 2, 3 ou 4, correspondentes às quatro variáveis em análise.

A obtenção de coeficientes de correlação de ordens superiores, em que são consideradas na análise cinco ou mais variáveis, deverá ser feita sempre com base na determinação dos coeficientes de correlação parcial de ordens mais baixas. Na seção 2.2.6, elaboraremos um exemplo prático com a utilização de quatro variáveis, em que a solução algébrica da estatística KMO será obtida por meio da expressão (2.8).

É importante ressaltar que, mesmo que o coeficiente de correlação de Pearson entre duas variáveis seja 0, o coeficiente de correlação parcial entre elas pode não ser igual a 0, dependendo dos valores dos coeficientes de correlação de Pearson entre cada uma dessas variáveis e as demais presentes na base de dados.

Para que uma análise fatorial seja considerada adequada, os coeficientes de correlação parcial entre as variáveis devem ser baixos. Esse fato denota que as variáveis compartilham um percentual de variância elevado, e a desconsideração de uma ou mais delas na análise pode prejudicar a qualidade da extração dos fatores. Neste sentido, o Quadro 2.1 apresenta, segundo critério já bastante aceito na literatura, um indicativo sobre a relação entre a estatística KMO e a adequação global da análise fatorial.

**QUADRO 2.1 Relação entre a estatística KMO e a adequação global da análise fatorial**

| Estatística KMO | Adequação Global da Análise Fatorial |
|---|---|
| Entre 1,00 e 0,90 | Muito boa |
| Entre 0,90 e 0,80 | Boa |
| Entre 0,80 e 0,70 | Média |
| Entre 0,70 e 0,60 | Razoável |
| Entre 0,60 e 0,50 | Má |
| Menor do que 0,50 | Inaceitável |

Já o teste de esfericidade de Bartlett (Bartlett, 1954) consiste em comparar a matriz de correlações ρ com uma matriz identidade **I** de mesma dimensão. Se as diferenças entre os valores correspondentes fora da diagonal principal de cada matriz não forem estatisticamente diferentes de 0, a determinado nível de significância, poderemos considerar que a extração dos fatores não será adequada. Nesse caso, em outras palavras, as correlações de Pearson entre cada par de variáveis são estatisticamente iguais a 0, o que inviabiliza qualquer tentativa de extração de fatores a partir de variáveis originais. Logo, podemos definir as hipóteses nula e alternativa do teste de esfericidade de Bartlett da seguinte maneira:

$$H_0: \rho = \begin{pmatrix} 1 & \rho_{12} & \cdots & \rho_{1k} \\ \rho_{21} & 1 & \cdots & \rho_{2k} \\ \vdots & \vdots & \ddots & \vdots \\ \rho_{k1} & \rho_{k2} & \cdots & 1 \end{pmatrix} = \mathbf{I} = \begin{pmatrix} 1 & 0 & \cdots & 0 \\ 0 & 1 & \cdots & 0 \\ \vdots & \vdots & \ddots & \vdots \\ 0 & 0 & \cdots & 1 \end{pmatrix}$$

$$H_1: \rho = \begin{pmatrix} 1 & \rho_{12} & \cdots & \rho_{1k} \\ \rho_{21} & 1 & \cdots & \rho_{2k} \\ \vdots & \vdots & \ddots & \vdots \\ \rho_{k1} & \rho_{k2} & \cdots & 1 \end{pmatrix} \neq \mathbf{I} = \begin{pmatrix} 1 & 0 & \cdots & 0 \\ 0 & 1 & \cdots & 0 \\ \vdots & \vdots & \ddots & \vdots \\ 0 & 0 & \cdots & 1 \end{pmatrix}$$

A estatística correspondente ao teste de esfericidade de Bartlett é uma estatística $\chi^2$, que apresenta a seguinte expressão:

$$\chi^2_{\text{Bartlett}} = -\left[(n-1) - \left(\frac{2 \cdot k + 5}{6}\right)\right] \cdot \ln|D| \qquad (2.9)$$

com $\frac{k \cdot (k-1)}{2}$ graus de liberdade. Sabemos que $n$ é o tamanho da amostra, e $k$, o número de variáveis. Além disso, $D$ representa o determinante da matriz de correlações $\rho$.

O teste de esfericidade de Bartlett permite, portanto, que verifiquemos, para determinado número de graus de liberdade e determinado nível de significância, se o valor total da estatística $\chi^2_{\text{Bartlett}}$ é maior que o valor crítico da estatística. Se for o caso, poderemos afirmar que as correlações de Pearson entre os pares de variáveis são estatisticamente diferentes de 0 e que, portanto, podem ser extraídos fatores a partir das variáveis originais, sendo a análise fatorial apropriada. Quando da elaboração de um exemplo prático, na seção 2.2.6, também apresentaremos os cálculos da estatística $\chi^2_{\text{Bartlett}}$ e o resultado do teste de esfericidade de Bartlett.

Ressalta-se que **deve ser sempre preferido o teste de esfericidade de Bartlett à estatística KMO para efeitos de decisão sobre a adequação global da análise fatorial**, visto que, enquanto o primeiro é um teste com determinado nível de significância, o segundo é apenas um coeficiente (estatística) calculado sem distribuição de probabilidades determinada e hipóteses que permitam avaliar o nível correspondente de significância para efeitos de decisão.

Além disso, é importante mencionarmos que, para apenas duas variáveis originais, a estatística KMO será sempre igual a 0,50, ao passo que a estatística $\chi^2_{\text{Bartlett}}$ poderá indicar a rejeição ou não da hipótese nula do teste de esfericidade, dependendo da magnitude da correlação de Pearson entre as duas variáveis. Logo, enquanto a estatística KMO será 0,50 nessas situações, será o teste de esfericidade de Bartlett que permitirá que o pesquisador decida sobre a extração ou não de um fator a partir das duas variáveis originais. Já, para três variáveis originais, é muito comum que o pesquisador extraia dois fatores com significância estatística do teste de esfericidade de Bartlett, porém com estatística KMO menor que 0,50. Essas duas situações enfatizam ainda mais a maior relevância do teste de esfericidade de Bartlett em relação à estatística KMO para efeitos de tomada de decisão.

Por fim, vale mencionar que comumente encontramos na literatura a recomendação de que seja estudada a magnitude da medida conhecida por **alpha de Cronbach**, de forma anterior ao estudo da adequação global da análise fatorial, a fim de que seja avaliada a fidedignidade com que um fator pode ser extraído a partir de variáveis originais. Ressaltamos que o alpha de Cronbach oferece ao pesquisador indícios apenas sobre a consistência interna das variáveis do banco de dados para que seja extraído um único fator. Assim, sua determinação não representa um requisito obrigatório para a elaboração da análise fatorial, visto que essa técnica permite a extração de mais fatores. Entretanto, para efeitos didáticos, discutiremos os principais conceitos sobre o alpha de Cronbach no apêndice deste capítulo, com determinação algébrica e correspondentes aplicações nos softwares SPSS e Stata.

Discutidos esses conceitos e verificada a adequação global da análise fatorial, podemos partir para a definição dos fatores.

### 2.2.3. Definição dos fatores por componentes principais: determinação dos autovalores e autovetores da matriz de correlações ρ e cálculo dos *scores* fatoriais

Como um fator representa a combinação linear de variáveis originais, podemos definir, para $k$ variáveis, um número máximo de $k$ fatores ($F_1, F_2, ..., F_k$), de maneira análoga à quantidade máxima de agrupamentos que podem ser definidos a partir de uma amostra com $n$ observações, conforme estudamos no capítulo anterior, visto que um fator também pode ser entendido com o resultado do **agrupamento de variáveis**. Dessa forma, para $k$ variáveis, temos:

$$\begin{aligned} F_{1i} &= s_{11} \cdot X_{1i} + s_{21} \cdot X_{2i} + ... + s_{k1} \cdot X_{ki} \\ F_{2i} &= s_{12} \cdot X_{1i} + s_{22} \cdot X_{2i} + ... + s_{k2} \cdot X_{ki} \\ &\vdots \\ F_{ki} &= s_{1k} \cdot X_{1i} + s_{2k} \cdot X_{2i} + ... + s_{kk} \cdot X_{ki} \end{aligned} \tag{2.10}$$

em que os termos $s$ são conhecidos por ***scores* fatoriais**, que representam os parâmetros de um modelo linear que relaciona determinado fator com as variáveis originais. O cálculo dos *scores* fatoriais é de fundamental importância dento do contexto da técnica de análise fatorial e é elaborado a partir da determinação dos autovalores e autovetores da matriz de correlações ρ. Na expressão (2.11), reproduzimos a matriz de correlações ρ já apresentada na expressão (2.1).

$$\rho = \begin{pmatrix} 1 & \rho_{12} & \cdots & \rho_{1k} \\ \rho_{21} & 1 & \cdots & \rho_{2k} \\ \vdots & \vdots & \ddots & \vdots \\ \rho_{k1} & \rho_{k2} & \cdots & 1 \end{pmatrix} \tag{2.11}$$

Essa matriz de correlações, com dimensões $k \times k$, apresenta $k$ autovalores $\lambda^2$ ($\lambda_1^2 \geq \lambda_2^2 \geq ... \geq \lambda_k^2$), que podem ser obtidos a partir da solução da seguinte equação:

$$\det(\lambda^2 \cdot \mathbf{I} - \rho) = 0 \tag{2.12}$$

em que **I** é a matriz identidade, também com dimensões $k \times k$.

Como determinado fator representa o resultado do agrupamento de variáveis, é importante ressaltar que:

$$\lambda_1^2 + \lambda_2^2 + ... + \lambda_k^2 = k \tag{2.13}$$

A expressão (2.12) pode ser reescrita da seguinte maneira:

$$\begin{vmatrix} \lambda^2-1 & -\rho_{12} & \cdots & -\rho_{1k} \\ -\rho_{21} & \lambda^2-1 & \cdots & -\rho_{2k} \\ \vdots & \vdots & \ddots & \vdots \\ -\rho_{k1} & -\rho_{k2} & \cdots & \lambda^2-1 \end{vmatrix} = 0 \qquad (2.14)$$

de onde podemos definir a matriz de autovalores $\Lambda^2$ da seguinte forma:

$$\Lambda^2 = \begin{pmatrix} \lambda_1^2 & 0 & \cdots & 0 \\ 0 & \lambda_2^2 & \cdots & 0 \\ \vdots & \vdots & \ddots & \vdots \\ 0 & 0 & \cdots & \lambda_k^2 \end{pmatrix} \qquad (2.15)$$

Para que sejam definidos os autovetores da matriz ρ com base nos autovalores, devemos resolver os seguintes sistemas de equações para cada autovalor $\lambda^2$ ($\lambda_1^2 \geq \lambda_2^2 \geq \ldots \geq \lambda_k^2$):

- Determinação de Autovetores $v_{11}, v_{21}, \ldots, v_{k1}$ a partir do Primeiro Autovalor ($\lambda_1^2$):

$$\begin{pmatrix} \lambda_1^2-1 & -\rho_{12} & \cdots & -\rho_{1k} \\ -\rho_{21} & \lambda_1^2-1 & \cdots & -\rho_{2k} \\ \vdots & \vdots & \ddots & \vdots \\ -\rho_{k1} & -\rho_{k2} & \cdots & \lambda_1^2-1 \end{pmatrix} \cdot \begin{pmatrix} v_{11} \\ v_{21} \\ \vdots \\ v_{k1} \end{pmatrix} = \begin{pmatrix} 0 \\ 0 \\ \vdots \\ 0 \end{pmatrix} \qquad (2.16)$$

de onde vem que:

$$\begin{cases} (\lambda_1^2-1)\cdot v_{11} - \rho_{12}\cdot v_{21} \ldots - \rho_{1k}\cdot v_{k1} = 0 \\ -\rho_{21}\cdot v_{11} + (\lambda_1^2-1)\cdot v_{21} \ldots - \rho_{2k}\cdot v_{k1} = 0 \\ \vdots \\ -\rho_{k1}\cdot v_{11} - \rho_{k2}\cdot v_{21} \ldots + (\lambda_1^2-1)\cdot v_{k1} = 0 \end{cases} \qquad (2.17)$$

- Determinação de Autovetores $v_{12}, v_{22}, \ldots, v_{k2}$ a partir do Segundo Autovalor ($\lambda_2^2$):

$$\begin{pmatrix} \lambda_2^2-1 & -\rho_{12} & \cdots & -\rho_{1k} \\ -\rho_{21} & \lambda_2^2-1 & \cdots & -\rho_{2k} \\ \vdots & \vdots & \ddots & \vdots \\ -\rho_{k1} & -\rho_{k2} & \cdots & \lambda_2^2-1 \end{pmatrix} \cdot \begin{pmatrix} v_{12} \\ v_{22} \\ \vdots \\ v_{k2} \end{pmatrix} = \begin{pmatrix} 0 \\ 0 \\ \vdots \\ 0 \end{pmatrix} \qquad (2.18)$$

de onde vem que:

$$\begin{cases} (\lambda_2^2-1)\cdot v_{12}-\rho_{12}\cdot v_{22}...-\rho_{1k}\cdot v_{k2}=0 \\ -\rho_{21}\cdot v_{12}+(\lambda_2^2-1)\cdot v_{22}...-\rho_{2k}\cdot v_{k2}=0 \\ \vdots \\ -\rho_{k1}\cdot v_{12}-\rho_{k2}\cdot v_{22}...+(\lambda_2^2-1)\cdot v_{k2}=0 \end{cases} \tag{2.19}$$

- Determinação de Autovetores $v_{1k}, v_{2k}, ..., v_{kk}$ a partir do $k$-ésimo Autovalor ($\lambda_k^2$):

$$\begin{pmatrix} \lambda_k^2-1 & -\rho_{12} & \cdots & -\rho_{1k} \\ -\rho_{21} & \lambda_k^2-1 & \cdots & -\rho_{2k} \\ \vdots & \vdots & \ddots & \vdots \\ -\rho_{k1} & -\rho_{k2} & \cdots & \lambda_k^2-1 \end{pmatrix} \cdot \begin{pmatrix} v_{1k} \\ v_{2k} \\ \vdots \\ v_{kk} \end{pmatrix} = \begin{pmatrix} 0 \\ 0 \\ \vdots \\ 0 \end{pmatrix} \tag{2.20}$$

de onde vem que:

$$\begin{cases} (\lambda_k^2-1)\cdot v_{1k}-\rho_{12}\cdot v_{2k}...-\rho_{1k}\cdot v_{kk}=0 \\ -\rho_{21}\cdot v_{1k}+(\lambda_2^2-1)\cdot v_{2k}...-\rho_{2k}\cdot v_{kk}=0 \\ \vdots \\ -\rho_{k1}\cdot v_{1k}-\rho_{k2}\cdot v_{2k}...+(\lambda_k^2-1)\cdot v_{kk}=0 \end{cases} \tag{2.21}$$

Dessa forma, podemos calcular os *scores* fatoriais de cada fator com base na determinação dos autovalores e autovetores da matriz de correlações ρ. Os vetores dos *scores* fatoriais podem ser definidos da seguinte forma:

- *Scores* Fatoriais do Primeiro Fator:

$$\mathbf{S}_1 = \begin{pmatrix} s_{11} \\ s_{21} \\ \vdots \\ s_{k1} \end{pmatrix} = \begin{pmatrix} \frac{v_{11}}{\sqrt{\lambda_1^2}} \\ \frac{v_{21}}{\sqrt{\lambda_1^2}} \\ \vdots \\ \frac{v_{k1}}{\sqrt{\lambda_1^2}} \end{pmatrix} \tag{2.22}$$

- *Scores* Fatoriais do Segundo Fator:

$$\mathbf{S}_2 = \begin{pmatrix} s_{12} \\ s_{22} \\ \vdots \\ s_{k2} \end{pmatrix} = \begin{pmatrix} \frac{v_{12}}{\sqrt{\lambda_2^2}} \\ \frac{v_{22}}{\sqrt{\lambda_2^2}} \\ \vdots \\ \frac{v_{k2}}{\sqrt{\lambda_2^2}} \end{pmatrix} \tag{2.23}$$

- *Scores* Fatoriais do *k*-ésimo Fator:

$$\mathbf{S}_k = \begin{pmatrix} s_{1k} \\ s_{2k} \\ \vdots \\ s_{kk} \end{pmatrix} = \begin{pmatrix} \frac{v_{1k}}{\sqrt{\lambda_k^2}} \\ \frac{v_{2k}}{\sqrt{\lambda_k^2}} \\ \vdots \\ \frac{v_{kk}}{\sqrt{\lambda_k^2}} \end{pmatrix} \quad (2.24)$$

Como os *scores* fatoriais de cada fator são padronizados pelos respectivos autovalores, os fatores do conjunto de equações apresentado na expressão (2.10) devem ser obtidos pela multiplicação de cada *score* fatorial pela correspondente variável original, padronizada por meio do procedimento *Zscores*. Dessa forma, podemos obter cada um dos fatores com base nas seguintes equações:

$$\begin{aligned} F_{1i} &= \frac{v_{11}}{\sqrt{\lambda_1^2}} \cdot ZX_{1i} + \frac{v_{21}}{\sqrt{\lambda_1^2}} \cdot ZX_{2i} + \ldots + \frac{v_{k1}}{\sqrt{\lambda_1^2}} \cdot ZX_{ki} \\ F_{2i} &= \frac{v_{12}}{\sqrt{\lambda_2^2}} \cdot ZX_{1i} + \frac{v_{22}}{\sqrt{\lambda_2^2}} \cdot ZX_{2i} + \ldots + \frac{v_{k2}}{\sqrt{\lambda_2^2}} \cdot ZX_{ki} \\ F_{ki} &= \frac{v_{1k}}{\sqrt{\lambda_k^2}} \cdot ZX_{1i} + \frac{v_{2k}}{\sqrt{\lambda_k^2}} \cdot ZX_{2i} + \ldots + \frac{v_{kk}}{\sqrt{\lambda_k^2}} \cdot ZX_{ki} \end{aligned} \quad (2.25)$$

em que $ZX_i$ representa o valor padronizado de cada variável $X$ para determinada observação $i$. Ressalta-se que todos os fatores extraídos apresentam, entre si, correlações de Pearson iguais a 0, ou seja, **são ortogonais entre si**.

Um pesquisador mais atento notará que os *scores* fatoriais de cada fator correspondem exatamente aos parâmetros estimados de um **modelo de regressão linear múltipla** que apresenta, como variável dependente, o próprio fator e, como variáveis explicativas, as variáveis padronizadas.

Matematicamente, é possível ainda verificar a relação existente entre os autovetores, a matriz de correlações $\rho$ e a matriz de autovalores $\Lambda^2$. Logo, definindo-se a matriz de autovetores $\mathbf{V}$ da seguinte forma:

$$\mathbf{V} = \begin{pmatrix} v_{11} & v_{12} & \cdots & v_{1k} \\ v_{21} & v_{22} & \cdots & v_{2k} \\ \vdots & \vdots & \ddots & \vdots \\ v_{k1} & v_{k2} & \cdots & v_{kk} \end{pmatrix} \quad (2.26)$$

podemos comprovar que:

$$\mathbf{V}' \cdot \boldsymbol{\rho} \cdot \mathbf{V} = \boldsymbol{\Lambda}^2 \quad (2.27)$$

ou:

$$\begin{pmatrix} v_{11} & v_{21} & \cdots & v_{k1} \\ v_{12} & v_{22} & \cdots & v_{k2} \\ \vdots & \vdots & \ddots & \vdots \\ v_{1k} & v_{2k} & \cdots & v_{kk} \end{pmatrix} \cdot \begin{pmatrix} 1 & \rho_{12} & \cdots & \rho_{1k} \\ \rho_{21} & 1 & \cdots & \rho_{2k} \\ \vdots & \vdots & \ddots & \vdots \\ \rho_{k1} & \rho_{k2} & \cdots & 1 \end{pmatrix} \cdot \begin{pmatrix} v_{11} & v_{12} & \cdots & v_{1k} \\ v_{21} & v_{22} & \cdots & v_{2k} \\ \vdots & \vdots & \ddots & \vdots \\ v_{k1} & v_{k2} & \cdots & v_{kk} \end{pmatrix} = \begin{pmatrix} \lambda_1^2 & 0 & \cdots & 0 \\ 0 & \lambda_2^2 & \cdots & 0 \\ \vdots & \vdots & \ddots & \vdots \\ 0 & 0 & \cdots & \lambda_k^2 \end{pmatrix} \tag{2.28}$$

Na seção 2.2.6 apresentaremos um exemplo prático a partir do qual essa relação poderá ser verificada.

Enquanto na seção 2.2.2, discutimos a adequação global da análise fatorial, nesta seção apresentamos os procedimentos para a extração dos fatores, no caso de a técnica se mostrar apropriada. Mesmo sabendo, para $k$ variáveis, que o número máximo de fatores é também igual a $k$, é de fundamental importância que o pesquisador defina, com base em determinado critério, a quantidade adequada de fatores que, de fato, representam as variáveis originais. Em nosso exemplo hipotético da seção 2.2.1, vimos que apenas dois fatores ($F_1$ e $F_2$) seriam suficientes para representar as três variáveis originais ($X_1$, $X_2$ e $X_3$).

Embora o pesquisador tenha liberdade para definir, de forma preliminar, a quantidade de fatores a serem extraídos na análise, visto que pode ter a intenção de verificar, por exemplo, a validade de um constructo previamente estabelecido (procedimento conhecido por **critério *a priori***), é de fundamental importância que seja feita uma análise com base na magnitude dos autovalores calculados a partir da matriz de correlações $\rho$.

Como os autovalores correspondem ao percentual de variância compartilhada pelas variáveis originais para a formação de cada fator, conforme discutiremos na seção 2.2.4, como $\lambda_1^2 \geq \lambda_2^2 \geq ... \geq \lambda_k^2$ e sabendo-se que os fatores $F_1$, $F_2$, ..., $F_k$ são obtidos a partir dos respectivos autovalores, fatores extraídos a partir de autovalores menores são formados a partir de menores percentuais de variância compartilhada pelas variáveis originais. Visto que um fator representa determinado agrupamento de variáveis, fatores extraídos a partir de autovalores menores que 1 possivelmente não conseguem representar o comportamento de sequer uma variável original (claro que para a regra existem exceções, que ocorrem para os casos em que determinado autovalor é menor mas muito próximo a 1). O critério de escolha da quantidade de fatores, em que são levados em consideração apenas os fatores correspondentes a autovalores maiores que 1, é comumente utilizado e conhecido por **critério da raiz latente** ou **critério de Kaiser**.

O método para a extração de fatores apresentado neste capítulo é conhecido como componentes principais, e o primeiro fator $F_1$, formado pelo maior percentual de variância compartilhada pelas variáveis originais, é também chamado de **fator principal**. Esse método é profundamente referenciado na literatura e utilizado na prática quando o pesquisador deseja elaborar uma redução estrutural dos dados para a criação de fatores ortogonais, definir *rankings* de observações por meio dos fatores gerados e até mesmo verificar a validade de constructos previamente estabelecidos. Outros métodos para extração dos fatores, como aqueles conhecidos por **mínimos quadrados**

**generalizados, mínimos quadrados ponderados, máxima verossimilhança, *alpha factoring*** e ***image factoring***, apresentam diferentes critérios e determinadas particularidades e, embora também possam ser encontrados na literatura, não serão abordados neste livro.

Além disso, é comum que se discuta sobre a necessidade de que a análise fatorial seja aplicada a variáveis que apresentem **normalidade multivariada** dos dados, para que haja consistência quando da determinação dos *scores* fatoriais. Entretanto, é importante ressaltar que a normalidade multivariada é uma suposição bastante rígida, sendo necessária somente para alguns métodos de extração dos fatores, como o método de máxima verossimilhança. A maioria dos métodos de extração de fatores não requer a suposição de normalidade multivariada dos dados e, conforme discute Gorsuch (1983), a análise fatorial por componentes principais parece ser, na prática, bastante robusta contra violações de normalidade.

## 2.2.4. Cargas fatoriais e comunalidades

Estabelecidos os fatores, podemos definir as **cargas fatoriais**, que nada mais são que **correlações de Pearson entre as variáveis originais e cada um dos fatores**. A Tabela 2.2 apresenta as cargas fatoriais para cada par variável-fator.

**Tabela 2.2** Cargas fatoriais entre variáveis originais e fatores

| Variável \ Fator | $F_1$ | $F_2$ | ... | $F_k$ |
|---|---|---|---|---|
| $X_1$ | $c_{11}$ | $c_{12}$ | ... | $c_{1k}$ |
| $X_2$ | $c_{21}$ | $c_{22}$ | | $c_{2k}$ |
| ⋮ | ⋮ | ⋮ | | ⋮ |
| $X_k$ | $c_{k1}$ | $c_{k2}$ | | $c_{kk}$ |

Com base no critério da raiz latente (em que são considerados apenas fatores oriundos de autovalores maiores que 1), é de se supor que as cargas fatoriais entre os fatores correspondentes a autovalores menores que 1 e todas as variáveis originais sejam baixas, visto que já terão apresentado correlações de Pearson (cargas) mais elevadas com fatores extraídos anteriormente a partir de autovalores maiores. Do mesmo modo, variáveis originais que compartilhem apenas uma pequena parcela de variância com as demais variáveis apresentarão cargas fatoriais elevadas apenas em um único fator. Caso isso ocorra para todas as variáveis originais, não existirão diferenças significativas entre a matriz de correlações $\boldsymbol{\rho}$ e a matriz identidade $\mathbf{I}$, tornando a estatística $\chi^2_{\text{Bartlett}}$ muito baixa. Esse fato permite afirmar que a análise fatorial será inapropriada, e, nessa situação, o pesquisador poderá optar por não extrair fatores a partir das variáveis originais.

Como as cargas fatoriais são as correlações de Pearson entre cada variável e cada fator, a somatória dos quadrados dessas cargas em cada linha da Tabela 2.2 será sempre igual a 1, visto que cada variável compartilha parte do seu percentual de variância com todos os $k$ fatores, e a somatória dos percentuais de variância (cargas fatoriais ou correlações de Pearson ao quadrado) será 100%.

Por outro lado, caso seja extraída uma quantidade de fatores menor que $k$, em função do critério da raiz latente, a somatória dos quadrados das cargas fatoriais em cada linha não chegará a ser igual a 1. A essa somatória, dá-se o nome de **comunalidade**, que representa a **variância total compartilhada de cada variável em todos os fatores extraídos a partir de autovalores maiores que 1**. Logo, podemos escrever que:

$$\begin{aligned} c_{11}^2 + c_{12}^2 + \ldots &= \text{comunalidade } X_1 \\ c_{21}^2 + c_{22}^2 + \ldots &= \text{comunalidade } X_2 \\ &\vdots \\ c_{k1}^2 + c_{k2}^2 + \ldots &= \text{comunalidade } X_k \end{aligned} \quad (2.29)$$

O objetivo principal da análise das comunalidades é verificar se alguma variável acaba por não compartilhar um significativo percentual de variância com os fatores extraídos. Embora não haja um ponto de corte a partir do qual determinada comunalidade possa ser considerada alta ou baixa, visto que o tamanho da amostra pode interferir nesse julgamento, a existência de comunalidades consideravelmente baixas em relação às demais pode sugerir que o pesquisador reconsidere a inclusão da respectiva variável na análise fatorial.

Logo, definidos os fatores com base nos *scores* fatoriais, podemos afirmar que as cargas fatoriais serão exatamente iguais aos parâmetros estimados de um modelo de regressão linear múltipla que apresenta, como variável dependente, determinada variável padronizada $ZX$ e, como variáveis explicativas, os próprios fatores, sendo o **coeficiente de ajuste $R^2$** de cada modelo igual à própria comunalidade da respectiva variável original.

A somatória dos quadrados das cargas fatoriais em cada coluna da Tabela 2.2, por outro lado, será igual ao respectivo autovalor, visto que a razão entre cada autovalor e a quantidade total de variáveis pode ser entendida como o percentual de variância compartilhada por todas as $k$ variáveis originais para a formação de cada fator. Logo, podemos escrever que:

$$\begin{aligned} c_{11}^2 + c_{21}^2 + \ldots + c_{k1}^2 &= \lambda_1^2 \\ c_{12}^2 + c_{22}^2 + \ldots + c_{k2}^2 &= \lambda_2^2 \\ &\vdots \\ c_{1k}^2 + c_{2k}^2 + \ldots + c_{kk}^2 &= \lambda_k^2 \end{aligned} \quad (2.30)$$

Após a determinação dos fatores e do cálculo das cargas fatoriais, é possível ainda que algumas variáveis apresentem correlações de Pearson (cargas fatoriais) intermediárias (nem tão altas, nem tão baixas) com todos os fatores extraídos, embora sua comunalidade não seja relativamente tão baixa. Nesse caso, embora a solução da análise fatorial já tenha sido obtida de forma adequada e considerada finalizada, o pesquisador pode, para os casos em que a tabela de cargas fatoriais apresentar valores intermediários para uma ou mais variáveis em todos os fatores, elaborar uma rotação desses fatores, a fim de que sejam aumentadas as correlações de Pearson entre as variáveis originais e novos fatores gerados. Na próxima seção, trataremos especificamente da rotação de fatores.

### 2.2.5. Rotação de fatores

Imaginemos novamente uma situação hipotética em que determinado banco de dados apresenta apenas três variáveis ($k = 3$). Após a elaboração da análise fatorial por componentes principais, são extraídos dois fatores, ortogonais entre si, com cargas fatoriais (correlações de Pearson) com cada uma das três variáveis originais, de acordo com a Tabela 2.3.

**Tabela 2.3** Cargas fatoriais entre três variáveis e dois fatores

| Variável \ Fator | $F_1$ | $F_2$ |
|---|---|---|
| $X_1$ | $c_{11}$ | $c_{12}$ |
| $X_2$ | $c_{21}$ | $c_{22}$ |
| $X_3$ | $c_{31}$ | $c_{32}$ |

A fim de que possa ser elaborado um gráfico com as posições relativas de cada variável em cada fator (gráfico conhecido como ***loading plot***), podemos considerar as cargas fatoriais coordenadas (abcissas e ordenadas) das variáveis em um plano cartesiano formado pelos dois fatores ortogonais. Esse gráfico encontra-se, de maneira exemplificada, na Figura 2.5.

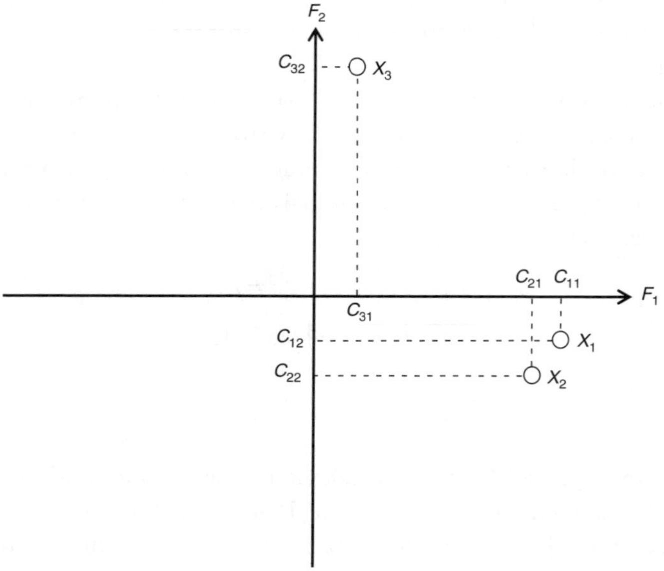


**Figura 2.5** *Loading plot* para situação hipotética com três variáveis e dois fatores.

A fim de que tenhamos melhor visualização das variáveis mais representadas por determinado fator, podemos pensar em uma rotação, em torno da origem, dos fatores originalmente extraídos $F_1$ e $F_2$, de modo a aproximar os pontos correspondentes às variáveis $X_1, X_2$ e $X_3$ de um dos novos fatores, chamados de **fatores rotacionados** $F'_1$ e $F'_2$. A Figura 2.6 apresenta essa situação de forma exemplificada.

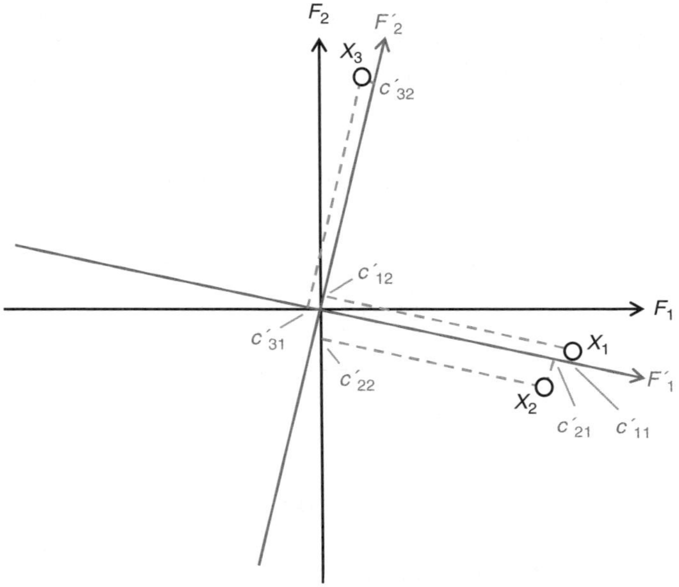


**Figura 2.6** Definição dos fatores rotacionados a partir dos fatores originais.

Com base na Figura 2.6, podemos verificar, para cada variável em análise, que, enquanto a carga para um fator é aumentada, para o outro, é diminuída. A Tabela 2.4 mostra a redistribuição de cargas para nossa situação hipotética.

**Tabela 2.4** Cargas fatoriais originais e rotacionadas para a nossa situação hipotética

| | Cargas Fatoriais Originais | | Cargas Fatoriais Rotacionadas | |
|---|---|---|---|---|
| Fator / Variável | $F_1$ | $F_2$ | $F'_1$ | $F'_2$ |
| $X_1$ | $c_{11}$ | $c_{12}$ | $\|c'_{11}\| > \|c_{11}\|$ | $\|c'_{12}\| < \|c_{12}\|$ |
| $X_2$ | $c_{21}$ | $c_{22}$ | $\|c'_{21}\| > \|c_{21}\|$ | $\|c'_{22}\| < \|c_{22}\|$ |
| $X_3$ | $c_{31}$ | $c_{32}$ | $\|c'_{31}\| < \|c_{31}\|$ | $\|c'_{32}\| > \|c_{32}\|$ |

Logo, para uma situação genérica, podemos afirmar que a rotação é um procedimento que maximiza as cargas de cada variável em determinado fator, em detrimento dos demais. Nesse sentido, o efeito final da rotação é a redistribuição das cargas fatoriais para fatores que inicialmente apresentavam menores percentuais de variância compartilhada por todas as variáveis originais. O objetivo principal é minimizar a quantidade de variáveis com altas cargas em determinado fator, já que cada um dos fatores passará a ter cargas mais expressivas somente com algumas das variáveis originais. Consequentemente, a rotação pode simplificar a interpretação dos fatores.

Embora as comunalidades e o percentual total de variância compartilhada por todas as variáveis em todos os fatores não sejam alterados com a rotação (tampouco as estatísticas KMO e $\chi^2_{\text{Bartlett}}$), o percentual de variância compartilhada pelas variáveis originais em cada fator é redistribuído e, portanto, alterado. Em outras palavras, são determinados novos autovalores $\lambda'$ ($\lambda'_1$, $\lambda'_2$, ..., $\lambda'_k$) a partir das **cargas fatoriais rotacionadas**. Assim, podemos escrever que:

$$
\begin{aligned}
c'^2_{11} + c'^2_{12} + \ldots &= \text{comunalidade } X_1 \\
c'^1_{21} + c'^2_{22} + \ldots &= \text{comunalidade } X_2 \\
&\vdots \\
c'^2_{k1} + c'^2_{k2} + \ldots &= \text{comunalidade } X_k
\end{aligned}
\tag{2.31}
$$

e que:

$$
\begin{aligned}
c'^2_{11} + c'^2_{21} + \ldots + c'^2_{k1} &= \lambda'^2_1 \neq \lambda^2_1 \\
c'^2_{12} + c'^2_{22} + \ldots + c'^2_{k2} &= \lambda'^2_2 \neq \lambda^2_2 \\
&\vdots \\
c'^2_{1k} + c'^2_{2k} + \ldots + c'^2_{kk} &= \lambda'^2_k \neq \lambda^2_k
\end{aligned}
\tag{2.32}
$$

mesmo sendo respeitada a expressão (2.13), ou seja:

$$\lambda^2_1 + \lambda^2_2 + \ldots + \lambda^2_k = \lambda'^2_1 + \lambda'^2_2 + \ldots + \lambda'^2_k = k \tag{2.33}$$

Além disso, a partir da rotação dos fatores, são obtidos novos ***scores* fatoriais rotacionados**, $s'$, de modo que as expressões finais dos fatores rotacionados serão:

$$
\begin{aligned}
F'_{1i} &= s'_{11} \cdot ZX_{1i} + s'_{21} \cdot ZX_{2i} + \ldots + s'_{k1} \cdot ZX_{ki} \\
F'_{2i} &= s'_{12} \cdot ZX_{1i} + s'_{22} \cdot ZX_{2i} + \ldots + s'_{k2} \cdot ZX_{ki} \\
&\vdots \\
F'_{ki} &= s'_{1k} \cdot ZX_{1i} + s'_{2k} \cdot ZX_{2i} + \ldots + s'_{kk} \cdot ZX_{ki}
\end{aligned}
\tag{2.34}
$$

É importante ressaltar que a adequação global da análise fatorial (estatística KMO e teste de esfericidade de Bartlett) não é alterada com a rotação, já que a matriz de correlações $\rho$ continua a mesma.

Embora existam diversos métodos de rotação fatorial, o mais utilizado e que será adotado quando da elaboração prática de um exemplo neste capítulo refere-se ao **método de rotação ortogonal** conhecido por **Varimax**, cuja principal finalidade é minimizar a quantidade de variáveis que apresentam elevadas cargas em determinado fator por meio da redistribuição das cargas fatoriais e maximização da variância compartilhada em fatores correspondentes a autovalores mais baixos. Daí decorre a nomenclatura Varimax, proposta por Kaiser (1958).

O algoritmo por trás do método de rotação Varimax consiste em determinar um ângulo de rotação $\theta$ em que pares de fatores são rotacionados igualmente. Logo, conforme discute Harman (1968), para determinado par de fatores $F_1$ e $F_2$, por exemplo, as cargas fatoriais rotacionadas $c'$ entre os dois fatores e as $k$ variáveis originais são obtidas a partir das cargas fatoriais originais $c$, por meio da seguinte multiplicação matricial:

$$\begin{pmatrix} c_{11} & c_{12} \\ c_{21} & c_{22} \\ \vdots & \vdots \\ c_{k1} & c_{k2} \end{pmatrix} \cdot \begin{pmatrix} \cos\theta & -\text{sen}\theta \\ \text{sen}\theta & \cos\theta \end{pmatrix} = \begin{pmatrix} c'_{11} & c'_{12} \\ c'_{21} & c'_{22} \\ \vdots & \vdots \\ c'_{k1} & c'_{k2} \end{pmatrix} \quad (2.35)$$

em que $\theta$, ângulo de rotação no sentido anti-horário, é obtido pela seguinte expressão:

$$\theta = 0{,}25 \cdot \arctan\left[\frac{2 \cdot (D \cdot k - A \cdot B)}{C \cdot k - (A^2 - B^2)}\right] \quad (2.36)$$

sendo:

$$A = \sum_{l=1}^{k} \left( \frac{c_{1l}^2}{\text{comunalidade}_l} - \frac{c_{2l}^2}{\text{comunalidade}_l} \right) \quad (2.37)$$

$$B = \sum_{l=1}^{k} \left( 2 \cdot \frac{c_{1l} \cdot c_{2l}}{\text{comunalidade}_l} \right) \quad (2.38)$$

$$C = \sum_{l=1}^{k} \left[ \left( \frac{c_{1l}^2}{\text{comunalidade}_l} - \frac{c_{2l}^2}{\text{comunalidade}_l} \right)^2 - \left( 2 \cdot \frac{c_{1l} \cdot c_{2l}}{\text{comunalidade}_l} \right)^2 \right] \quad (2.39)$$

$$D = \sum_{l=1}^{k} \left[ \left( \frac{c_{1l}^2}{\text{comunalidade}_l} - \frac{c_{2l}^2}{\text{comunalidade}_l} \right)^2 \cdot \left( 2 \cdot \frac{c_{1l} \cdot c_{2l}}{\text{comunalidade}_l} \right) \right] \quad (2.40)$$

Na seção 2.2.6, faremos uso dessas expressões do método de rotação Varimax para determinar as cargas fatoriais rotacionadas a partir das cargas originais.

Além da rotação Varimax, outros métodos de rotação ortogonal também podem ser mencionados, como o **Quartimax** e o **Equimax**, embora sejam menos referenciados na literatura e utilizados com menor intensidade na prática. Além deles, o pesquisador ainda pode fazer uso de **métodos de rotação oblíqua**, em que são gerados fatores não ortogonais. Embora não sejam abordados neste capítulo, merecem menção nesta categoria os chamados **Direct Oblimin** e **Promax**.

Como os métodos de rotação oblíqua podem, por vezes, ser utilizados quando se deseja validar determinado constructo, cujos fatores iniciais sejam não correlacionados, recomenda-se que um método de rotação ortogonal seja utilizado para uso subsequente dos fatores extraídos em outras técnicas multivariadas, como determinados modelos confirmatórios em que é exigida a premissa de ausência de multicolinearidade de variáveis explicativas.

## 2.2.6. Exemplo prático de análise fatorial por componentes principais

Imagine que nosso mesmo professor, bastante engajado com atividades acadêmicas e didáticas, tenha agora o interesse em estudar como se comportam as notas de seus alunos para, em sequência, propor um *ranking* de desempenho escolar.

Para tanto, ele fez um levantamento sobre as notas finais, que variam de 0 a 10, de cada um de seus 100 alunos nas disciplinas de Finanças, Custos, Marketing e Atuária. Parte do banco de dados elaborado encontra-se na Tabela 2.5.

**Tabela 2.5** Exemplo: Notas finais de Finanças, Custos, Marketing e Atuária

| **Estudante** | **Nota final de Finanças ($X_{1i}$)** | **Nota final de Custos ($X_{2i}$)** | **Nota final de Marketing ($X_{3i}$)** | **Nota final de Atuária ($X_{4i}$)** |
|---|---|---|---|---|
| Gabriela | 5,8 | 4,0 | 1,0 | 6,0 |
| Luiz Felipe | 3,1 | 3,0 | 10,0 | 2,0 |
| Patrícia | 3,1 | 4,0 | 4,0 | 4,0 |
| Gustavo | 10,0 | 8,0 | 8,0 | 8,0 |
| Letícia | 3,4 | 2,0 | 3,2 | 3,2 |
| Ovídio | 10,0 | 10,0 | 1,0 | 10,0 |
| Leonor | 5,0 | 5,0 | 8,0 | 5,0 |
| Dalila | 5,4 | 6,0 | 6,0 | 6,0 |
| Antônio | 5,9 | 4,0 | 4,0 | 4,0 |
| | | ... | | |
| Estela | 8,9 | 5,0 | 2,0 | 8,0 |

O banco de dados completo pode ser acessado por meio do arquivo **NotasFatorial.xls**.

Por meio desse banco de dados, é possível que seja elaborada a Tabela 2.6, que apresenta os coeficientes de correlação de Pearson entre cada par de variáveis, calculados por meio da lógica apresentada na expressão (2.2).

**Tabela 2.6** Coeficientes de correlação de Pearson para cada par de variáveis

| | *finanças* | *custos* | *marketing* | *atuária* |
|---|---|---|---|---|
| *finanças* | 1,000 | 0,756 | -0,030 | 0,711 |
| *custos* | 0,756 | 1,000 | 0,003 | 0,809 |
| *marketing* | -0,030 | 0,003 | 1,000 | -0,044 |
| *atuária* | 0,711 | 0,809 | -0,044 | 1,000 |

Dessa forma, podemos escrever a expressão matriz de correlações ρ conforme segue:

$$\rho = \begin{pmatrix} 1 & \rho_{12} & \rho_{13} & \rho_{14} \\ \rho_{21} & 1 & \rho_{23} & \rho_{24} \\ \rho_{31} & \rho_{32} & 1 & \rho_{34} \\ \rho_{41} & \rho_{42} & \rho_{43} & 1 \end{pmatrix} = \begin{pmatrix} 1{,}000 & 0{,}756 & -0{,}030 & 0{,}711 \\ 0{,}756 & 1{,}000 & 0{,}003 & 0{,}809 \\ -0{,}030 & 0{,}003 & 1{,}000 & -0{,}044 \\ 0{,}711 & 0{,}809 & -0{,}044 & 1{,}000 \end{pmatrix}$$

que apresenta determinante $D = 0{,}137$.

Com base na análise da matriz de correlações ρ, é possível verificar que apenas as notas correspondentes à variável *marketing* não apresentam correlações com as notas das demais disciplinas, representadas pelas outras variáveis. Por outro lado, estas apresentam correlações relativamente elevadas entre si (0,756 entre *finanças* e *custos*, 0,711 entre *finanças* e *atuária* e 0,809 entre *custos* e *atuária*), o que indica que poderão compartilhar significativa variância para a formação de um fator. Embora essa análise preliminar seja importante, não pode representar mais que um simples diagnóstico, visto que a adequação global da análise fatorial precisa ser elaborada com base na estatística KMO e, principalmente, por meio do resultado do teste de esfericidade de Bartlett.

Conforme discutimos na seção 2.2.2, a estatística KMO fornece a proporção de variância considerada comum a todas as variáveis presentes na análise, e, para que seja estabelecido seu cálculo, precisamos determinar os coeficientes de correlação parcial $\varphi$ entre cada par de variáveis que, neste caso, serão coeficientes de correlação de segunda ordem, visto que estamos trabalhando com quatro variáveis simultaneamente.

Logo, com base na expressão (2.7), precisamos determinar, inicialmente, os coeficientes de correlação de primeira ordem utilizados para o cálculo dos coeficientes de correlação de segunda ordem. A Tabela 2.7 apresenta esses coeficientes.

**Tabela 2.7** Coeficientes de correlação de primeira ordem

| | | |
|---|---|---|
| $\varphi_{12,3} = \frac{\rho_{12} - \rho_{13} \cdot \rho_{23}}{\sqrt{(1-\rho_{13}^2)\cdot(1-\rho_{23}^2)}} = 0{,}756$ | $\varphi_{13,2} = \frac{\rho_{13} - \rho_{12} \cdot \rho_{23}}{\sqrt{(1-\rho_{12}^2)\cdot(1-\rho_{23}^2)}} = -0{,}049$ | $\varphi_{14,2} = \frac{\rho_{14} - \rho_{12} \cdot \rho_{24}}{\sqrt{(1-\rho_{12}^2)\cdot(1-\rho_{24}^2)}} = 0{,}258$ |
| $\varphi_{14,3} = \frac{\rho_{14} - \rho_{13} \cdot \rho_{34}}{\sqrt{(1-\rho_{13}^2)\cdot(1-\rho_{34}^2)}} = 0{,}711$ | $\varphi_{23,1} = \frac{\rho_{23} - \rho_{12} \cdot \rho_{13}}{\sqrt{(1-\rho_{12}^2)\cdot(1-\rho_{13}^2)}} = 0{,}039$ | $\varphi_{24,1} = \frac{\rho_{24} - \rho_{12} \cdot \rho_{14}}{\sqrt{(1-\rho_{12}^2)\cdot(1-\rho_{14}^2)}} = 0{,}590$ |
| $\varphi_{24,3} = \frac{\rho_{24} - \rho_{23} \cdot \rho_{34}}{\sqrt{(1-\rho_{23}^2)\cdot(1-\rho_{34}^2)}} = 0{,}810$ | $\varphi_{34,1} = \frac{\rho_{34} - \rho_{13} \cdot \rho_{14}}{\sqrt{(1-\rho_{13}^2)\cdot(1-\rho_{14}^2)}} = -0{,}033$ | $\varphi_{34,2} = \frac{\rho_{34} - \rho_{23} \cdot \rho_{24}}{\sqrt{(1-\rho_{23}^2)\cdot(1-\rho_{24}^2)}} = -0{,}080$ |

Dessa maneira, a partir desses coeficientes e fazendo uso da expressão (2.8), podemos calcular os coeficientes de correlação de segunda ordem considerados na expressão da estatística KMO. A Tabela 2.8 apresenta esses coeficientes.

**Tabela 2.8** Coeficientes de correlação de segunda ordem

| | | |
|---|---|---|
| $\varphi_{12,34}=\dfrac{\varphi_{12,3}-\varphi_{14,3}\cdot\varphi_{24,3}}{\sqrt{(1-\varphi_{14,3}^2)\cdot(1-\varphi_{24,3}^2)}}=0{,}438$ | | |
| $\varphi_{13,24}=\dfrac{\varphi_{13,2}-\varphi_{14,2}\cdot\varphi_{34,2}}{\sqrt{(1-\varphi_{14,2}^2)\cdot(1-\varphi_{34,2}^2)}}=-0{,}029$ | $\varphi_{23,14}=\dfrac{\varphi_{23,1}-\varphi_{24,1}\cdot\varphi_{34,1}}{\sqrt{(1-\varphi_{24,1}^2)\cdot(1-\varphi_{34,1}^2)}}=0{,}072$ | |
| $\varphi_{14,23}=\dfrac{\varphi_{14,2}-\varphi_{13,2}\cdot\varphi_{34,2}}{\sqrt{(1-\varphi_{13,2}^2)\cdot(1-\varphi_{34,2}^2)}}=0{,}255$ | $\varphi_{24,13}=\dfrac{\varphi_{24,1}-\varphi_{23,1}\cdot\varphi_{34,1}}{\sqrt{(1-\varphi_{23,1}^2)\cdot(1-\varphi_{34,1}^2)}}=0{,}592$ | $\varphi_{34,12}=\dfrac{\varphi_{34,1}-\varphi_{23,1}\cdot\varphi_{24,1}}{\sqrt{(1-\varphi_{23,1}^2)\cdot(1-\varphi_{24,1}^2)}}=-0{,}069$ |

Portanto, com base na expressão (2.3), podemos calcular a estatística KMO. Os termos da expressão são dados por:

$$\sum_{l=1}^{k}\sum_{c=1}^{k}\rho_{lc}^2=(0{,}756)^2+(-0{,}030)^2+(0{,}711)^2+(0{,}003)^2+(0{,}809)^2+(-0{,}044)^2=1{,}734$$

$$\sum_{l=1}^{k}\sum_{c=1}^{k}\varphi_{lc}^2=(0{,}438)^2+(-0{,}029)^2+(0{,}255)^2+(0{,}072)^2+(0{,}592)^2+(-0{,}069)^2=0{,}619$$

de onde vem que:

$$\text{KMO}=\frac{1{,}734}{1{,}734+0{,}619}=0{,}737$$

O valor da estatística KMO indica, com base no critério apresentado no Quadro 2.1, que a adequação global da análise fatorial é **média**. Para testarmos se, de fato, a matriz de correlações ρ é estatisticamente diferente da matriz identidade **I** de mesma dimensão, devemos recorrer ao teste de esfericidade de Bartlett, cuja estatística $\chi^2_{\text{Bartlett}}$ é dada pela expressão (2.9). Temos, para $n$ = 100 observações, $k$ = 4 variáveis e determinante da matriz de correlações ρ $D$ = 0,137, que:

$$\chi^2_{Bartlett}=-\left[(100-1)-\left(\frac{2\cdot 4+5}{6}\right)\right]\cdot\ln\,(0{,}137)=192{,}335$$

com $\dfrac{4\cdot(4-1)}{2}=6$ graus de liberdade. Logo, por meio da Tabela B do Apêndice II, temos que $\chi^2_c$ = 12,592 ($\chi^2$ crítico para 6 graus de liberdade e para o nível de significância de 5%). Dessa forma, como $\chi^2_{\text{Bartlett}}$ = 192,335 > $\chi^2_c$ = 12,592, podemos rejeitar a hipótese nula de que a matriz de correlações ρ seja estatisticamente igual à matriz identidade **I**, ao nível de significância de 5%.

Softwares como o SPSS e o Stata não oferecem o $\chi^2_c$ para os graus de liberdade definidos e determinado nível de significância. Todavia, oferecem o nível de significância do $\chi^2_{\text{Bartlett}}$ para esses graus de liberdade. Dessa forma, em vez de analisarmos se $\chi^2_{\text{Bartlett}}$ > $\chi^2_c$, devemos verificar se o nível de significância do $\chi^2_{\text{Bartlett}}$ é menor que 0,05 (5%) a fim de darmos continuidade à análise fatorial. Assim:

Se *valor-P* (ou *P-value* ou *Sig.* $\chi^2_{\text{Bartlett}}$ ou *Prob.* $\chi^2_{\text{Bartlett}}$) < 0,05, a matriz de correlações ρ não é estatisticamente igual à matriz identidade **I** de mesma dimensão.

O nível de significância do $\chi^2_{\text{Bartlett}}$ pode ser obtido no Excel por meio do comando **Fórmulas** → **Inserir Função** → **DIST.QUI**, que abrirá uma caixa de diálogo, conforme mostra a Figura 2.7.

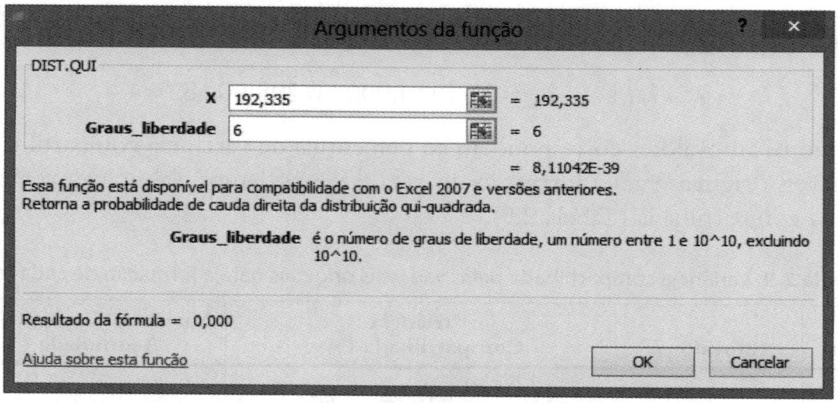


**Figura 2.7** Obtenção do nível de significância de $\chi^2$ (comando **Inserir Função**).

Conforme podemos observar por meio da Figura 2.7, o *valor-P* da estatística $\chi^2_{\text{Bartlett}}$ é consideravelmente menor que 0,05 (*valor-P* $\chi^2_{\text{Bartlett}} = 8{,}11 \times 10^{-39}$), ou seja, as correlações de Pearson entre os pares de variáveis são estatisticamente diferentes de 0 e, portanto, podem ser extraídos fatores a partir das variáveis originais, sendo a análise fatorial bastante apropriada. Para um pesquisador interessado, todos esses cálculos estão apresentados diretamente no arquivo **NotasFatorialCálculosKMOBartlett.xls**.

Verificada a adequação global da análise fatorial, podemos partir para a definição propriamente dita dos fatores. Para tanto, devemos inicialmente determinar os quatro autovalores $\lambda^2$ ($\lambda_1^2 \geq \lambda_2^2 \geq \lambda_3^2 \geq \lambda_4^2$) da matriz de correlações ρ, que podem ser obtidos a partir da solução da expressão (2.12). Sendo assim, temos que:

$$\begin{vmatrix} \lambda^2-1 & -0{,}756 & 0{,}030 & -0{,}711 \\ -0{,}756 & \lambda^2-1 & -0{,}003 & -0{,}809 \\ 0{,}030 & -0{,}003 & \lambda^2-1 & 0{,}044 \\ -0{,}711 & -0{,}809 & 0{,}044 & \lambda^2-1 \end{vmatrix} = 0$$

de onde vem que:

$$\begin{cases} \lambda_1^2 = 2{,}519 \\ \lambda_2^2 = 1{,}000 \\ \lambda_3^2 = 0{,}298 \\ \lambda_4^2 = 0{,}183 \end{cases}$$

Logo, com base na expressão (2.15), a matriz de autovalores $\Lambda^2$ pode ser escrita da seguinte forma:

$$\Lambda^2 = \begin{pmatrix} 2{,}519 & 0 & 0 & 0 \\ 0 & 1{,}000 & 0 & 0 \\ 0 & 0 & 0{,}298 & 0 \\ 0 & 0 & 0 & 0{,}183 \end{pmatrix}$$

Note que a expressão (2.13) é satisfeita, ou seja:

$$\lambda_1^2+\lambda_2^2+...+\lambda_k^2=2{,}519+1{,}000+0{,}298+0{,}183=4$$

Como os autovalores correspondem ao percentual de variância compartilhada pelas variáveis originais para a formação de cada fator, podemos elaborar uma tabela de variância compartilhada (Tabela 2.9).

**Tabela 2.9** Variância compartilhada pelas variáveis originais para a formação de cada fator

| Fator | Autovalor $\lambda^2$ | Variância Compartilhada (%) | Variância Compartilhada Acumulada (%) |
|---|---|---|---|
| 1 | 2,519 | $\left(\frac{2{,}519}{4}\right)\cdot 100=62{,}975$ | 62,975 |
| 2 | 1,000 | $\left(\frac{1{,}000}{4}\right)\cdot 100=25{,}010$ | 87,985 |
| 3 | 0,298 | $\left(\frac{0{,}298}{4}\right)\cdot 100=7{,}444$ | 95,428 |
| 4 | 0,183 | $\left(\frac{0{,}183}{4}\right)\cdot 100=4{,}572$ | 100,000 |

Por meio da análise da Tabela 2.9, podemos afirmar que, enquanto 62,975% da variância total são compartilhados para a formação do primeiro fator, 25,010% são compartilhados para a formação do segundo. O terceiro e o quarto fatores, cujos autovalores são menores que 1, são formados por meio de menores percentuais de variância compartilhada. Como o critério mais adotado para a escolha da quantidade de fatores é o critério da raiz latente (critério de Kaiser), em que são levados em consideração apenas os fatores correspondentes a autovalores maiores que 1, o pesquisador pode optar por elaborar toda a análise subsequente apenas com os dois primeiros fatores, formados pelo compartilhamento de 87,985% da variância total das variáveis originais, ou seja, com perda total de variância de 12,015%. Para efeitos didáticos, entretanto, vamos apresentar os cálculos dos *scores* fatoriais por meio da determinação dos autovetores correspondentes aos quatro autovalores.

Logo, para que sejam definidos os autovetores da matriz $\rho$ com base nos quatro autovalores calculados, devemos resolver os seguintes sistemas de equações para cada autovalor, com base nas expressões (2.16) a (2.21):

- Determinação de Autovetores $v_{11}$, $v_{21}$, $v_{31}$, $v_{41}$ a partir do Primeiro Autovalor ($\lambda_1^2$ = 2,519):

$$\begin{cases}(2{,}519-1{,}000)\cdot v_{11}-0{,}756\cdot v_{21}+0{,}030\cdot v_{31}-0{,}711\cdot v_{41}=0\\-0{,}756\cdot v_{11}+(2{,}519-1{,}000)\cdot v_{21}-0{,}003\cdot v_{31}-0{,}809\cdot v_{41}=0\\0{,}030\cdot v_{11}-0{,}003\cdot v_{21}+(2{,}519-1{,}000)\cdot v_{31}+0{,}044\cdot v_{41}=0\\-0{,}711\cdot v_{11}-0{,}809\cdot v_{21}+0{,}044\cdot v_{31}+(2{,}519-1{,}000)\cdot v_{41}=0\end{cases}$$

de onde vem que:

$$\begin{pmatrix}v_{11}\\v_{21}\\v_{31}\\v_{41}\end{pmatrix}=\begin{pmatrix}0{,}5641\\0{,}5887\\-0{,}0267\\0{,}5783\end{pmatrix}$$

- Determinação de Autovetores $v_{12}$, $v_{22}$, $v_{32}$, $v_{42}$ a partir do Segundo Autovalor ($\lambda_2^2$ = 1,000):

$$\begin{cases}(1{,}000-1{,}000)\cdot v_{12}-0{,}756\cdot v_{22}+0{,}030\cdot v_{32}-0{,}711\cdot v_{42}=0\\-0{,}756\cdot v_{12}+(1{,}000-1{,}000)\cdot v_{22}-0{,}003\cdot v_{32}-0{,}809\cdot v_{42}=0\\0{,}030\cdot v_{12}-0{,}003\cdot v_{22}+(1{,}000-1{,}000)\cdot v_{32}+0{,}044\cdot v_{42}=0\\-0{,}711\cdot v_{12}-0{,}809\cdot v_{22}+0{,}044\cdot v_{32}+(1{,}000-1{,}000)\cdot v_{42}=0\end{cases}$$

de onde vem que:

$$\begin{pmatrix}v_{12}\\v_{22}\\v_{32}\\v_{42}\end{pmatrix}=\begin{pmatrix}0{,}0068\\0{,}0487\\0{,}9987\\-0{,}0101\end{pmatrix}$$

- Determinação de Autovetores $v_{13}$, $v_{23}$, $v_{33}$, $v_{43}$ a partir do Terceiro Autovalor ($\lambda_3^2$ = 0,298):

$$\begin{cases}(0{,}298-1{,}000)\cdot v_{13}-0{,}756\cdot v_{23}+0{,}030\cdot v_{33}-0{,}711\cdot v_{43}=0\\-0{,}756\cdot v_{13}+(0{,}298-1{,}000)\cdot v_{23}-0{,}003\cdot v_{33}-0{,}809\cdot v_{43}=0\\0{,}030\cdot v_{13}-0{,}003\cdot v_{23}+(0{,}298-1{,}000)\cdot v_{33}+0{,}044\cdot v_{43}=0\\-0{,}711\cdot v_{13}-0{,}809\cdot v_{23}+0{,}044\cdot v_{33}+(0{,}298-1{,}000)\cdot v_{43}=0\end{cases}$$

de onde vem que:

$$\begin{pmatrix}v_{13}\\v_{23}\\v_{33}\\v_{43}\end{pmatrix}=\begin{pmatrix}0{,}8008\\-0{,}2201\\-0{,}0003\\-0{,}5571\end{pmatrix}$$

- Determinação de Autovetores $v_{14}$, $v_{24}$, $v_{34}$, $v_{44}$ a partir do Quarto Autovalor ($\lambda_4^2$ = 0,183):

$$\begin{cases} (0{,}183-1{,}000)\cdot v_{14}-0{,}756\cdot v_{24}+0{,}030\cdot v_{34}-0{,}711\cdot v_{44}=0 \\ -0{,}756\cdot v_{14}+(0{,}183-1{,}000)\cdot v_{24}-0{,}003\cdot v_{34}-0{,}809\cdot v_{44}=0 \\ 0{,}030\cdot v_{14}-0{,}003\cdot v_{24}+(0{,}183-1{,}000)\cdot v_{34}+0{,}044\cdot v_{44}=0 \\ -0{,}711\cdot v_{14}-0{,}809\cdot v_{24}+0{,}044\cdot v_{34}+(0{,}183-1{,}000)\cdot v_{44}=0 \end{cases}$$

de onde vem que:

$$\begin{pmatrix} v_{14} \\ v_{24} \\ v_{34} \\ v_{44} \end{pmatrix} = \begin{pmatrix} 0{,}2012 \\ -0{,}7763 \\ 0{,}0425 \\ 0{,}5959 \end{pmatrix}$$

Determinados os autovetores, um pesquisador mais curioso poderá comprovar a relação apresentada na expressão (2.27), ou seja:

$$\mathbf{V'} \cdot \boldsymbol{\rho} \cdot \mathbf{V} = \boldsymbol{\Lambda}^2$$

$$\begin{pmatrix} 0{,}5641 & 0{,}5887 & -0{,}0267 & 0{,}5783 \\ 0{,}0068 & 0{,}0487 & 0{,}9987 & -0{,}0101 \\ 0{,}8008 & -0{,}2201 & -0{,}0003 & -0{,}5571 \\ 0{,}2012 & -0{,}7763 & 0{,}0425 & 0{,}5959 \end{pmatrix} \cdot \begin{pmatrix} 1{,}000 & 0{,}756 & -0{,}030 & 0{,}711 \\ 0{,}756 & 1{,}000 & 0{,}003 & 0{,}809 \\ -0{,}030 & 0{,}003 & 1{,}000 & -0{,}044 \\ 0{,}711 & 0{,}809 & -0{,}044 & 1{,}000 \end{pmatrix} \cdot$$

$$\cdot \begin{pmatrix} 0{,}5641 & 0{,}0068 & 0{,}8008 & 0{,}2012 \\ 0{,}5887 & 0{,}0487 & -0{,}2201 & -0{,}7763 \\ -0{,}0267 & 0{,}9987 & -0{,}0003 & 0{,}0425 \\ 0{,}5783 & -0{,}0101 & -0{,}5571 & 0{,}5959 \end{pmatrix} = \begin{pmatrix} 2{,}519 & 0 & 0 & 0 \\ 0 & 1{,}000 & 0 & 0 \\ 0 & 0 & 0{,}298 & 0 \\ 0 & 0 & 0 & 0{,}183 \end{pmatrix}$$

Com base nas expressões (2.22) a (2.24), podemos calcular os *scores* fatoriais correspondentes a cada uma das variáveis padronizadas para cada um dos fatores. Dessa forma, temos condições de escrever, a partir da expressão (2.25), as expressões dos fatores $F_1$, $F_2$, $F_3$ e $F_4$, conforme segue:

$$F_{1i} = \frac{0{,}5641}{\sqrt{2{,}519}} \cdot Zfinanças_i + \frac{0{,}5887}{\sqrt{2{,}519}} \cdot Zcustos_i - \frac{0{,}0267}{\sqrt{2{,}519}} \cdot Zmarketing_i + \frac{0{,}5783}{\sqrt{2{,}519}} \cdot Zatuária_i$$

$$F_{2i} = \frac{0{,}0068}{\sqrt{1{,}000}} \cdot Zfinanças_i + \frac{0{,}0487}{\sqrt{1{,}000}} \cdot Zcustos_i + \frac{0{,}9987}{\sqrt{1{,}000}} \cdot Zmarketing_i - \frac{0{,}0101}{\sqrt{1{,}000}} \cdot Zatuária_i$$

$$F_{3i} = \frac{0{,}8008}{\sqrt{0{,}298}} \cdot Zfinanças_i - \frac{0{,}2201}{\sqrt{0{,}298}} \cdot Zcustos_i - \frac{0{,}0003}{\sqrt{0{,}298}} \cdot Zmarketing_i - \frac{0{,}5571}{\sqrt{0{,}298}} \cdot Zatuária_i$$

$$F_{4i} = \frac{0{,}2012}{\sqrt{0{,}183}} \cdot Zfinanças_i - \frac{0{,}7763}{\sqrt{0{,}183}} \cdot Zcustos_i + \frac{0{,}0425}{\sqrt{0{,}183}} \cdot Zmarketing_i + \frac{0{,}5959}{\sqrt{0{,}183}} \cdot Zatuária_i$$

de onde vem que:

$$F_{1i} = 0{,}355 \cdot Zfinanças_i + 0{,}371 \cdot Zcustos_i - 0{,}017 \cdot Zmarketing_i + 0{,}364 \cdot Zatuária_i$$
$$F_{2i} = 0{,}007 \cdot Zfinanças_i + 0{,}049 \cdot Zcustos_i + 0{,}999 \cdot Zmarketing_i - 0{,}010 \cdot Zatuária_i$$
$$F_{3i} = 1{,}468 \cdot Zfinanças_i - 0{,}403 \cdot Zcustos_i - 0{,}001 \cdot Zmarketing_i - 1{,}021 \cdot Zatuária_i$$
$$F_{4i} = 0{,}470 \cdot Zfinanças_i - 1{,}815 \cdot Zcustos_i + 0{,}099 \cdot Zmarketing_i + 1{,}394 \cdot Zatuária_i$$

Com base nas expressões dos fatores e nas variáveis padronizadas, podemos calcular os valores correspondentes a cada fator para cada observação. A Tabela 2.10 mostra esses resultados para parte do banco de dados.

**Tabela 2.10** Cálculo dos fatores para cada observação

| Estudante | $Zfinanças_i$ | $Zcustos_i$ | $Zmarketing_i$ | $Zatuária_i$ | $F_{1i}$ | $F_{2i}$ | $F_{3i}$ | $F_{4i}$ |
|---|---|---|---|---|---|---|---|---|
| Gabriela | -0,011 | -0,290 | -1,650 | 0,273 | 0,016 | -1,665 | -0,176 | 0,739 |
| Luiz Felipe | -0,876 | -0,697 | 1,532 | -1,319 | -1,076 | 1,503 | 0,342 | -0,831 |
| Patrícia | -0,876 | -0,290 | -0,590 | -0,523 | -0,600 | -0,603 | -0,634 | -0,672 |
| Gustavo | 1,334 | 1,337 | 0,825 | 1,069 | 1,346 | 0,887 | 0,327 | -0,228 |
| Letícia | -0,779 | -1,104 | -0,872 | -0,841 | -0,978 | -0,922 | 0,161 | 0,379 |
| Ovídio | 1,334 | 2,150 | -1,650 | 1,865 | 1,979 | -1,553 | -0,812 | -0,841 |
| Leonor | -0,267 | 0,116 | 0,825 | -0,125 | -0,111 | 0,829 | -0,312 | -0,429 |
| Dalila | -0,139 | 0,523 | 0,118 | 0,273 | 0,242 | 0,139 | -0,694 | -0,623 |
| Antônio | 0,021 | -0,290 | -0,590 | -0,523 | -0,281 | -0,597 | 0,682 | -0,250 |
| ... | | | | | | | | |
| Estela | 0,982 | 0,113 | -1,297 | 1,069 | 0,802 | -1,293 | 0,305 | 1,616 |
| **Média** | **0,000** | **0,000** | **0,000** | **0,000** | **0,000** | **0,000** | **0,000** | **0,000** |
| **Desvio-Padrão** | **1,000** | **1,000** | **1,000** | **1,000** | **1,000** | **1,000** | **1,000** | **1,000** |

Para, por exemplo, a primeira observação da amostra (**Gabriela**), podemos verificar que:

$$F_{1Gabriela} = 0{,}355 \cdot (-0{,}011) + 0{,}371 \cdot (-0{,}290) - 0{,}017 \cdot (-1{,}650) + 0{,}364 \cdot (0{,}273) = 0{,}016$$
$$F_{2Gabriela} = 0{,}007 \cdot (-0{,}011) + 0{,}049 \cdot (-0{,}290) + 0{,}999 \cdot (-1{,}650) - 0{,}010 \cdot (0{,}273) = -1{,}665$$
$$F_{3Gabriela} = 1{,}468 \cdot (-0{,}011) - 0{,}403 \cdot (-0{,}290) - 0{,}001 \cdot (-1{,}650) - 1{,}021 \cdot (0{,}273) = -0{,}176$$
$$F_{4Gabriela} = 0{,}470 \cdot (-0{,}011) - 1{,}815 \cdot (-0{,}290) + 0{,}099 \cdot (-1{,}650) + 1{,}394 \cdot (0{,}273) = 0{,}739$$

Ressalta-se que todos os fatores extraídos apresentam, entre si, correlações de Pearson iguais a 0, ou seja, **são ortogonais entre si**.

Um pesquisador mais curioso poderá ainda verificar que os *scores* fatoriais correspondentes a cada fator são exatamente os parâmetros estimados de um modelo de regressão linear múltipla que apresenta, como variável dependente, o próprio fator, e como variáveis explicativas, as variáveis padronizadas.

Estabelecidos os fatores, podemos definir as cargas fatoriais, que correspondem aos coeficientes de correlação de Pearson entre as variáveis originais e cada um dos fatores. A Tabela 2.11 apresenta as cargas fatoriais para os dados do nosso exemplo.

**Tabela 2.11** Cargas fatoriais (coeficientes de correlação de Pearson) entre variáveis e fatores

| Variável \ Fator | $F_1$ | $F_2$ | $F_3$ | $F_4$ |
|---|---|---|---|---|
| *finanças* | 0,895 | 0,007 | 0,437 | 0,086 |
| *custos* | 0,934 | 0,049 | -0,120 | -0,332 |
| *marketing* | -0,042 | 0,999 | 0,000 | 0,018 |
| *atuária* | 0,918 | -0,010 | -0,304 | 0,255 |

Para cada variável original, foi destacado na Tabela 2.11 o maior valor da carga fatorial. Logo, podemos verificar que, enquanto as variáveis *finanças*, *custos* e *atuária* apresentam maiores correlações com o primeiro fator, apenas a variável *marketing* apresenta maior correlação com o segundo fator. Isso comprova a necessidade de um segundo fator para que todas as variáveis compartilhem percentuais significativos de variância. Entretanto, o terceiro e quarto fatores apresentam correlações relativamente baixas com as variáveis originais, o que explica que os respectivos autovalores sejam menores que 1. Caso a variável *marketing* não tivesse sido inserida na análise, apenas o primeiro fator seria necessário para explicar o comportamento conjunto das demais variáveis, e os demais fatores também apresentariam respectivos autovalores menores que 1.

Logo, conforme discutimos na seção 2.2.4, podemos verificar que cargas fatoriais entre fatores correspondentes a autovalores menores que 1 são relativamente baixas, visto que já apresentaram correlações de Pearson mais elevadas com fatores extraídos anteriormente a partir de autovalores maiores.

Com base na expressão (2.30), podemos verificar que a somatória dos quadrados das cargas fatoriais em cada coluna da Tabela 2.11 será o respectivo autovalor que, conforme discutimos, pode ser entendido como o percentual de variância compartilhada pelas quatro variáveis originais para a formação de cada fator. Logo, temos que:

$$(0{,}895)^2 + (0{,}934)^2 + (-0{,}042)^2 + (0{,}918)^2 = 2{,}519$$

$$(0{,}007)^2 + (0{,}049)^2 + (0{,}999)^2 + (-0{,}010)^2 = 1{,}000$$

$$(0{,}437)^2 + (-0{,}120)^2 + (0{,}000)^2 + (-0{,}304)^2 = 0{,}298$$

$$(0{,}086)^2 + (-0{,}332)^2 + (0{,}018)^2 + (0{,}255)^2 = 0{,}183$$

de onde podemos comprovar que o segundo autovalor somente atingiu o valor 1 por conta da alta carga fatorial existente para a variável *marketing*.

Além disso, a partir das cargas fatoriais apresentadas na Tabela 2.11, podemos também calcular as comunalidades, que representam a variância total compartilhada de cada variável em todos os fatores extraídos a partir de autovalores maiores que 1. Logo, podemos escrever, com base na expressão (2.29), que:

$$\text{comunalidade}_{\textit{finanças}} = (0{,}895)^2 + (0{,}007)^2 = 0{,}802$$

$$\text{comunalidade}_{\textit{custos}} = (0{,}934)^2 + (0{,}049)^2 = 0{,}875$$

$$\text{comunalidade}_{\textit{marketing}} = (-0{,}042)^2 + (0{,}999)^2 = 1{,}000$$

$$\text{comunalidade}_{\textit{atuária}} = (0{,}918)^2 + (-0{,}010)^2 = 0{,}843$$

Logo, embora a variável *marketing* seja a única que apresenta carga fatorial elevada com o segundo fator, é a variável em que menor percentual de variância é perdido para a formação dos dois fatores. Por outro lado, a variável *finanças* é a que apresenta maior perda de variância para a formação desses dois fatores (cerca de 19,8%). Se tivéssemos considerado as cargas fatoriais dos quatro fatores, obviamente todas as comunalidades seriam iguais a 1.

Conforme discutimos na seção 2.2.4, pode-se verificar que as cargas fatoriais são exatamente os parâmetros estimados de um modelo de regressão linear múltipla, que apresenta, como variável dependente, determinada variável padronizada e, como variáveis explicativas, os próprios fatores, sendo o coeficiente de ajuste $R^2$ de cada modelo igual à comunalidade da respectiva variável original.

Para os dois primeiros fatores, portanto, podemos elaborar um gráfico em que são plotadas as cargas fatoriais de cada variável em cada um dos eixos ortogonais que representam, respectivamente, os fatores $F_1$ e $F_2$. Esse gráfico, conhecido por *loading plot*, encontra-se na Figura 2.8.

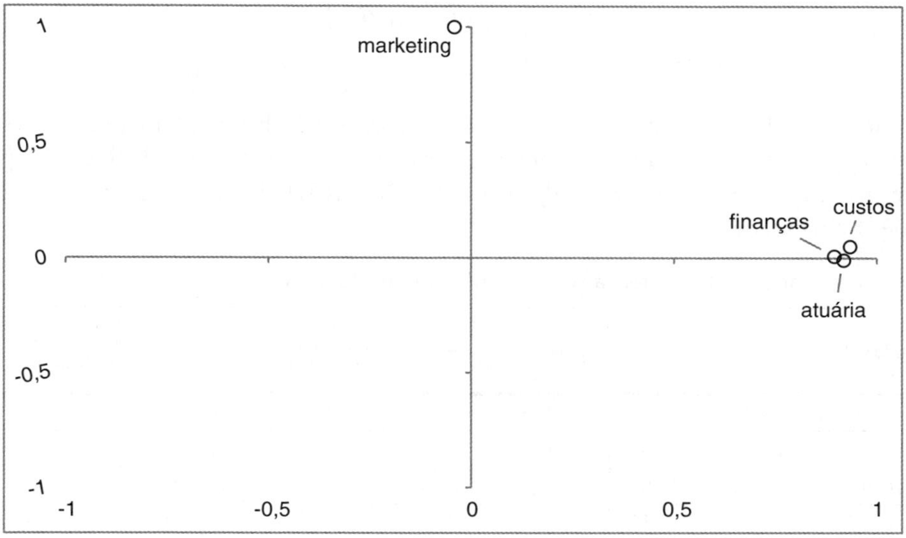


**Figura 2.8** *Loading plot.*

Por meio da análise do *loading plot*, fica claro o comportamento das correlações. Enquanto as variáveis *finanças*, *custos* e *atuária* apresentam elevada correlação com o primeiro fator (eixo das abcissas), a variável *marketing* apresenta forte correlação com o segundo fator (eixo das ordenadas). Um pesquisador mais curioso poderá investigar as razões por que ocorre esse fenômeno, visto que, por vezes, enquanto as disciplinas Finanças, Custos e Atuária são ministradas de forma mais quantitativa, a disciplina Marketing pode ser ministrada com apelo mais qualitativo e comportamental. É importante mencionar, contudo, que a definição de fatores não obriga o pesquisador a nomeá-los, já que frequentemente não é tarefa simples. **A análise fatorial não tem, como um de seus objetivos, a nomeação de fatores**, e, caso haja a intenção de fazê-lo, é necessário que o pesquisador tenha profundo conhecimento sobre o fenômeno em estudo, e **técnicas confirmatórias** podem auxiliá-lo nessa empreitada.

Podemos considerar, neste momento, encerrada a elaboração da análise fatorial por componentes principais. Entretanto, conforme discutimos na seção 2.2.5, caso o pesquisador deseje obter melhor visualização das variáveis mais representadas por determinado fator, pode elaborar uma rotação por meio do método ortogonal Varimax, que maximiza as cargas de cada variável em determinado fator. Como, em nosso exemplo, já temos uma excelente ideia das variáveis com altas cargas em cada fator, sendo o *loading plot* (Figura 2.8) já bastante claro, a rotação pode ser considerada desnecessária. Será elaborada, portanto, apenas para efeitos didáticos, visto que, por vezes, o pesquisador pode se deparar com situações em que tal fenômeno não se apresente de forma tão clara.

Logo, com base nas cargas fatoriais para os dois primeiros fatores (duas primeiras colunas da Tabela 2.11), obteremos as cargas fatoriais rotacionadas $c'$ após a rotação dos dois fatores por um ângulo $\theta$. Sendo assim, com base na expressão (2.35), podemos escrever que:

$$\begin{pmatrix} 0{,}895 & 0{,}007 \\ 0{,}934 & 0{,}049 \\ -0{,}042 & 0{,}999 \\ 0{,}918 & -0{,}010 \end{pmatrix} \cdot \begin{pmatrix} \cos\theta & -\text{sen}\theta \\ \text{sen}\theta & \cos\theta \end{pmatrix} = \begin{pmatrix} c'_{11} & c'_{12} \\ c'_{21} & c'_{22} \\ \vdots & \vdots \\ c'_{k1} & c'_{k2} \end{pmatrix}$$

em que o ângulo de rotação no sentido anti-horário $\theta$ é obtido a partir da expressão (2.36). Antes, entretanto, devemos determinar os valores dos termos $A$, $B$, $C$ e $D$ presentes nas expressões (2.37) a (2.40). A construção das Tabelas 2.12 a 2.15 nos auxilia para essa finalidade.

**Tabela 2.12** Obtenção do termo *A* para cálculo do ângulo de rotação $\theta$

| Variável | $c_1$ | $c_2$ | comunalidade | $\left(\frac{c_{1l}^2}{\text{comunalidade}_l} - \frac{c_{2l}^2}{\text{comunalidade}_l}\right)$ |
|---|---|---|---|---|
| *finanças* | 0,895 | 0,007 | 0,802 | 1,000 |
| *custos* | 0,934 | 0,049 | 0,875 | 0,995 |
| *marketing* | -0,042 | 0,999 | 1,000 | -0,996 |
| *atuária* | 0,918 | -0,010 | 0,843 | 1,000 |
| | | | $A$ (soma) | 1,998 |

**Tabela 2.13** Obtenção do termo *B* para cálculo do ângulo de rotação $\theta$

| Variável | $c_1$ | $c_2$ | comunalidade | $\left(2 \cdot \frac{c_{1l} \cdot c_{2l}}{\text{comunalidade}_l}\right)$ |
|---|---|---|---|---|
| *finanças* | 0,895 | 0,007 | 0,802 | 0,015 |
| *custos* | 0,934 | 0,049 | 0,875 | 0,104 |
| *marketing* | -0,042 | 0,999 | 1,000 | -0,085 |
| *atuária* | 0,918 | -0,010 | 0,843 | -0,022 |
| | | | *B* (soma) | 0,012 |

**Tabela 2.14** Obtenção do termo *C* para cálculo do ângulo de rotação $\theta$

| Variável | $c_1$ | $c_2$ | comunalidade | $\left(\frac{c_{1l}^2}{\text{comunalidade}_l} - \frac{c_{2l}^2}{\text{comunalidade}_l}\right)^2 - \left(2 \cdot \frac{c_{1l} \cdot c_{2l}}{\text{comunalidade}_l}\right)^2$ |
|---|---|---|---|---|
| *finanças* | 0,895 | 0,007 | 0,802 | 1,000 |
| *custos* | 0,934 | 0,049 | 0,875 | 0,978 |
| *marketing* | -0,042 | 0,999 | 1,000 | 0,986 |
| *atuária* | 0,918 | -0,010 | 0,843 | 0,999 |
| | | | *C* (soma) | 3,963 |

**Tabela 2.15** Obtenção do termo *D* para cálculo do ângulo de rotação $\theta$

| Variável | $c_1$ | $c_2$ | comunalidade | $\left(\frac{c_{1l}^2}{\text{comunalidade}_l} - \frac{c_{2l}^2}{\text{comunalidade}_l}\right) \cdot \left(2 \cdot \frac{c_{1l} \cdot c_{2l}}{\text{comunalidade}_l}\right)$ |
|---|---|---|---|---|
| *finanças* | 0,895 | 0,007 | 0,802 | 0,015 |
| *custos* | 0,934 | 0,049 | 0,875 | 0,103 |
| *marketing* | -0,042 | 0,999 | 1,000 | 0,084 |
| *atuária* | 0,918 | -0,010 | 0,843 | -0,022 |
| | | | *D* (soma) | 0,181 |

Logo, levando em consideração as $k = 4$ variáveis, e com base na expressão (2.36), podemos calcular o ângulo de rotação no sentido anti-horário $\boldsymbol{\theta}$ da seguinte forma:

$$\theta = 0{,}25 \cdot \arctan\left[\frac{2 \cdot (D \cdot k - A \cdot B)}{C \cdot k - (A^2 - B^2)}\right] = 0{,}25 \cdot \arctan\left\{\frac{2 \cdot [(0{,}181) \cdot 4 - (1{,}998) \cdot (0{,}012)]}{(3{,}9636) \cdot 4 - [(1{,}998)^2 - (0{,}012)^2]}\right\} = 0{,}029 \,\text{rad}$$

E, por fim, podemos calcular as cargas fatoriais rotacionadas:

$$\begin{pmatrix} 0{,}895 & 0{,}007 \\ 0{,}934 & 0{,}049 \\ -0{,}042 & 0{,}999 \\ 0{,}918 & -0{,}010 \end{pmatrix} \cdot \begin{pmatrix} \cos 0{,}029 & -\text{sen} 0{,}029 \\ \text{sen} 0{,}029 & \cos 0{,}029 \end{pmatrix} = \begin{pmatrix} c'_{11} & c'_{12} \\ c'_{21} & c'_{22} \\ c'_{31} & c'_{32} \\ c'_{41} & c'_{42} \end{pmatrix} = \begin{pmatrix} 0{,}895 & -0{,}019 \\ 0{,}935 & 0{,}021 \\ -0{,}013 & 1{,}000 \\ 0{,}917 & -0{,}037 \end{pmatrix}$$

A Tabela 2.16 apresenta, de forma consolidada, as cargas fatoriais rotacionadas pelo método Varimax para os dados de nosso exemplo.

**Tabela 2.16** Cargas fatoriais rotacionadas pelo método Varimax

| Variável \ Fator | $F'_1$ | $F'_2$ |
|---|---|---|
| *finanças* | 0,895 | -0,019 |
| *custos* | 0,935 | 0,021 |
| *marketing* | -0,013 | 1,000 |
| *atuária* | 0,917 | -0,037 |

Conforme já mencionamos, embora os resultados sem a rotação já demonstrassem quais variáveis apresentavam elevadas cargas em cada fator, a rotação acabou por distribuir, ainda que levemente para os dados do nosso exemplo, as cargas das variáveis em cada um dos fatores rotacionados. Um novo *loading plot* (agora com cargas rotacionadas) também pode demonstrar essa situação (Figura 2.9).

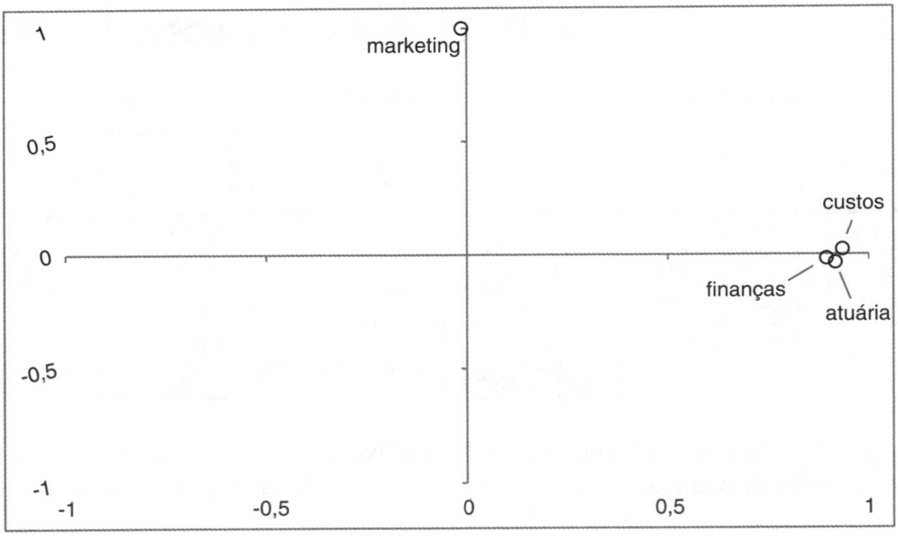


**Figura 2.9** *Loading plot* com cargas rotacionadas.

Embora os gráficos das Figuras 2.8 e 2.9 sejam muito parecidos, visto que o ângulo de rotação $\theta$ é bastante pequeno neste exemplo, é comum que o pesquisador encontre situações em que a rotação irá contribuir consideravelmente para a elaboração de uma leitura mais fácil das cargas, o que pode, consequentemente, simplificar a interpretação dos fatores.

É importante frisarmos que a rotação não altera as comunalidades, ou seja, a expressão (2.31) pode ser verificada:

$$\text{comunalidade}_{finanças} = (0,895)^2 + (-0,019)^2 = 0,802$$

$$\text{comunalidade}_{custos} = (0,935)^2 + (0,021)^2 = 0,875$$

$$\text{comunalidade}_{marketing} = (-0,013)^2 + (1,000)^2 = 1,000$$

$$\text{comunalidade}_{atuária} = (0,917)^2 + (-0,037)^2 = 0,843$$

Entretanto, a rotação altera os autovalores correspondentes a cada fator. Sendo assim, temos, para os dois fatores rotacionados, que:

$$(0,895)^2 + (0,935)^2 + (-0,013)^2 + (0,917)^2 = \lambda'^2_1 = 2,518$$

$$(-0,019)^2 + (0,021)^2 + (1,000)^2 + (-0,037)^2 = \lambda'^2_2 = 1,002$$

A Tabela 2.17 apresenta, com base nos novos autovalores $\lambda'^2_1$ e $\lambda'^2_2$, os percentuais de variância compartilhada pelas variáveis originais para a formação dos dois fatores rotacionados.

**Tabela 2.17** Variância compartilhada pelas variáveis originais para a formação dos dois fatores rotacionados

| Fator | Autovalor $\lambda'^2$ | Variância Compartilhada (%) | Variância Compartilhada Acumulada (%) |
|---|---|---|---|
| 1 | 2,518 | $\left(\frac{2,518}{4}\right)\cdot 100 = 62,942$ | 62,942 |
| 2 | 1,002 | $\left(\frac{1,002}{4}\right)\cdot 100 = 25,043$ | 87,985 |

Em comparação à Tabela 2.9, podemos perceber que, embora não haja alteração do compartilhamento de 87,985% da variância total das variáveis originais para a formação dos fatores rotacionados, a rotação redistribui a variância compartilhada pelas variáveis em cada fator.

Conforme discutimos, as cargas fatoriais correspondem aos parâmetros estimados de um modelo de regressão linear múltipla que apresenta, como variável dependente, determinada variável padronizada e, como variáveis explicativas, os próprios fatores. Dessa forma, podemos, por meio de operações algébricas, chegar às expressões dos *scores* fatoriais a partir das cargas, visto que eles representam parâmetros estimados dos respectivos modelos de regressão que têm, como variável dependente, os fatores e, como variáveis explicativas, as variáveis padronizadas. Logo, chegamos, a partir das cargas fatoriais rotacionadas (Tabela 2.16), às seguintes expressões dos fatores rotacionados $F'_1$ e $F'_2$.

$$F'_{1i} = 0,355 \cdot Zfinanças_i + 0,372 \cdot Zcustos_i + 0,012 \cdot Zmarketing_i + 0,364 \cdot Zatuária_i$$

$$F'_{2i} = -0,004 \cdot Zfinanças_i + 0,038 \cdot Zcustos_i + 0,999 \cdot Zmarketing_i - 0,021 \cdot Zatuária_i$$

Por fim, o professor deseja criar um *ranking* de desempenho escolar de seus alunos. Como os dois fatores rotacionados, $F'_1$ e $F'_2$, são formados pelos maiores percentuais de variância compartilhada pelas variáveis originais (no caso, 62,942% e 25,043% da variância total, respectivamente, conforme mostra a Tabela 2.17) e correspondem a autovalores maiores que 1, serão utilizados para que seja elaborado o desejado *ranking* de desempenho escolar.

Um critério bastante aceito e utilizado para a formação de *rankings* a partir de fatores é conhecido como **critério da soma ponderada e ordenamento**, em que são somados, para cada observação, os valores obtidos de todos os fatores (que possuem autovalores maiores que 1) ponderados pelos respectivos percentuais de variância compartilhada, com o subsequente ordenamento das observações com base nos resultados obtidos. Esse critério é bastante aceito por considerar o desempenho em todas as variáveis originais, visto que a consideração apenas do primeiro fator (**critério do fator principal**) pode não levar em conta, por exemplo, o desempenho positivo obtido em determinada variável que eventualmente compartilhe um considerável percentual de variância com o segundo fator. A Tabela 2.18 mostra, para 10 alunos escolhidos na amostra, o resultado do *ranking* de desempenho escolar resultante do ordenamento elaborado após a soma dos valores obtidos dos fatores ponderados pelos respectivos percentuais de variância compartilhada.

**Tabela 2.18** *Ranking* de desempenho escolar pelo critério da soma ponderada e ordenamento

| Estudante | $Zfinanças_i$ | $Zcustos_i$ | $Zmarketing_i$ | $Zatuária_i$ | $F'_{1i}$ | $F'_{2i}$ | $(F'_{1i} \cdot 0{,}62942) +$ $(F'_{2i} \cdot 0{,}25043)$ | *ranking* |
|---|---|---|---|---|---|---|---|---|
| Adelino | 1,30 | 2,15 | 1,53 | 1,86 | 1,959 | 1,568 | 1,626 | 1 |
| Renata | 0,60 | 2,15 | 1,53 | 1,86 | 1,709 | 1,570 | 1,469 | 2 |
| ... | | | | | | | | |
| Ovídio | 1,33 | 2,15 | -1,65 | 1,86 | 1,932 | -1,611 | 0,813 | 13 |
| Kamal | 1,33 | 2,07 | -1,65 | 1,86 | 1,902 | -1,614 | 0,793 | 14 |
| ... | | | | | | | | |
| Itamar | -1,29 | -0,55 | 1,53 | -1,04 | -1,022 | 1,536 | -0,259 | 57 |
| Luiz Felipe | -0,88 | -0,70 | 1,53 | -1,32 | -1,032 | 1,535 | -0,265 | 58 |
| ... | | | | | | | | |
| Gabriela | -0,01 | -0,29 | -1,65 | 0,27 | -0,032 | -1,665 | -0,437 | 73 |
| Marina | 0,50 | -0,50 | -0,94 | -1,16 | -0,443 | -0,939 | -0,514 | 74 |
| ... | | | | | | | | |
| Viviane | -1,64 | -1,16 | -1,01 | -1,00 | -1,390 | -1,029 | -1,133 | 99 |
| Gilmar | -1,52 | -1,16 | -1,40 | -1,44 | -1,512 | -1,409 | -1,304 | 100 |

O *ranking* completo pode ser acessado no arquivo **NotasFatorialRanking.xls**.

É de fundamental importância ressaltar que a criação de *rankings* de desempenho a partir de variáveis originais é um procedimento considerado **estático**, visto que a inclusão de novas observações ou variáveis pode alterar os *scores* fatoriais, o que torna obrigatória a elaboração de uma nova análise fatorial. A própria evolução temporal dos fenômenos representados pelas variáveis pode alterar a matriz de correlações, o que torna necessária a reaplicação da técnica para que sejam gerados novos fatores obtidos a partir de *scores* mais precisos e atualizados. Aqui cabe, portanto, uma crítica a indicadores socioeconômicos que utilizam *scores* estáticos previamente estabelecidos para cada variável no cálculo do fator a ser utilizado para a definição do *ranking* em situações em que novas observações sejam constantemente incluídas; mais que isso, em situações em que haja a evolução temporal, que altera a matriz de correlações das variáveis originais em cada período.

Por fim, vale comentar que os fatores extraídos são variáveis quantitativas e, portanto, a partir deles, podem ser elaboradas outras técnicas multivariadas exploratórias, como análise de agrupamentos, dependendo dos objetivos do pesquisador. Além disso, cada fator também pode ser transformado em uma variável qualitativa, por meio, por exemplo, de sua categorização em faixas estabelecidas com base em determinado critério e, a partir de então, ser elaborada uma análise de correspondência, a fim de avaliar uma eventual associação entre as categorias criadas e as categorias de outras variáveis qualitativas, conforme estudaremos no próximo capítulo.

Os fatores podem também ser utilizados como variáveis explicativas de determinado fenômeno em modelos multivariados confirmatórios como, por exemplo, modelos de regressão múltipla, visto que a ortogonalidade elimina problemas de multicolinearidade. Por outro lado, tal procedimento somente faz sentido quando há o intuito de um diagnóstico acerca do comportamento da variável dependente, sem a intenção de previsões. Como novas observações não apresentam os correspondentes valores dos fatores gerados, sua obtenção somente é possível ao se incluírem tais observações em nova análise fatorial, a fim de se obterem novos *scores* fatoriais, já que se trata de uma técnica exploratória.

Além disso, uma variável qualitativa obtida por meio da categorização em faixas de determinado fator também pode ser inserida como variável dependente de um modelo de regressão logística multinomial, permitindo que o pesquisador avalie as probabilidades que cada observação tem de pertencer a cada faixa, em função do comportamento de outras variáveis explicativas não inicialmente consideradas na análise fatorial. Ressaltamos, da mesma forma, que esse procedimento apresenta caráter de diagnóstico do comportamento das variáveis na amostra para as observações existentes, sem finalidade preditiva.

Na sequência, esse mesmo exemplo será elaborado nos softwares SPSS e Stata. Enquanto na seção 2.3 serão apresentados os procedimentos para elaboração da análise fatorial por componentes principais no SPSS, assim como seus resultados, na seção 2.4 serão apresentados os comandos para a elaboração da técnica no Stata, com respectivos *outputs*.

## 2.3. ANÁLISE FATORIAL POR COMPONENTES PRINCIPAIS NO SOFTWARE SPSS

Nesta seção, apresentaremos o passo a passo para a elaboração do nosso exemplo no IBM SPSS Statistics Software®. Seguindo a lógica proposta no livro, o principal objetivo é propiciar ao pesquisador uma oportunidade de elaborar a análise fatorial por componentes principais neste software, dada sua facilidade de manuseio e a didática das operações. A cada apresentação de um *output*, faremos menção ao respectivo resultado obtido quando da solução algébrica da técnica na seção anterior, a fim de que o pesquisador possa compará-los e formar seu conhecimento e erudição sobre o tema. A reprodução das imagens nesta seção tem autorização da International Business Machines Corporation©.

Voltando ao exemplo apresentado na seção 2.2.6, lembremos que o professor tem interesse em elaborar um *ranking* de desempenho escolar de seus alunos com base no comportamento conjunto das notas finais de quatro disciplinas. Os dados encontram-se no arquivo **NotasFatorial.sav** e são exatamente iguais aos apresentados parcialmente na Tabela 2.5 da seção 2.2.6.

Para que seja elaborada, portanto, a análise fatorial, vamos clicar em **Analyze → Dimension Reduction → Factor...**. Uma caixa de diálogo como a apresentada na Figura 2.10 será aberta.

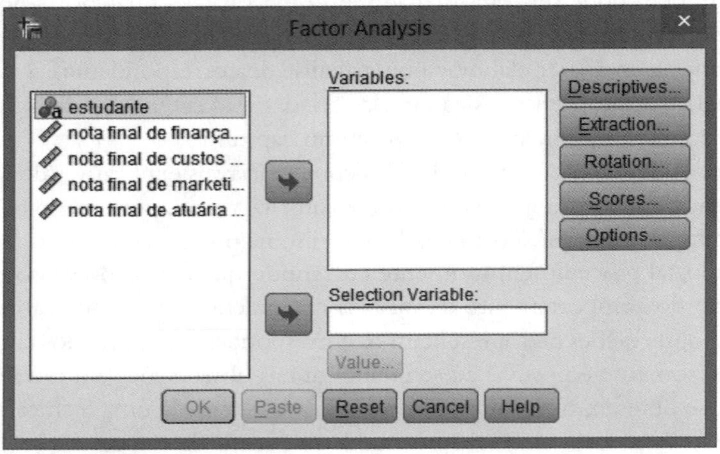


**Figura 2.10** Caixa de diálogo para elaboração da análise fatorial no SPSS.

Na sequência, devemos inserir as variáveis originais *finanças*, *custos*, *marketing* e *atuária* em **Variables**, conforme mostra a Figura 2.11.

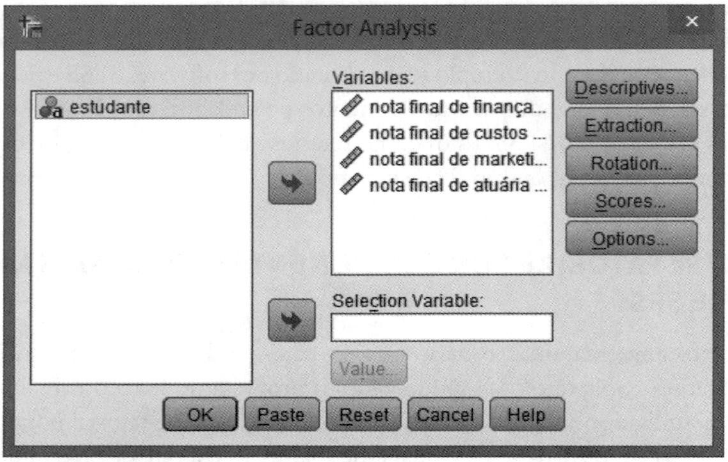


**Figura 2.11** Seleção das variáveis originais.

Ao contrário do discutido no capítulo anterior, quando da elaboração da análise de agrupamentos, é importante mencionar que o pesquisador não precisa se preocupar com a padronização *Zscores* das variáveis originais para a elaboração da análise fatorial, visto que as correlações entre variáveis originais ou entre suas correspondentes variáveis padronizadas são exatamente as mesmas. Mesmo assim, **caso o pesquisador opte por padronizar cada uma das variáveis, irá perceber que os *outputs* serão exatamente os mesmos**.

No botão **Descriptives...**, marcaremos primeiramente a opção **Initial solution** em **Statistics**, que faz com que sejam apresentados nos *outputs* todos os autovalores da matriz de correlações, mesmo os menores que 1. Além disso, vamos também selecionar as opções **Coefficients**, **Determinant** e **KMO and Bartlett's test of sphericity** em **Correlation Matrix**, conforme mostra a Figura 2.12.

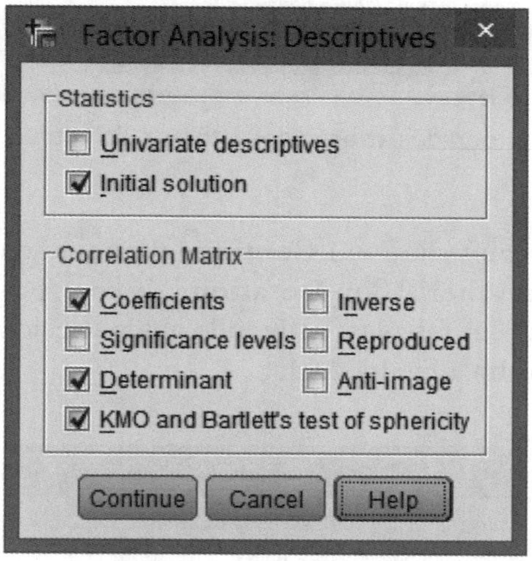


**Figura 2.12** Seleção das opções iniciais para elaboração da análise fatorial.

Ao clicarmos em **Continue**, voltaremos para a caixa de diálogo principal da análise fatorial. Na sequência, devemos clicar no botão **Extraction...**. Conforme mostra a Figura 2.13, iremos manter selecionadas as opções referentes ao método de extração dos fatores (**Method: Principal components**) e ao critério de escolha da quantidade de fatores. Nesse caso, conforme discutimos na seção 2.2.3, serão levados em consideração apenas os fatores correspondentes a autovalores maiores que 1 (critério da raiz latente ou critério de Kaiser), e, portanto, devemos manter selecionada a opção **Based on Eigenvalue → Eigenvalues greater than: 1** em **Extract**. Além disso, vamos também manter selecionadas as opções **Unrotated factor solution**, em **Display**, e **Correlation matrix**, em **Analyze**.

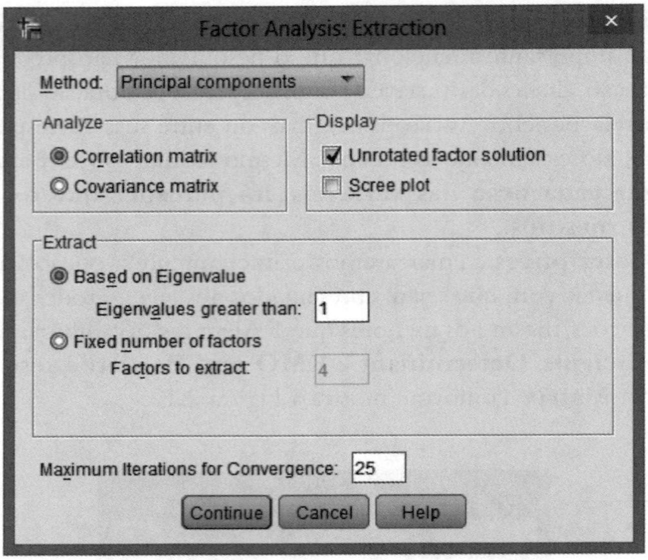


**Figura 2.13** Escolha do método de extração dos fatores e do critério para determinação da quantidade de fatores.

Da mesma forma, vamos clicar em **Continue** para que retornemos à caixa de diálogo principal da análise fatorial. Em **Rotation...**, vamos, por enquanto, selecionar a opção **Loading plot(s)** em **Display**, mantendo ainda selecionada a opção **None** em **Method**, conforme mostra a Figura 2.14.

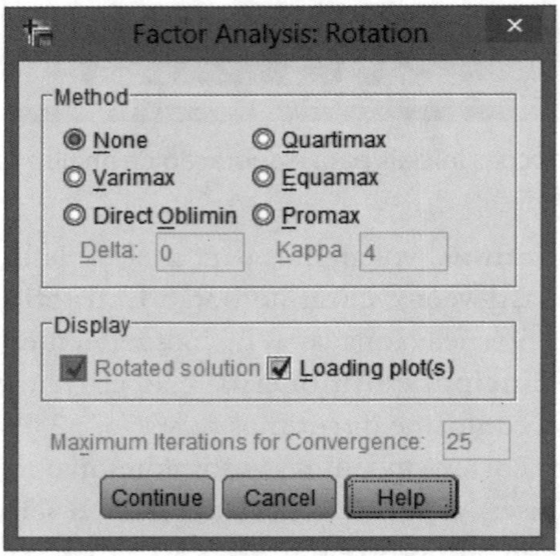


**Figura 2.14** Caixa de diálogo para seleção do método de rotação e do *loading plot*.

A opção pela extração de fatores ainda não rotacionados neste momento é didática, visto que os *outputs* gerados poderão ser comparados com os obtidos algebricamente na seção 2.2.6. O pesquisador já pode, entretanto, optar por extrair fatores rotacionados já nesta oportunidade.

Após clicarmos em **Continue**, podemos selecionar o botão **Scores...** na caixa de diálogo principal da técnica. Neste momento, selecionaremos apenas a opção **Display factor score coefficient matrix**, conforme mostra a Figura 2.15, que faz com que sejam apresentados, nos *outputs*, os *scores* fatoriais correspondentes a cada fator extraído.

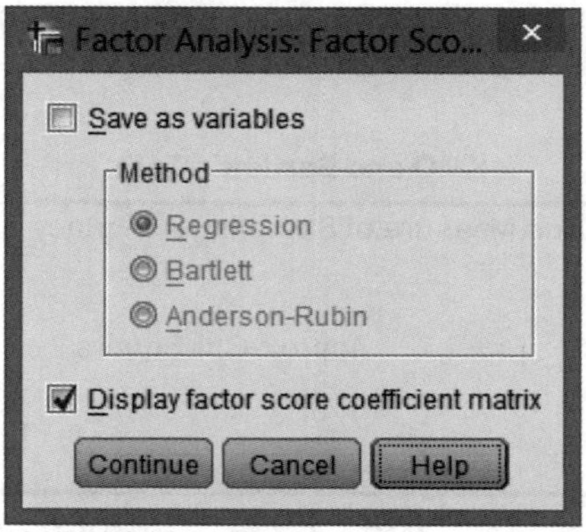


**Figura 2.15** Seleção da opção para apresentação dos *scores* fatoriais.

Na sequência, podemos clicar em **Continue** e em **OK**.

O primeiro *output* (Figura 2.16) apresenta a matriz de correlações ρ, igual à da Tabela 2.6 da seção 2.2.6, por meio da qual podemos verificar que a variável *marketing* é a única que apresenta baixos coeficientes de correlação de Pearson com todas as demais variáveis. Conforme discutimos, é um primeiro indício de que as variáveis *finanças*, *custos* e *atuária* podem ser correlacionadas com determinado fator, enquanto a variável *marketing* pode se correlacionar fortemente com outro.

**Correlation Matrix**[a]

| | | nota final de finanças (0 a 10) | nota final de custos (0 a 10) | nota final de marketing (0 a 10) | nota final de atuária (0 a 10) |
|---|---|---|---|---|---|
| Correlation | nota final de finanças (0 a 10) | 1,000 | ,756 | -,030 | ,711 |
| | nota final de custos (0 a 10) | ,756 | 1,000 | ,003 | ,809 |
| | nota final de marketing (0 a 10) | -,030 | ,003 | 1,000 | -,044 |
| | nota final de atuária (0 a 10) | ,711 | ,809 | -,044 | 1,000 |

a. Determinant = ,137

**Figura 2.16** Coeficientes de correlação de Pearson.

Podemos também verificar que o *output* da Figura 2.16 ainda traz o valor do determinante da matriz de correlações ρ, utilizado para o cálculo da estatística $\chi^2_{\text{Bartlett}}$, conforme discutimos quando da apresentação da expressão (2.9).

A fim de estudarmos a adequação global da análise fatorial, vamos analisar os *outputs* da Figura 2.17, que apresenta os resultados dos cálculos correspondentes à estatística

KMO e $\chi^2_{\text{Bartlett}}$. Enquanto a primeira indica, com base no critério apresentado no Quadro 2.1, que a adequação global da análise fatorial é considerada **média** (KMO = 0,737), a estatística $\chi^2_{\text{Bartlett}}$ = 192,335 (*Sig.* $\chi^2_{\text{Bartlett}}$ < 0,05 para 6 graus de liberdade) permite-nos rejeitar, ao nível de significância de 5% e com base nas hipóteses do teste de esfericidade de Bartlett, que a matriz de correlações ρ seja estatisticamente igual à matriz identidade **I** de mesma dimensão. Logo, podemos concluir que a análise fatorial é apropriada.

**KMO and Bartlett's Test**

| | | |
|---|---|---|
| Kaiser-Meyer-Olkin Measure of Sampling Adequacy. | | ,737 |
| Bartlett's Test of Sphericity | Approx. Chi-Square | 192,335 |
| | df | 6 |
| | Sig. | ,000 |

**Figura 2.17** Resultados da estatística KMO e do teste de esfericidade de Bartlett.

Os valores das estatísticas KMO e $\chi^2_{\text{Bartlett}}$ são calculados, respectivamente, por meio das expressões (2.3) e (2.9) apresentadas na seção 2.2.2, e são exatamente iguais aos obtidos algebricamente na seção 2.2.6.

Na sequência, a Figura 2.18 apresenta os quatro autovalores da matriz de correlações ρ correspondentes a cada um dos fatores extraídos inicialmente, com os respectivos percentuais de variância compartilhada pelas variáveis originais.

**Total Variance Explained**

| Component | Initial Eigenvalues | | | Extraction Sums of Squared Loadings | | |
|---|---|---|---|---|---|---|
| | Total | % of Variance | Cumulative % | Total | % of Variance | Cumulative % |
| 1 | 2,519 | 62,975 | 62,975 | 2,519 | 62,975 | 62,975 |
| 2 | 1,000 | 25,010 | 87,985 | 1,000 | 25,010 | 87,985 |
| 3 | ,298 | 7,444 | 95,428 | | | |
| 4 | ,183 | 4,572 | 100,000 | | | |

Extraction Method: Principal Component Analysis.

**Figura 2.18** Autovalores e variância compartilhada pelas variáveis originais para a formação de cada fator.

Note que os autovalores são exatamente iguais aos obtidos algebricamente na seção 2.2.6, de modo que:

$$\lambda_1^2+\lambda_2^2+\ldots+\lambda_k^2=2{,}519+1{,}000+0{,}298+0{,}183=4$$

Como consideraremos na análise apenas os fatores cujos autovalores sejam maiores que 1, a parte direita da Figura 2.18 mostra o percentual de variância compartilhada pelas variáveis originais para a formação apenas desses fatores. Logo, de forma análoga ao apresentado na Tabela 2.9, podemos afirmar que, enquanto 62,975% da variância total são compartilhados para a formação do primeiro fator, 25,010% são compartilhados para a formação do segundo. Portanto, para a formação desses dois fatores, a perda total de variância das variáveis originais é igual a 12,015%.

Extraídos dois fatores, a Figura 2.19 apresenta os *scores* fatoriais correspondentes a cada uma das variáveis padronizadas para cada um desses fatores.

**Component Score Coefficient Matrix**

| | Component | |
|---|---|---|
| | 1 | 2 |
| nota final de finanças (0 a 10) | ,355 | ,007 |
| nota final de custos (0 a 10) | ,371 | ,049 |
| nota final de marketing (0 a 10) | -,017 | ,999 |
| nota final de atuária (0 a 10) | ,364 | -,010 |

Extraction Method: Principal Component Analysis.

**Figura 2.19** *Scores* fatoriais.

Dessa forma, temos condições de escrever as expressões dos fatores $F_1$ e $F_2$ conforme segue:

$$F_{1i} = 0{,}355 \cdot Zfinanças_i + 0{,}371 \cdot Zcustos_i - 0{,}017 \cdot Zmarketing_i + 0{,}364 \cdot Zatuária_i$$

$$F_{2i} = 0{,}007 \cdot Zfinanças_i + 0{,}049 \cdot Zcustos_i + 0{,}999 \cdot Zmarketing_i - 0{,}010 \cdot Zatuária_i$$

Note que as expressões são idênticas às obtidas na seção 2.2.6 a partir da definição algébrica dos *scores* fatoriais não rotacionados.

A Figura 2.20 apresenta as cargas fatoriais, que correspondem aos coeficientes de correlação de Pearson entre as variáveis originais e cada um dos fatores. Os valores presentes na Figura 2.20 são iguais aos apresentados nas duas primeiras colunas da Tabela 2.11.

**Component Matrix[a]**

| | Component | |
|---|---|---|
| | 1 | 2 |
| nota final de finanças (0 a 10) | ,895 | ,007 |
| nota final de custos (0 a 10) | ,934 | ,049 |
| nota final de marketing (0 a 10) | -,042 | ,999 |
| nota final de atuária (0 a 10) | ,918 | -,010 |

Extraction Method: Principal Component Analysis.

a. 2 components extracted.

**Figura 2.20** Cargas fatoriais.

Em destaque para cada variável está a maior carga fatorial, e, portanto, podemos verificar que, enquanto as variáveis *finanças*, *custos* e *atuária* apresentam maiores correlações com o primeiro fator, apenas a variável *marketing* apresenta maior correlação com o segundo fator.

Conforme também discutimos na seção 2.2.6, a somatória dos quadrados das cargas fatoriais em coluna resulta no autovalor do correspondente fator, ou seja, representa o percentual de variância compartilhada pelas quatro variáveis originais para a formação de cada fator. Sendo assim, podemos verificar que:

$$(0{,}895)^2 + (0{,}934)^2 + (-0{,}042)^2 + (0{,}918)^2 = 2{,}519$$

$$(0{,}007)^2 + (0{,}049)^2 + (0{,}999)^2 + (-0{,}010)^2 = 1{,}000$$

Por outro lado, a somatória dos quadrados das cargas fatoriais em linha resulta na comunalidade da respectiva variável, ou seja, representa o percentual de variância compartilhada de cada variável original nos dois fatores extraídos. Nesse sentido, podemos também verificar que:

$$\text{comunalidade}_{\textit{finanças}} = (0{,}895)^2 + (0{,}007)^2 = 0{,}802$$

$$\text{comunalidade}_{\textit{custos}} = (0{,}934)^2 + (0{,}049)^2 = 0{,}875$$

$$\text{comunalidade}_{\textit{marketing}} = (-0{,}042)^2 + (0{,}999)^2 = 1{,}000$$

$$\text{comunalidade}_{\textit{atuária}} = (0{,}918)^2 + (-0{,}010)^2 = 0{,}843$$

Nos *outputs* do SPSS também é apresentada a tabela de comunalidades, conforme mostra a Figura 2.21.

**Communalities**

| | Initial | Extraction |
|---|---|---|
| nota final de finanças (0 a 10) | 1,000 | ,802 |
| nota final de custos (0 a 10) | 1,000 | ,875 |
| nota final de marketing (0 a 10) | 1,000 | 1,000 |
| nota final de atuária (0 a 10) | 1,000 | ,843 |

Extraction Method: Principal Component Analysis.

**Figura 2.21** Comunalidades.

O *loading plot*, que apresenta a posição relativa de cada variável em cada fator, com base nas respectivas cargas fatoriais, também é apresentado nos *outputs*, conforme mostra a Figura 2.22 (equivalente à Figura 2.8 da seção 2.2.6), em que o eixo das abcissas representa o fator $F_1$, e o das ordenadas, o fator $F_2$.

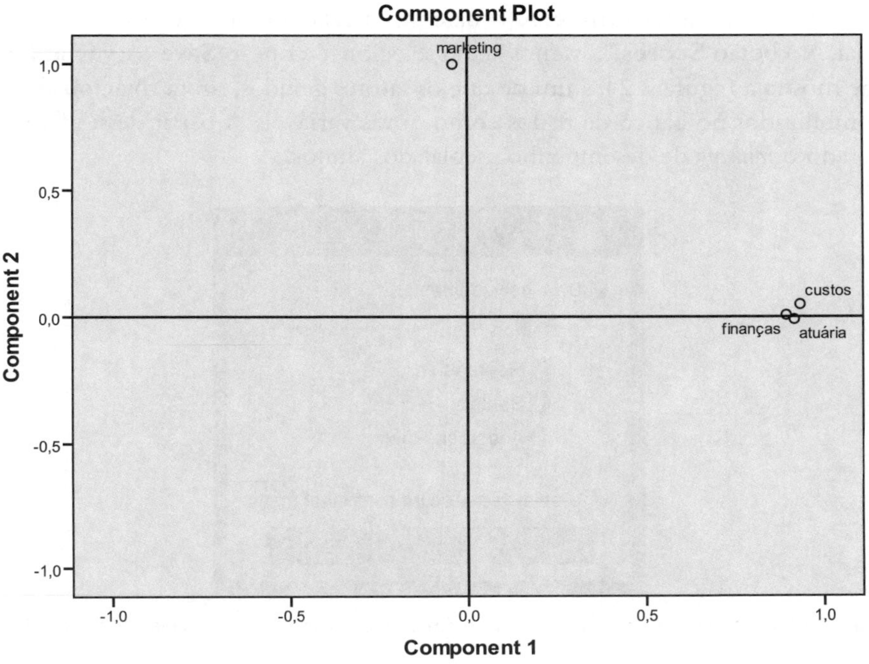


**Figura 2.22** *Loading plot.*

Embora seja bastante clara a posição relativa das variáveis em cada eixo, ou seja, as magnitudes das correlações entre cada uma delas e cada fator, para efeitos didáticos optamos por elaborar a rotação dos eixos, que, por vezes, pode facilitar a interpretação dos fatores por propiciar melhor distribuição das cargas fatoriais das variáveis em cada fator.

Assim, vamos novamente clicar em **Analyze → Dimension Reduction → Factor...** e, no botão **Rotation...**, selecionar a opção **Varimax**, conforme mostra a Figura 2.23.

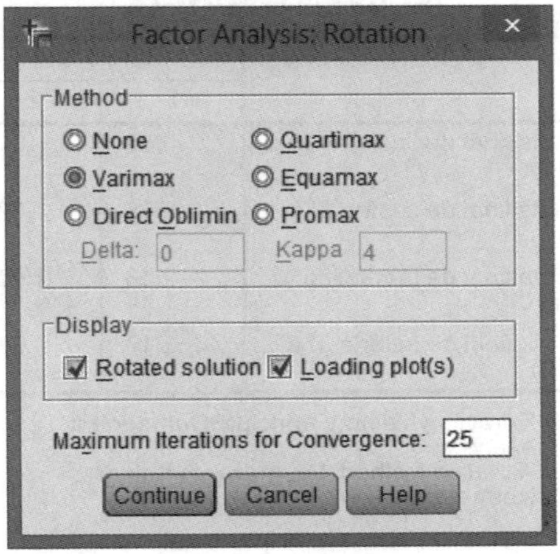


**Figura 2.23** Seleção do método de rotação ortogonal Varimax.

Ao clicarmos em **Continue**, retornaremos à caixa de diálogo principal da análise fatorial. No botão **Scores...**, vamos agora selecionar a opção **Save as variables**, conforme mostra a Figura 2.24, a fim de que os fatores gerados, agora rotacionados, sejam disponibilizados no banco de dados como novas variáveis. A partir desses fatores, será elaborado o *ranking* de desempenho escolar dos alunos.

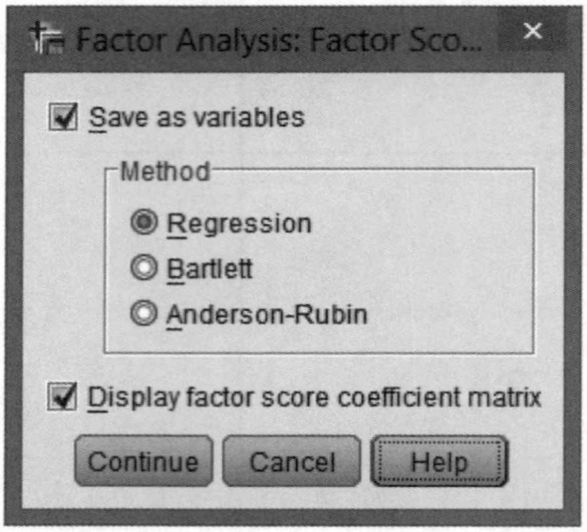


**Figura 2.24** Seleção da opção para salvar os fatores como novas variáveis no banco de dados.

Na sequência, podemos clicar em **Continue** e em **OK**.

As Figuras 2.25 a 2.29 mostram os *outputs* que apresentam diferenças, em relação aos anteriores, decorrentes da rotação. Nesse sentido, não são novamente apresentados os resultados da matriz de correlações, da estatística KMO, do teste de esfericidade de Bartlett e da tabela de comunalidades que, embora calculadas a partir das cargas rotacionadas, não apresentam alterações em seus valores.

A Figura 2.25 apresenta estas cargas fatoriais rotacionadas e, por meio delas, é possível verificar, ainda que de forma tênue, certa redistribuição das cargas das variáveis em cada fator.

**Rotated Component Matrix**[a]

| | Component | |
|---|---|---|
| | 1 | 2 |
| nota final de finanças (0 a 10) | ,895 | -,019 |
| nota final de custos (0 a 10) | ,935 | ,021 |
| nota final de marketing (0 a 10) | -,013 | 1,000 |
| nota final de atuária (0 a 10) | ,917 | -,037 |

Extraction Method: Principal Component Analysis.
Rotation Method: Varimax with Kaiser Normalization.

a. Rotation converged in 3 iterations.

**Figura 2.25** Cargas fatoriais rotacionadas pelo método Varimax.

Note que as cargas fatoriais rotacionadas da Figura 2.25 são exatamente iguais às obtidas algebricamente na seção 2.2.6, a partir das expressões (2.35) a (2.40), e apresentadas na Tabela 2.16.

O novo *loading plot*, construído a partir das cargas fatoriais rotacionadas e equivalente à Figura 2.9, encontra-se na Figura 2.26.

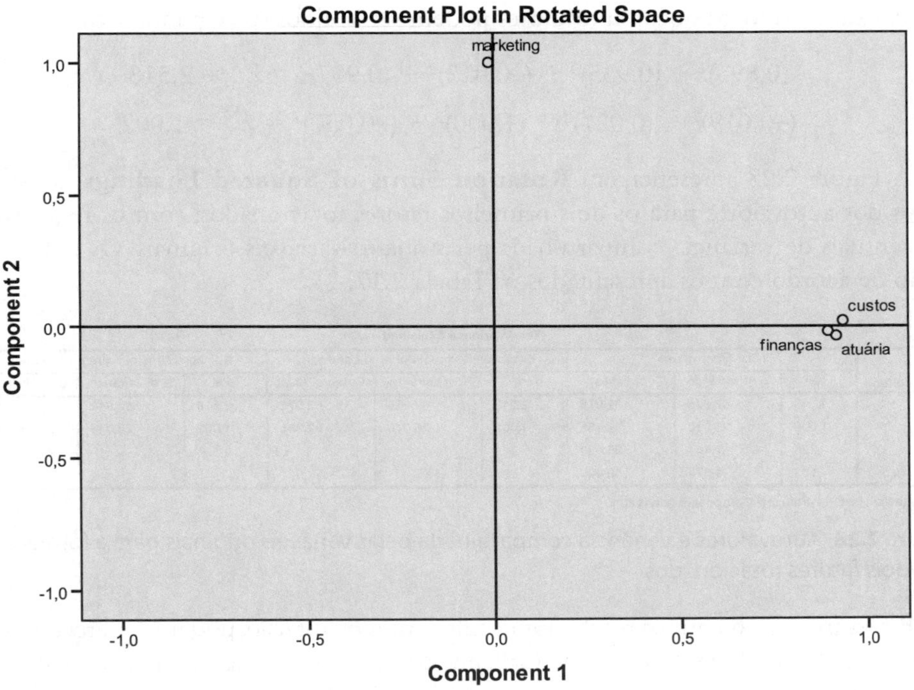


**Figura 2.26** *Loading plot* com cargas rotacionadas.

O ângulo de rotação calculado algebricamente na seção 2.2.6 também faz parte dos *outputs* do SPSS e pode ser encontrado na Figura 2.27.

**Component Transformation Matrix**

| Component | 1 | 2 |
|---|---|---|
| 1 | 1,000 | -,029 |
| 2 | ,029 | 1,000 |

Extraction Method: Principal Component Analysis.
Rotation Method: Varimax with Kaiser Normalization.

**Figura 2.27** Ângulo de rotação (em radianos).

Conforme discutimos, a partir das cargas fatoriais rotacionadas, podemos verificar que não existem alterações nos valores das comunalidades das variáveis consideradas na análise, ou seja:

$$comunalidade_{finanças} = (0{,}895)^2 + (-0{,}019)^2 = 0{,}802$$

$$comunalidade_{custos} = (0{,}935)^2 + (0{,}021)^2 = 0{,}875$$

$$comunalidade_{marketing} = (-0{,}013)^2 + (1{,}000)^2 = 1{,}000$$

$$comunalidade_{atuária} = (0{,}917)^2 + (-0{,}037)^2 = 0{,}843$$

Por outro lado, os novos autovalores podem ser obtidos da seguinte forma:

$$(0{,}895)^2 + (0{,}935)^2 + (-0{,}013)^2 + (0{,}917)^2 = \lambda'^2_1 = 2{,}518$$

$$(-0{,}019)^2 + (0{,}021)^2 + (1{,}000)^2 + (-0{,}037)^2 = \lambda'^2_2 = 1{,}002$$

A Figura 2.28 apresenta, em **Rotation Sums of Squared Loadings**, os resultados dos autovalores para os dois primeiros fatores rotacionados, com os respectivos percentuais de variância compartilhada pelas quatro variáveis originais. Os resultados estão de acordo com os apresentados na Tabela 2.17.

**Total Variance Explained**

| Component | Initial Eigenvalues | | | Extraction Sums of Squared Loadings | | | Rotation Sums of Squared Loadings | | |
|---|---|---|---|---|---|---|---|---|---|
| | Total | % of Variance | Cumulative % | Total | % of Variance | Cumulative % | Total | % of Variance | Cumulative % |
| 1 | 2,519 | 62,975 | 62,975 | 2,519 | 62,975 | 62,975 | 2,518 | 62,942 | 62,942 |
| 2 | 1,000 | 25,010 | 87,985 | 1,000 | 25,010 | 87,985 | 1,002 | 25,043 | 87,985 |
| 3 | ,298 | 7,444 | 95,428 | | | | | | |
| 4 | ,183 | 4,572 | 100,000 | | | | | | |

Extraction Method: Principal Component Analysis.

**Figura 2.28** Autovalores e variância compartilhada pelas variáveis originais para a formação dos dois fatores rotacionados.

Em comparação com os resultados obtidos antes da rotação, podemos perceber que, embora não haja alteração do compartilhamento de 87,985% da variância total das variáveis originais para a formação dos dois fatores rotacionados, a rotação redistribuiu a variância compartilhada pelas variáveis em cada fator.

A Figura 2.29 apresenta os *scores* fatoriais rotacionados, a partir dos quais podem ser obtidas as expressões dos novos fatores.

**Component Score Coefficient Matrix**

| | Component | |
|---|---|---|
| | 1 | 2 |
| nota final de finanças (0 a 10) | ,355 | -,004 |
| nota final de custos (0 a 10) | ,372 | ,038 |
| nota final de marketing (0 a 10) | ,012 | ,999 |
| nota final de atuária (0 a 10) | ,364 | -,021 |

Extraction Method: Principal Component Analysis.
Rotation Method: Varimax with Kaiser Normalization.
Component Scores.

**Figura 2.29** *Scores* fatoriais rotacionados.

Portanto, podemos escrever as seguintes expressões dos fatores rotacionados:

$$F'_{1i} = 0{,}355 \cdot Zfinanças_i + 0{,}372 \cdot Zcustos_i + 0{,}012 \cdot Zmarketing_i + 0{,}364 \cdot Zatuária_i$$

$$F'_{2i} = -0{,}004 \cdot Zfinanças_i + 0{,}038 \cdot Zcustos_i + 0{,}999 \cdot Zmarketing_i - 0{,}021 \cdot Zatuária_i$$

Ao elaborarmos o procedimento descrito, podemos verificar que são geradas duas novas variáveis no banco de dados, chamadas pelo SPSS de *FAC1_1* e *FAC2_1*, conforme mostra a Figura 2.30 para as 20 primeiras observações.

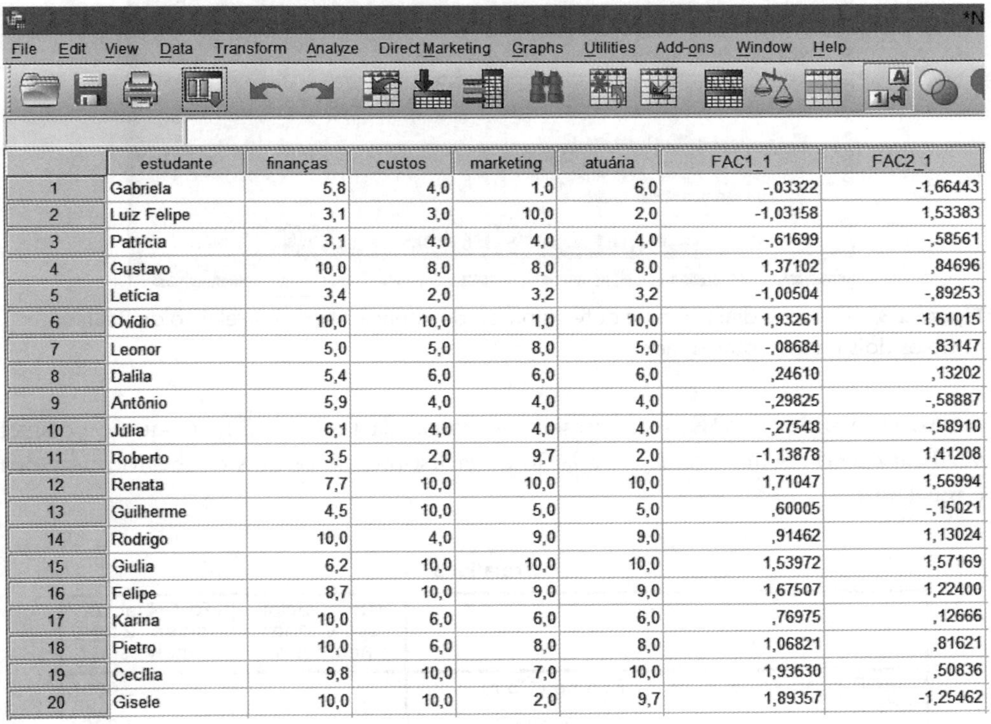


| | estudante | finanças | custos | marketing | atuária | FAC1_1 | FAC2_1 |
|---|---|---|---|---|---|---|---|
| 1 | Gabriela | 5,8 | 4,0 | 1,0 | 6,0 | -,03322 | -1,66443 |
| 2 | Luiz Felipe | 3,1 | 3,0 | 10,0 | 2,0 | -1,03158 | 1,53383 |
| 3 | Patrícia | 3,1 | 4,0 | 4,0 | 4,0 | -,61699 | -,58561 |
| 4 | Gustavo | 10,0 | 8,0 | 8,0 | 8,0 | 1,37102 | ,84696 |
| 5 | Letícia | 3,4 | 2,0 | 3,2 | 3,2 | -1,00504 | -,89253 |
| 6 | Ovídio | 10,0 | 10,0 | 1,0 | 10,0 | 1,93261 | -1,61015 |
| 7 | Leonor | 5,0 | 5,0 | 8,0 | 5,0 | -,08684 | ,83147 |
| 8 | Dalila | 5,4 | 6,0 | 6,0 | 6,0 | ,24610 | ,13202 |
| 9 | Antônio | 5,9 | 4,0 | 4,0 | 4,0 | -,29825 | -,58887 |
| 10 | Júlia | 6,1 | 4,0 | 4,0 | 4,0 | -,27548 | -,58910 |
| 11 | Roberto | 3,5 | 2,0 | 9,7 | 2,0 | -1,13878 | 1,41208 |
| 12 | Renata | 7,7 | 10,0 | 10,0 | 10,0 | 1,71047 | 1,56994 |
| 13 | Guilherme | 4,5 | 10,0 | 5,0 | 5,0 | ,60005 | -,15021 |
| 14 | Rodrigo | 10,0 | 4,0 | 9,0 | 9,0 | ,91462 | 1,13024 |
| 15 | Giulia | 6,2 | 10,0 | 10,0 | 10,0 | 1,53972 | 1,57169 |
| 16 | Felipe | 8,7 | 10,0 | 9,0 | 9,0 | 1,67507 | 1,22400 |
| 17 | Karina | 10,0 | 6,0 | 6,0 | 6,0 | ,76975 | ,12666 |
| 18 | Pietro | 10,0 | 6,0 | 8,0 | 8,0 | 1,06821 | ,81621 |
| 19 | Cecília | 9,8 | 10,0 | 7,0 | 10,0 | 1,93630 | ,50836 |
| 20 | Gisele | 10,0 | 10,0 | 2,0 | 9,7 | 1,89357 | -1,25462 |

**Figura 2.30** Banco de dados com os valores de $F'_1$ (*FAC1_1*) e $F'_2$ (*FAC2_1*) por observação.

Essas novas variáveis, que apresentam os valores dos dois fatores rotacionados para cada uma das observações do banco de dados, são ortogonais entre si, ou seja, apresentam coeficiente de correlação de Pearson igual a 0. Isso pode ser verificado ao clicarmos em **Analyze → Correlate → Bivariate...**. Na caixa de diálogo que será aberta, devemos inserir as quatro variáveis originais em **Variables** e selecionar as opções **Pearson** (em **Correlation Coefficients**) e **Two-tailed** (em **Test of Significance**), conforme mostra a Figura 2.31.

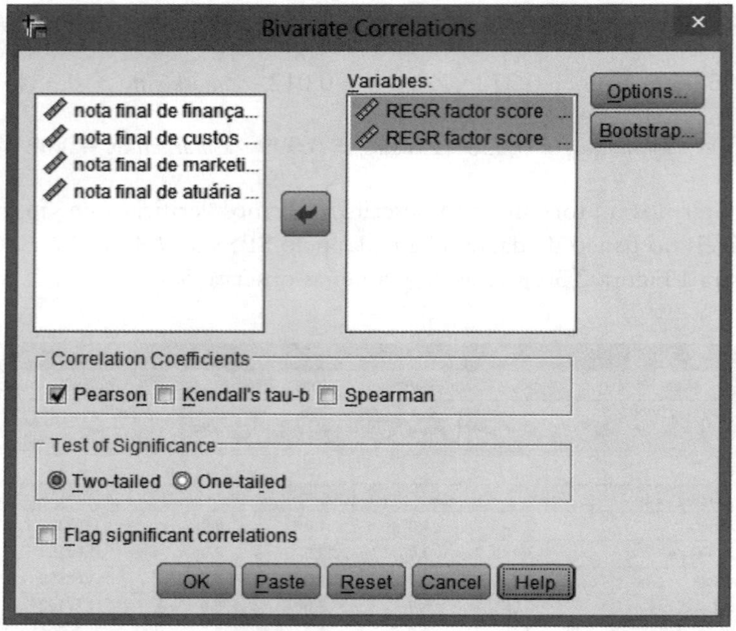


**Figura 2.31** Caixa de diálogo para determinação do coeficiente de correlação de Pearson entre os dois fatores rotacionados.

Ao clicarmos em **OK**, será apresento o *output* da Figura 2.32, em que é possível verificar que o coeficiente de correlação de Pearson entre os dois fatores rotacionados é igual a 0.

**Correlations**

| | | REGR factor score 1 for analysis 1 | REGR factor score 2 for analysis 1 |
|---|---|---|---|
| REGR factor score 1 for analysis 1 | Pearson Correlation | 1 | **,000** |
| | Sig. (2-tailed) | | 1,000 |
| | N | 100 | 100 |
| REGR factor score 2 for analysis 1 | Pearson Correlation | **,000** | 1 |
| | Sig. (2-tailed) | 1,000 | |
| | N | 100 | 100 |

**Figura 2.32** Coeficiente de correlação de Pearson entre os dois fatores rotacionados.

De acordo com o estudado nas seções 2.2.4 e 2.2.6, um pesquisador mais curioso poderá ainda verificar que os *scores* fatoriais rotacionados podem ser obtidos por meio da estimação de dois modelos de regressão linear múltipla, em que é considerado, como variável dependente em cada um deles, determinado fator, e como variáveis explicativas, as variáveis padronizadas. Os *scores* fatoriais serão os parâmetros estimados em cada modelo.

Do mesmo modo, também é possível verificar que as cargas fatoriais rotacionadas também podem ser obtidas por meio da estimação de quatro modelos de regressão linear múltipla, em que é considerada, em cada um deles, determinada variável padronizada como variável dependente, e os fatores, como variáveis explicativas. Enquanto as cargas fatoriais serão os parâmetros estimados em cada modelo, as comunalidades serão os respectivos coeficientes de ajuste $R^2$. Portanto, podem ser obtidas as seguintes expressões:

$$Zfinanças_i = 0{,}895 \cdot F'_{1i} - 0{,}019 \cdot F'_{2i} + u_i, R^2 = 0{,}802$$

$$Zcustos_i = 0{,}935 \cdot F'_{1i} + 0{,}021 \cdot F'_{2i} + u_i, R^2 = 0{,}875$$

$$Zmarketing_i = -0{,}013 \cdot F'_{1i} + 1{,}000 \cdot F'_{2i} + u_i, R^2 = 1{,}000$$

$$Zatuária_i = 0{,}917 \cdot F'_{1i} - 0{,}037 \cdot F'_{2i} + u_i, R^2 = 0{,}843$$

em que os termos $u_i$ representam **fontes adicionais de variação**, além dos fatores $F'_1$ e $F'_2$, para explicar o comportamento de cada variável, sendo também chamados de **termos de erro** ou **resíduos**.

Caso surja o interesse em verificar esses fatos, devemos obter as variáveis padronizadas, clicando em **Analyze → Descriptive Statistics → Descriptives...**. Ao selecionarmos todas as variáveis originais, devemos clicar em **Save standardized values as variables**. Embora esse procedimento específico não seja mostrado aqui, após clicarmos em **OK**, as variáveis padronizadas serão geradas no próprio banco de dados.

Com base nos fatores gerados, temos condições, portanto, de elaborar o desejado *ranking* de desempenho escolar. Para tanto, faremos uso do critério descrito na seção 2.2.6, conhecido por critério da soma ponderada e ordenamento, em que uma nova variável é gerada a partir da multiplicação dos valores de cada fator pelos respectivos percentuais de variância compartilhada pelas variáveis originais. Neste sentido, esta nova variável, que chamaremos de *ranking*, apresenta a seguinte expressão:

$$ranking_i = 0{,}62942 \cdot F'_{1i} + 0{,}25043 \cdot F'_{2i}$$

em que os parâmetros 0,62942 e 0,25043 correspondem, respectivamente, aos percentuais de variância compartilhada pelos dois primeiros fatores, conforme mostra a Figura 2.28.

Para que a variável seja gerada no banco de dados, devemos clicar em **Transform → Compute Variable...**. Em **Target Variable**, devemos digitar o nome da nova variável (*ranking*) e, em **Numeric Expression**, devemos digitar a expressão de soma ponderada **(FAC1_1*0.62942)+(FAC2_1*0.25043)**, conforme mostra a Figura 2.33. Ao clicarmos em **OK**, a variável *ranking* aparecerá no banco de dados.

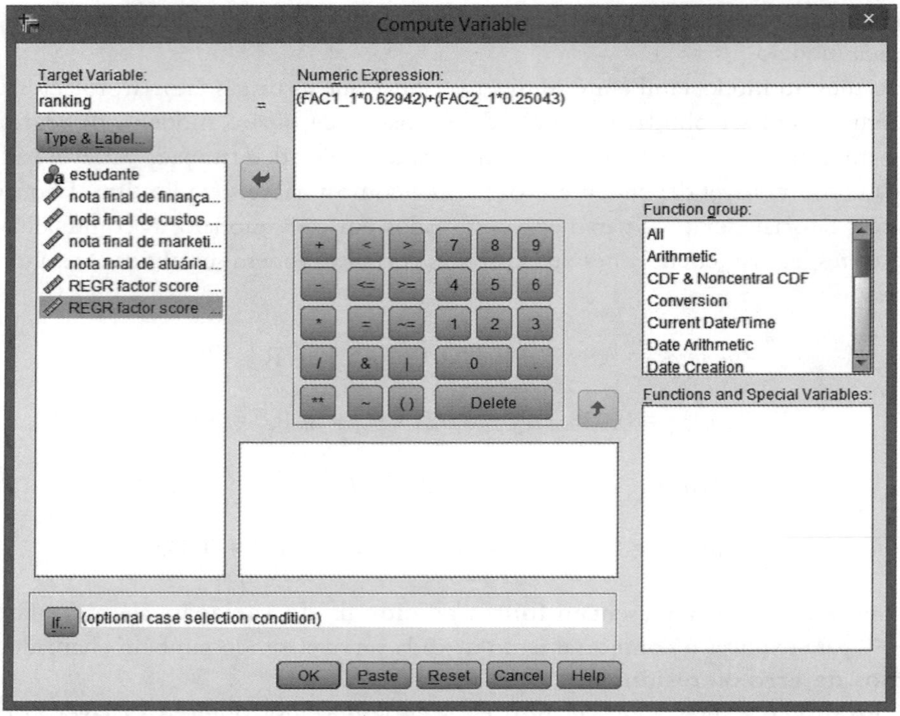


**Figura 2.33** Criação de nova variável (*ranking*).

Por fim, para elaborarmos o ordenamento da variável *ranking*, devemos clicar em **Data → Sort Cases...**. Além de selecionarmos a opção **Descending**, devemos inserir a variável *ranking* em **Sort by**, conforme mostra a Figura 2.34. Ao clicarmos em **OK**, as observações aparecerão ordenadas no banco de dados, do maior para o menor valor da variável *ranking*, conforme mostra a Figura 2.35 para as 20 observações com melhor desempenho escolar.

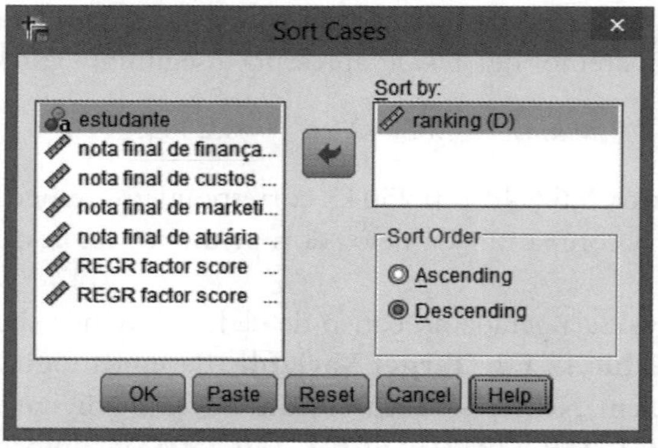


**Figura 2.34** Caixa de diálogo para ordenamento das observações pela variável *ranking*.

*NotasFatorial.sav

| | estudante | finanças | custos | marketing | atuária | FAC1_1 | FAC2_1 | ranking |
|---|---|---|---|---|---|---|---|---|
| 1 | Adelino | 9,9 | 10,0 | 10,0 | 10,0 | 1,96091 | 1,56738 | 1,63 |
| 2 | Renata | 7,7 | 10,0 | 10,0 | 10,0 | 1,71047 | 1,56994 | 1,47 |
| 3 | Giulia | 6,2 | 10,0 | 10,0 | 10,0 | 1,53972 | 1,57169 | 1,36 |
| 4 | Felipe | 8,7 | 10,0 | 9,0 | 9,0 | 1,67507 | 1,22400 | 1,36 |
| 5 | Cecília | 9,8 | 10,0 | 7,0 | 10,0 | 1,93630 | ,50836 | 1,35 |
| 6 | Claudio | 9,8 | 9,0 | 9,0 | 9,0 | 1,65040 | 1,20750 | 1,34 |
| 7 | Robson | 9,8 | 9,0 | 8,0 | 7,7 | 1,45773 | ,86520 | 1,13 |
| 8 | Cida | 9,0 | 8,0 | 8,4 | 8,4 | 1,31688 | ,98604 | 1,08 |
| 9 | Gustavo | 10,0 | 8,0 | 8,0 | 8,0 | 1,37102 | ,84696 | 1,08 |
| 10 | Gisele | 10,0 | 10,0 | 2,0 | 9,7 | 1,89357 | -1,25462 | ,88 |
| 11 | Pietro | 10,0 | 6,0 | 8,0 | 8,0 | 1,06821 | ,81621 | ,88 |
| 12 | Rodrigo | 10,0 | 4,0 | 9,0 | 9,0 | ,91462 | 1,13024 | ,86 |
| 13 | Ovídio | 10,0 | 10,0 | 1,0 | 10,0 | 1,93261 | -1,61015 | ,81 |
| 14 | Kamal | 10,0 | 9,8 | 1,0 | 10,0 | 1,90233 | -1,61322 | ,79 |
| 15 | Cristiane | 9,3 | 7,0 | 7,1 | 7,1 | 1,00562 | ,52210 | ,76 |
| 16 | Rodolfo | 8,7 | 10,0 | 1,0 | 10,0 | 1,78462 | -1,60863 | ,72 |
| 17 | Horácio | 9,3 | 6,0 | 7,0 | 7,0 | ,83929 | ,47225 | ,65 |
| 18 | Ana Lúcia | 9,0 | 6,4 | 10,0 | 3,6 | ,37927 | 1,56526 | ,63 |
| 19 | Pedro | 9,0 | 6,0 | 4,0 | 9,8 | 1,19741 | -,60969 | ,60 |
| 20 | Adriano | 10,0 | 8,0 | 2,5 | 8,0 | 1,34677 | -1,09479 | ,57 |

**Figura 2.35** Banco de dados com o *ranking* de desempenho escolar.

Podemos verificar que o *ranking* construído pelo critério da soma ponderada e ordenamento aponta para **Adelino** como o estudante com melhor desempenho escolar no conjunto de disciplinas, seguido por **Renata**, **Giulia**, **Felipe** e **Cecília**.

Apresentados os procedimentos para aplicação da análise fatorial por componentes principais no SPSS, partiremos para a elaboração da técnica no Stata, seguindo o padrão adotado no livro.

## 2.4. ANÁLISE FATORIAL POR COMPONENTES PRINCIPAIS NO SOFTWARE STATA

Apresentaremos agora o passo a passo para a elaboração de nosso exemplo no Stata Statistical Software®. Nosso objetivo, nesta seção, não é discutir novamente os conceitos pertinentes à análise fatorial por componentes principais, porém propiciar ao pesquisador uma oportunidade de elaborar a técnica por meio dos comandos desse software. A cada apresentação de um *output*, faremos menção ao respectivo resultado obtido quando da aplicação da técnica de forma algébrica e também por meio do SPSS. A reprodução das imagens apresentadas nesta seção tem autorização da StataCorp LP©.

Já partiremos, portanto, para o banco de dados construído pelo professor a partir dos questionamentos feitos a cada um dos 100 estudantes. Este banco de dados encontra-se no arquivo **NotasFatorial.dta** e é exatamente igual ao apresentado parcialmente na Tabela 2.5 da seção 2.2.6.

Inicialmente, podemos digitar o comando **desc**, que possibilita a análise das características do banco de dados, como a quantidade de observações, a quantidade de variáveis e a descrição de cada uma delas. A Figura 2.36 apresenta esse primeiro *output* do Stata.

```
. desc

  obs:            100
 vars:              5
 size:          3,100 (99.9% of memory free)
-------------------------------------------------------------------------------
              storage  display     value
variable name   type   format      label      variable label
-------------------------------------------------------------------------------
estudante       str11  %11s
finanças        float  %9.1f                  nota final de finanças (0 a 10)
custos          float  %9.1f                  nota final de custos (0 a 10)
marketing       float  %9.1f                  nota final de marketing (0 a 10)
atuária         float  %9.1f                  nota final de atuária (0 a 10)
-------------------------------------------------------------------------------
Sorted by:
```

**Figura 2.36** Descrição do banco de dados **NotasFatorial.dta**.

O comando **pwcorr ..., sig** gera os coeficientes de correlação de Pearson entre cada par de variáveis, com os respectivos níveis de significância. Vamos, portanto, digitar o seguinte comando:

```
pwcorr finanças custos marketing atuária, sig
```

A Figura 2.37 apresenta o *output* gerado.

```
pwcorr finanças custos marketing atuária, sig

             | finanças   custos market~g  atuária
-------------+------------------------------------
    finanças |   1.0000
             |
             |
      custos |   0.7558   1.0000
             |   0.0000
             |
   marketing |  -0.0297   0.0031   1.0000
             |   0.7695   0.9759
             |
     atuária |   0.7109   0.8091  -0.0443   1.0000
             |   0.0000   0.0000   0.6617
             |
```

**Figura 2.37** Coeficientes de correlação de Pearson e respectivos níveis de significância.

Os *outputs* da Figura 2.37 mostram que as correlações entre a variável *marketing* e cada uma das demais variáveis são relativamente baixas e não estatisticamente significantes, ao nível de significância de 5%. Por outro lado, as demais variáveis apresentam, entre si, correlações elevadas e estatisticamente significantes a esse nível de significância, o que representa um primeiro indício de que a análise fatorial poderá agrupá-las em determinado fator, sem que haja perda substancial de suas variâncias, enquanto a variável *marketing* poderá apresentar alta correlação com outro fator. Essa figura está em conformidade com o apresentado na Tabela 2.6 da seção 2.2.6 e também na Figura 2.16, quando da elaboração da técnica no SPSS (seção 2.3).

A adequação global da análise fatorial pode ser avaliada pelos resultados da estatística KMO e do teste de esfericidade de Bartlett, que podem ser obtidos por meio do comando **factortest**. Logo, vamos digitar:

```
factortest finanças custos marketing atuária
```

Os *outputs* gerados encontram-se na Figura 2.38.

```
. factortest finanças custos marketing atuária

Determinant of the correlation matrix
Det                    =     0.137

Bartlett test of sphericity

Chi-square             =              192.335
Degrees of freedom     =                    6
p-value                =                0.000
H0: variables are not intercorrelated


Kaiser-Meyer-Olkin Measure of Sampling Adequacy
KMO                    =     0.737
```

**Figura 2.38** Resultados da estatística KMO e do teste de esfericidade de Bartlett.

Com base no resultado da estatística KMO, a adequação global da análise fatorial pode ser considerada **média**. Porém, mais importante que essa informação é o resultado do teste de esfericidade de Bartlett. A partir do resultado da estatística $\chi^2_{\text{Bartlett}}$, podemos afirmar, para o nível de significância de 5% e 6 graus de liberdade, que a matriz de correlações de Pearson é estatisticamente diferente da matriz identidade de mesma dimensão, visto que $\chi^2_{\text{Bartlett}} = 192{,}335$ ($\chi^2$ calculado para 6 graus de liberdade) e *Prob.* $\chi^2_{\text{Bartlett}}$ (*p-value*) < 0,05. Note que os resultados dessas estatísticas são condizentes com os calculados algebricamente na seção 2.2.6 e também apresentados na Figura 2.17 da seção 2.3. A Figura 2.38 ainda apresenta o valor do determinante da matriz de correlações, utilizado para o cálculo da estatística $\chi^2_{\text{Bartlett}}$.

O Stata ainda permite que sejam obtidos os autovalores e autovetores da matriz de correlações. Para tanto, devemos digitar o seguinte comando:

```
pca finanças custos marketing atuária
```

A Figura 2.39 apresenta esses autovalores e autovetores, exatamente iguais aos calculados algebricamente na seção 2.2.6. Como ainda não elaboramos o procedimento de rotação dos fatores gerados, podemos verificar que os percentuais de variância compartilhada pelas variáveis originais para a formação de cada fator correspondem aos apresentados na Tabela 2.9.

```
. pca finanças custos marketing atuária

Principal components/correlation                  Number of obs    =       100
                                                  Number of comp.  =         4
                                                  Trace            =         4
    Rotation: (unrotated = principal)             Rho              =    1.0000

    --------------------------------------------------------------------------
       Component |   Eigenvalue   Difference         Proportion   Cumulative
    -------------+------------------------------------------------------------
           Comp1 |      2.51899      1.51859             0.6297       0.6297
           Comp2 |       1.0004      .702642             0.2501       0.8798
           Comp3 |      .297753      .114889             0.0744       0.9543
           Comp4 |      .182864            .             0.0457       1.0000
    --------------------------------------------------------------------------

Principal components (eigenvectors)

    --------------------------------------------------------------------
        Variable |    Comp1     Comp2     Comp3     Comp4 | Unexplained
    -------------+----------------------------------------+-------------
        finanças |   0.5641    0.0068    0.8008    0.2012 |           0
          custos |   0.5887    0.0487   -0.2201   -0.7763 |           0
       marketing |  -0.0267    0.9987   -0.0003    0.0425 |           0
         atuária |   0.5783   -0.0101   -0.5571    0.5959 |           0
    --------------------------------------------------------------------
```

**Figura 2.39** Autovalores e autovetores da matriz de correlações.

Apresentados estes primeiros *outputs*, podemos elaborar a análise fatorial por componentes principais propriamente dita, digitando o seguinte comando, cujos resultados são apresentados na Figura 2.40.

```
factor finanças custos marketing atuária, pcf
```

em que o termo **pcf** se refere ao método de componentes principais (em inglês, ***principal-components factor method***).

Enquanto a parte superior da Figura 2.40 apresenta novamente os autovalores da matriz de correlações com os respectivos percentuais de variância compartilhada das variáveis originais, já que o pesquisador pode optar por não fazer uso do comando **pca**, a parte inferior da figura mostra as cargas fatoriais, que representam as correlações entre cada variável e os fatores que apresentam apenas autovalores maiores que 1. Portanto, podemos perceber que o Stata considera, automaticamente, o critério da raiz latente (critério de Kaiser) para a escolha da quantidade de fatores. Se, por alguma razão, o pesquisador optar por extrair uma quantidade de fatores levando em conta um autovalor menor, a fim de que sejam extraídos mais fatores, deverá digitar o termo **mineigen(#)** ao final do comando **factor**, em que **#** será um número correspondente ao autovalor a partir do qual fatores serão extraídos.

```
. factor finanças custos marketing atuária, pcf
(obs=100)

Factor analysis/correlation                    Number of obs    =       100
    Method: principal-component factors        Retained factors =         2
    Rotation: (unrotated)                      Number of params =         6

    --------------------------------------------------------------------------
        Factor   |   Eigenvalue   Difference        Proportion   Cumulative
    -------------+------------------------------------------------------------
       Factor1   |      2.51899      1.51859            0.6297       0.6297
       Factor2   |      1.00040      0.70264            0.2501       0.8798
       Factor3   |      0.29775      0.11489            0.0744       0.9543
       Factor4   |      0.18286            .            0.0457       1.0000
    --------------------------------------------------------------------------
    LR test: independent vs. saturated:  chi2(6)  =  194.32 Prob>chi2 = 0.0000

Factor loadings (pattern matrix) and unique variances

    -----------------------------------------------
        Variable |  Factor1   Factor2 |   Uniqueness
    -------------+--------------------+-------------
        finanças |   0.8953    0.0068 |      0.1983
          custos |   0.9343    0.0487 |      0.1246
       marketing |  -0.0424    0.9989 |      0.0003
         atuária |   0.9179   -0.0101 |      0.1573
    -----------------------------------------------
```

**Figura 2.40** *Outputs* da análise fatorial por componentes principais no Stata.

As cargas fatoriais apresentadas na Figura 2.40 são iguais às das duas primeiras colunas da Tabela 2.11 da seção 2.2.6, e da Figura 2.20 da seção 2.3. Por meio delas, podemos verificar que, enquanto as variáveis *finanças*, *custos* e *atuária* apresentam elevadas correlações com o primeiro fator, a variável *marketing* apresenta forte correlação com o segundo. Além disso, na matriz de cargas fatoriais ainda é apresentada uma coluna chamada **`Uniqueness`**, ou **exclusividade**, cujos valores representam, para cada variável, o percentual de variância perdida para compor os fatores extraídos, ou seja, corresponde a (**1 – comunalidade**) de cada variável. Sendo assim, temos que:

$$uniqueness_{finanças} = 1 - \left[(0{,}8953)^2 + (0{,}0068)^2\right] = 0{,}1983$$

$$uniqueness_{custos} = 1 - \left[(0{,}9343)^2 + (0{,}0487)^2\right] = 0{,}1246$$

$$uniqueness_{marketing} = 1 - \left[(-0{,}0424)^2 + (0{,}9989)^2\right] = 0{,}0003$$

$$uniqueness_{atuária} = 1 - \left[(0{,}9179)^2 + (-0{,}0101)^2\right] = 0{,}1573$$

Logo, pelo fato de a variável *marketing* apresentar baixas correlações com cada um das demais variáveis originais, acaba por possuir elevada correlação de Pearson com o segundo fator. Isso faz seu valor de *uniqueness* ser muito baixo, visto que seu percentual de variância compartilhada com o segundo fator é quase igual a 100%.

Sabendo que são extraídos dois fatores, vamos, neste momento, partir para a rotação por meio do método Varimax. Para tanto, devemos digitar o seguinte comando:

```
rotate, varimax horst
```

em que o termo **`horst`** define o ângulo de rotação a partir das cargas fatoriais padronizadas. Esse procedimento está de acordo com o elaborado algebricamente na seção 2.2.6. Os *outputs* gerados encontram-se na Figura 2.41.

```
. rotate, varimax horst

Factor analysis/correlation                    Number of obs    =       100
    Method: principal-component factors       Retained factors =         2
    Rotation: orthogonal varimax (Kaiser on)   Number of params =         6

    --------------------------------------------------------------------------
         Factor  |     Variance   Difference        Proportion   Cumulative
    -------------+------------------------------------------------------------
        Factor1  |      2.51768      1.51598            0.6294       0.6294
        Factor2  |      1.00170            .            0.2504       0.8798
    --------------------------------------------------------------------------
    LR test: independent vs. saturated:  chi2(6)  =  194.32 Prob>chi2 = 0.0000

Rotated factor loadings (pattern matrix) and unique variances

    -------------------------------------------------
        Variable |  Factor1   Factor2 |   Uniqueness
    -------------+--------------------+--------------
        finanças |   0.8951   -0.0195 |      0.1983
          custos |   0.9354    0.0213 |      0.1246
       marketing |  -0.0131    0.9997 |      0.0003
         atuária |   0.9172   -0.0370 |      0.1573
    -------------------------------------------------

Factor rotation matrix

    --------------------------------
                 |  Factor1  Factor2
    -------------+------------------
         Factor1 |   0.9996  -0.0293
         Factor2 |   0.0293   0.9996
    --------------------------------
```

**Figura 2.41** Rotação dos fatores pelo método Varimax.

A partir da Figura 2.41, podemos verificar, conforme já discutimos, que o percentual de variância compartilhada por todas as variáveis para a formação dos dois fatores é igual a 87,98%, embora o autovalor de cada fator rotacionado seja diferente do obtido anteriormente. O mesmo pode ser dito em relação aos valores de *uniqueness* de cada variável, mesmo sendo diferentes as cargas fatoriais rotacionadas em relação às correspondentes não rotacionadas, visto que o método Varimax maximiza as cargas de cada variável em determinado fator. A Figura 2.41 ainda mostra, ao final, o ângulo de rotação. Todos esses *outputs* são idênticos aos calculados na seção 2.2.6 e também apresentados quando da elaboração da técnica no SPSS, nas Figuras 2.25, 2.27 e 2.28.

Dessa forma, podemos escrever que:

$$uniqueness_{finanças} = 1 - \left[(0{,}8951)^2 + (-0{,}0195)^2\right] = 0{,}1983$$
$$uniqueness_{custos} = 1 - \left[(0{,}9354)^2 + (0{,}0213)^2\right] = 0{,}1246$$
$$uniqueness_{marketing} = 1 - \left[(-0{,}0131)^2 + (0{,}9997)^2\right] = 0{,}0003$$
$$uniqueness_{atuária} = 1 - \left[(0{,}9172)^2 + (-0{,}0370)^2\right] = 0{,}1573$$

e que:

$$(0{,}8951)^2 + (0{,}9354)^2 + (-0{,}0131)^2 + (0{,}9172)^2 = \lambda'^2_1 = 2{,}51768$$
$$(-0{,}0195)^2 + (0{,}0213)^2 + (0{,}9997)^2 + (-0{,}0370)^2 = \lambda'^2_2 = 1{,}00170$$

Caso o pesquisador deseje, o Stata ainda permite que sejam comparadas, em uma mesma tabela, as cargas fatoriais rotacionadas com aquelas obtidas antes da rotação. Para tanto, é necessário digitar o seguinte comando, após a elaboração da rotação:

```
estat rotatecompare
```

Os *outputs* gerados encontram-se na Figura 2.42.

```
. estat rotatecompare

Rotation matrix -- orthogonal varimax (Kaiser on)

    --------------------------------------
        Variable |   Factor1     Factor2
    -------------+------------------------
         Factor1 |    0.9996     -0.0293
         Factor2 |    0.0293      0.9996
    --------------------------------------

Factor loadings

    ---------------------------------------------------------------
                 |        Rotated         |       Unrotated
        Variable |   Factor1     Factor2  |   Factor1     Factor2
    -------------+------------------------+------------------------
        finanças |    0.8951     -0.0195  |    0.8953      0.0068
          custos |    0.9354      0.0213  |    0.9343      0.0487
       marketing |   -0.0131      0.9997  |   -0.0424      0.9989
         atuária |    0.9172     -0.0370  |    0.9179     -0.0101
    ---------------------------------------------------------------
```

**Figura 2.42** Comparação das cargas fatoriais rotacionadas e não rotacionadas.

O *loading plot* das cargas fatoriais rotacionadas pode ser obtido, neste momento, por meio da digitação do comando **loadingplot**. Esse gráfico, que corresponde aos apresentados nas Figuras 2.9 e 2.26, encontra-se na Figura 2.43.

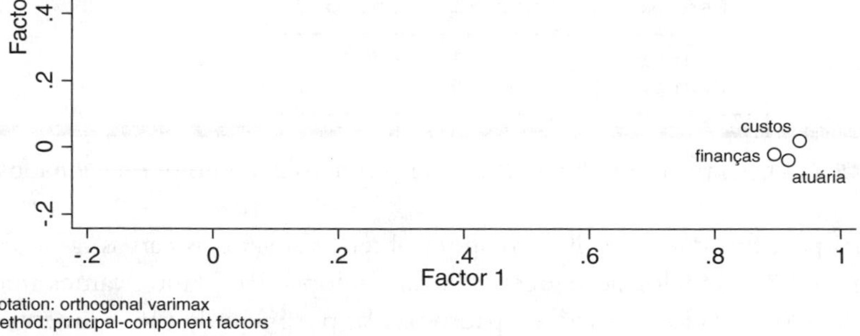

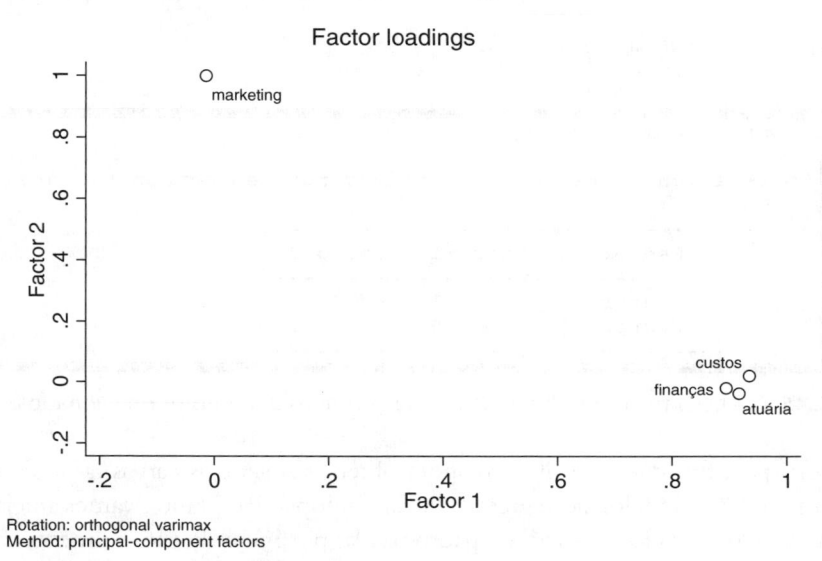


**Figura 2.43** *Loading plot* com cargas rotacionadas.

Elaborados esses procedimentos, o pesquisador pode desejar criar duas novas variáveis no banco de dados, correspondentes aos fatores rotacionados obtidos pela análise fatorial. Nesse sentido, é preciso digitar o seguinte comando:

```
predict f1 f2
```

em que **f1** e **f2** são os nomes das variáveis correspondentes, respectivamente, ao primeiro e ao segundo fatores. Ao digitarmos o comando, além de serem criadas as duas novas variáveis no banco de dados, será também gerado um *output* como o da Figura 2.44, em que são apresentados os *scores* fatoriais rotacionados.

```
. predict f1 f2
(regression scoring assumed)

Scoring coefficients (method = regression; based on varimax rotated factors)

    --------------------------------
        Variable |  Factor1   Factor2
    -------------+------------------
        finanças |  0.35548  -0.00364
          custos |  0.37219   0.03780
       marketing |  0.01247   0.99861
         atuária |  0.36395  -0.02078
    --------------------------------
```

**Figura 2.44** Geração dos fatores no banco de dados e *scores* fatoriais rotacionados.

Os resultados apresentados na Figura 2.44 são equivalentes aos do SPSS (Figura 2.29). Além disso, é possível também verificar que os dois fatores gerados são ortogonais, ou seja, apresentam coeficiente de correlação de Pearson igual a 0. Para tanto, vamos digitar:

```
estat common
```

que fornece o *output* da Figura 2.45.

```
. estat common

Correlation matrix of the varimax rotated common factors

    --------------------------------
         Factors |  Factor1   Factor2
    -------------+------------------
         Factor1 |        1
         Factor2 |        0         1
    --------------------------------
```

**Figura 2.45** Coeficiente de correlação de Pearson entre os dois fatores rotacionados.

Apenas para fins didáticos, iremos agora obter os *scores* e as cargas fatoriais rotacionados a partir de modelos de regressão linear múltipla. Para tanto, vamos inicialmente gerar, no banco de dados, as variáveis padronizadas por meio do procedimento *Zscores*, a partir de cada uma das variáveis originais, digitando a seguinte sequência de comandos:

```
egen zfinanças = std(finanças)

egen zcustos = std(custos)

egen zmarketing = std(marketing)

egen zatuária = std(atuária)
```

Feito isso, podemos digitar os dois seguintes comandos, que representam dois modelos de regressão linear múltipla, em que cada um deles apresenta determinado fator como variável dependente e as variáveis padronizadas como variáveis explicativas.

```
reg f1 zfinanças zcustos zmarketing zatuária

reg f2 zfinanças zcustos zmarketing zatuária
```

Os resultados desses modelos encontram-se na Figura 2.46.

```
. reg f1 zfinanças zcustos zmarketing zatuária

      Source |       SS       df       MS              Number of obs =     100
-------------+------------------------------           F(  4,    95) =       .
       Model |  98.9999996     4  24.7499999           Prob > F      =       .
    Residual |           0    95           0           R-squared     =  1.0000
-------------+------------------------------           Adj R-squared =  1.0000
       Total |  98.9999996    99  .999999996           Root MSE      =       0

------------------------------------------------------------------------------
          f1 |      Coef.   Std. Err.      t    P>|t|     [95% Conf. Interval]
-------------+----------------------------------------------------------------
   zfinanças |   .3554795          .        .       .            .           .
     zcustos |   .3721907          .        .       .            .           .
  zmarketing |   .0124719          .        .       .            .           .
    zatuária |   .3639452          .        .       .            .           .
       _cons |   1.96e-09          .        .       .            .           .
------------------------------------------------------------------------------

. reg f2 zfinanças zcustos zmarketing zatuária

      Source |       SS       df       MS              Number of obs =     100
-------------+------------------------------           F(  4,    95) =       .
       Model |  99.0000001     4       24.75           Prob > F      =       .
    Residual |           0    95           0           R-squared     =  1.0000
-------------+------------------------------           Adj R-squared =  1.0000
       Total |  99.0000001    99           1           Root MSE      =       0

------------------------------------------------------------------------------
          f2 |      Coef.   Std. Err.      t    P>|t|     [95% Conf. Interval]
-------------+----------------------------------------------------------------
   zfinanças |  -.0036389          .        .       .            .           .
     zcustos |   .0377955          .        .       .            .           .
  zmarketing |   .9986053          .        .       .            .           .
    zatuária |   -.020781          .        .       .            .           .
       _cons |   9.08e-11          .        .       .            .           .
------------------------------------------------------------------------------
```

**Figura 2.46** *Outputs* dos modelos de regressão linear múltipla com fatores como variáveis dependentes.

Note, a partir da análise da Figura 2.46, que os parâmetros estimados em cada modelo correspondem aos *scores* fatoriais rotacionados para cada variável, de acordo com o já apresentado na Figura 2.44. Assim, como todos os parâmetros do intercepto são praticamente iguais a 0, podemos escrever que:

$$F'_{1i} = 0{,}3554795 \cdot Zfinanças_i + 0{,}3721907 \cdot Zcustos_i + 0{,}0124719 \cdot Zmarketing_i + 0{,}3639452 \cdot Zatuária_i$$

$$F'_{2i} = -0{,}0036389 \cdot Zfinanças_i + 0{,}0377955 \cdot Zcustos_i + 0{,}9986053 \cdot Zmarketing_i - 0{,}020781 \cdot Zatuária_i$$

Obviamente, como as quatro variáveis compartilham variâncias para a formação de cada fator, os coeficientes de ajuste $R^2$ de cada modelo são iguais a 1.

Já para a obtenção das cargas fatoriais rotacionadas, devemos digitar os quatro seguintes comandos, que representam quatro modelos de regressão linear múltipla, em que cada um deles apresenta determinada variável padronizada como variável dependente, e os fatores rotacionados, como variáveis explicativas.

```
reg zfinanças f1 f2

reg zcustos f1 f2

reg zmarketing f1 f2

reg zatuária f1 f2
```

Os resultados desses modelos encontram-se na Figura 2.47.

Note agora, a partir da análise dessa figura, que os parâmetros estimados em cada modelo correspondem às cargas fatoriais rotacionadas para cada fator, de acordo com o já apresentado na Figura 2.41. Nesse sentido, como todos os parâmetros do intercepto são praticamente iguais a 0, podemos escrever que:

$$Zfinanças_i = 0{,}895146 \cdot F'_{1i} - 0{,}0194694 \cdot F'_{2i} + u_i, \ R^2 = 1 - uniqueness = 0{,}8017$$

$$Zcustos_i = 0{,}935375 \cdot F'_{1i} + 0{,}0212916 \cdot F'_{2i} + u_i, \ R^2 = 1 - uniqueness = 0{,}8754$$

$$Zmarketing_i = -0{,}013053 \cdot F'_{1i} + 0{,}9997495 \cdot F'_{2i} + u_i, \ R^2 = 1 - uniqueness = 0{,}9997$$

$$Zatuária_i = 0{,}917223 \cdot F'_{1i} - 0{,}0370175 \cdot F'_{2i} + u_i, \ R^2 = 1 - uniqueness = 0{,}8427$$

em que os termos $u_i$ representam fontes adicionais de variação, além dos fatores $F'_1$ e $F'_2$, para explicar o comportamento de cada variável, visto que outros dois fatores com autovalores menores que 1 também poderiam ter sido extraídos. Os coeficientes de ajuste $R^2$ de cada modelo diferentes de 1 correspondem aos valores das comunalidades de cada variável, ou seja, a (1 – *uniqueness*).

```
. reg zfinanças f1 f2

      Source |       SS       df       MS              Number of obs =     100
-------------+------------------------------           F(  2,    97) =  196.04
       Model |  79.3648681     2  39.682434            Prob > F      =  0.0000
    Residual |  19.6351317    97  .202424038           R-squared     =  0.8017
-------------+------------------------------           Adj R-squared =  0.7976
       Total |  98.9999997    99  .999999997           Root MSE      =  .44992

------------------------------------------------------------------------------
   zfinanças |      Coef.   Std. Err.      t    P>|t|     [95% Conf. Interval]
-------------+----------------------------------------------------------------
          f1 |    .895146   .0452182    19.80   0.000     .8054003    .9848916
          f2 |  -.0194694   .0452182    -0.43   0.668     -.109215    .0702763
       _cons |  -4.42e-09   .0449916    -0.00   1.000    -.0892958    .0892958
------------------------------------------------------------------------------

. reg zcustos f1 f2

      Source |       SS       df       MS              Number of obs =     100
-------------+------------------------------           F(  2,    97) =  340.68
       Model |   86.662589     2  43.3312945           Prob > F      =  0.0000
    Residual |  12.3374069    97  .127189762           R-squared     =  0.8754
-------------+------------------------------           Adj R-squared =  0.8728
       Total |  98.9999959    99  .999999958           Root MSE      =  .35664

------------------------------------------------------------------------------
     zcustos |      Coef.   Std. Err.      t    P>|t|     [95% Conf. Interval]
-------------+----------------------------------------------------------------
          f1 |    .935375   .0358433    26.10   0.000     .8642359    1.006514
          f2 |   .0212916   .0358433     0.59   0.554    -.0498475    .0924307
       _cons |  -3.38e-09   .0356637    -0.00   1.000    -.0707825    .0707825
------------------------------------------------------------------------------

. reg zmarketing f1 f2

      Source |       SS       df       MS              Number of obs =     100
-------------+------------------------------           F(  2,    97) =       .
       Model |  98.9672733     2  49.4836367           Prob > F      =  0.0000
    Residual |  .032725878    97   .00033738           R-squared     =  0.9997
-------------+------------------------------           Adj R-squared =  0.9997
       Total |  98.9999992    99  .999999992           Root MSE      =  .01837

------------------------------------------------------------------------------
  zmarketing |      Coef.   Std. Err.      t    P>|t|     [95% Conf. Interval]
-------------+----------------------------------------------------------------
          f1 |   -.013053    .001846    -7.07   0.000    -.0167169   -.0093892
          f2 |   .9997495    .001846   541.56   0.000     .9960856    1.003413
       _cons |   7.10e-11   .0018368     0.00   1.000    -.0036455    .0036455
------------------------------------------------------------------------------

. reg zatuária f1 f2

      Source |       SS       df       MS              Number of obs =     100
-------------+------------------------------           F(  2,    97) =  259.77
       Model |  83.4241641     2  41.7120821           Prob > F      =  0.0000
    Residual |  15.5758359    97  .160575627           R-squared     =  0.8427
-------------+------------------------------           Adj R-squared =  0.8394
       Total |          99    99           1           Root MSE      =  .40072

------------------------------------------------------------------------------
    zatuária |      Coef.   Std. Err.      t    P>|t|     [95% Conf. Interval]
-------------+----------------------------------------------------------------
          f1 |    .917223   .0402738    22.77   0.000     .8372907    .9971553
          f2 |  -.0370175   .0402738    -0.92   0.360    -.1169498    .0429147
       _cons |   2.40e-09   .0400719     0.00   1.000    -.0795316    .0795316
------------------------------------------------------------------------------
```

**Figura 2.47** *Outputs* dos modelos de regressão linear múltipla com variáveis padronizadas como variáveis dependentes.

Embora o pesquisador possa optar por não elaborar os modelos de regressão linear múltipla quando da aplicação da análise fatorial, visto que se trata apenas de procedimento de verificação, acreditamos que seu caráter didático tem fundamental importância para o completo entendimento da técnica.

A partir dos fatores rotacionados extraídos (variáveis *f1* e *f2*), podemos definir o desejado *ranking* de desempenho escolar. Assim como elaborado quando da aplicação da técnica no SPSS, faremos uso do critério descrito na seção 2.2.6, conhecido por critério da soma ponderada e ordenamento, em que uma nova variável é gerada a partir da multiplicação dos valores de cada fator pelos respectivos percentuais de variância compartilhada pelas variáveis originais. Vamos digitar o seguinte comando:

```
gen ranking = f1*0.6294+f2*0.2504
```

em que os termos **0.6294** e **0.2504** correspondem, respectivamente, aos percentuais de variância compartilhada pelos dois primeiros fatores, conforme mostra a Figura 2.41. A nova variável gerada no banco de dados chama-se *ranking*. Na sequência, podemos ordenar as observações, do maior para o menor valor da variável *ranking*, digitando o seguinte comando:

```
gsort -ranking
```

Na sequência, podemos listar, a título de exemplo, o *ranking* de desempenho escolar dos 20 melhores alunos, com base no comportamento conjunto das notas finais das quatro disciplinas. Para tanto, podemos digitar o seguinte comando:

```
list estudante ranking in 1/20
```

A Figura 2.48 mostra o *ranking* dos 20 estudantes mais bem posicionados.

```
. list estudante ranking in 1/20

     +------------------------+
     | estudante     ranking  |
     |------------------------|
  1. |   Adelino    1.627614  |
  2. |    Renata    1.470754  |
  3. |    Giulia    1.363804  |
  4. |    Felipe    1.361453  |
  5. |   Cecília    1.345679  |
     |------------------------|
  6. |   Claudio    1.341783  |
  7. |    Robson    1.134482  |
  8. |      Cida    1.076301  |
  9. |   Gustavo     1.07536  |
 10. |    Pietro    .8771787  |
     |------------------------|
 11. |    Gisele    .8752302  |
 12. |   Rodrigo    .8595989  |
 13. |   Ovídio     .8103284  |
 14. |     Kamal    .7905102  |
 15. | Cristiane     .763818  |
     |------------------------|
 16. |   Rodolfo    .7176383  |
 17. |   Horácio    .6466671  |
 18. | Ana Lúcia    .6323633  |
 19. |     Pedro    .5996711  |
 20. |   Adriano    .5715502  |
     +------------------------+
```

**Figura 2.48** *Ranking* de desempenho escolar dos 20 melhores estudantes.

## 2.5. CONSIDERAÇÕES FINAIS

Muitas são as situações em que o pesquisador deseja agrupar variáveis em um ou mais fatores, verificar a validade de constructos previamente estabelecidos, criar fatores ortogonais para posterior uso em técnicas multivariadas confirmatórias que necessitam de ausência de multicolinearidade ou elaborar *rankings* por meio da criação de indicadores de desempenho. Nessas situações, os procedimentos relacionados à análise fatorial são bastante indicados, sendo o mais utilizado o conhecido como componentes principais.

A análise fatorial permite, portanto, que sejam aprimorados os processos decisórios com base no comportamento e na relação de interdependência entre variáveis quantitativas que apresentam relativa intensidade de correlação. Como os fatores gerados a partir das variáveis originais também são variáveis quantitativas, os *outputs* da análise fatorial podem servir de *inputs* em outras técnicas multivariadas, como análise de agrupamentos. A própria estratificação de cada fator em faixas pode permitir que seja avaliada a associação entre essas faixas e as categorias de outras variáveis qualitativas, por meio da análise de correspondência.

O uso dos fatores em técnicas multivariadas confirmatórias também pode fazer sentido quando o pesquisador tem a intenção de elaborar diagnósticos sobre o comportamento de determinada variável dependente e utiliza os fatores extraídos como variáveis explicativas, fato que elimina eventuais problemas de multicolinearidade por serem os fatores ortogonais. A própria consideração de determinada variável qualitativa obtida com base na estratificação em faixas de determinado fator pode ser utilizada, por exemplo, em um modelo de regressão logística multinomial, o que permite a elaboração de um diagnóstico sobre as probabilidades que cada observação tem de pertencer a cada faixa, em função do comportamento de outras variáveis explicativas não inicialmente consideradas na análise fatorial.

Seja qual for o objetivo principal da aplicação da técnica, a análise fatorial pode propiciar a colheita de bons e interessantes frutos de pesquisa úteis à tomada de decisão. Sua elaboração deve ser sempre feita por meio do correto e consciente uso do software escolhido para a modelagem, com base na teoria subjacente e na experiência e intuição do pesquisador.

## 2.6. EXERCÍCIOS

1. A partir de uma base de dados que contém determinadas variáveis dos clientes (pessoas físicas), os analistas do departamento de CRM (*Customer Relationship Management*) de um banco elaboraram uma análise fatorial por componentes principais, com o intuito de estudar o comportamento conjunto dessas variáveis para, na sequência, propor a criação de um indicador de perfil de investimento. As variáveis utilizadas para a elaboração da modelagem foram:

| Variável | Descrição |
|---|---|
| *idade* | Idade do cliente *i* (anos). |
| *rfixa* | Percentual de recursos aplicado em fundos de renda fixa (%). |
| *rvariável* | Percentual de recursos aplicado em fundos de renda variável (%). |
| *pessoas* | Quantidade de pessoas que mora na residência. |

Em determinado relatório gerencial, os analistas apresentaram as cargas fatoriais (coeficientes de correlação de Pearson) entre cada variável original e os dois fatores extraídos por meio do critério da raiz latente ou critério de Kaiser. Essas cargas fatoriais encontram-se na tabela a seguir:

| Variável | Fator 1 | Fator 2 |
|---|---|---|
| *idade* | 0,917 | 0,047 |
| *rfixa* | 0,874 | 0,077 |
| *rvariável* | -0,844 | 0,197 |
| *pessoas* | 0,031 | 0,979 |

Pede-se:

**a.** Quais os autovalores correspondentes aos dois fatores extraídos?

**b.** Quais os percentuais de variância compartilhada por todas as variáveis para a composição de cada fator? Qual o percentual total de variância perdida das quatro variáveis para a extração desses dois fatores?

**c.** Para cada variável, qual o percentual de variância compartilhada para a formação dos dois fatores (comunalidade)?

**d.** Qual a expressão de cada variável padronizada em função dos dois fatores extraídos?

**e.** Elabore o *loading plot* a partir das cargas fatoriais.

**f.** Interprete os dois fatores com base na distribuição das cargas de cada variável.

**2.** Um estudioso do comportamento de indicadores sociais e econômicos de nações deseja investigar a relação eventualmente existente entre variáveis relacionadas com corrupção, violência, renda e educação, e, para tanto, levantou dados de 50 países, considerados desenvolvidos ou emergentes, em dois anos consecutivos. Os dados encontram-se nos arquivos **IndicadorPaíses.sav** e **IndicadorPaíses.dta**, que apresentam as seguintes variáveis:

| Variável | Período | Descrição |
|---|---|---|
| *país* | | Variável *string* que identifica o país *i*. |
| *cpi1* | ano 1 | *Corruption Perception Index*, que corresponde à percepção dos cidadãos em relação ao abuso do setor público sobre os benefícios privados de uma nação, cobrindo aspectos administrativos e políticos. Quanto menor o índice, maior a percepção de corrupção no país (*Fonte*: Transparência Internacional). |
| *cpi2* | ano 2 | |
| *violência1* | ano 1 | Quantidade de assassinatos a cada 100.000 habitantes (*Fontes*: Organização Mundial da Saúde, Escritório das Nações Unidas para Drogas e Crime e *GIMD Global Burden of Injuries*). |
| *violência2* | ano 2 | |
| *pib_capita1* | ano 1 | PIB *per capita* em US$ ajustado pela inflação, com ano base 2000 (*Fonte*: Banco Mundial). |
| *pib_capita2* | ano 2 | |
| *escol1* | ano 1 | Quantidade média de anos de escolaridade por pessoas com mais de 25 anos, incluindo ensinos primário, secundário e superior (*Fonte*: *Institute for Health Metrics and Evaluation*). |
| *escol2* | ano 2 | |

A fim de que seja criado, para cada ano, um indicador socioeconômico que dê origem a um *ranking* de países, o estudioso decide elaborar uma análise fatorial por componentes principais a partir das variáveis de cada período. Com base nos resultados obtidos, pede-se:

**a.** Por meio da estatística KMO e do teste de esfericidade de Bartlett, é possível afirmar que a análise fatorial por componentes principais é apropriada para cada um dos anos de estudo? No caso do teste de esfericidade de Bartlett, utilize o nível de significância de 5%.

**b.** Quantos fatores são extraídos na análise em cada um dos anos, levando-se em consideração o critério da raiz latente? Qual(is) o(s) autovalor(es) correspondente(s) ao(s) fator(es) extraído(s) em cada ano, bem como o(s) percentual(is) de variância compartilhada por todas as variáveis para a composição desse(s) fator(es)?

**c.** Para cada variável, qual a carga fatorial e o percentual de variância compartilhada para a formação do(s) fator(es) em cada ano? Ocorreram alterações nas comunalidades de cada variável de um ano para o outro?

**d.** Qual(is) a(s) expressão(ões) do(s) fator(es) extraído(s) em cada ano, em função das variáveis padronizadas? De um ano para o outro, ocorreram alterações nos *scores* fatoriais das variáveis em cada fator? Discuta a importância de se elaborar uma análise fatorial específica em cada ano para a criação de indicadores.

**e.** Considerando o fator principal extraído como indicador socioeconômico, elabore o *ranking* dos países a partir desse indicador em cada um dos anos. Houve alterações de um ano para o outro nas posições relativas dos países no *ranking*?

**3.** O gerente-geral de uma loja pertencente a uma rede de drogarias deseja conhecer a percepção dos consumidores em relação a oito atributos, descritos a seguir:

| Atributo (Variável) | Descrição |
|---|---|
| *sortimento* | Percepção sobre o sortimento de produtos. |
| *reposição* | Percepção sobre a qualidade e rapidez na reposição dos produtos. |
| *layout* | Percepção sobre o *layout* da loja. |
| *conforto* | Percepção sobre conforto térmico, acústico e visual na loja. |
| *limpeza* | Percepção sobre a limpeza geral da loja. |
| *atendimento* | Percepção sobre a qualidade do atendimento prestado. |
| *preço* | Percepção sobre o nível de preços praticados em relação à concorrência. |
| *desconto* | Percepção sobre política de descontos. |

Para tanto, realizou, durante determinado período, uma pesquisa com 1.700 clientes no ponto de venda, cujo questionário foi estruturado por grupo de atributos, e a pergunta correspondente a cada atributo solicitava que o consumidor atribuísse uma nota de 0 a 10 para sua percepção em relação àquele atributo, em que 0 correspondia a uma percepção totalmente negativa, e 10, à melhor percepção possível. Por ter certa experiência, o gerente-geral da loja decidiu de antemão juntar as questões em três grupos, de modo que o questionário completo ficasse de seguinte forma:

| *Com base em sua percepção, preencha o questionário a seguir com notas de 0 a 10, em que a nota 0 significa que sua percepção é totalmente negativa em relação a determinado atributo, e a nota 10, que sua percepção é a melhor possível.* | *Nota* |
|---|---|
| **Produtos e Ambiente de Loja** | |
| Dê uma nota de 0 a 10 para o sortimento de produtos. | |
| Dê uma nota de 0 a 10 para a qualidade e rapidez na reposição dos produtos. | |
| Dê uma nota de 0 a 10 para o *layout* da loja. | |
| Dê uma nota de 0 a 10 para o conforto térmico, acústico e visual na loja. | |
| Dê uma nota de 0 a 10 para a limpeza geral da loja. | |
| **Atendimento** | |
| Dê uma nota de 0 a 10 para a qualidade do atendimento prestado. | |
| **Preços e Política de Descontos** | |
| Dê uma nota de 0 a 10 para o nível de preços praticados em relação à concorrência. | |
| Dê uma nota de 0 a 10 para a política de descontos. | |

O banco de dados completo elaborado pelo gerente-geral da loja encontra-se nos arquivos **PercepçãoDrogaria.sav** e **PercepçãoDrogaria.dta**. Pede-se:

**a.** Apresente a matriz de correlações entre cada par de variáveis. Com base na magnitude dos valores dos coeficientes de correlação de Pearson, é possível identificar um primeiro indício de que a análise fatorial poderá agrupar as variáveis em fatores?

**b.** Por meio do resultado do teste de esfericidade de Bartlett, é possível afirmar, ao nível de significância de 5%, que a análise fatorial por componentes principais é apropriada?

**c.** Quantos fatores são extraídos na análise, levando-se em consideração o critério da raiz latente? Qual(is) o(s) autovalor(es) correspondente(s) ao(s) fator(es) extraído(s), bem como o(s) percentual(is) de variância compartilhada por todas as variáveis para a composição desse(s) fator(es)?

**d.** Qual o percentual total de perda de variância das variáveis originais resultante da extração do(s) fator(es) com base no critério da raiz latente?

**e.** Para cada variável, qual a carga e o percentual de variância compartilhada para a formação do(s) fator(es)?

**f.** Com a imposição da extração de três fatores, em detrimento do critério da raiz latente, e com base nas novas cargas fatoriais, é possível confirmar o constructo do questionário proposto pelo gerente-geral da loja? Em outras palavras, as variáveis de cada grupo do questionário acabam, de fato, por apresentar maior compartilhamento de variância com um fator comum?

**g.** Discuta o impacto da decisão de extração de três fatores sobre os valores das comunalidades?

**h.** Elabore uma rotação Varimax e discuta novamente, com base na redistribuição das cargas fatoriais, o constructo inicialmente proposto no questionário pelo gerente-geral da loja.

**i.** Apresente o *loading plot* 3D com as cargas fatoriais rotacionadas.

APÊNDICE

# Alpha de Cronbach

## A. Breve apresentação

A estatística **alpha**, proposta por Cronbach (1951), é uma medida utilizada para se avaliar a **consistência interna** das variáveis de um banco de dados, ou seja, é uma medida do **grau de confiabilidade** (***reliability***) com a qual determinada escala, adotada para a definição das variáveis originais, produz resultados consistentes sobre a relação dessas variáveis. Segundo Nunnally e Bernstein (1994), o grau de confiabilidade é definido a partir do comportamento das correlações entre as variáveis originais (ou padronizadas), e, portanto, o alpha de Cronbach pode ser utilizado para se avaliar a fidedignidade com a qual um fator pode ser extraído a partir dessas variáveis, sendo, assim, relacionado com a análise fatorial.

Segundo Rogers, Schmitt e Mullins (2002), embora o alpha de Cronbach não seja a única medida de confiabilidade existente, visto que apresenta restrições relacionadas com a multidimensionalidade, ou seja, com a identificação de múltiplos fatores, pode ser definido como a medida que possibilita avaliar a intensidade com a qual determinado constructo ou fator está presente nas variáveis originais. Dessa forma, um banco de dados com variáveis que compartilhem um único fator tende a apresentar elevado alpha de Cronbach.

Nesse sentido, o alpha de Cronbach não pode ser utilizado para a avaliação da adequação global da análise fatorial, ao contrário da estatística KMO e do teste de esfericidade de Bartlett, visto que sua magnitude oferece ao pesquisador indícios apenas sobre a consistência interna da escala utilizada para a extração de um único fator. Caso seu valor seja baixo, sequer o primeiro fator poderá ser adequadamente extraído, principal razão por que alguns pesquisadores optam por estudar a magnitude do alpha de Cronbach antes da elaboração da análise fatorial, embora essa decisão não represente um requisito obrigatório para a elaboração da técnica.

O alpha de Cronbach pode ser definido por meio da seguinte expressão:

$$\alpha = \frac{k}{k-1} \cdot \left[ 1 - \frac{\sum_k \text{var}_k}{\text{var}_{\text{soma}}} \right] \tag{2.41}$$

em que:

$\text{var}_k$ é a variância da $k$-ésima variável, e

$$\text{var}_{\text{soma}} = \frac{\sum_{i=1}^{n}\left(\sum_{k} X_{ki}\right)^2 - \frac{\left(\sum_{i=1}^{n}\sum_{k} X_{ki}\right)^2}{n}}{n-1} \quad (2.42)$$

que representa a variância da soma de cada linha do banco de dados, ou seja, a variância da soma dos valores correspondentes a cada observação. Além disso, sabemos que $n$ é o tamanho da amostra, e $k$, o número de variáveis $X$.

Logo, podemos afirmar que, se ocorrerem consistências nos valores das variáveis, o termo $\text{var}_{\text{soma}}$ será grande o suficiente para que alpha ($\alpha$) tenda a 1. Por ouro lado, variáveis que apresentam correlações baixas, possivelmente decorrentes da presença de valores aleatórios nas observações, farão o termo $\text{var}_{\text{soma}}$ regredir à soma das variâncias de cada variável ($\text{var}_k$), o que fará alpha ($\alpha$) tender a 0.

Embora não haja um consenso na literatura sobre o valor de alpha a partir do qual exista consistência interna das variáveis do banco de dados, é interessante que o resultado obtido seja maior que 0,6 quando da aplicação de técnicas exploratórias.

Na sequência, apresentaremos o cálculo do alpha de Cronbach para os dados do exemplo utilizado ao longo do capítulo.

## B. Determinação algébrica do alpha de Cronbach

A partir das variáveis padronizadas do exemplo estudado ao longo do capítulo, podemos elaborar a Tabela 2.19, que nos ajuda para o cálculo do alpha de Cronbach.

**Tabela 2.19** Procedimento para cálculo do alpha de Cronbach

| Estudante | $Zfinanças_i$ | $Zcustos_i$ | $Zmarketing_i$ | $Zatuária_i$ | $\sum_{k=4} X_{ki}$ | $\left(\sum_{k=4} X_{ki}\right)^2$ |
|---|---|---|---|---|---|---|
| Gabriela | -0,011 | -0,290 | -1,650 | 0,273 | -1,679 | 2,817 |
| Luiz Felipe | -0,876 | -0,697 | 1,532 | -1,319 | -1,360 | 1,849 |
| Patrícia | -0,876 | -0,290 | -0,590 | -0,523 | -2,278 | 5,191 |
| Gustavo | 1,334 | 1,337 | 0,825 | 1,069 | 4,564 | 20,832 |
| Letícia | -0,779 | -1,104 | -0,872 | -0,841 | -3,597 | 12,939 |
| Ovídio | 1,334 | 2,150 | -1,650 | 1,865 | 3,699 | 13,682 |
| Leonor | -0,267 | 0,116 | 0,825 | -0,125 | 0,549 | 0,301 |
| Dalila | -0,139 | 0,523 | 0,118 | 0,273 | 0,775 | 0,600 |
| Antônio | 0,021 | -0,290 | -0,590 | -0,523 | -1,382 | 1,909 |
| ... | | | | | | |
| Estela | 0,982 | 0,113 | -1,297 | 1,069 | 0,868 | 0,753 |
| **Variância** | **1,000** | **1,000** | **1,000** | **1,000** | $\left(\sum_{i=1}^{100}\sum_{k=4} X_{ki}\right)^2 = 0$ | $\sum_{i=1}^{100}\left(\sum_{k=4} X_{ki}\right)^2 = 832{,}570$ |

Logo, com base na expressão (2.42), temos que:

$$\text{var}_{\text{soma}}=\frac{832{,}570}{99}=8{,}410$$

e, fazendo uso da expressão (2.41), podemos calcular o alpha de Cronbach:

$$\alpha=\frac{4}{3}\cdot\left[1-\frac{4}{8{,}410}\right]=0{,}699$$

Podemos considerar esse valor aceitável para a consistência interna das variáveis de nosso banco de dados. Entretanto, conforme veremos quando da determinação do alpha de Cronbach no SPSS e no Stata, existe perda considerável de confiabilidade pelo fato de as variáveis originais não estarem medindo o mesmo fator, ou seja, a mesma dimensão, visto que esta estatística apresenta restrições relacionadas com a multidimensionalidade. Ou seja, caso não incluíssemos a variável *marketing* no cálculo do alpha de Cronbach, seu valor seria consideravelmente maior, o que indica que essa variável não contribui para o constructo, ou para o primeiro fator, formado pelas demais variáveis (*finanças*, *custos* e *atuária*).

A planilha completa com o cálculo do alpha de Cronbach pode ser acessada por meio do arquivo **AlphaCronbach.xls**.

De maneira análoga ao realizado ao longo do capítulo, apresentaremos, na sequência, os procedimentos para obtenção do alpha de Cronbach no SPSS e no Stata.

## C. Determinação do alpha de Cronbach no SPSS

Vamos novamente fazer uso do arquivo **NotasFatorial.sav**.

Para que possamos determinar o alpha de Cronbach com base nas variáveis padronizadas, devemos inicialmente padronizá-las pelo procedimento *Zscores*. Para tanto, vamos clicar em **Analyze → Descriptive Statistics → Descriptives...**. Ao selecionarmos todas as variáveis originais, devemos clicar em **Save standardized values as variables**. Embora esse procedimento específico não seja mostrado aqui, após clicarmos em **OK**, as variáveis padronizadas serão geradas no próprio banco de dados.

Na sequência, vamos clicar em **Analyze → Scale → Reliability Analysis...**. Uma caixa de diálogo será aberta. Devemos inserir as variáveis padronizadas em **Items**, conforme mostra a Figura 2.49.

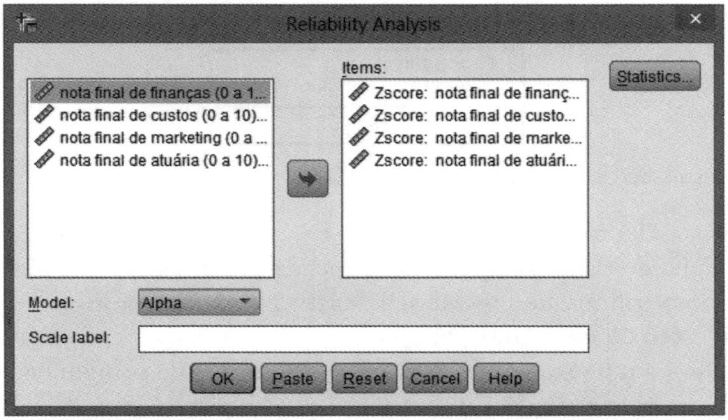


**Figura 2.49** Caixa de diálogo para determinação do alpha de Cronbach no SPSS.

Na sequência, em **Statistics...**, devemos marcar a opção **Scale if item deleted**, conforme mostra a Figura 2.50. Essa opção faz com que sejam calculados os diferentes valores de alpha de Cronbach quando se elimina cada variável da análise. O termo **item** é bastante referenciado no trabalho de Cronbach (1951) e utilizado como sinônimo de **variável**.

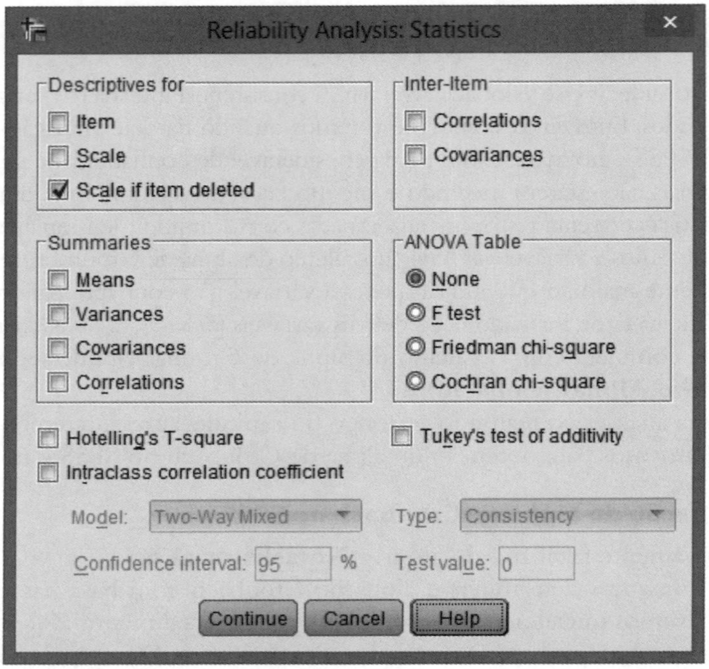


**Figura 2.50** Seleção da opção para cálculo do alpha ao se excluir determinada variável.

Em seguida, podemos clicar em **Continue** e em **OK**.

A Figura 2.51 apresenta o resultado do alpha de Cronbach, cujo valor é exatamente igual ao calculado por meio das expressões (2.41) e (2.42) e mostrado na seção anterior.

**Reliability Statistics**

| Cronbach's Alpha | N of Items |
|---|---|
| ,699 | 4 |

**Figura 2.51** Resultado do alpha de Cronbach no SPSS.

Além disso, a Figura 2.52 ainda apresenta na última coluna os valores que seriam obtidos do alpha de Cronbach, caso determinada variável fosse excluída da análise. Assim, podemos verificar que a presença da variável *marketing* contribui negativamente para a identificação de apenas um fator, pois, conforme sabemos, essa variável apresenta forte correlação com o segundo fator extraído pela análise de componentes principais elaborada ao longo do capítulo. Como o alpha de Cronbach é uma medida de confiabilidade unidimensional, a exclusão da variável *marketing* faria seu valor chegar a 0,904.

**Item-Total Statistics**

| | Scale Mean if Item Deleted | Scale Variance if Item Deleted | Corrected Item-Total Correlation | Cronbach's Alpha if Item Deleted |
|---|---|---|---|---|
| Zscore: nota final de finanças (0 a 10) | ,0000000 | 4,536 | ,675 | ,508 |
| Zscore: nota final de custos (0 a 10) | ,0000000 | 4,274 | ,758 | ,447 |
| Zscore: nota final de marketing (0 a 10) | ,0000000 | 7,552 | -,026 | ,904 |
| Zscore: nota final de atuária (0 a 10) | ,0000000 | 4,458 | ,699 | ,491 |

**Figura 2.52** Alpha de Cronbach quando da exclusão de cada variável.

Na sequência, obteremos os mesmos *outputs* por meio da aplicação de comandos específicos no Stata.

## D. Determinação do alpha de Cronbach no Stata

Vamos agora abrir o arquivo **NotasFatorial.dta**.

A fim de que seja calculado o alpha de Cronbach, devemos digitar o seguinte comando:

```
alpha finanças custos marketing atuária, asis std
```

em que o termo **std** faz com que seja calculado o alpha de Cronbach a partir das variáveis padronizadas, mesmo que tenham sido consideradas as variáveis originais no comando **alpha**.

O *output* gerado encontra-se na Figura 2.53.

```
. alpha finanças custos marketing atuária, asis std

Test scale = mean(standardized items)

Average interitem correlation:      0.3675
Number of items in the scale:            4
Scale reliability coefficient:      0.6992
```

**Figura 2.53** Resultado do alpha de Cronbach no Stata.

Caso o pesquisador opte por obter os valores do alpha de Cronbach quando da exclusão de cada uma das variáveis, assim como realizado no SPSS, poderá digitar o seguinte comando:

```
alpha finanças custos marketing atuária, asis std item
```

Os novos *outputs* são apresentados na Figura 2.54, em que os valores da última coluna são exatamente iguais aos apresentados na Figura 2.52, o que corrobora o fato de que as variáveis *finanças*, *custos* e *atuária* apresentam elevada consistência interna para a determinação de um único fator.

```
. alpha finanças custos marketing atuária, asis std item

Test scale = mean(standardized items)

                                                            average
                              item-test      item-rest     interitem
Item         |  Obs  Sign   correlation   correlation    correlation      alpha
-------------+-----------------------------------------------------------------
finanças     |  100   +       0.8404        0.6748          0.2559       0.5079
custos       |  100   +       0.8855        0.7585          0.2123       0.4471
marketing    |  100   +       0.3204       -0.0258          0.7586       0.9041
atuária      |  100   +       0.8537        0.6989          0.2431       0.4907
-------------+-----------------------------------------------------------------
Test scale   |                                              0.3675       0.6992
-------------------------------------------------------------------------------
```

**Figura 2.54** Consistência interna ao se excluir cada variável – Última coluna.

CAPÍTULO 3

# Análise de Correspondência Simples e Múltipla

*O mundo recompensa com mais frequência as aparências do mérito do que o próprio mérito.*
**François de La Rochefoucauld**

## Ao final deste capítulo, você terá condições de:

- Estabelecer as circunstâncias a partir das quais as técnicas de análise de correspondência podem ser utilizadas.
- Saber diferenciar a análise de correspondência simples da análise de correspondência múltipla.
- Entender como os bancos de dados devem ser dispostos para a elaboração das técnicas.
- Saber interpretar os resultados do teste $\chi^2$.
- Compreender os conceitos de frequências absolutas e relativas e de resíduos em tabelas de contingência.
- Saber calcular e interpretar as inércias principais parciais e totais.
- Gerar coordenadas das categorias das variáveis e construir mapas perceptuais.
- Entender as diferenças entre o método da matriz binária e o método da matriz de Burt para a elaboração da análise de correspondência múltipla.
- Elaborar as técnicas de análise de correspondência simples e múltipla de maneira algébrica e por meio do IBM SPSS Statistics Software® e do Stata Statistical Software® e interpretar seus resultados.

## 3.1. INTRODUÇÃO

As técnicas exploratórias de análise de correspondência simples e múltipla são muito úteis quando há a intenção de se trabalhar com variáveis que apresentam dados categóricos, como as variáveis qualitativas, e deseja-se investigar a **associação** entre as variáveis e entre suas categorias.

Imagine que um pesquisador tenha interesse em estudar a **relação de interdependência** entre duas variáveis categóricas, por exemplo, comportamento de consumo, descrito pela preferência por determinados tipos de estabelecimento varejista, e faixa de idade dos consumidores. Nessa situação, a **análise de correspondência simples** pode ser utilizada, uma vez que é uma técnica bivariada que permite investigar a associação entre duas, e somente duas, variáveis categóricas.

Em outra situação, pode-se investigar a relação entre o país de origem, o setor de atuação e a faixa de lucratividade de empresas de capital aberto. Nesse caso, a **análise de correspondência múltipla** pode ser utilizada, já que se trata de uma técnica multivariada que possibilita a investigação da existência de associação entre mais de duas variáveis categóricas.

Segundo Greenacre (2008), as técnicas de análise de correspondência são métodos de representação de linhas e colunas de tabelas cruzadas de dados como **coordenadas** em um gráfico, chamado **mapa perceptual**, a partir do qual se podem interpretar as similaridades e diferenças de comportamento entre variáveis e entre categorias. Portanto, essas técnicas têm como principal objetivo avaliar a significância dessas similaridades, determinar coordenadas das categorias com base na distribuição dos dados em tabelas cruzadas e, a partir dessas coordenadas, construir **mapas perceptuais**, que nada mais são que **diagramas de dispersão** que representam as categorias das variáveis na forma de pontos em relação a eixos de coordenadas ortogonais. São, portanto, mapas de categorias.

Embora a origem teórica dessas técnicas regrida à primeira metade do século XX, com o seminal trabalho de Hirschfeld (1935), foi o matemático e linguista francês Jean-Paul Benzécri que deu um impulso realmente significativo às aplicações modernas da análise de correspondência, a partir da década de 1960, com estudos realizados na Universidade de Rennes e, posteriormente, na Universidade de Paris. Anos mais tarde, o holandês Jan de Leeuw e o japonês Chikio Hayashi também fizeram importantes contribuições para o desenvolvimento teórico e prático das técnicas. Em 1984, Greenacre publica uma importante obra (*Theory and Applications of Correspondence Analysis*), que acaba por contribuir para uma ampla difusão das técnicas de análise de correspondência em diversas partes do mundo.

As técnicas de análise de correspondência simples e múltipla permitem considerar todo e qualquer tipo de categoria de variáveis, sem que o pesquisador precise fazer uso do **incorreto procedimento de ponderação arbitrária**, infelizmente ainda tão praticado em ambientes acadêmicos e organizacionais. Variáveis em **escala Likert**, por exemplo, sofrem constantemente com esse tipo de manipulação, visto que, com frequência, pesquisadores atribuem pesos arbitrários a cada uma das possíveis categorias. As técnicas de análise de correspondência são bastante úteis para que o pesquisador perceba a incoerência desse tipo de prática!

Conforme discutido nos capítulos anteriores, a análise de correspondência deve ser definida com base na teoria subjacente e na experiência do pesquisador, de modo que seja possível aplicá-la de forma correta e analisar os resultados obtidos.

Neste capítulo, trataremos das técnicas de análise de correspondência simples e múltipla, com os seguintes objetivos: (1) introduzir os conceitos; (2) apresentar, de maneira algébrica e prática, o passo a passo da modelagem; (3) interpretar os resultados obtidos; e (4) propiciar a aplicação das técnicas em SPSS e Stata. Seguindo a lógica dos capítulos anteriores, será inicialmente elaborada a solução algébrica de um exemplo vinculada à apresentação dos conceitos. Somente após a introdução dos conceitos serão apresentados os procedimentos para a elaboração das técnicas em SPSS e Stata.

## 3.2. ANÁLISE DE CORRESPONDÊNCIA SIMPLES

A análise de correspondência simples, também conhecida por **Anacor**, é uma técnica de análise bivariada por meio da qual é estudada a associação entre duas variáveis categóricas e entre suas categorias, bem como a intensidade dessa associação, a partir de uma tabela cruzada de dados, conhecida por **tabela de contingência**, em que são dispostas em cada célula as **frequências absolutas observadas** para cada par de categorias das duas variáveis. A tabela de contingência também é chamada de **tabela de correspondência**, **tabela de classificação cruzada** ou ***cross-tabulation***.

Nas seções seguintes, apresentaremos o desenvolvimento teórico da técnica, bem como a elaboração de um exemplo prático. Enquanto nas seções 3.2.1 a 3.2.4 serão apresentados os principais conceitos, a seção 3.2.5 é destinada à resolução de um exemplo prático por meio de solução algébrica a partir de um banco de dados.

### 3.2.1. Notação

Imaginemos um banco de dados que apresenta apenas e tão somente duas variáveis categóricas, em que a primeira possui $I$ categorias, e a segunda, $J$ categorias. Logo, a partir desse banco de dados, é possível definir uma tabela de contingência $X_o$ (*cross-tabulation*) que apresenta as frequências absolutas observadas das categorias das duas variáveis, em que determinada célula $ij$ contém certa quantidade $n_{ij}$ ($i = 1, ..., I$ e $j = 1, ..., J$) de observações. A quantidade total de observações $N$ do banco de dados pode, portanto, ser expressa por:

$$N = \sum_{i=1}^{I} \sum_{j=1}^{J} n_{ij} \tag{3.1}$$

A representação geral de uma tabela de contingência é:

**Tabela 3.1** Representação geral de uma tabela de contingência (frequências absolutas observadas)

| | 1 | 2 | ... | $J$ |
|---|---|---|---|---|
| 1 | $n_{11}$ | $n_{12}$ | ... | $n_{1J}$ |
| 2 | $n_{21}$ | $n_{22}$ | | $n_{2J}$ |
| ⋮ | ⋮ | ⋮ | | ⋮ |
| $I$ | $n_{I1}$ | $n_{I2}$ | | $n_{IJ}$ |

Na forma matricial, a tabela pode ser representada da seguinte maneira:

$$\mathbf{X_o} = \begin{pmatrix} n_{11} & n_{12} & \cdots & n_{1J} \\ n_{21} & n_{22} & \cdots & n_{2J} \\ \vdots & \vdots & \ddots & \vdots \\ n_{I1} & n_{I2} & \cdots & n_{IJ} \end{pmatrix} \tag{3.2}$$

Como um dos principais objetivos da análise de correspondência simples é estudar a existência de associação estatisticamente significante a determinado nível de significância entre duas variáveis categóricas e entre as categorias de cada uma, devemos partir para o estudo do teste $\chi^2$ e dos resíduos em tabelas de contingência.

### 3.2.2. Associação entre duas variáveis categóricas e entre suas categorias: teste $\chi^2$ e análise dos resíduos

Uma vez que a matriz $\mathbf{X}_o$ da expressão (3.2) apresenta as frequências absolutas observadas para cada combinação de categorias das duas variáveis, podemos definir a expressão de uma matriz $\mathbf{X}_e$ que oferece as **frequências absolutas esperadas** em cada célula. Para tanto, à Tabela 3.1, podem ser acrescentados os valores totais das frequências absolutas observadas em cada linha e coluna, conforme mostra a Tabela 3.2.

**Tabela 3.2** Tabela de contingência com valores totais por linha e coluna

| | **1** | **2** | **...** | $J$ | **Total** |
|---|---|---|---|---|---|
| 1 | $n_{11}$ | $n_{12}$ | | $n_{1J}$ | $\Sigma l_1$ |
| 2 | $n_{21}$ | $n_{22}$ | | $n_{2J}$ | $\Sigma l_2$ |
| ⋮ | ⋮ | ⋮ | ... | ⋮ | ⋮ |
| $I$ | $n_{I1}$ | $n_{I2}$ | | $n_{IJ}$ | $\Sigma l_I$ |
| **Total** | $\Sigma c_1$ | $\Sigma c_2$ | **...** | $\Sigma c_J$ | $N$ |

Obviamente, sabemos que:

$$\sum c_1 + \sum c_2 + \ldots + \sum c_J = \sum l_1 + \sum l_2 + \ldots + \sum l_I = N \tag{3.3}$$

Logo, a tabela que apresenta as frequências absolutas esperadas de cada célula pode ser definida de acordo com o apresentado na Tabela 3.3.

**Tabela 3.3** Tabela com frequências absolutas esperadas em cada célula

| | **1** | **2** | **...** | $J$ |
|---|---|---|---|---|
| 1 | $\left(\frac{\sum c_1 \cdot \sum l_1}{N}\right)$ | $\left(\frac{\sum c_2 \cdot \sum l_1}{N}\right)$ | | $\left(\frac{\sum c_J \cdot \sum l_1}{N}\right)$ |
| 2 | $\left(\frac{\sum c_1 \cdot \sum l_2}{N}\right)$ | $\left(\frac{\sum c_2 \cdot \sum l_2}{N}\right)$ | ... | $\left(\frac{\sum c_J \cdot \sum l_2}{N}\right)$ |
| ⋮ | ⋮ | | | ⋮ |
| $I$ | $\left(\frac{\sum c_1 \cdot \sum l_I}{N}\right)$ | $\left(\frac{\sum c_2 \cdot \sum l_I}{N}\right)$ | | $\left(\frac{\sum c_J \cdot \sum l_I}{N}\right)$ |

Na forma matricial, essa tabela pode ser escrita como:

$$\mathbf{X_e} = \begin{pmatrix} \left(\frac{\sum c_1 \cdot \sum l_1}{N}\right) & \left(\frac{\sum c_2 \cdot \sum l_1}{N}\right) & \cdots & \left(\frac{\sum c_J \cdot \sum l_1}{N}\right) \\ \left(\frac{\sum c_1 \cdot \sum l_2}{N}\right) & \left(\frac{\sum c_2 \cdot \sum l_2}{N}\right) & \cdots & \left(\frac{\sum c_J \cdot \sum l_2}{N}\right) \\ \vdots & \vdots & \ddots & \vdots \\ \left(\frac{\sum c_1 \cdot \sum l_I}{N}\right) & \left(\frac{\sum c_2 \cdot \sum l_I}{N}\right) & \cdots & \left(\frac{\sum c_J \cdot \sum l_I}{N}\right) \end{pmatrix} \tag{3.4}$$

Portanto, podemos definir uma **matriz de resíduos, E**, cujos valores se referem às diferenças, para cada célula, entre as frequências absolutas observadas e esperadas. Logo, temos que:

$$\mathbf{E} = \begin{pmatrix} n_{11} - \left(\frac{\sum c_1 \cdot \sum l_1}{N}\right) & n_{12} - \left(\frac{\sum c_2 \cdot \sum l_1}{N}\right) & \cdots & n_{1J} - \left(\frac{\sum c_J \cdot \sum l_1}{N}\right) \\ n_{21} - \left(\frac{\sum c_1 \cdot \sum l_2}{N}\right) & n_{22} - \left(\frac{\sum c_2 \cdot \sum l_2}{N}\right) & \cdots & n_{2J} - \left(\frac{\sum c_J \cdot \sum l_2}{N}\right) \\ \vdots & \vdots & \ddots & \vdots \\ n_{I1} - \left(\frac{\sum c_1 \cdot \sum l_I}{N}\right) & n_{I2} - \left(\frac{\sum c_2 \cdot \sum l_I}{N}\right) & \cdots & n_{IJ} - \left(\frac{\sum c_J \cdot \sum l_I}{N}\right) \end{pmatrix} \tag{3.5}$$

E, com base nas matrizes $\mathbf{X_e}$ e $\mathbf{E}$, podemos definir a estatística $\chi^2$ da seguinte forma:

$$\chi^2 = \sum_{i=1}^{I} \sum_{j=1}^{J} \frac{\left[n_{ij} - \left(\frac{\sum c_j \cdot \sum l_i}{N}\right)\right]^2}{\left(\frac{\sum c_j \cdot \sum l_i}{N}\right)} \tag{3.6}$$

com $(I - 1) \times (J - 1)$ graus de liberdade.

Em outras palavras, a estatística $\chi^2$ corresponde à somatória, para todas as células, dos valores correspondentes à razão entre o resíduo ao quadrado e a frequência esperada em cada célula. Sendo assim, para dado número de graus de liberdade e determinado nível de significância, se o valor total da estatística $\chi^2$ for maior que seu valor crítico, poderemos afirmar que existe associação estatisticamente significante entre as duas variáveis categóricas, ou seja, a distribuição das frequências das categorias de uma variável segundo as categorias da outra não será aleatória, e, portanto, haverá um padrão de dependência entre essas variáveis. Podemos, portanto, definir as hipóteses nula e alternativa do teste $\chi^2$ referente a essa estatística da seguinte maneira:

$H_0$: as duas variáveis categóricas se associam de forma aleatória.

$H_1$: a associação entre as duas variáveis categóricas não se dá de forma aleatória.

É importante mencionar que a estatística $\chi^2$ aumenta à medida que cresce o tamanho da amostra ($N$), o que pode prejudicar a análise da associação existente em tabelas de contingência. Para que tal problema seja superado, segundo Beh (2004), a análise de correspondência faz uso da **inércia principal total** de uma tabela de contingência para descrever o nível de associação entre duas variáveis categóricas, expressa por:

$$I_T = \frac{\chi^2}{N} \tag{3.7}$$

Ainda segundo Beh (2004), a decomposição da inércia principal total de uma tabela de contingência pode auxiliar o pesquisador na identificação de fontes importantes de informação que possam ajudar a descrever a associação entre duas variáveis categóricas e, como consequência, propiciar a construção de mapas perceptuais. O tipo mais comum de decomposição inercial corresponde à **determinação de autovalores**, a ser abordada na próxima seção.

Antes disso, porém, precisamos elaborar um estudo mais aprofundado das relações entre as duas variáveis, com foco em suas categorias, fazendo uso dos **resíduos padronizados** e dos **resíduos padronizados ajustados**. Enquanto o teste $\chi^2$ permite avaliar se a distribuição das frequências das categorias de uma variável segundo as categorias da outra é aleatória ou se há um padrão de dependência entre as duas, a análise dos resíduos padronizados ajustados, segundo Batista, Escuder e Pereira (2004), revela os padrões característicos de cada categoria de uma variável segundo o excesso ou a falta de ocorrências de sua combinação com cada categoria da outra variável. Vamos, então, introduzir seus conceitos.

Seguindo Barnett e Lewis (1994), podemos definir os resíduos padronizados em uma tabela de contingência dividindo-se em cada célula o valor do resíduo calculado pela raiz quadrada da respectiva frequência absoluta esperada. Sendo assim, temos, para determinada célula $ij$ ($i = 1, ..., I$ e $j = 1, ..., J$), que:

$$e_{\text{padronizado}_{ij}} = \frac{n_{ij} - ne_{ij}}{\sqrt{ne_{ij}}} \tag{3.8}$$

em que $n_{ij}$ e $ne_{ij}$ se referem, respectivamente, às frequências absolutas observadas e às frequências absolutas esperadas. Portanto, com base na Tabela 3.3 e na expressão (3.4), podemos definir uma **matriz de resíduos padronizados**, $\mathbf{E}_{\text{padronizado}}$, da seguinte forma:

$$\mathbf{E}_{\text{padronizado}} = \begin{pmatrix} \dfrac{n_{11} - \left(\dfrac{\sum c_1 \cdot \sum l_1}{N}\right)}{\sqrt{\left(\dfrac{\sum c_1 \cdot \sum l_1}{N}\right)}} & \dfrac{n_{12} - \left(\dfrac{\sum c_2 \cdot \sum l_1}{N}\right)}{\sqrt{\left(\dfrac{\sum c_2 \cdot \sum l_1}{N}\right)}} & \cdots & \dfrac{n_{1J} - \left(\dfrac{\sum c_J \cdot \sum l_1}{N}\right)}{\sqrt{\left(\dfrac{\sum c_J \cdot \sum l_1}{N}\right)}} \\ \dfrac{n_{21} - \left(\dfrac{\sum c_1 \cdot \sum l_2}{N}\right)}{\sqrt{\left(\dfrac{\sum c_1 \cdot \sum l_2}{N}\right)}} & \dfrac{n_{22} - \left(\dfrac{\sum c_2 \cdot \sum l_2}{N}\right)}{\sqrt{\left(\dfrac{\sum c_2 \cdot \sum l_2}{N}\right)}} & \cdots & \dfrac{n_{2J} - \left(\dfrac{\sum c_J \cdot \sum l_2}{N}\right)}{\sqrt{\left(\dfrac{\sum c_J \cdot \sum l_2}{N}\right)}} \\ \vdots & \vdots & \ddots & \vdots \\ \dfrac{n_{I1} - \left(\dfrac{\sum c_1 \cdot \sum l_I}{N}\right)}{\sqrt{\left(\dfrac{\sum c_1 \cdot \sum l_I}{N}\right)}} & \dfrac{n_{I2} - \left(\dfrac{\sum c_2 \cdot \sum l_I}{N}\right)}{\sqrt{\left(\dfrac{\sum c_2 \cdot \sum l_I}{N}\right)}} & \cdots & \dfrac{n_{IJ} - \left(\dfrac{\sum c_J \cdot \sum l_I}{N}\right)}{\sqrt{\left(\dfrac{\sum c_J \cdot \sum l_I}{N}\right)}} \end{pmatrix} \quad (3.9)$$

A partir dos resíduos padronizados, podemos calcular os resíduos padronizados ajustados propostos por Haberman (1973), cuja expressão geral, para cada célula $ij$ ($i$ = 1, ..., $I$ e $j$ = 1, ..., $J$), é dada por:

$$e_{\text{padronizado ajustado}_{ij}} = \frac{e_{\text{padronizado}_{ij}}}{\sqrt{\left(1 - \dfrac{\sum c_j}{N}\right) \cdot \left(1 - \dfrac{\sum l_i}{N}\right)}} \quad (3.10)$$

e, analogamente, podemos definir uma **matriz de resíduos padronizados ajustados**, $\mathbf{E}_{\text{padronizado ajustado}}$, da seguinte maneira:

$$\mathbf{E}_{\text{padronizado ajustado}} = \begin{pmatrix} \dfrac{e_{\text{padronizado}_{11}}}{\sqrt{\left(1-\dfrac{\sum c_1}{N}\right)\cdot\left(1-\dfrac{\sum l_1}{N}\right)}} & \dfrac{e_{\text{padronizado}_{12}}}{\sqrt{\left(1-\dfrac{\sum c_2}{N}\right)\cdot\left(1-\dfrac{\sum l_1}{N}\right)}} & \cdots & \dfrac{e_{\text{padronizado}_{1J}}}{\sqrt{\left(1-\dfrac{\sum c_J}{N}\right)\cdot\left(1-\dfrac{\sum l_1}{N}\right)}} \\ \dfrac{e_{\text{padronizado}_{21}}}{\sqrt{\left(1-\dfrac{\sum c_1}{N}\right)\cdot\left(1-\dfrac{\sum l_2}{N}\right)}} & \dfrac{e_{\text{padronizado}_{22}}}{\sqrt{\left(1-\dfrac{\sum c_2}{N}\right)\cdot\left(1-\dfrac{\sum l_2}{N}\right)}} & \cdots & \dfrac{e_{\text{padronizado}_{2J}}}{\sqrt{\left(1-\dfrac{\sum c_J}{N}\right)\cdot\left(1-\dfrac{\sum l_2}{N}\right)}} \\ \vdots & \vdots & \ddots & \vdots \\ \dfrac{e_{\text{padronizado}_{I1}}}{\sqrt{\left(1-\dfrac{\sum c_1}{N}\right)\cdot\left(1-\dfrac{\sum l_I}{N}\right)}} & \dfrac{e_{\text{padronizado}_{I2}}}{\sqrt{\left(1-\dfrac{\sum c_2}{N}\right)\cdot\left(1-\dfrac{\sum l_I}{N}\right)}} & \cdots & \dfrac{e_{\text{padronizado}_{IJ}}}{\sqrt{\left(1-\dfrac{\sum c_J}{N}\right)\cdot\left(1-\dfrac{\sum l_I}{N}\right)}} \end{pmatrix} \quad (3.11)$$

Segundo Batista, Escuder e Pereira (2004, tanto para o estudo da associação entre as variáveis (teste $\chi^2$) quanto para o dos padrões característicos de cada categoria de uma variável segundo o excesso ou a falta de ocorrências de sua combinação com cada categoria da outra variável (análise dos resíduos padronizados ajustados), é comum adotar, como veremos mais adiante, o nível de significância de 5% para o excesso de ocorrências em determinada célula, que corresponde a um resíduo padronizado ajustado com valor positivo superior a 1,96 (distribuição normal padronizada, conforme mostra a Tabela C do Apêndice II). Nesse sentido, caso determinada célula apresente um resíduo padronizado ajustado com valor superior a 1,96, poderemos caracterizar a associação entre as duas categorias correspondentes a ela (cada uma proveniente de uma variável).

Sendo assim, tão importante quanto avaliar a existência de associação estatisticamente significante entre duas variáveis categóricas é estudar a relação de dependência entre cada par de categorias, o que, inclusive, facilitará a análise do mapa perceptual a ser construído, como veremos no final da seção 3.2.5.

Elaboradas as análises, podemos, de fato, partir para o estudo da decomposição inercial, a fim de que sejam definidas as coordenadas de cada categoria de cada variável e, consequentemente, construído o mapa perceptual.

## 3.2.3. Decomposição inercial: a determinação de autovalores

Tradicionalmente, o método de decomposição de autovalores é conhecido por **método Eckart-Young**, em que são gerados $m$ autovalores, sendo $m = \text{mín}(I - 1, J - 1)$. Se, por exemplo, determinada base de dados oferecer uma tabela de contingência com dimensões (3 × 3), serão calculados $m = 2$ autovalores que, na análise de correspondência, também são chamados de **inércias principais parciais**.

Inicialmente, vamos definir uma matriz de proporções **P**, também conhecida por **matriz de frequências relativas observadas**, cujos valores são calculados com base na matriz $\mathbf{X_o}$, conforme mostra a Tabela 3.4.

**Tabela 3.4** Tabela com frequências relativas observadas em cada célula

| | 1 | 2 | ... | $J$ | Total |
|---|---|---|---|---|---|
| 1 | $\frac{n_{11}}{N}$ | $\frac{n_{12}}{N}$ | | $\frac{n_{1J}}{N}$ | $\frac{\sum l_1}{N}$ |
| 2 | $\frac{n_{21}}{N}$ | $\frac{n_{22}}{N}$ | ... | $\frac{n_{2J}}{N}$ | $\frac{\sum l_2}{N}$ |
| ⋮ | ⋮ | ⋮ | | ⋮ | ⋮ |
| $I$ | $\frac{n_{I1}}{N}$ | $\frac{n_{I2}}{N}$ | | $\frac{n_{IJ}}{N}$ | $\frac{\sum l_I}{N}$ |
| **Total** | $\frac{\sum c_1}{N}$ | $\frac{\sum c_2}{N}$ | ... | $\frac{\sum c_J}{N}$ | **1,00** |

Na forma matricial, essa tabela pode ser representada por:

$$\mathbf{P}=\frac{1}{N}\cdot\mathbf{X}_o=\begin{pmatrix}\frac{n_{11}}{N} & \frac{n_{12}}{N} & \dots & \frac{n_{1J}}{N}\\ \frac{n_{21}}{N} & \frac{n_{22}}{N} & \dots & \frac{n_{2J}}{N}\\ \vdots & \vdots & \ddots & \vdots\\ \frac{n_{I1}}{N} & \frac{n_{I2}}{N} & \dots & \frac{n_{IJ}}{N}\end{pmatrix} \quad (3.12)$$

Com base na tabela de frequências relativas observadas (matriz **P**), podemos definir o conceito de **massa**, que representa uma medida de influência ou preponderância de determinada categoria em relação às demais, com base em sua frequência observada. Sendo assim, podemos determinar as massas das categorias da variável disposta em linha e, da mesma forma, das categorias da variável disposta em coluna na tabela de contingência. As Tabelas 3.5 e 3.6 apresentam essas massas, com destaque para as **massas médias** de cada categoria em linha ou em coluna.

**Tabela 3.5** Massas – *Column profiles*

| | 1 | 2 | ... | $J$ | **Massa** |
|---|---|---|---|---|---|
| 1 | $\left(\frac{n_{11}}{\sum c_1}\right)$ | $\left(\frac{n_{12}}{\sum c_2}\right)$ | | $\left(\frac{n_{1J}}{\sum c_J}\right)$ | $\frac{\sum l_1}{N}$ |
| 2 | $\left(\frac{n_{21}}{\sum c_1}\right)$ | $\left(\frac{n_{22}}{\sum c_2}\right)$ | ... | $\left(\frac{n_{2J}}{\sum c_J}\right)$ | $\frac{\sum l_2}{N}$ |
| ⋮ | ⋮ | ⋮ | | ⋮ | ⋮ |
| $I$ | $\left(\frac{n_{I1}}{\sum c_1}\right)$ | $\left(\frac{n_{I2}}{\sum c_2}\right)$ | | $\left(\frac{n_{IJ}}{\sum c_1}\right)$ | $\frac{\sum l_I}{N}$ |
| **Total** | **1,000** | **1,000** | **...** | **1,000** | |

**Tabela 3.6** Massas – *Row profiles*

| | 1 | 2 | ... | $J$ | **Total** |
|---|---|---|---|---|---|
| 1 | $\left(\frac{n_{11}}{\sum l_1}\right)$ | $\left(\frac{n_{12}}{\sum l_1}\right)$ | | $\left(\frac{n_{1J}}{\sum l_1}\right)$ | **1,000** |
| 2 | $\left(\frac{n_{21}}{\sum l_2}\right)$ | $\left(\frac{n_{22}}{\sum l_2}\right)$ | ... | $\left(\frac{n_{2J}}{\sum l_2}\right)$ | **1,000** |
| ⋮ | ⋮ | ⋮ | | ⋮ | ⋮ |
| $I$ | $\left(\frac{n_{I1}}{\sum l_I}\right)$ | $\left(\frac{n_{I2}}{\sum l_I}\right)$ | | $\left(\frac{n_{IJ}}{\sum l_I}\right)$ | **1,000** |
| **Massa** | $\frac{\sum c_1}{N}$ | $\frac{\sum c_2}{N}$ | **...** | $\frac{\sum c_J}{N}$ | |

Com base nos valores das massas médias em linha e em coluna, podemos definir duas matrizes diagonais, $\mathbf{D}_l$ e $\mathbf{D}_c$, que contêm, respectivamente, esses valores em suas diagonais principais. Sendo assim, temos que:

$$\mathbf{D}_l = \begin{pmatrix} \frac{\Sigma l_1}{N} & 0 & \cdots & 0 \\ 0 & \frac{\Sigma l_2}{N} & \cdots & 0 \\ \vdots & \vdots & \ddots & \vdots \\ 0 & 0 & \cdots & \frac{\Sigma l_I}{N} \end{pmatrix} \quad (3.13)$$

e

$$\mathbf{D}_c = \begin{pmatrix} \frac{\Sigma c_1}{N} & 0 & \cdots & 0 \\ 0 & \frac{\Sigma c_2}{N} & \cdots & 0 \\ \vdots & \vdots & \ddots & \vdots \\ 0 & 0 & \cdots & \frac{\Sigma c_J}{N} \end{pmatrix} \quad (3.14)$$

Note que, enquanto os valores da diagonal principal da matriz $\mathbf{D}_l$ são oriundos da Tabela 3.5 (*column profiles*), os valores da diagonal principal da matriz $\mathbf{D}_c$ são provenientes da Tabela 3.6 (*row profiles*).

Segundo Johnson e Wichern (2007), a decomposição inercial para a elaboração da análise de correspondência consiste em calcular os autovalores de uma matriz $\mathbf{W} = \mathbf{A'A}$, em que $\mathbf{A}$ pode ser definida da seguinte forma:

$$\mathbf{A} = \mathbf{D}_l^{-1/2} \cdot (\mathbf{P} - lc') \cdot \mathbf{D}_c^{-1/2} \quad (3.15)$$

sendo:

$$\mathbf{P} - lc' = \begin{pmatrix} \left(\frac{n_{11}}{N} - \frac{\sum l_1}{N} \cdot \frac{\sum c_1}{N}\right) & \left(\frac{n_{12}}{N} - \frac{\sum l_1}{N} \cdot \frac{\sum c_2}{N}\right) & \cdots & \left(\frac{n_{1J}}{N} - \frac{\sum l_1}{N} \cdot \frac{\sum c_J}{N}\right) \\ \left(\frac{n_{21}}{N} - \frac{\sum l_2}{N} \cdot \frac{\sum c_1}{N}\right) & \left(\frac{n_{22}}{N} - \frac{\sum l_2}{N} \cdot \frac{\sum c_2}{N}\right) & \cdots & \left(\frac{n_{2J}}{N} - \frac{\sum l_2}{N} \cdot \frac{\sum c_J}{N}\right) \\ \vdots & \vdots & \ddots & \vdots \\ \left(\frac{n_{I1}}{N} - \frac{\sum l_I}{N} \cdot \frac{\sum c_1}{N}\right) & \left(\frac{n_{I2}}{N} - \frac{\sum l_I}{N} \cdot \frac{\sum c_2}{N}\right) & \cdots & \left(\frac{n_{IJ}}{N} - \frac{\sum l_I}{N} \cdot \frac{\sum c_J}{N}\right) \end{pmatrix} \quad (3.16)$$

Pode-se provar que os valores das células da matriz $\mathbf{A}$ são iguais aos valores das respectivas células da matriz $\mathbf{E}_{\text{padronizado}}$ divididos pela raiz quadrada do tamanho da amostra ($\sqrt{N}$).

Se, por exemplo, **A** for uma matriz (3 × 3), **W** também será uma matriz (3 × 3) com a seguinte expressão:

$$\mathbf{W} = \begin{pmatrix} w_{11} & w_{12} & w_{13} \\ w_{21} & w_{22} & w_{23} \\ w_{31} & w_{32} & w_{33} \end{pmatrix} \tag{3.17}$$

da qual podem ser calculados os autovalores ($\lambda^2$) da decomposição inercial, por meio da solução da seguinte equação:

$$\det(\lambda^2 \cdot \mathbf{I} - \mathbf{A}) = \begin{vmatrix} \lambda^2 - w_{11} & -w_{12} & -w_{13} \\ -w_{21} & \lambda^2 - w_{22} & -w_{23} \\ -w_{31} & -w_{32} & \lambda^2 - w_{33} \end{vmatrix} = 0 \tag{3.18}$$

em que **I** é a matriz identidade.

Genericamente, para uma tabela inicial de contingência de dimensões ($I \times J$), os $m$ autovalores obtidos obedecem à seguinte lógica:

$$\lambda_0^2 = 1 \geq \lambda_1^2 \geq \ldots \geq \lambda_m^2 \geq 0, \text{ em que } m = \text{mín}(I-1, J-1).$$

Além disso, a inércia principal total, já definida por meio da expressão (3.7), pode ser também escrita com base nos autovalores obtidos, conforme segue:

$$I_T = \frac{\chi^2}{N} = \sum_{k=1}^{m=\text{mín}(I-1,J-1)} \lambda_k^2, k = 1, 2, \ldots, m \tag{3.19}$$

Em outras palavras, a decomposição inercial em determinada tabela de contingência, representada pelas diferenças entre as frequências absolutas observadas e esperadas, pode ser decomposta em $m$ componentes, que se referem aos valores das inércias principais parciais de cada dimensão e que nada mais são que o quadrado dos **valores singulares** $\lambda_k$ de cada dimensão. Como a análise de correspondência tem, como um de seus principais objetivos, propiciar ao pesquisador a construção de mapas perceptuais que mostram a relação entre as categorias das variáveis dispostas em linha e em coluna na tabela de contingência, cada componente da inércia principal total será utilizado para que se identifique como determinada linha ou coluna contribui para a construção de cada eixo (**dimensão**) do referido mapa.

Dessa forma, precisamos definir como são calculadas as coordenadas (também chamadas de ***scores***) das categorias de cada variável no mapa perceptual, com base nos conceitos estudados até o presente momento.

## 3.2.4. Definição das coordenadas (*scores*) das categorias no mapa perceptual

Seguindo a mesma lógica proposta por Johnson e Wichern (2007), vamos chamar a matriz diagonal de autovalores da matriz **W** = **A'A** de $\Lambda^2$, em que:

$$\Lambda^2 = \begin{pmatrix} \lambda_1^2 & 0 & \cdots & 0 \\ 0 & \lambda_2^2 & \cdots & 0 \\ \vdots & \vdots & \ddots & \vdots \\ 0 & 0 & \cdots & \lambda_m^2 \end{pmatrix} \tag{3.20}$$

sendo que cada $\lambda_k^2$ se refere à inércia principal parcial da k-ésima dimensão, e $\lambda_k$, ao respectivo valor singular. Logo, definidos os autovalores da matriz **W**, podemos chegar aos autovetores da mesma matriz, que chamaremos de:

$$\mathbf{V} = \begin{pmatrix} \mathbf{v}_1 \\ \vdots \\ \mathbf{v}_J \end{pmatrix}$$

e

$$\mathbf{U} = \begin{pmatrix} \mathbf{u}_1 \\ \vdots \\ \mathbf{u}_I \end{pmatrix}$$

Johnson e Wichern (2007) provam ainda que a relação entre os autovetores se dá por meio das seguintes expressões:

$$\mathbf{v}_k' = \mathbf{u}_k' \cdot [\mathbf{D}_l^{-1/2} \cdot (\mathbf{P} - lc') \cdot \mathbf{D}_c^{-1/2}] \cdot \lambda_k^{-1} \tag{3.21}$$

e

$$\mathbf{u}_k = [\mathbf{D}_l^{-1/2} \cdot (\mathbf{P} - lc') \cdot \mathbf{D}_c^{-1/2}] \cdot \mathbf{v}_k \cdot \lambda_k^{-1} \tag{3.22}$$

Além disso, Johnson e Wichern (2007) ainda demonstram que:

$$\mathbf{v}_k' \cdot \mathbf{D}_c^{1/2} \cdot \mathbf{1}_J = 0 \tag{3.23}$$

e

$$\mathbf{u}_k' \cdot \mathbf{D}_l^{1/2} \cdot \mathbf{1}_I = 0 \tag{3.24}$$

em que $\mathbf{1}_I$ e $\mathbf{1}_J$ representam, respectivamente, vetores de dimensões $I \times 1$ e $J \times 1$ com valores iguais a 1, respeitadas as seguintes condições:

$$(\mathbf{D}_c^{1/2} \cdot \mathbf{v}_k)' \cdot \mathbf{D}_c^{-1} \cdot (\mathbf{D}_c^{1/2} \cdot \mathbf{v}_k) = \mathbf{v}_k' \cdot \mathbf{v}_k = 1 \tag{3.25}$$

e

$$(\mathbf{D}_l^{1/2} \cdot \mathbf{u}_k)' \cdot \mathbf{D}_l^{-1} \cdot (\mathbf{D}_l^{1/2} \cdot \mathbf{u}_k) = \mathbf{u}_k' \cdot \mathbf{u}_k = 1 \tag{3.26}$$

Definidos a matriz diagonal de autovalores $\Lambda^2$ e os autovetores **U** e **V**, as coordenadas (abcissa e ordenada) de cada categoria das variáveis podem ser calculadas com base nas seguintes expressões:

- **Variável em linha na tabela de contingência:**
  - Coordenadas da primeira dimensão (abcissas):

$$\mathbf{X}_l = \begin{pmatrix} \mathbf{x}_{l1} \\ \vdots \\ \mathbf{x}_{lI} \end{pmatrix} = \mathbf{D}_l^{-1} \cdot (\mathbf{D}_l^{1/2} \cdot \mathbf{U}) \cdot \mathbf{\Lambda} = \sqrt{\lambda_1} \cdot \mathbf{D}_l^{-1/2} \cdot \mathbf{u}_1 \quad (3.27)$$

  - Coordenadas da segunda dimensão (ordenadas):

$$\mathbf{Y}_l = \begin{pmatrix} \mathbf{y}_{l1} \\ \vdots \\ \mathbf{y}_{lI} \end{pmatrix} = \mathbf{D}_l^{-1} \cdot (\mathbf{D}_l^{1/2} \cdot \mathbf{U}) \cdot \mathbf{\Lambda} = \sqrt{\lambda_2} \cdot \mathbf{D}_l^{-1/2} \cdot \mathbf{u}_2 \quad (3.28)$$

  - Coordenadas da k-ésima dimensão:

$$\mathbf{Z}_l = \begin{pmatrix} \mathbf{z}_{l1} \\ \vdots \\ \mathbf{z}_{lI} \end{pmatrix} = \mathbf{D}_l^{-1} \cdot (\mathbf{D}_l^{1/2} \cdot \mathbf{U}) \cdot \mathbf{\Lambda} = \sqrt{\lambda_k} \cdot \mathbf{D}_l^{-1/2} \cdot \mathbf{u}_k \quad (3.29)$$

- **Variável em coluna na tabela de contingência:**
  - Coordenadas da primeira dimensão (abcissas):

$$\mathbf{X}_c = \begin{pmatrix} \mathbf{x}_{c1} \\ \vdots \\ \mathbf{x}_{cJ} \end{pmatrix} = \mathbf{D}_c^{-1} \cdot (\mathbf{D}_c^{1/2} \cdot \mathbf{V}) \cdot \mathbf{\Lambda} = \sqrt{\lambda_1} \cdot \mathbf{D}_c^{-1/2} \cdot \mathbf{v}_1 \quad (3.30)$$

  - Coordenadas da segunda dimensão (ordenadas):

$$\mathbf{Y}_c = \begin{pmatrix} \mathbf{y}_{c1} \\ \vdots \\ \mathbf{y}_{cJ} \end{pmatrix} = \mathbf{D}_c^{-1} \cdot (\mathbf{D}_c^{1/2} \cdot \mathbf{V}) \cdot \mathbf{\Lambda} = \sqrt{\lambda_2} \cdot \mathbf{D}_c^{-1/2} \cdot \mathbf{v}_2 \quad (3.31)$$

  - Coordenadas da k-ésima dimensão:

$$\mathbf{Z}_c = \begin{pmatrix} \mathbf{z}_{c1} \\ \vdots \\ \mathbf{z}_{cJ} \end{pmatrix} = \mathbf{D}_c^{-1} \cdot (\mathbf{D}_c^{1/2} \cdot \mathbf{V}) \cdot \mathbf{\Lambda} = \sqrt{\lambda_k} \cdot \mathbf{D}_c^{-1/2} \cdot \mathbf{v}_k \quad (3.32)$$

É importante ressaltar que as coordenadas da variável em linha também podem ser obtidas por meio das coordenadas da variável em coluna e vice-versa. Assim, caso o pesquisador tenha apenas as coordenadas das categorias de uma das variáveis, porém possua as massas de cada uma das categorias da outra, além dos valores singulares, poderá calcular as coordenadas das categorias desta última variável. Conforme comentam Fávero *et al.* (2009), as coordenadas das categorias da variável em linha para uma específica dimensão podem ser obtidas multiplicando-se a matriz de massas (*row profiles*) pelo vetor de coordenadas das categorias da variável em coluna e dividindo-se os valores obtidos pelo valor singular daquela determinada dimensão. Analogamente, as coordenadas das categorias da variável em coluna, também para dada dimensão, podem ser obtidas multiplicando-se a matriz de massas (*column profiles*) pelo vetor de coordenadas das categorias da variável em linha e dividindo-se também os valores obtidos pelo valor singular daquela dimensão.

Assim, temos que:

$$\mathbf{X}_l = \begin{pmatrix} \mathbf{x}_{l1} \\ \vdots \\ \mathbf{x}_{lI} \end{pmatrix} = \begin{pmatrix} \left(\frac{n_{11}}{\sum l_1}\right) & \left(\frac{n_{12}}{\sum l_1}\right) & \cdots & \left(\frac{n_{1J}}{\sum l_1}\right) \\ \left(\frac{n_{21}}{\sum l_2}\right) & \left(\frac{n_{22}}{\sum l_2}\right) & \cdots & \left(\frac{n_{2J}}{\sum l_2}\right) \\ \vdots & \vdots & \ddots & \vdots \\ \left(\frac{n_{I1}}{\sum l_I}\right) & \left(\frac{n_{I2}}{\sum l_I}\right) & \cdots & \left(\frac{n_{IJ}}{\sum l_I}\right) \end{pmatrix} \cdot \begin{pmatrix} \mathbf{x}_{c1} \\ \vdots \\ \mathbf{x}_{cJ} \end{pmatrix} \cdot \lambda_1^{-1} \quad (3.33)$$

e

$$\mathbf{X}_c = \begin{pmatrix} \mathbf{x}_{c1} \\ \vdots \\ \mathbf{x}_{cJ} \end{pmatrix} = \begin{pmatrix} \left(\frac{n_{11}}{\sum c_1}\right) & \left(\frac{n_{12}}{\sum c_2}\right) & \cdots & \left(\frac{n_{1J}}{\sum c_J}\right) \\ \left(\frac{n_{21}}{\sum c_1}\right) & \left(\frac{n_{22}}{\sum c_2}\right) & \cdots & \left(\frac{n_{2J}}{\sum c_J}\right) \\ \vdots & \vdots & \ddots & \vdots \\ \left(\frac{n_{I1}}{\sum c_1}\right) & \left(\frac{n_{I2}}{\sum c_2}\right) & \cdots & \left(\frac{n_{IJ}}{\sum c_J}\right) \end{pmatrix}' \cdot \begin{pmatrix} \mathbf{x}_{l1} \\ \vdots \\ \mathbf{x}_{lI} \end{pmatrix} \cdot \lambda_1^{-1} \quad (3.34)$$

Com base nas expressões (3.33) e (3.34), podem ser definidas, de forma análoga, as expressões das coordenadas das demais dimensões, sempre levando-se em considerando os respectivos valores singulares.

Por fim, podemos verificar que as coordenadas (*scores*) se relacionam com os valores singulares obtidos pode meio das seguintes expressões:

$$\lambda_1 = \sum_{i=1}^{I} \left[ (\mathbf{x}_{li})^2 \cdot \left( \frac{\sum l_i}{N} \right) \right] = \sum_{j=1}^{J} \left[ (\mathbf{x}_{cj})^2 \cdot \left( \frac{\sum c_j}{N} \right) \right] \quad (3.35)$$

$$\lambda_2 = \sum_{i=1}^{I} \left[ (\mathbf{y}_{li})^2 \cdot \left( \frac{\sum l_i}{N} \right) \right] = \sum_{j=1}^{J} \left[ (\mathbf{y}_{cj})^2 \cdot \left( \frac{\sum c_j}{N} \right) \right] \quad (3.36)$$

$$\lambda_k = \sum_{i=1}^{I}\left[(\mathbf{z}_{li})^2 \cdot \left(\frac{\sum l_i}{N}\right)\right] = \sum_{j=1}^{J}\left[(\mathbf{z}_{cj})^2 \cdot \left(\frac{\sum c_j}{N}\right)\right] \tag{3.37}$$

As coordenadas **X** e **Y** obtidas por meio das expressões (3.27) a (3.32) são utilizadas para construir um mapa perceptual conhecido como **mapa simétrico**, em que os pontos que representam as linhas e colunas das categorias das variáveis possuem a mesma escala, também conhecida por **normalização simétrica**. Caso o pesquisador deseje, por outro lado, privilegiar exclusivamente a visualização das massas em linha ou das massas em coluna de determinada tabela de contingência para a construção do mapa perceptual, poderá abrir mão da normalização simétrica e optar, respectivamente, por aquelas conhecidas como **principal linha** e **principal coluna**. Nesses casos, o cálculo das coordenadas é elaborado por expressões apresentadas no Quadro 3.1.

**QUADRO 3.1 Expressões para determinação das abcissas e ordenadas em mapas perceptuais**

| Normalização | Expressão para as Abcissas | Expressão para as Ordenadas |
|---|---|---|
| Simétrica | $\mathbf{X} = \mathbf{D}_l^{-1} \cdot (\mathbf{D}_l^{1/2} \cdot \mathbf{U}) \cdot \Lambda$ | $\mathbf{Y} = \mathbf{D}_c^{-1} \cdot (\mathbf{D}_c^{1/2} \cdot \mathbf{V}) \cdot \Lambda$ |
| Principal Linha | $\mathbf{X} = \mathbf{D}_l^{-1} \cdot (\mathbf{D}_l^{1/2} \cdot \mathbf{U}) \cdot \Lambda$ | $\mathbf{Y} = \mathbf{D}_c^{-1} \cdot (\mathbf{D}_c^{1/2} \cdot \mathbf{V})$ |
| Principal Coluna | $\mathbf{X} = \mathbf{D}_l^{-1} \cdot (\mathbf{D}_l^{1/2} \cdot \mathbf{U})$ | $\mathbf{Y} = \mathbf{D}_c^{-1} \cdot (\mathbf{D}_c^{1/2} \cdot \mathbf{V}) \cdot \Lambda$ |

Enquanto, no perfil **linha**, apenas o cálculo das abcissas leva em consideração a matriz de valores singulares, no perfil **coluna**, essa matriz é utilizada apenas para o cálculo das ordenadas.

Com base na determinação das coordenadas de cada categoria, pode ser construído um mapa perceptual com $m$ dimensões. Embora essa possibilidade seja matematicamente possível, apenas as duas primeiras dimensões ($m = 2$) são geralmente utilizadas para a elaboração da análise gráfica, o que gera um mapa perceptual conhecido por ***biplot***.

Na próxima seção, utilizaremos os conceitos apresentados para a elaboração analítica de um exemplo prático.

## 3.2.5. Exemplo prático de análise de correspondência simples (Anacor)

Imagine que o mesmo professor tenha agora o interesse em estudar se o perfil de investidor de seus alunos relaciona-se com o tipo de aplicação financeira realizada, ou seja, se existe associação estatisticamente significante, a determinado nível de significância, entre os perfis dos investidores e a forma como são alocados seus recursos financeiros.

Nesse sentido, o professor elaborou uma pesquisa com 100 alunos da escola onde leciona, solicitando que cada um declarasse em que tipo de aplicação financeira possuía a maior parte de seus recursos. Três possibilidades surgiram como resposta: **Poupança, CDB** e **Ações**. Na sequência, com base na estratificação do fator principal gerado a partir de uma análise fatorial por componentes principais aplicada anteriormente a diversas variáveis, os mesmos estudantes foram classificados pelo professor em três tipos de perfil de investidor: **Conservador, Moderado** ou **Agressivo**. Parte do banco de dados elaborado, que possui apenas essas duas variáveis categóricas, encontra-se na Tabela 3.7.

**Tabela 3.7** Exemplo: Perfil do investidor e tipo de aplicação financeira

| Estudante | Perfil do Investidor | Tipo de Aplicação Financeira |
|---|---|---|
| Gabriela | Conservador | Poupança |
| Luiz Felipe | Conservador | Poupança |
| | ⋮ | |
| Renata | Conservador | CDB |
| Guilherme | Conservador | Ações |
| | ⋮ | |
| Kamal | Moderado | Poupança |
| Rodolfo | Moderado | CDB |
| | ⋮ | |
| Raquel | Moderado | CDB |
| Anna Luiza | Moderado | Ações |
| | ⋮ | |
| Nuno | Agressivo | Poupança |
| Bráulio | Agressivo | CDB |
| | ⋮ | |
| Estela | Agressivo | Ações |

O banco de dados completo pode ser acessado por meio do arquivo **Perfil_Investidor × Aplicação.xls**. Por meio dele, é possível definir a tabela de contingência de nosso exemplo, que possui dimensão 3 × 3 e oferece as frequências absolutas observadas para cada par perfil do investidor × tipo de aplicação (Tabela 3.8).

**Tabela 3.8** Tabela de contingência com frequências absolutas observadas

| Perfil \ Aplicação | Poupança | CDB | Ações | Total |
|---|---|---|---|---|
| Conservador | 8 | 4 | 5 | $\Sigma l_1 = 17$ |
| Moderado | 5 | 16 | 4 | $\Sigma l_2 = 25$ |
| Agressivo | 2 | 20 | 36 | $\Sigma l_3 = 58$ |
| **Total** | $\Sigma c_1 = 15$ | $\Sigma c_2 = 40$ | $\Sigma c_3 = 45$ | $N = 100$ |

Na forma matricial, a tabela de contingência com frequências absolutas observadas pode ser escrita, com base na expressão (3.2), da seguinte forma:

$$\mathbf{X}_o = \begin{pmatrix} 8 & 4 & 5 \\ 5 & 16 & 4 \\ 2 & 20 & 36 \end{pmatrix}$$

Por meio da Tabela 3.8 (ou da matriz $\mathbf{X}_o$), podemos verificar que há mais investidores com o perfil *Agressivo* que *Moderado* ou *Conservador*. Em relação ao tipo de aplicação financeira, verificamos que há uma quantidade maior de investidores com recursos alocados em *Ações* e em *CDB* que em *Poupança*. Entretanto, essa análise preliminar é apenas univariada, ou seja, leva em consideração a distribuição de frequências para cada variável isoladamente, sem uma análise de classificação cruzada. Nosso objetivo, portanto, é estudar se as categorias do perfil do investidor associam-se de forma estatisticamente significante com as categorias do tipo de aplicação financeira em uma perspectiva bivariada.

Conforme discutimos na seção 3.2.2, precisamos, portanto, investigar inicialmente se as categorias das duas variáveis associam-se de forma aleatória ou se existe uma relação de dependência entre elas. A fim de que seja calculada a estatística $\chi^2$, devemos definir as frequências absolutas esperadas e os resíduos de cada uma das células da tabela de classificação cruzada. Enquanto a Tabela 3.9 apresenta as frequências absolutas esperadas, a Tabela 3.10 mostra os resíduos.

**Tabela 3.9** Frequências absolutas esperadas

| Perfil \ Aplicação | Poupança | CDB | Ações |
|---|---|---|---|
| Conservador | $\left(\frac{15\times17}{100}\right)=2{,}55$ | $\left(\frac{40\times17}{100}\right)=6{,}80$ | $\left(\frac{45\times17}{100}\right)=7{,}65$ |
| Moderado | $\left(\frac{15\times25}{100}\right)=3{,}75$ | $\left(\frac{40\times25}{100}\right)=10{,}00$ | $\left(\frac{45\times25}{100}\right)=11{,}25$ |
| Agressivo | $\left(\frac{15\times58}{100}\right)=8{,}70$ | $\left(\frac{40\times58}{100}\right)=23{,}20$ | $\left(\frac{45\times58}{100}\right)=26{,}10$ |

**Tabela 3.10** Resíduos – Diferenças entre frequências absolutas observadas e esperadas

| Perfil \ Aplicação | Poupança | CDB | Ações |
|---|---|---|---|
| Conservador | 5,45 | -2,80 | -2,65 |
| Moderado | 1,25 | 6,00 | -7,25 |
| Agressivo | -6,70 | -3,20 | 9,90 |

Analogamente, na forma matricial, temos, com base nas expressões (3.4) e (3.5), que:

$$\mathbf{X_e} = \begin{pmatrix} 2,55 & 6,80 & 7,65 \\ 3,75 & 10,00 & 11,25 \\ 8,70 & 23,20 & 26,10 \end{pmatrix}$$

e

$$\mathbf{E} = \begin{pmatrix} 5,45 & -2,80 & -2,65 \\ 1,25 & 6,00 & -7,25 \\ -6,70 & -3,20 & 9,90 \end{pmatrix}$$

Obviamente, podemos verificar que a somatória dos resíduos é igual a 0 para cada linha e para cada coluna da matriz **E**.

Com base na expressão (3.6), podemos elaborar a Tabela 3.11, cuja somatória dos valores de cada célula fornece o valor da estatística $\chi^2$.

**Tabela 3.11** Valores de $\chi^2$ por célula

| Perfil \ Aplicação | Poupança | CDB | Ações |
|---|---|---|---|
| Conservador | $\frac{(5,45)^2}{2,55}=11,65$ | $\frac{(-2,80)^2}{6,80}=1,15$ | $\frac{(-2,65)^2}{7,65}=0,92$ |
| Moderado | $\frac{(1,25)^2}{3,75}=0,42$ | $\frac{(6,00)^2}{10,00}=3,60$ | $\frac{(-7,25)^2}{11,25}=4,67$ |
| Agressivo | $\frac{(-6,70)^2}{8,70}=5,16$ | $\frac{(-3,20)^2}{23,20}=0,44$ | $\frac{(9,90)^2}{26,10}=3,76$ |

Assim, temos que:

$$\chi^2_{4g.l.} = \sum_{i=1}^{3}\sum_{j=1}^{3} \frac{\left[n_{ij} - \left(\frac{\sum c_j \cdot \sum l_i}{100}\right)\right]^2}{\left(\frac{\sum c_j \cdot \sum l_i}{100}\right)} = \sum_{i=1}^{3}\sum_{j=1}^{3} \frac{(resíduos_{ij})^2}{(frequências\ esperadas_{ij})} = 31,76$$

Para 4 graus de liberdade, já que $(I-1) \times (J-1) = (3-1) \times (3-1) = 4$, temos, por meio da Tabela B do Apêndice II, que $\chi^2_c = 9,488$ ($\chi^2_c$ crítico para 4 graus de liberdade e para o nível de significância de 5%). Dessa forma, como o $\chi^2$ calculado $\chi^2_{cal} = 31,76 > \chi^2_c = 9,488$, podemos rejeitar a hipótese nula de que as duas variáveis categóricas se associam de forma aleatória, ou seja, existe associação estatisticamente significante, ao nível de significância de 5%, entre o perfil do investidor e o tipo de aplicação financeira.

Softwares como o SPSS e o Stata não oferecem o $\chi_c^2$ para os graus de liberdade definidos e determinado nível de significância. Todavia, oferecem o nível de significância do $\chi_{cal}^2$ para esses graus de liberdade. Portanto, em vez de analisarmos se $\chi_{cal}^2 > \chi_c^2$, devemos verificar se o nível de significância do $\chi_{cal}^2$ é menor que 0,05 (5%) a fim de darmos continuidade à análise de correspondência. Assim:

Se *valor-P* (ou *P-value* ou *Sig.* $\chi_{cal}^2$ ou *Prob.* $\chi_{cal}^2$) < 0,05, a associação entre as duas variáveis categóricas não se dá de forma aleatória.

O nível de significância do $\chi_{cal}^2$ pode ser obtido no Excel por meio do comando **Fórmulas → Inserir Função → DIST.QUI**, que abrirá uma caixa de diálogo conforme mostra a Figura 3.1.

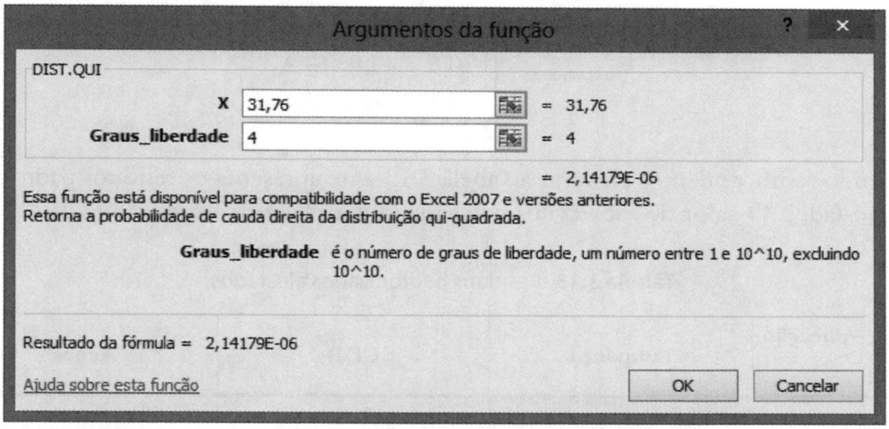


**Figura 3.1** Obtenção do nível de significância de $\chi^2$ (comando **Inserir Função**).

Conforme podemos observar por meio da Figura 3.1, o *valor-P* da estatística $\chi_{cal}^2$ é consideravelmente menor que 0,05 (*valor-P* $\chi_{cal}^2 = 2{,}14 \times 10^{-6}$), ou seja, perfil do investidor e tipo de aplicação financeira não se combinam aleatoriamente.

Conforme discutimos na seção 3.2.2, embora o resultado do teste $\chi^2$ tenha mostrado a existência de um padrão de dependência entre o perfil do investidor e o tipo de aplicação financeira, é a análise dos resíduos padronizados ajustados que revelará os padrões característicos de cada categoria do perfil do investidor segundo o excesso ou a falta de ocorrências de sua combinação com cada categoria do tipo de aplicação financeira.

Logo, com base na expressão (3.8), podemos elaborar a Tabela 3.12, que apresenta o cálculo do resíduo padronizado em cada célula.

**Tabela 3.12** Resíduos padronizados

| Perfil \ Aplicação | Poupança | CDB | Ações |
|---|---|---|---|
| Conservador | $\frac{8-2,6}{\sqrt{2,6}}=3,4$ | $\frac{4-6,8}{\sqrt{6,8}}=-1,1$ | $\frac{5-7,7}{\sqrt{7,7}}=-1,0$ |
| Moderado | $\frac{5-3,8}{\sqrt{3,8}}=0,6$ | $\frac{16-10}{\sqrt{10}}=1,9$ | $\frac{4-11,3}{\sqrt{11,3}}=-2,2$ |
| Agressivo | $\frac{2-8,7}{\sqrt{8,7}}=-2,3$ | $\frac{20-23,2}{\sqrt{23,2}}=-0,7$ | $\frac{36-26,1}{\sqrt{26,1}}=1,9$ |

Na forma matricial, a tabela de resíduos padronizados pode ser escrita, com base na expressão (3.9), da seguinte forma:

$$\mathbf{E}_{\text{padronizado}} = \begin{pmatrix} 3,4 & -1,1 & -1,0 \\ 0,6 & 1,9 & -2,2 \\ -2,3 & -0,7 & 1,9 \end{pmatrix}$$

Sendo assim, podemos elaborar a Tabela 3.13, que apresenta os resíduos padronizados ajustados. O valor de cada célula é calculado com base na expressão (3.10).

**Tabela 3.13** Resíduos padronizados ajustados

| Perfil \ Aplicação | Poupança | CDB | Ações |
|---|---|---|---|
| Conservador | $\frac{3,4}{\sqrt{\left(1-\frac{15}{100}\right)\cdot\left(1-\frac{17}{100}\right)}}=4,1$ | $\frac{-1,1}{\sqrt{\left(1-\frac{40}{100}\right)\cdot\left(1-\frac{17}{100}\right)}}=-1,5$ | $\frac{-1,0}{\sqrt{\left(1-\frac{45}{100}\right)\cdot\left(1-\frac{17}{100}\right)}}=-1,4$ |
| Moderado | $\frac{0,6}{\sqrt{\left(1-\frac{15}{100}\right)\cdot\left(1-\frac{25}{100}\right)}}=0,8$ | $\frac{1,9}{\sqrt{\left(1-\frac{40}{100}\right)\cdot\left(1-\frac{25}{100}\right)}}=2,8$ | $\frac{-2,2}{\sqrt{\left(1-\frac{45}{100}\right)\cdot\left(1-\frac{25}{100}\right)}}=-3,4$ |
| Agressivo | $\frac{-2,3}{\sqrt{\left(1-\frac{15}{100}\right)\cdot\left(1-\frac{58}{100}\right)}}=-3,8$ | $\frac{-0,7}{\sqrt{\left(1-\frac{40}{100}\right)\cdot\left(1-\frac{58}{100}\right)}}=-1,3$ | $\frac{1,9}{\sqrt{\left(1-\frac{45}{100}\right)\cdot\left(1-\frac{58}{100}\right)}}=4,0$ |

A tabela de resíduos padronizados pode ser escrita matricialmente, com base na expressão (3.11), da seguinte forma:

$$\mathbf{E}_{\text{padronizado ajustado}} = \begin{pmatrix} 4,1 & -1,5 & -1,4 \\ 0,8 & 2,8 & -3,4 \\ -3,8 & -1,3 & 4,0 \end{pmatrix}$$

Note, na Tabela 3.13, que os resíduos padronizados ajustados com valores positivos superiores a 1,96 estão em destaque e correspondem ao excesso de ocorrências em cada célula, ao nível de significância de 5%, conforme discutimos ao final da seção 3.2.2. Podemos afirmar, portanto, que a análise dos resíduos padronizados ajustados permite caracterizar que o perfil *Conservador* se associa ao tipo de aplicação *Poupança*, o perfil *Moderado*, ao tipo de aplicação *CDB*, e o perfil *Agressivo*, ao tipo de aplicação *Ações*.

Visto que o perfil do investidor e o tipo de aplicação financeira não se associam de forma aleatória (teste $\chi^2$), e estudadas as relações entre cada par de categorias (resíduos padronizados ajustados), daremos sequência à análise de correspondência simples, com o objetivo de definir as coordenadas de cada uma das categorias para que, por meio delas, seja construído o mapa perceptual. Precisamos, dessa forma, calcular os autovalores (inércias principais parciais) e autovetores da matriz **W**, definida na seção 3.2.3 por meio da expressão (3.17). Conforme já discutimos, a partir dos quais, serão calculadas as coordenadas das categorias de ambas as variáveis.

Devemos inicialmente definir a matriz de frequências relativas observadas **P**, fazendo uso da expressão (3.12). Assim, temos que:

$$\mathbf{P}=\frac{1}{100}\cdot\mathbf{X}_o=\begin{pmatrix}0{,}080 & 0{,}040 & 0{,}050\\ 0{,}050 & 0{,}160 & 0{,}040\\ 0{,}020 & 0{,}200 & 0{,}360\end{pmatrix}$$

Por meio da matriz **P**, podemos elaborar as Tabelas 3.14 e 3.15, que apresentam as massas das categorias do perfil do investidor e do tipo de aplicação financeira, chamadas, respectivamente, de *column profiles* e *row profiles*.

**Tabela 3.14** Massas – *Column profiles*

| Perfil \ Aplicação | Poupança | CDB | Ações | Massa |
|---|---|---|---|---|
| Conservador | 0,533 | 0,100 | 0,111 | $\frac{\sum l_1}{N}$ = **0,170** |
| Moderado | 0,333 | 0,400 | 0,089 | $\frac{\sum l_2}{N}$ = **0,250** |
| Agressivo | 0,133 | 0,500 | 0,800 | $\frac{\sum l_3}{N}$ = **0,580** |
| **Total** | **1,000** | **1,000** | **1,000** | |

**Tabela 3.15** Massas – *Row profiles*

| Perfil \ Aplicação | Poupança | CDB | Ações | Total |
|---|---|---|---|---|
| Conservador | 0,471 | 0,235 | 0,294 | **1,000** |
| Moderado | 0,200 | 0,640 | 0,160 | **1,000** |
| Agressivo | 0,034 | 0,345 | 0,621 | **1,000** |
| **Massa** | $\frac{\sum c_1}{N} = \mathbf{0{,}150}$ | $\frac{\sum c_2}{N} = \mathbf{0{,}400}$ | $\frac{\sum c_3}{N} = \mathbf{0{,}450}$ | |

As massas apresentadas nas Tabelas 3.14 e 3.15 influenciam diretamente o cálculo das coordenadas de cada uma das categorias das variáveis, uma vez que, por meio delas, é definida a matriz **W** e, consequentemente, seus autovalores e autovetores. É a partir das massas e da configuração de suas proporções em linha e em coluna, portanto, que o mapa perceptual da análise de correspondência começa a tomar forma. Vejamos de que maneira, tomando como exemplo a Tabela 3.15 (*row profiles*).

Inicialmente, vamos elaborar um gráfico que apresenta os percentuais em linha para cada categoria de perfil do investidor (Figura 3.2), do qual se pode analisar a alocação de recursos em cada uma das aplicações financeiras para dado perfil. Em outras palavras, essa visualização de frequências relativas permite elaborar uma comparação mais precisa de como são alocados os recursos financeiros para cada perfil de investidor.

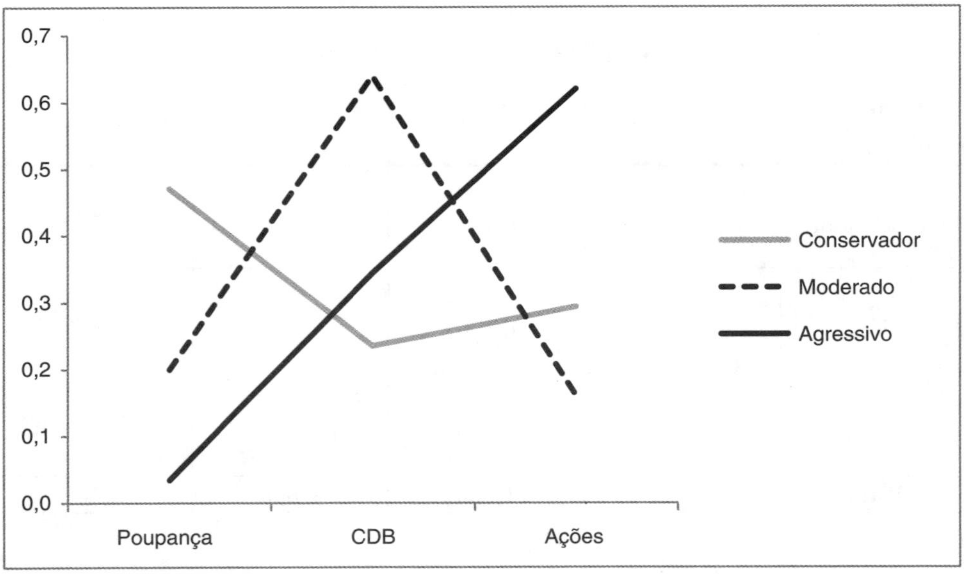


**Figura 3.2** Frequências relativas observadas de aplicação financeira por perfil do investidor (*row profiles*).

O gráfico da Figura 3.2 apresenta, em seu eixo horizontal, os tipos de aplicação financeira e, em seu eixo vertical, os percentuais de cada tipo de aplicação por perfil de investidor. Seguindo a lógica proposta por Greenacre (2008), vamos, na sequência, construir um gráfico tridimensional, em que cada eixo corresponde aos três tipos de aplicação financeira, conforme mostra a Figura 3.3. Dessa forma, plotamos nesse gráfico as coordenadas (0,471; 0,235; 0,294) para a categoria *Conservador*, (0,200; 0,640; 0,160), para a categoria *Moderado*, e (0,034; 0,345; 0,621), para a categoria *Agressivo*. Além disso, também plotamos as coordenadas (0,150; 0,400; 0,450) para a massa média do perfil do investidor.

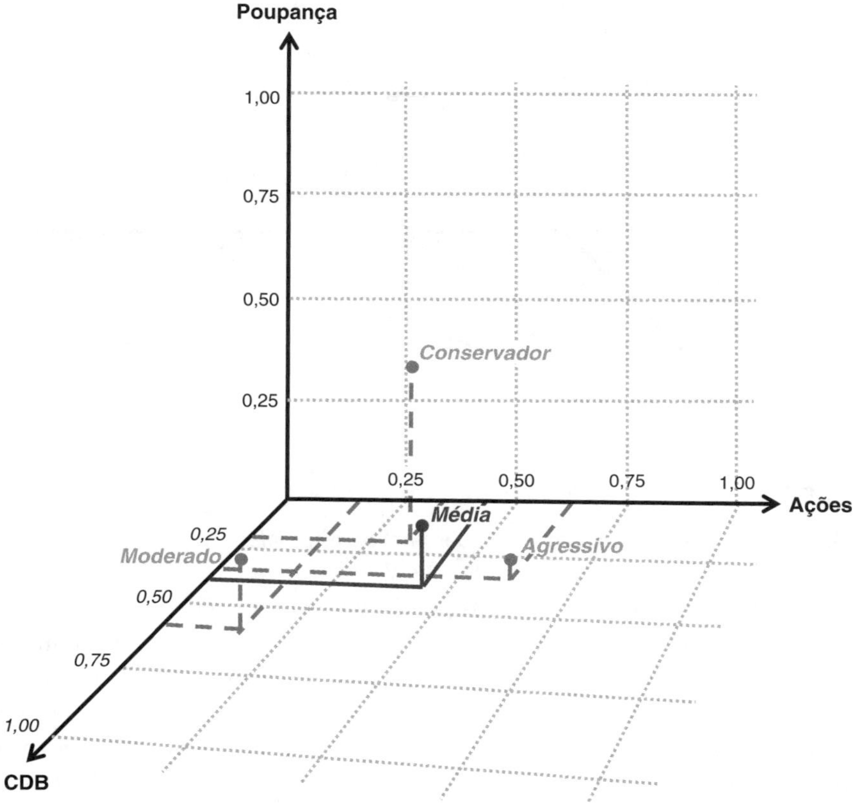


**Figura 3.3** Representação tridimensional das posições do perfil do investidor em relação aos tipos de aplicação financeira.

Ainda de acordo com Greenacre (2008), sobre a Figura 3.3 vamos construir um triângulo equilátero cujos vértices são as coordenadas (1; 0; 0), (0; 1, 0) e (0; 0; 1), ou seja, estão situados sobre cada um dos eixos e representam perfis concentrados somente em um tipo de aplicação financeira. Por exemplo, o vértice com coordenada (1; 0; 0) corresponde a um perfil de investidor que apresenta apenas aplicações financeiras em poupança. Já o vértice com coordenada (0; 0; 1) corresponde a outro perfil que possui apenas aplicações financeiras em ações. Essa nova representação gráfica, conhecida por **sistema triangular de coordenadas**, encontra-se na Figura 3.4.

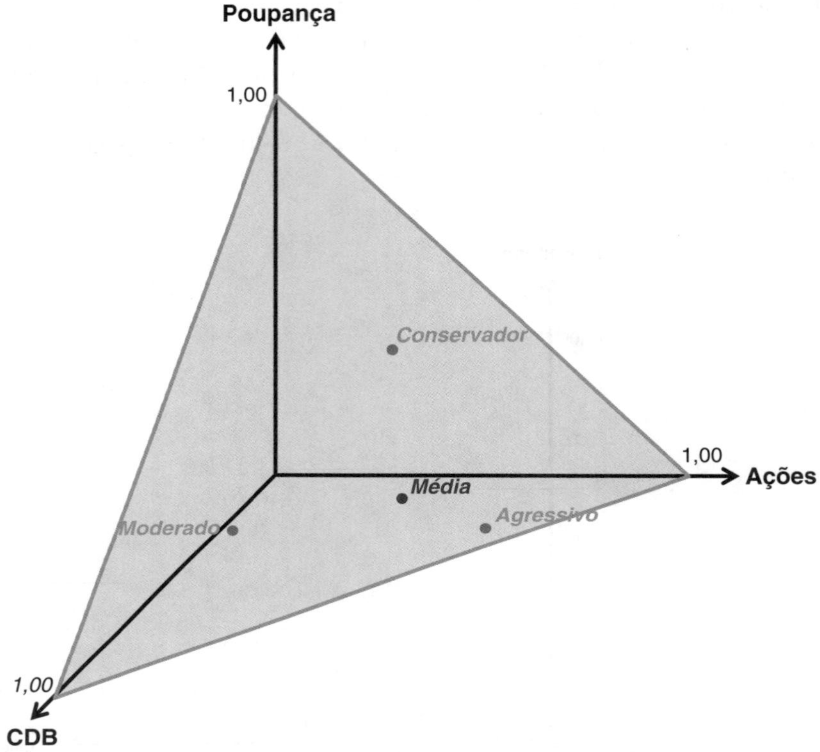


**Figura 3.4** Sistema triangular de coordenadas para o *row profile.*

O sistema triangular de coordenadas possibilita que projetemos os pontos referentes a cada uma das categorias do perfil do investidor sobre o triângulo equilátero, o que facilita a visualização de suas posições relativas. Isso gera o gráfico da Figura 3.5.

Por meio desse gráfico, temos condições de estudar a posição relativa de cada perfil de investidor em relação ao tipo de aplicação financeira. Assim, podemos verificar que, enquanto o perfil *Conservador* é o que mais se aproxima da aplicação *Poupança*, o *Moderado* é o que mais se aproxima da aplicação *CDB*. Por fim, o perfil *Agressivo* é o que mais se aproxima do vértice correspondente à aplicação *Ações*. O mais importante é que a posição relativa de cada ponto correspondente a cada perfil do investidor obedece à proporção de frequências relativas observadas (massas), apresentadas na Tabela 3.15 (*row profiles*).

Nesse sentido, tomemos, por exemplo, a categoria *Conservador*, cujas coordenadas são (0,471; 0,235; 0,294). Observe, por meio da Figura 3.6, que a posição relativa dessa categoria no sistema triangular de coordenadas obedece a essa proporção quando de sua projeção para cada um dos eixos respectivos às categorias *Poupança*, *CDB* e *Ações*, uma vez que linhas paralelas a esses eixos confluem para determinar a posição exata do ponto referente à categoria *Conservador*. Obviamente, a mesma lógica pode ser aplicada às categorias *Moderado* e *Agressivo*.

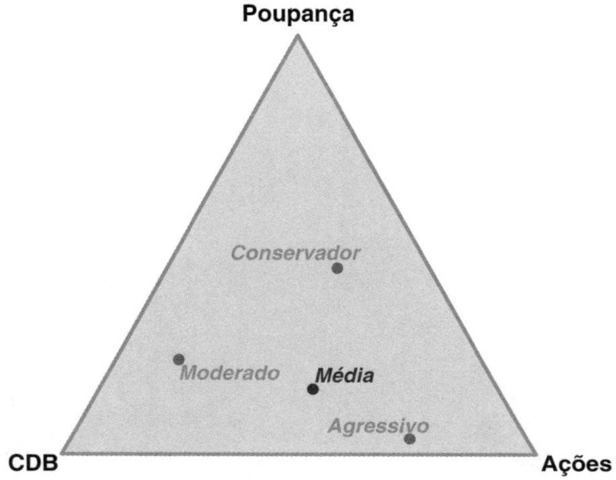


**Figura 3.5** Projeção das categorias do perfil do investidor no sistema triangular de coordenadas.

Segundo Greenacre (2008), na realidade, qualquer combinação de duas das três coordenadas dos perfis é suficiente para posicioná-los no sistema triangular de coordenadas, para uma variável com três categorias, sendo a terceira coordenada desnecessária, uma vez que a soma em linha das frequências relativas observadas será sempre igual a 1.

O sistema triangular de coordenadas somente pode ser utilizado para variáveis com três categorias. Como a dimensionalidade de um sistema de coordenadas é sempre igual ao número de categorias das variáveis menos 1, podemos comprovar, para nosso exemplo, que estamos lidando com um mapa, de fato, bidimensional (*biplot*).

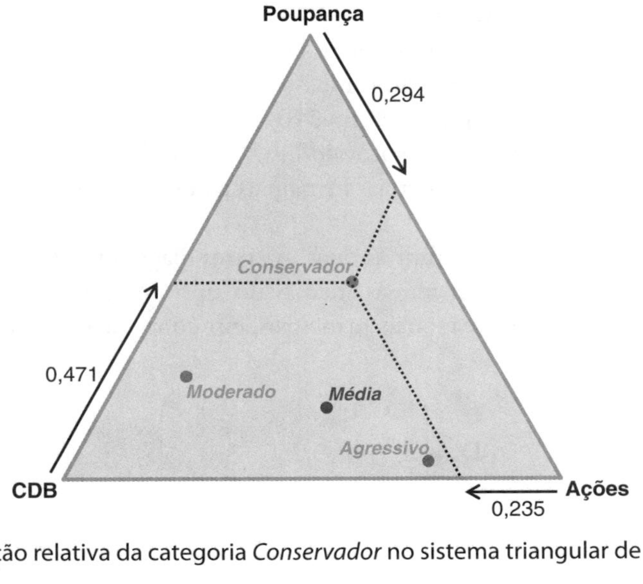


**Figura 3.6** Posição relativa da categoria *Conservador* no sistema triangular de coordenadas.

Podemos, portanto, elaborar o gráfico do sistema triangular de coordenadas dando ênfase para o ponto com coordenadas (0,150; 0,400; 0,450), que corresponde à massa média do perfil do investidor. Esse gráfico encontra-se na Figura 3.7a.

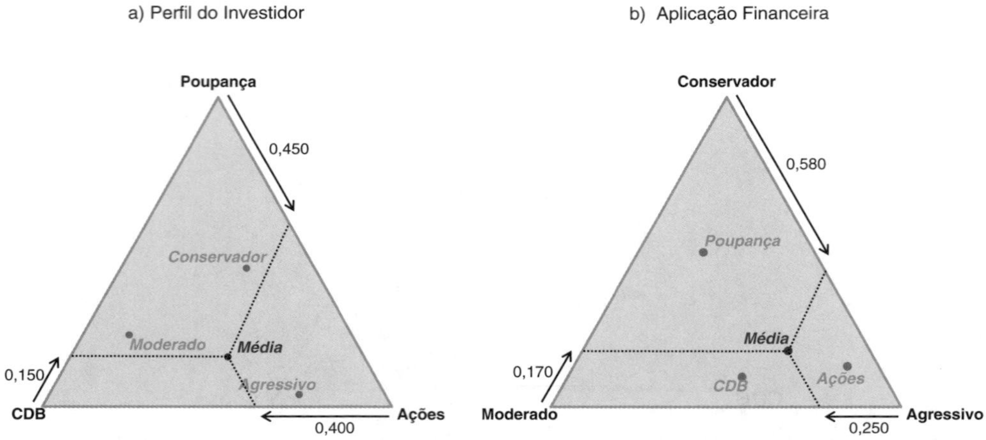


**Figura 3.7** Posições relativas das massas médias no sistema triangular de coordenadas.

Analogamente, podemos fazer uso das massas apresentadas na Tabela 3.14 (*column profiles*) para elaborar o gráfico da Figura 3.7b, em que cada vértice corresponde agora a cada uma das categorias do perfil de investidor, sendo plotadas as coordenadas (0,533; 0,333; 0,133) para a categoria *Poupança*, (0,100; 0,400; 0,500), para a categoria *CDB*, e (0,111; 0,089; 0,800), para a categoria *Ações*. No gráfico da Figura 3.7b, é dada ênfase para o ponto com coordenadas (0,170; 0,250; 0,580), que corresponde à massa média do tipo de aplicação financeira.

Dessa maneira, podemos verificar como as proporções das massas em linha e em coluna definem as posições relativas de cada categoria no mapa perceptual. Resta-nos, portanto, definir os eixos do mapa a fim de que o percentual da inércia principal parcial da primeira dimensão seja maximizado.

Para tanto, conforme discutimos ao final da seção 3.2.3, devemos definir uma matriz **W** e, a partir dela, calcular dois autovalores ($\lambda_1^2$ e $\lambda_2^2$) por meio do método Eckart-Young, correspondentes às duas inércias principais parciais das duas dimensões do mapa perceptual.

Nesse sentido, precisamos definir as duas matrizes diagonais, $\mathbf{D}_l$ e $\mathbf{D}_c$, que contêm, respectivamente, os valores das massas médias do tipo de aplicação financeira e do perfil do investidor em suas diagonais principais, em concordância com as expressões (3.13) e (3.14).

$$\mathbf{D}_l = \begin{pmatrix} 0{,}170 & 0 & 0 \\ 0 & 0{,}250 & 0 \\ 0 & 0 & 0{,}580 \end{pmatrix}$$

e

$$\mathbf{D}_c = \begin{pmatrix} 0{,}150 & 0 & 0 \\ 0 & 0{,}400 & 0 \\ 0 & 0 & 0{,}450 \end{pmatrix}$$

Note que, enquanto os valores da diagonal principal da matriz $\mathbf{D}_c$ são oriundos da Tabela 3.15 (*row profiles*), que também geraram o gráfico da Figura 3.7a, os valores da diagonal principal da matriz $\mathbf{D}_l$ são provenientes da Tabela 3.14 (*column profiles*), que também serviram de base para que fosse construído o gráfico da Figura 3.7b.

Ainda de acordo com o discutido na seção 3.2.3, a decomposição inercial para a elaboração da análise de correspondência consiste em calcular os autovalores de uma matriz **W** = **A'A**, em que **A** é definida de acordo com a expressão (3.15), reproduzida novamente a seguir:

$$\mathbf{A} = \mathbf{D}_l^{-1/2} \cdot (\mathbf{P} - lc') \cdot \mathbf{D}_c^{-1/2}$$

Precisamos, portanto, calcular os valores das células da matriz **P** $-lc'$, com base na expressão (3.16). Logo, temos que:

$$\mathbf{P} - lc' = \begin{pmatrix} (0{,}080 - 0{,}170 \times 0{,}150) & (0{,}040 - 0{,}170 \times 0{,}400) & (0{,}050 - 0{,}170 \times 0{,}450) \\ (0{,}050 - 0{,}250 \times 0{,}150) & (0{,}160 - 0{,}250 \times 0{,}400) & (0{,}040 - 0{,}250 \times 0{,}450) \\ (0{,}020 - 0{,}580 \times 0{,}150) & (0{,}200 - 0{,}580 \times 0{,}400) & (0{,}360 - 0{,}580 \times 0{,}450) \end{pmatrix}$$

$$\mathbf{P} - lc' = \begin{pmatrix} 0{,}055 & -0{,}028 & -0{,}027 \\ 0{,}013 & 0{,}060 & -0{,}073 \\ -0{,}067 & -0{,}032 & 0{,}099 \end{pmatrix}$$

Note que as somatórias dos valores para cada linha e cada coluna da matriz **P** $-lc'$ são, obviamente, sempre iguais a 0. Obtida a matriz, podemos chegar à matriz **A**:

$$\mathbf{A} = \begin{pmatrix} (0{,}170)^{-\frac{1}{2}} & 0 & 0 \\ 0 & (0{,}250)^{-\frac{1}{2}} & 0 \\ 0 & 0 & (0{,}580)^{-\frac{1}{2}} \end{pmatrix} \cdot \begin{pmatrix} 0{,}055 & -0{,}028 & -0{,}027 \\ 0{,}013 & 0{,}060 & -0{,}073 \\ -0{,}067 & -0{,}032 & 0{,}099 \end{pmatrix} \cdot \begin{pmatrix} (0{,}150)^{-\frac{1}{2}} & 0 & 0 \\ 0 & (0{,}400)^{-\frac{1}{2}} & 0 \\ 0 & 0 & (0{,}450)^{-\frac{1}{2}} \end{pmatrix}$$

$$\mathbf{A} = \begin{pmatrix} 0{,}341 & -0{,}107 & -0{,}096 \\ 0{,}065 & 0{,}190 & -0{,}216 \\ -0{,}227 & -0{,}066 & 0{,}194 \end{pmatrix}$$

Conforme mencionamos na seção 3.2.3, podemos realmente comprovar que os valores das células da matriz **A** são iguais aos das respectivas células da matriz $\mathbf{E}_{\text{padronizado}}$ divididos pela raiz quadrada do tamanho da amostra ($\sqrt{N} = 10$).

A matriz **W** pode ser obtida da seguinte maneira:

$$\mathbf{W} = \mathbf{A}'\mathbf{A} = \begin{pmatrix} 0{,}341 & 0{,}065 & -0{,}227 \\ -0{,}107 & 0{,}190 & -0{,}066 \\ -0{,}096 & -0{,}216 & 0{,}194 \end{pmatrix} \cdot \begin{pmatrix} 0{,}341 & -0{,}107 & -0{,}096 \\ 0{,}065 & 0{,}190 & -0{,}216 \\ -0{,}227 & -0{,}066 & 0{,}194 \end{pmatrix}$$

$$\mathbf{W} = \begin{pmatrix} 0{,}172 & -0{,}009 & -0{,}091 \\ -0{,}009 & 0{,}052 & -0{,}044 \\ -0{,}091 & -0{,}044 & 0{,}093 \end{pmatrix}$$

Os cálculos para obtenção das frequências absolutas esperadas (matriz $\mathbf{X}_e$), dos resíduos (matriz **E**), da estatística $\chi^2$, dos resíduos padronizados (matriz $\mathbf{E}_{padronizado}$), das massas e matrizes diagonais $\mathbf{D}_l$ e $\mathbf{D}_c$, da matriz **A** e da matriz **W** também podem ser verificados por meio do arquivo **Perfil_Investidor × Aplicação CálculoMatrizes.xls**.

Com base na expressão (3.18), podemos obter os autovalores da matriz **W**, de modo que:

$$\begin{vmatrix} \lambda^2 - 0{,}172 & 0{,}009 & 0{,}091 \\ 0{,}009 & \lambda^2 - 0{,}052 & 0{,}044 \\ 0{,}091 & 0{,}044 & \lambda^2 - 0{,}093 \end{vmatrix} = 0$$

de onde chegamos aos seguintes autovalores:

$$\begin{cases} \lambda_1^2 = 0{,}233 \\ \lambda_2^2 = 0{,}084 \end{cases},$$

valores das inércias principais parciais das duas dimensões que definem a matriz $\Lambda^2$, de acordo com a expressão (3.20):

$$\mathbf{\Lambda}^2 = \begin{pmatrix} 0{,}233 & 0 \\ 0 & 0{,}084 \end{pmatrix}$$

Logo, a inércia principal total é $I_T = \lambda_1^2 + \lambda_2^2 = 0{,}318$. Por meio da expressão (3.7), também podemos verificar que:

$$I_T = \frac{\chi^2}{N} = \frac{31{,}76}{100} = 0{,}318$$

Os valores singulares de cada dimensão são, portanto, iguais a:

$$\begin{cases} \lambda_1 = 0{,}483 \\ \lambda_2 = 0{,}291 \end{cases}$$

A Tabela 3.16 apresenta a decomposição inercial para as duas dimensões.

**Tabela 3.16** Decomposição inercial para as duas dimensões

| Dimensão | Valor Singular ($\lambda$) | Inércia Principal Parcial ($\lambda^2$) | Percentual da Inércia Principal Total |
|---|---|---|---|
| **1** | 0,483 | 0,233 | 73,42% |
| **2** | 0,291 | 0,084 | 26,58% |
| **Total** | | **0,318** | **100,00%** |

Por meio da análise da Tabela 3.16, podemos afirmar que as dimensões 1 e 2 explicam, respectivamente, 73,42% (0,233 / 0,318) e 26,58% (0,084 / 0,318) da inércia principal total. Na análise de correspondência, como os valores singulares da primeira dimensão são maximizados, serão sempre maiores que os da segunda dimensão, e assim sucessivamente, quando houver um número maior de dimensões. Portanto, o percentual da inércia principal total correspondente à primeira dimensão será sempre maior que o obtido para as dimensões subsequentes.

É importante mencionar que, quanto maior a inércia principal total, maior será a associação entre as categorias dispostas em linha e em coluna, o que afetará a disposição dos pontos no sistema triangular de coordenadas. De forma ilustrativa, imaginemos, para efeitos didáticos, três situações provenientes de três diferentes tabelas de contingência, conforme mostra a Figura 3.8.

a) Dados do Nosso Exemplo

Tabela de Contingência:

| | Poupança | CDB | Ações |
|---|---|---|---|
| Conservador | 8 | 4 | 5 |
| Moderado | 5 | 16 | 4 |
| Agressivo | 2 | 20 | 36 |

$\chi^2 = 31,76$

Inércia Principal Total = 0,3176

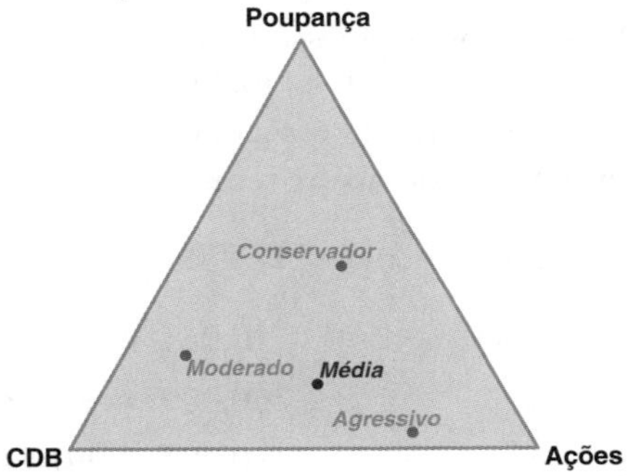


b) Inexistência de Associação

Tabela de Contingência:

| | Poupança | CDB | Ações |
|---|---|---|---|
| Conservador | 5 | 13 | 15 |
| Moderado | 5 | 14 | 15 |
| Agressivo | 5 | 13 | 15 |

$\chi^2 = 0,03$

Inércia Principal Total = 0,0003

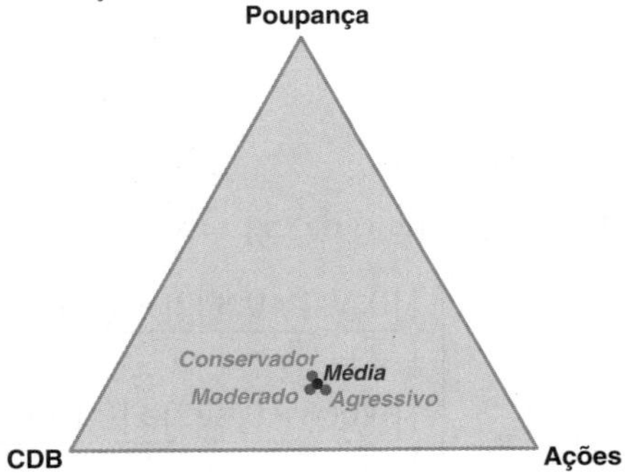


c) Máxima Associação

Tabela de Contingência:

| | Poupança | CDB | Ações |
|---|---|---|---|
| Conservador | 15 | 0 | 0 |
| Moderado | 0 | 40 | 0 |
| Agressivo | 0 | 0 | 45 |

$\chi^2 = 200,00$

Inércia Principal Total = 2,000

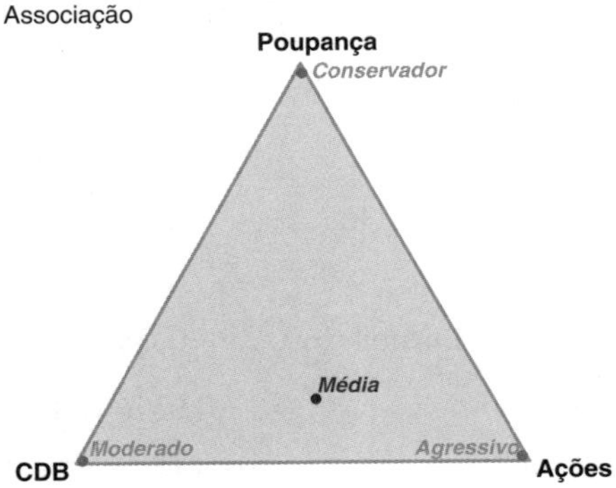

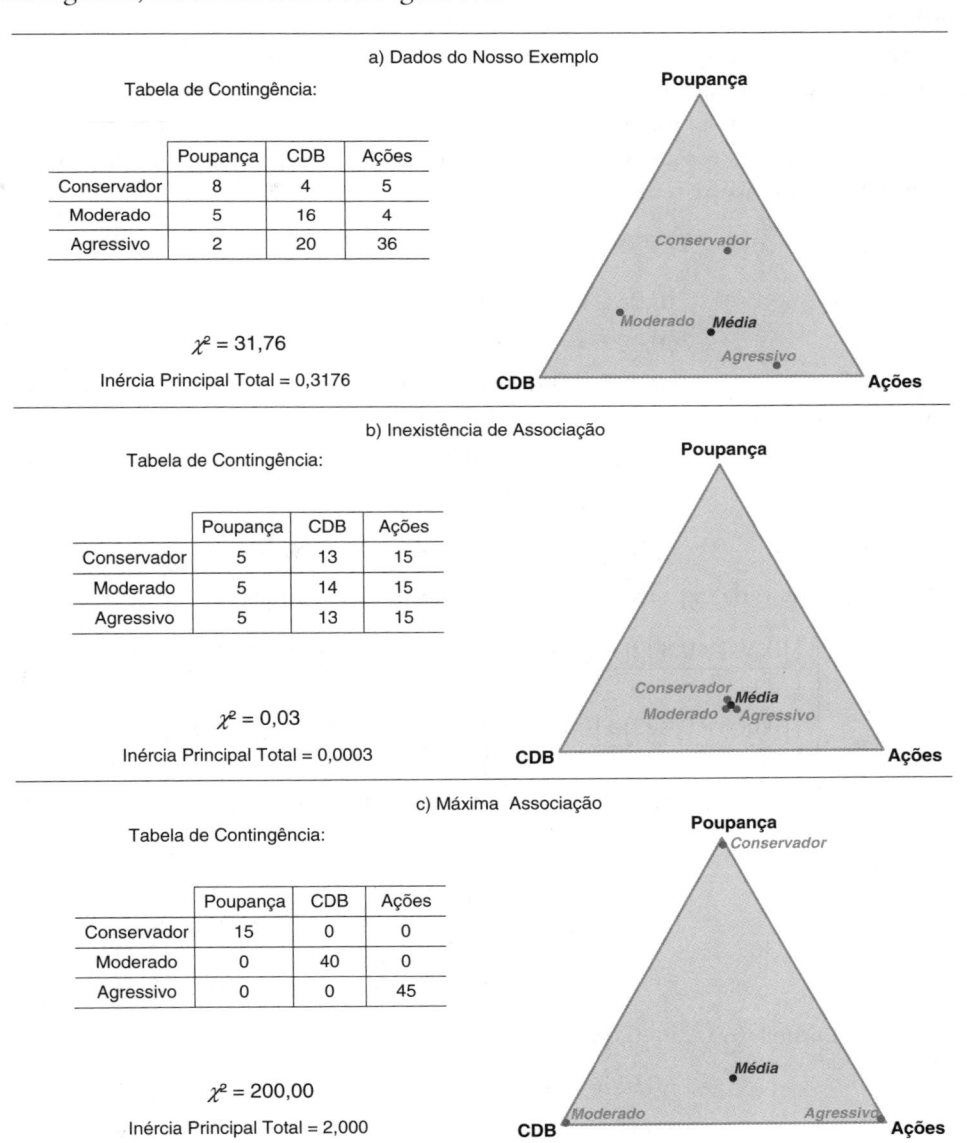

**Figura 3.8** Tabelas de contingência, inércias principais totais e o sistema triangular de coordenadas.

Por meio da Figura 3.8, podemos verificar que, quanto maior a inércia principal total, maior a associação entre as duas variáveis categóricas. Enquanto a Figura 3.8a mostra exatamente os dados do nosso exemplo, com foco em *row profiles* (exatamente igual à Figura 3.5), as Figuras 3.8b e 3.8c mostram situações opostas entre si, com inexistência de associação e associação máxima, respectivamente. Portanto, podemos afirmar que, quanto maior a inércia principal total (e, obviamente, o $\chi^2$), maior será a dispersão dos pontos no mapa perceptual e mais visível será a associação entre as variáveis cujas categorias são representadas por esses pontos. Note que a soma de cada coluna em cada uma das três situações não é alterada, o que faz as massas médias do perfil do investidor serem sempre iguais nas três situações.

Seguindo a lógica apresentada na seção 3.2.4, podemos, portanto, partir para o cálculo das coordenadas (*scores*) das categorias das duas variáveis em análise para os dados do nosso exemplo. Dessa forma, para calcularmos os autovetores da matriz **W** com base nos autovalores $\lambda_1^2$ e $\lambda_2^2$, devemos resolver o sistema de equações para cada uma das dimensões. Sendo assim, temos que:

- Primeira Dimensão ($\lambda_1^2 = 0{,}233$):

$$\begin{cases} 0{,}061 \cdot v_1 + 0{,}009 \cdot v_2 + 0{,}091 \cdot v_3 = 0 \\ 0{,}009 \cdot v_1 + 0{,}181 \cdot v_2 + 0{,}044 \cdot v_3 = 0 \\ 0{,}091 \cdot v_1 + 0{,}044 \cdot v_2 + 0{,}140 \cdot v_3 = 0 \end{cases}$$

De onde vem que:

$$\mathbf{v_1} = \begin{pmatrix} 0{,}822 \\ 0{,}093 \\ -0{,}562 \end{pmatrix}$$

Logo, por meio da expressão (3.22), podemos escrever que:

$$\mathbf{u_1} = \begin{pmatrix} \left\{ \dfrac{[0{,}341 \times 0{,}822] + [(-0{,}107) \times 0{,}093] + [(-0{,}096) \times (-0{,}562)]}{0{,}483} \right\} \\ \left\{ \dfrac{[0{,}065 \times 0{,}822] + [0{,}190 \times 0{,}093] + [(-0{,}216) \times (-0{,}562)]}{0{,}483} \right\} \\ \left\{ \dfrac{[(-0{,}227) \times 0{,}822] + [(-0{,}066) \times 0{,}093] + [0{,}194 \times (-0{,}562)]}{0{,}483} \right\} \end{pmatrix}$$

$$\mathbf{u_1} = \begin{pmatrix} 0{,}672 \\ 0{,}398 \\ -0{,}625 \end{pmatrix}$$

- Segunda Dimensão ($\lambda_2^2 = 0{,}084$):

$$\begin{cases} -0{,}088 \cdot v_1 + 0{,}009 \cdot v_2 + 0{,}091 \cdot v_3 = 0 \\ 0{,}009 \cdot v_1 + 0{,}032 \cdot v_2 + 0{,}044 \cdot v_3 = 0 \\ 0{,}091 \cdot v_1 + 0{,}044 \cdot v_2 - 0{,}009 \cdot v_3 = 0 \end{cases}$$

De onde vem que:

$$\mathbf{v}_2 = \begin{pmatrix} 0,418 \\ -0,769 \\ 0,484 \end{pmatrix}$$

Analogamente, temos que:

$$\mathbf{u}_2 = \begin{pmatrix} \left\{ \dfrac{[0,341 \times 0,418] + [(-0,107) \times (-0,769)] + [(-0,096) \times 0,484]}{0,291} \right\} \\ \left\{ \dfrac{[0,065 \times 0,418] + [0,190 \times (-0,769)] + [(-0,216) \times 0,484]}{0,291} \right\} \\ \left\{ \dfrac{[(-0,227) \times 0,418] + [(-0,066) \times (-0,769] + [0,194 \times 0,484]}{0,291} \right\} \end{pmatrix}$$

$$\mathbf{u}_2 = \begin{pmatrix} 0,616 \\ -0,769 \\ 0,172 \end{pmatrix}$$

Não serão aqui apresentados os cálculos, porém pode-se facilmente verificar, com base nos autovetores calculados, que as expressões (3.21) a (3.26) são satisfeitas.

Definidos a matriz diagonal de autovalores $\Lambda^2$ e os autovetores $\mathbf{U}$ e $\mathbf{V}$, as coordenadas das abcissas e das ordenadas de cada uma das categorias da variável em linha e da variável em coluna na tabela de contingência podem ser calculadas por meio das expressões (3.27), (3.28), (3.30) e (3.31), de acordo como segue:

- **Variável em linha na tabela de contingência (perfil do investidor):**
  - Coordenadas das abcissas:

$$\mathbf{X}_l = \sqrt{0,483} \cdot \begin{pmatrix} (0,170)^{-\frac{1}{2}} & 0 & 0 \\ 0 & (0,250)^{-\frac{1}{2}} & 0 \\ 0 & 0 & (0,580)^{-\frac{1}{2}} \end{pmatrix} \cdot \begin{pmatrix} 0,672 \\ 0,398 \\ -0,625 \end{pmatrix}$$

$$\mathbf{X}_l = \begin{pmatrix} 1,132 \\ 0,553 \\ -0,570 \end{pmatrix}$$

que são as coordenadas, no mapa perceptual, das abcissas das categorias *Conservador*, *Moderado* e *Agressivo* do perfil do investidor.

  - Coordenadas das ordenadas:

$$\mathbf{Y}_l = \sqrt{0,291} \cdot \begin{pmatrix} (0,170)^{-\frac{1}{2}} & 0 & 0 \\ 0 & (0,250)^{-\frac{1}{2}} & 0 \\ 0 & 0 & (0,580)^{-\frac{1}{2}} \end{pmatrix} \cdot \begin{pmatrix} 0,616 \\ -0,769 \\ 0,172 \end{pmatrix}$$

$$\mathbf{Y}_l = \begin{pmatrix} 0{,}805 \\ -0{,}829 \\ 0{,}122 \end{pmatrix}$$

que são as coordenadas, no mapa perceptual, das ordenadas das categorias *Conservador*, *Moderado* e *Agressivo* do perfil do investidor.

- **Variável em coluna na tabela de contingência (tipo de aplicação financeira):**
  - Coordenadas das abcissas:

$$\mathbf{X}_c = \sqrt{0{,}483} \cdot \begin{pmatrix} (0{,}150)^{-\frac{1}{2}} & 0 & 0 \\ 0 & (0{,}400)^{-\frac{1}{2}} & 0 \\ 0 & 0 & (0{,}450)^{-\frac{1}{2}} \end{pmatrix} \cdot \begin{pmatrix} 0{,}822 \\ 0{,}093 \\ -0{,}562 \end{pmatrix}$$

$$\mathbf{X}_c = \begin{pmatrix} 1{,}475 \\ 0{,}102 \\ -0{,}582 \end{pmatrix}$$

que são as coordenadas, no mapa perceptual, das abcissas das categorias *Poupança*, *CDB* e *Ações* do tipo de aplicação financeira.

  - Coordenadas das ordenadas:

$$\mathbf{Y}_c = \sqrt{0{,}291} \cdot \begin{pmatrix} (0{,}150)^{-\frac{1}{2}} & 0 & 0 \\ 0 & (0{,}400)^{-\frac{1}{2}} & 0 \\ 0 & 0 & (0{,}450)^{-\frac{1}{2}} \end{pmatrix} \cdot \begin{pmatrix} 0{,}418 \\ -0{,}769 \\ 0{,}484 \end{pmatrix}$$

$$\mathbf{Y}_c = \begin{pmatrix} 0{,}582 \\ -0{,}655 \\ 0{,}389 \end{pmatrix}$$

que são as coordenadas, no mapa perceptual, das ordenadas das categorias *Poupança*, *CDB* e *Ações* do tipo de aplicação financeira.

A Tabela 3.17, a seguir, apresenta as coordenadas das categorias das duas variáveis de forma consolidada.

**Tabela 3.17** Coordenadas (*scores*) das categorias das variáveis

| Variável | Categoria | Coordenadas da 1ª Dimensão (Abcissas) | Coordenadas da 2ª Dimensão (Ordenadas) |
|---|---|---|---|
| Perfil do Investidor | Conservador | $\mathbf{x}_{l1} = 1{,}132$ | $\mathbf{y}_{l1} = 0{,}805$ |
| | Moderado | $\mathbf{x}_{l2} = 0{,}553$ | $\mathbf{y}_{l2} = -0{,}829$ |
| | Agressivo | $\mathbf{x}_{l3} = -0{,}570$ | $\mathbf{y}_{l3} = 0{,}122$ |
| Tipo de Aplicação Financeira | Poupança | $\mathbf{x}_{c1} = 1{,}475$ | $\mathbf{y}_{c1} = 0{,}582$ |
| | CDB | $\mathbf{x}_{c2} = 0{,}102$ | $\mathbf{y}_{c2} = -0{,}655$ |
| | Ações | $\mathbf{x}_{c3} = -0{,}582$ | $\mathbf{y}_{c3} = 0{,}389$ |

Conforme discutimos na seção 3.2.4 quando da apresentação das expressões (3.33) e (3.34), as coordenadas das categorias da variável em linha podem ser calculadas a partir das coordenadas das categorias da variável em coluna para determinada dimensão e vice-versa. Para tanto, devemos multiplicar a matriz de massas pelo vetor de coordenadas de uma variável e dividir pelo correspondente valor singular da dimensão em análise, para que sejam obtidas as coordenadas das categorias da outra variável. Vejamos dois exemplos, fazendo uso das expressões (3.33) e (3.34):

$$\mathbf{x}_{l1} = \frac{[0{,}471 \times 1{,}475] + [0{,}235 \times 0{,}102] + [0{,}294 \times (-0{,}582)]}{0{,}483} = 1{,}132$$

$$\mathbf{y}_{c2} = \frac{[0{,}100 \times 0{,}805] + [0{,}400 \times (-0{,}829)] + [0{,}500 \times 0{,}122]}{0{,}291} = -0{,}655$$

Finalmente, com base nas expressões (3.35) e (3.36), temos condições, por meio das coordenadas e das massas em linha e em coluna apresentadas nas Tabelas 3.14 e 3.15, de calcular, apenas para efeitos de verificação, os valores singulares obtidos anteriormente. Sendo assim, temos que:

$$\lambda_1 = [(1{,}132)^2 \times 0{,}170] + [(0{,}553)^2 \times 0{,}250] + [(-0{,}570)^2 \times 0{,}580] = 0{,}483$$

$$\lambda_1 = [(1{,}475)^2 \times 0{,}150] + [(0{,}102)^2 \times 0{,}400] + [(-0{,}582)^2 \times 0{,}450] = 0{,}483$$

e

$$\lambda_2 = [(0{,}805)^2 \times 0{,}170] + [(-0{,}829)^2 \times 0{,}250] + [(0{,}122)^2 \times 0{,}580] = 0{,}291$$

$$\lambda_2 = [(0{,}582)^2 \times 0{,}150] + [(-0{,}655)^2 \times 0{,}400] + [(0{,}389)^2 \times 0{,}450] = 0{,}291$$

Logo, com base nas coordenadas calculadas (*scores*), temos, enfim, condições de construir o mapa perceptual, a principal contribuição da análise de correspondência. A Figura 3.9 apresenta o mapa construído por meio das coordenadas consolidadas na Tabela 3.17.

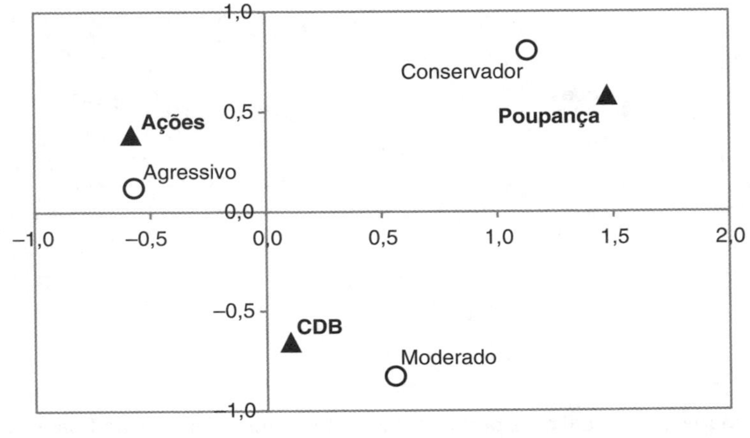


**Figura 3.9** Mapa perceptual para perfil do investidor e tipo de aplicação financeira.

Com base no mapa perceptual da Figura 3.9, podemos verificar que o perfil *Conservador* apresenta mais forte associação com o tipo de aplicação financeira *Poupança*. Além disso, enquanto o perfil *Moderado* associa-se, com maior frequência, à aplicação do tipo *CDB*, o perfil *Agressivo* associa-se mais fortemente com o tipo de investimento *Ações*.

A Figura 3.70, no apêndice deste capítulo, apresenta as configurações mais comuns que um mapa perceptual de uma análise de correspondência simples pode assumir, em função das características da tabela de contingência.

Voltando à análise do mapa perceptual da Figura 3.9, os achados estão, obviamente, de acordo com o discutido quando da análise dos resíduos padronizados ajustados, reproduzidos novamente a seguir, na Tabela 3.18.

**Tabela 3.18** Resíduos padronizados ajustados

| Perfil \ Aplicação | Poupança | CDB | Ações |
|---|---|---|---|
| Conservador | 4,1 | −1,5 | −1,4 |
| Moderado | 0,8 | 2,8 | −3,4 |
| Agressivo | −3,8 | −1,3 | 4,0 |

Seguindo a lógica apresentada por Batista, Escuder e Pereira (2004), para auxiliar a interpretação do mapa perceptual, vamos desenhar uma linha de projeção para a caracterização do tipo de aplicação financeira *Poupança* (da Origem do mapa perceptual em direção à *Poupança*), nela se projetando as categorias do perfil do investidor *Conservador*, *Moderado* e *Agressivo*, conforme mostra a Figura 3.10. As projeções das categorias do perfil do investidor sobre a linha Origem-Poupança correspondem aos resíduos padronizados ajustados, ou seja, 4,1 (*Conservador*), 0,8 (*Moderado*) e −3,8 (*Agressivo*). As diferenças de escala entre essas projeções sobre a linha Origem-Poupança e os valores dos resíduos padronizados são devidas à distorção da projeção de um espaço tridimensional original para o espaço bidimensional utilizado para que fosse construído o mapa perceptual.

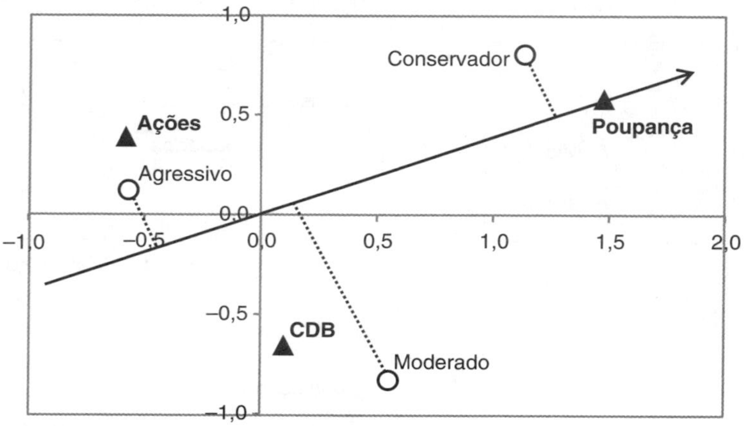


**Figura 3.10** Mapa perceptual para perfil do investidor e tipo de aplicação financeira, com foco na categoria *Poupança*.

Pode-se repetir o mesmo exercício imaginando linhas de projeção para quaisquer categorias do perfil do investidor ou do tipo de aplicação financeira. No mapa perceptual da Figura 3.11, são projetadas, por sua vez, as categorias do tipo de aplicação financeira sobre a linha Origem-Agressivo, em que as projeções correspondem aos resíduos padronizados ajustados –3,8 (*Poupança*), –1,3 (*CDB*) e 4,0 (*Ações*). Da mesma forma, as diferenças de escala entre essas projeções sobre a linha Origem-Agressivo e os valores dos resíduos padronizados devem-se à distorção da projeção do espaço tridimensional original para o espaço bidimensional.

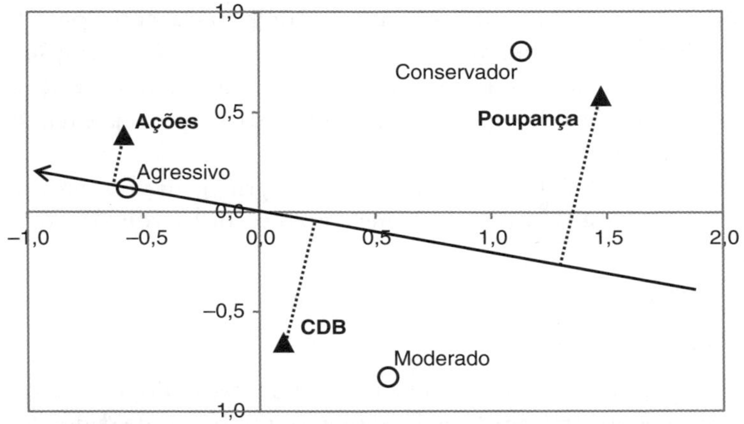


**Figura 3.11** Mapa perceptual para perfil do investidor e tipo de aplicação financeira, com foco na categoria *Agressivo*.

Podemos, portanto, concluir que há diferenças entre as formas de aplicação financeira de pessoas com diferentes perfis de investimento e que essas diferenças podem, de fato, ser identificadas e caracterizadas.

Enquanto na seção 3.4.1 serão apresentados os procedimentos para elaboração da análise de correspondência simples no SPSS, assim como seus resultados, na seção 3.5.1 serão apresentados os comandos para elaboração da técnica no Stata, com respectivos *outputs*.

Elaborado o teste $\chi^2$, avaliadas as associações entre as categorias das duas variáveis e construído o mapa perceptual, vamos partir para o estudo das relações entre categorias de mais de duas variáveis, por meio da análise de correspondência múltipla.

## 3.3. ANÁLISE DE CORRESPONDÊNCIA MÚLTIPLA

A análise de correspondência múltipla, também conhecida como **ACM**, é uma técnica de análise multivariada que representa uma extensão natural da análise de correspondência simples (Anacor), uma vez que permite que sejam estudadas as associações entre mais de duas variáveis categóricas e entre suas categorias, bem como a intensidade dessas associações.

Ao contrário da Anacor, técnica de análise bivariada, não é possível verificar a existência de associações entre mais de duas variáveis simultaneamente para a elaboração da análise de correspondência múltipla, visto que a estatística do teste $\chi^2$ é calculada apenas com base em uma tabela de contingência bidimensional. Isso não impede, por outro lado, que, em função das massas das categorias de cada uma das variáveis a serem inseridas na análise de correspondência múltipla, sejam calculados autovalores utilizados para que se definam as coordenadas daquelas categorias em um mapa perceptual. Portanto, a lógica da análise de correspondência múltipla é semelhante à estudada para a análise de correspondência simples. Ressalta-se que só devem ser inseridas na análise de correspondência múltipla, entretanto, as variáveis que apresentarem associação, verificada por meio do teste $\chi^2$, com pelo menos uma das demais variáveis. Nesse sentido, **é recomendável que seja elaborado um teste $\chi^2$ para cada par de variáveis antes da elaboração de uma análise de correspondência múltipla**. Se uma delas não apresentar associação estatisticamente significante a nenhuma das demais variáveis, a determinado nível de significância, recomenda-se que seja excluída da análise de correspondência múltipla.

Enquanto na seção 3.3.1 serão apresentados os principais conceitos pertinentes à técnica, na seção 3.3.2 será elaborado um exemplo prático resolvido por meio de solução algébrica.

## 3.3.1. Notação

Para que seja elaborada a análise de correspondência múltipla, é necessário apresentar o conceito de **matriz binária**. Imaginemos um banco de dados com $N$ observações e $Q$ variáveis ($Q > 2$), e que cada variável $q$ ($q = 1, ..., Q$) possua $J_q$ categorias. Logo, o número total de categorias envolvidas em uma análise de correspondência múltipla é:

$$J = \sum_{q=1}^{Q} J_q \tag{3.38}$$

A Tabela 3.19 apresenta, de forma esquemática, um banco de dados com $N$ observações e $Q$ ($Q > 2$) variáveis categóricas.

**Tabela 3.19** Banco de dados com $N$ observações e $Q$ ($Q > 2$) variáveis categóricas

| **Observação** | **Variável $q$** | | | |
|---|---|---|---|---|
| | **1** | **2** | **...** | **Q** |
| 1 | categoria 1 | categoria 4 | ... | categoria 2 |
| 2 | categoria 2 | categoria 1 | | categoria 1 |
| 3 | categoria 1 | categoria 3 | | categoria 1 |
| 4 | categoria 3 | categoria 2 | | categoria 2 |
| ⋮ | ⋮ | ⋮ | | ⋮ |
| $N$ | categoria 2 | categoria 4 | | categoria 2 |
| **Número de categorias $J_q$** | **3** | **4** | **...** | **2** |

Note, com base no banco de dados apresentado na Tabela 3.19, que, por exemplo, $J_1 = 3, J_2 = 4$ e $J_Q = 2$. Por meio desse banco de dados, é possível construir um novo banco de dados apenas com variáveis binárias, criadas com base na codificação das categorias das variáveis para cada observação. Assim, por exemplo, para a observação 1, com respostas para as categorias das variáveis 1, 2, ..., Q sendo, respectivamente, 1, 4, ..., 2, teremos a codificação binária representada, respectivamente, por (1 0 0), (0 0 0 1), ..., (0 1). A Tabela 3.20 apresenta a codificação binária para as observações apresentadas na Tabela 3.19.

**Tabela 3.20** Codificação binária das categorias das variáveis originais

| **Observação** | **Variável 1** | | | **Variável 2** | | | | ... | **Variável Q** | |
|---|---|---|---|---|---|---|---|---|---|---|
| | **cat. 1** | **cat. 2** | **cat. 3** | **cat. 1** | **cat. 2** | **cat. 3** | **cat. 4** | | **cat. 1** | **cat. 2** |
| 1 | 1 | 0 | 0 | 0 | 0 | 0 | 1 | | 0 | 1 |
| 2 | 0 | 1 | 0 | 1 | 0 | 0 | 0 | | 1 | 0 |
| 3 | 1 | 0 | 0 | 0 | 0 | 1 | 0 | ... | 1 | 0 |
| 4 | 0 | 0 | 1 | 0 | 1 | 0 | 0 | | 0 | 1 |
| ⋮ | | ⋮ | | | ⋮ | | | | ⋮ | |
| $N$ | 0 | 1 | 0 | 0 | 0 | 0 | 1 | | 0 | 1 |

A Tabela 3.20 com a codificação binária das categorias das variáveis originais é chamada de **matriz binária Z**, por meio da qual pode ser definida a inércia principal total da análise de correspondência múltipla, cujo cálculo é bastante simples e depende apenas da quantidade total de variáveis inseridas na análise e do número de categorias de cada uma delas, não dependendo das frequências absolutas das categorias. Conforme discute Greenacre (2008), a matriz binária **Z** é composta por matrizes $\mathbf{Z}_q$ agrupadas lateralmente, uma para cada variável $q$. Como cada matriz $\mathbf{Z}_q$ apresenta somente um valor 1 em cada linha, todos os perfis linha se situam nos vértices de um sistema de coordenadas, e, portanto, estamos diante de um exemplo de matriz em que ocorrem as maiores associações possíveis entre linhas e colunas, conforme discutimos na seção 3.2.5. Como consequência, para cada matriz $\mathbf{Z}_q$, a inércia principal parcial da dimensão principal será sempre igual a 1, e a inércia principal total, igual a $J_q - 1$. Dessa forma, a inércia principal total de **Z** corresponde à média das inércias principais totais das matrizes $\mathbf{Z}_q$ que a compõem, ou seja, pode ser obtida por meio da seguinte expressão:

$$I_T = \frac{\sum_{q=1}^{Q} (J_q - 1)}{Q} = \frac{J - Q}{Q} \tag{3.39}$$

Por meio do método da codificação binária, **pode-se supor que a matriz Z seja uma tabela de contingência de uma análise de correspondência simples**, a partir da qual podem ser definidos os valores das inércias principais parciais de cada uma das $J - Q$ dimensões. Consequentemente, conforme estudamos na seção 3.2, por meio dos autovalores e autovetores calculados a partir da matriz binária **Z** (considerada uma tabela de contingência de uma Anacor), podem ser definidas as coordenadas de cada uma das categorias das variáveis inseridas na análise de correspondência múltipla, o que permite que seja construído o mapa perceptual. **As coordenadas geradas por meio do método da matriz binária são conhecidas como coordenadas-padrão**.

Ainda segundo Greenacre (2008), a análise de correspondência múltipla pode também ser elaborada por meio de método alternativo, combinadas, em uma única matriz, as tabelas de contingência com os cruzamentos de todos os pares de variáveis. Essa matriz resultante, quadrada e simétrica, é conhecida por **matriz de Burt**.

Considerando a matriz binária $\mathbf{Z} = [\mathbf{Z}_1, \mathbf{Z}_2, ..., \mathbf{Z}_Q]$, a matriz de Burt pode ser definida, portanto, de acordo como segue:

$$\mathbf{B} = \mathbf{Z}' \cdot \mathbf{Z} \tag{3.40}$$

ou seja:

$$\mathbf{B} = \begin{pmatrix} \mathbf{Z}'_1 \cdot \mathbf{Z}_1 & \mathbf{Z}'_1 \cdot \mathbf{Z}_2 & \cdots & \mathbf{Z}'_1 \cdot \mathbf{Z}_Q \\ \mathbf{Z}'_2 \cdot \mathbf{Z}_1 & \mathbf{Z}'_2 \cdot \mathbf{Z}_2 & \cdots & \mathbf{Z}'_2 \cdot \mathbf{Z}_Q \\ \vdots & \vdots & \ddots & \vdots \\ \mathbf{Z}'_Q \cdot \mathbf{Z}_1 & \mathbf{Z}'_Q \cdot \mathbf{Z}_2 & \cdots & \mathbf{Z}'_Q \cdot \mathbf{Z}_Q \end{pmatrix}_{J \times J} \tag{3.41}$$

Segundo Naito (2007), enquanto cada submatriz $\mathbf{Z}'_q \cdot \mathbf{Z}_q$ é uma matriz diagonal, cujos elementos são, respectivamente, iguais à soma das colunas da matriz $\mathbf{Z}_q$, cada submatriz $\mathbf{Z}'_q \cdot \mathbf{Z}_{q'}$ $(q \neq q')$ corresponde a uma tabela de contingência com os cruzamentos de cada variável $q$ com cada variável $q'$. Essa estrutura permite comparar os comportamentos das frequências absolutas observadas para todos os pares de variáveis, ao contrário do que ocorre com a matriz binária **Z**.

**Considerando a matriz de Burt (B) uma tabela de contingência**, podemos também elaborar uma análise de correspondência simples, da qual se pode verificar que as coordenadas das categorias das variáveis corresponderão às coordenadas-padrão geradas por meio do método da matriz binária **Z**, porém com valores em escala reduzida. Esse fato, segundo discute Greenacre (2008), faz os mapas perceptuais construídos a partir das coordenadas geradas pelo método da matriz de Burt serem mais reduzidos e com pontos mais concentrados em torno da Origem, o que, em alguns casos, pode prejudicar a análise visual das associações entre as categorias, embora isso não afete o estudo da relação entre as variáveis.

**As coordenadas geradas por meio do método da matriz de Burt são conhecidas por coordenadas principais**, e a relação entre essas coordenadas principais e as coordenadas-padrão obtidas pelo método da matriz binária é dada pela seguinte expressão:

$$(\textbf{coord. principal}_{\text{dim.}k})_{\mathbf{B}} = \lambda_k \cdot (\textbf{coord. padrão}_{\text{dim.}k})_{\mathbf{Z}} \tag{3.42}$$

ou seja, as coordenadas principais de determinada dimensão são as coordenadas-padrão multiplicadas pela raiz quadrada da inércia principal parcial daquela dimensão.

Como as inércias principais parciais são menores que 1, explica-se a redução de escala do mapa perceptual construído a partir do método da matriz de Burt.

Enquanto elaboraremos a análise de correspondência múltipla fazendo uso das coordenadas principais no SPSS, a mesma técnica será elaborada com base nas coordenadas-padrão obtidas pelo método da matriz binária no Stata, conforme poderemos analisar nas seções 3.4.2 e 3.5.2, respectivamente.

Introduzidos esses conceitos, vamos apresentar um exemplo com o mesmo banco de dados utilizado quando da elaboração da análise de correspondência simples, porém com a inclusão de uma terceira variável categórica.

## 3.3.2. Exemplo prático da análise de correspondência múltipla (ACM)

Imagine agora que nosso professor tenha o interesse em estudar as associações eventualmente existentes entre o perfil de investidor de seus alunos, o tipo de aplicação financeira em que alocam seus recursos e uma terceira variável categórica, correspondente ao estado civil de cada um deles. Portanto, o banco de dados, parcialmente apresentado na Tabela 3.21, traz, além das variáveis estudadas quando da elaboração da análise de correspondência simples (*perfil* e *aplicação*), uma nova variável correspondente ao estado civil de cada estudante, com apenas duas categorias (solteiro ou casado).

**Tabela 3.21** Exemplo: Perfil do investidor, tipo de aplicação financeira e estado civil

| Estudante | Perfil do Investidor | Tipo de Aplicação Financeira | Estado Civil |
|---|---|---|---|
| Gabriela | Conservador | Poupança | Casado |
| Luiz Felipe | Conservador | Poupança | Casado |
| | | ⋮ | |
| Renata | Conservador | CDB | Casado |
| Guilherme | Conservador | Ações | Solteiro |
| | | ⋮ | |
| Kamal | Moderado | Poupança | Solteiro |
| Rodolfo | Moderado | CDB | Solteiro |
| | | ⋮ | |
| Raquel | Moderado | CDB | Casado |
| Anna Luiza | Moderado | Ações | Solteiro |
| | | ⋮ | |
| Nuno | Agressivo | Poupança | Solteiro |
| Bráulio | Agressivo | CDB | Solteiro |
| | | ⋮ | |
| Estela | Agressivo | Ações | Solteiro |

O banco de dados completo pode ser acessado no arquivo **Perfil_Investidor × Aplicação × Estado_Civil.xls**. Nesse exemplo, temos $N = 100$ observações e $Q = 3$

variáveis, sendo que cada variável possui, respectivamente, $J_1 = 3$ categorias, $J_2 = 3$ categorias e $J_3 = 2$ categorias. Portanto, o número total de categorias envolvidas nessa análise de correspondência múltipla é $J = 8$.

Antes de elaborarmos a análise de correspondência múltipla propriamente dita, apresentamos, nas Tabelas 3.22, 3.23 e 3.24, as tabelas de contingência entre cada par de variáveis, com destaque para os resultados dos respectivos testes $\chi^2$.

**Tabela 3.22** Tabela de contingência para perfil do investidor e tipo de aplicação financeira

| Perfil \ Aplicação | Poupança | CDB | Ações | Total |
|---|---|---|---|---|
| Conservador | 8 | 4 | 5 | **17** |
| Moderado | 5 | 16 | 4 | **25** |
| Agressivo | 2 | 20 | 36 | **58** |
| **Total** | **15** | **40** | **45** | **100** |

$\chi^2 = 31{,}764$ (*valor-P* $\chi^2_{cal} = 0{,}000$)

**Tabela 3.23** Tabela de contingência para perfil do investidor e estado civil

| Perfil \ Estado Civil | Solteiro | Casado | Total |
|---|---|---|---|
| Conservador | 5 | 12 | **17** |
| Moderado | 11 | 14 | **25** |
| Agressivo | 41 | 17 | **58** |
| **Total** | **57** | **43** | **100** |

$\chi^2 = 11{,}438$ (*valor-P* $\chi^2_{cal} = 0{,}003$)

**Tabela 3.24** Tabela de contingência para tipo de aplicação financeira e estado civil

| Aplicação \ Estado Civil | Solteiro | Casado | Total |
|---|---|---|---|
| Poupança | 5 | 10 | **15** |
| CDB | 16 | 24 | **40** |
| Ações | 36 | 9 | **45** |
| **Total** | **57** | **43** | **100** |

$\chi^2 = 17{,}857$ (*valor-P* $\chi^2_{cal} = 0{,}000$)

Com base nos resultados dos testes $\chi^2$, podemos afirmar que existem associações estatisticamente significantes, ao nível de significância de 5%, entre cada par de variáveis e, portanto, as três variáveis serão incluídas na análise de correspondência múltipla. Caso uma delas não se associasse a nenhuma outra a determinado nível de significância, seria recomendável sua exclusão da análise de correspondência múltipla.

Conforme discutimos na seção 3.3.1, por meio desse banco de dados é possível construir uma matriz **Z**, que possui apenas variáveis binárias criadas com base na codificação das categorias das variáveis originais para cada estudante. Assim, por exemplo, para a observação 1 (**Gabriela**), que apresenta perfil de investidor *Conservador*, aplica seus recursos em *Poupança* e encontra-se no estado civil *Casado*, temos a codificação binária representada, respectivamente, por (1 0 0), (1 0 0), ..., (0 1). A Tabela 3.25 apresenta a codificação binária para as observações apresentadas na Tabela 3.21.

**Tabela 3.25** Codificação binária das categorias das variáveis originais – Matriz binária **Z**

| | Perfil do Investidor ($Z_1$) | | | Tipo de Aplicação Financeira ($Z_2$) | | | Estado Civil ($Z_3$) | |
|---|---|---|---|---|---|---|---|---|
| **Observação** | **Conservador** | **Moderado** | **Agressivo** | **Poupança** | **CDB** | **Ações** | **Solteiro** | **Casado** |
| Gabriela | 1 | 0 | 0 | 1 | 0 | 0 | 0 | 1 |
| Luiz Felipe | 1 | 0 | 0 | 1 | 0 | 0 | 0 | 1 |
| | | | | ⋮ | | | | |
| Renata | 1 | 0 | 0 | 0 | 1 | 0 | 0 | 1 |
| Guilherme | 1 | 0 | 0 | 0 | 0 | 1 | 1 | 0 |
| | | | | ⋮ | | | | |
| Kamal | 0 | 1 | 0 | 1 | 0 | 0 | 1 | 0 |
| Rodolfo | 0 | 1 | 0 | 0 | 1 | 0 | 1 | 0 |
| | | | | ⋮ | | | | |
| Raquel | 0 | 1 | 0 | 0 | 1 | 0 | 0 | 1 |
| Anna Luiza | 0 | 1 | 0 | 0 | 0 | 1 | 1 | 0 |
| | | | | ⋮ | | | | |
| Nuno | 0 | 0 | 1 | 1 | 0 | 0 | 1 | 0 |
| Bráulio | 0 | 0 | 1 | 0 | 1 | 0 | 1 | 0 |
| | | | | ⋮ | | | | |
| Estela | 0 | 0 | 1 | 0 | 0 | 1 | 1 | 0 |

A matriz binária **Z** completa também pode ser acessada no arquivo **Perfil_Investidor × Aplicação × Estado_Civil.xls**. Inicialmente, com base na expressão (3.39), podemos calcular a inércia principal total de **Z**. Assim, temos que:

$$I_T = \frac{8-3}{3} = 1{,}666$$

Supondo que a matriz binária **Z** seja uma tabela de contingência de uma análise de correspondência simples, podem ser definidos os valores das inércias principais parciais de cada uma das $J - Q = 8 - 3 = 5$ dimensões. Assim, fazendo uso dos conceitos estudados na seção 3.2, chegamos aos seguintes valores das inércias principais parciais, que são autovalores obtidos a partir da matriz binária **Z**:

$$\begin{cases} \lambda_1^2 = 0{,}602 \\ \lambda_2^2 = 0{,}436 \\ \lambda_3^2 = 0{,}276 \\ \lambda_4^2 = 0{,}180 \\ \lambda_5^2 = 0{,}172 \end{cases}$$

de onde podemos comprovar que $I_T = \lambda_1^2 + \lambda_2^2 + \lambda_3^2 + \lambda_4^2 + \lambda_5^2 = 1{,}666$.

Conforme discute Greenacre (2008), **somente é interessante que sejam plotadas no mapa perceptual as coordenadas das dimensões que apresentarem valores de inércia principal parcial superiores à média da inércia principal total por dimensão** que, em nosso exemplo, é igual a (1,666/5) = 0,333. Portanto, para a análise de correspondência múltipla de nosso exemplo, será construído um mapa perceptual com duas dimensões, visto que $\lambda_3^2 < 0{,}333$. A Tabela 3.26 apresenta as coordenadas-padrão das categorias de cada uma das variáveis para as duas dimensões, calculadas da mesma forma que no exemplo apresentado na seção 3.2.5, com base nos conceitos e expressões estudados ao longo da seção 3.2.

**Tabela 3.26** Coordenadas-padrão das categorias das variáveis – Método da matriz binária **Z**

| Variável | Categoria | Coordenadas da 1ª Dimensão (Abcissas) | Coordenadas da 2ª Dimensão (Ordenadas) |
|---|---|---|---|
| Perfil do Investidor | Conservador | $\mathbf{x}_{11} = 1{,}456$ | $\mathbf{y}_{11} = 2{,}247$ |
| | Moderado | $\mathbf{x}_{12} = 0{,}962$ | $\mathbf{y}_{12} = -1{,}476$ |
| | Agressivo | $\mathbf{x}_{13} = -0{,}841$ | $\mathbf{y}_{13} = -0{,}022$ |
| Tipo de Aplicação Financeira | Poupança | $\mathbf{x}_{21} = 1{,}780$ | $\mathbf{y}_{21} = 2{,}016$ |
| | CDB | $\mathbf{x}_{22} = 0{,}538$ | $\mathbf{y}_{22} = -1{,}416$ |
| | Ações | $\mathbf{x}_{23} = -1{,}071$ | $\mathbf{y}_{23} = 0{,}587$ |
| Estado Civil | Solteiro | $\mathbf{x}_{31} = -0{,}820$ | $\mathbf{y}_{31} = 0{,}150$ |
| | Casado | $\mathbf{x}_{32} = 1{,}086$ | $\mathbf{y}_{32} = -0{,}199$ |

Conforme discutimos na seção 3.3.1, a análise de correspondência múltipla também pode ser realizada por meio da elaboração de uma matriz quadrada e simétrica que agrupa as frequências absolutas observadas provenientes dos cruzamentos de todos os pares de variáveis, conhecida por matriz de Burt. A matriz de Burt do nosso exemplo, que pode ser construída tanto por meio da expressão (3.40), fazendo-se uso da matriz binária **Z**, quanto por meio das tabelas de contingência apresentadas nas Tabelas 3.22, 3.23 e 3.24, encontra-se na Tabela 3.27.

Note, na Tabela 3.27, que as submatrizes $\mathbf{Z}'_1 \cdot \mathbf{Z}_1$, $\mathbf{Z}'_2 \cdot \mathbf{Z}_2$ e $\mathbf{Z}'_3 \cdot \mathbf{Z}_3$, em destaque, são matrizes diagonais cujos elementos correspondem, respectivamente, à soma das colunas das matrizes $\mathbf{Z}_1$, $\mathbf{Z}_2$ e $\mathbf{Z}_3$ (perfil do investidor, tipo de aplicação financeira e estado civil, respectivamente). Já as matrizes $\mathbf{Z}'_1 \cdot \mathbf{Z}_2$, $\mathbf{Z}'_1 \cdot \mathbf{Z}_3$ e $\mathbf{Z}'_2 \cdot \mathbf{Z}_3$, e correspondem, respectivamente, às tabelas de contingência apresentadas nas Tabelas 3.22, 3.23 e 3.24.

**Tabela 3.27** Matriz de Burt (**B**)

| | | Perfil do Investidor | | | Tipo de Aplicação Financeira | | | Estado Civil | |
|---|---|---|---|---|---|---|---|---|---|
| | | **Conservador** | **Moderado** | **Agressivo** | **Poupança** | **CDB** | **Ações** | **Solteiro** | **Casado** |
| **Perfil do Investidor** | **Conservador** | 17 | 0 | 0 | 8 | 4 | 5 | 5 | 12 |
| | **Moderado** | 0 | 25 | 0 | 5 | 16 | 4 | 11 | 14 |
| | **Agressivo** | 0 | 0 | 58 | 2 | 20 | 36 | 41 | 17 |
| **Tipo de Aplicação Financeira** | **Poupança** | 8 | 5 | 2 | 15 | 0 | 0 | 5 | 10 |
| | **CDB** | 4 | 16 | 20 | 0 | 40 | 0 | 16 | 24 |
| | **Ações** | 5 | 4 | 36 | 0 | 0 | 45 | 36 | 9 |
| **Estado Civil** | **Solteiro** | 5 | 11 | 41 | 5 | 16 | 36 | 57 | 0 |
| | **Casado** | 12 | 14 | 17 | 10 | 24 | 9 | 0 | 43 |
| **Massas** | | **0,057** | **0,083** | **0,193** | **0,050** | **0,133** | **0,150** | **0,190** | **0,143** |

Considerando a matriz de Burt (**B**) uma tabela de contingência, podemos também elaborar uma análise de correspondência simples, que gera as coordenadas principais das categorias das variáveis, conforme apresentado na Tabela 3.28.

**Tabela 3.28** Coordenadas principais das categorias das variáveis – Método da matriz de Burt **B**

| **Variável** | **Categoria** | **Coordenadas da 1ª Dimensão (Abcissas)** | **Coordenadas da 2ª Dimensão (Ordenadas)** |
|---|---|---|---|
| Perfil do Investidor | Conservador | $\mathbf{x}_{11} = 1,130$ | $\mathbf{y}_{11} = 1,484$ |
| | Moderado | $\mathbf{x}_{12} = 0,747$ | $\mathbf{y}_{12} = -0,975$ |
| | Agressivo | $\mathbf{x}_{13} = -0,653$ | $\mathbf{y}_{13} = -0,015$ |
| Tipo de Aplicação Financeira | Poupança | $\mathbf{x}_{21} = 1,381$ | $\mathbf{y}_{21} = 1,331$ |
| | CDB | $\mathbf{x}_{22} = 0,417$ | $\mathbf{y}_{22} = -0,935$ |
| | Ações | $\mathbf{x}_{23} = -0,831$ | $\mathbf{y}_{23} = 0,388$ |
| Estado Civil | Solteiro | $\mathbf{x}_{31} = -0,636$ | $\mathbf{y}_{31} = 0,099$ |
| | Casado | $\mathbf{x}_{32} = 0,843$ | $\mathbf{y}_{32} = -0,131$ |

Com base nas coordenadas apresentadas nas Tabelas 3.26 (método da matriz binária **Z**) e 3.28 (método da matriz de Burt **B**), podemos facilmente verificar a relação existente entre elas, apresentada na expressão (3.42). Assim, para a primeira dimensão da categoria *Conservador* temos, por exemplo, que:

$$\textbf{(coord. principal}_1\textbf{)}_\mathbf{B} = \sqrt{\lambda_1^2} \cdot \textbf{(coord. padrão}_1\textbf{)}_\mathbf{Z} = \sqrt{0,602} \cdot (1,456) = 1,130$$

e, para a segunda dimensão da mesma categoria, temos que:

$$\textbf{(coord. principal}_2\textbf{)}_\mathbf{B} = \sqrt{\lambda_2^2} \cdot \textbf{(coord. padrão}_2\textbf{)}_\mathbf{Z} = \sqrt{0,436} \cdot (2,247) = 1,484$$

Isso mostra que as coordenadas obtidas pelo método da matriz de Burt realmente apresentam escala reduzida, em especial para a segunda dimensão, pelo fato de a inércia principal parcial ser ainda menor.

Enquanto na seção 3.4.2 serão apresentados os resultados dos procedimentos para elaboração da análise de correspondência múltipla no SPSS, em que são geradas as coordenadas principais das categorias, na seção 3.5.2 serão apresentados os resultados dos procedimentos para elaboração da técnica no Stata, por meio dos quais será possível analisar as coordenadas-padrão obtidas pelo método da matriz binária **Z**.

Como o método da matriz de Burt gera coordenadas com escala reduzida, optamos por apresentar, na Figura 3.12, o mapa perceptual construído com base nas coordenadas-padrão obtidas pelo método da matriz binária e apresentadas na Tabela 3.26.

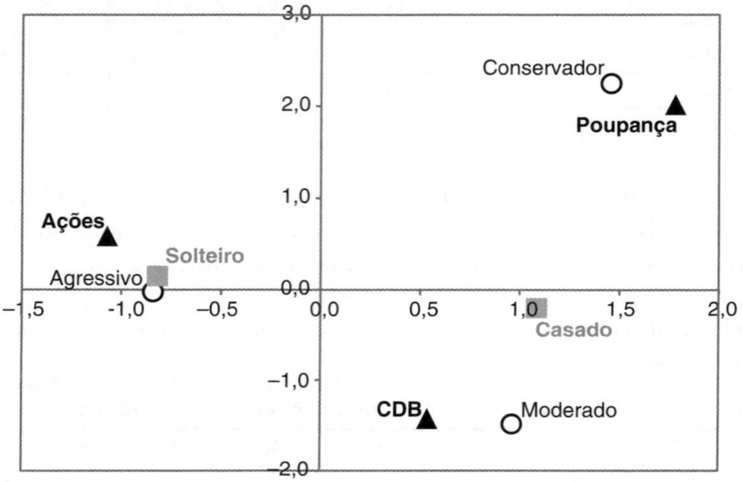


**Figura 3.12** Mapa perceptual da análise de correspondência múltipla – Coordenadas-padrão.

Com base no mapa perceptual da Figura 3.12, podemos verificar que a categoria *Solteiro* apresenta forte associação com as categorias *Agressivo* e *Ações*. Por outro lado, a categoria *Casado* encontra-se entre as categorias *Conservador* e *Moderado* e entre *Poupança* e *CDB*, porém com maior proximidade de *Moderado* e *CDB*. Esse fato é provavelmente caracterizado pela maior aversão ao risco que passam a ter aqueles que se tornam responsáveis por uma família, como os casados.

Interessante também seria se incluíssemos na análise uma variável que permitisse identificar se cada estudante possui ou não filhos, independentemente da quantidade. Será que o fato de ter filhos aumenta ainda mais a aversão ao risco? Há associação entre o fato de ter um ou mais filhos, o perfil do investidor e o tipo de aplicação financeira? Deixaremos essas perguntas para um exercício ao final do capítulo.

## 3.4. ANÁLISE DE CORRESPONDÊNCIA SIMPLES E MÚLTIPLA NO SOFTWARE SPSS

Nesta seção, apresentaremos o passo a passo para a elaboração de nossos exemplos no IBM SPSS Statistics Software®. Seguindo a lógica proposta no livro, o principal objetivo é propiciar ao pesquisador uma oportunidade de elaborar análises de correspondências simples e múltiplas neste software, dada sua facilidade de manuseio e a didática das operações. A cada apresentação de um *output*, faremos menção ao respectivo resultado obtido quando da solução algébrica das técnicas nas seções anteriores, a fim de que o pesquisador possa compará-los e formar seu conhecimento e erudição sobre o tema. A reprodução das imagens nessa seção tem autorização da International Business Machines Corporation©.

### 3.4.1. Elaboração da análise de correspondência simples no software SPSS

Voltando ao exemplo apresentado na seção 3.2.5, lembremos que nosso professor tem o interesse em estudar se o perfil de investidor de seus alunos relaciona-se com o tipo de aplicação financeira realizada, ou seja, se existe associação estatisticamente significante, a determinado nível de significância, entre os perfis dos investidores e a forma como são alocados seus recursos financeiros. Os dados encontram-se no arquivo **Perfil_Investidor × Aplicação.sav** e são exatamente iguais aos apresentados parcialmente na Tabela 3.7 da seção 3.2.5. Note que os rótulos das categorias das variáveis *perfil* e *aplicação* já estão definidos no banco de dados.

A fim de que sejam geradas as tabelas de frequências absolutas observadas (*cross-tabulations*) e esperadas e, consequentemente, a tabela de resíduos e o valor da estatística $\chi^2$, vamos inicialmente clicar em **Analyze → Descriptive Statistics → Crosstabs...**, para elaborarmos o primeiro diagnóstico sobre a interdependência entre as duas variáveis categóricas. A caixa de diálogo da Figura 3.13 será aberta.

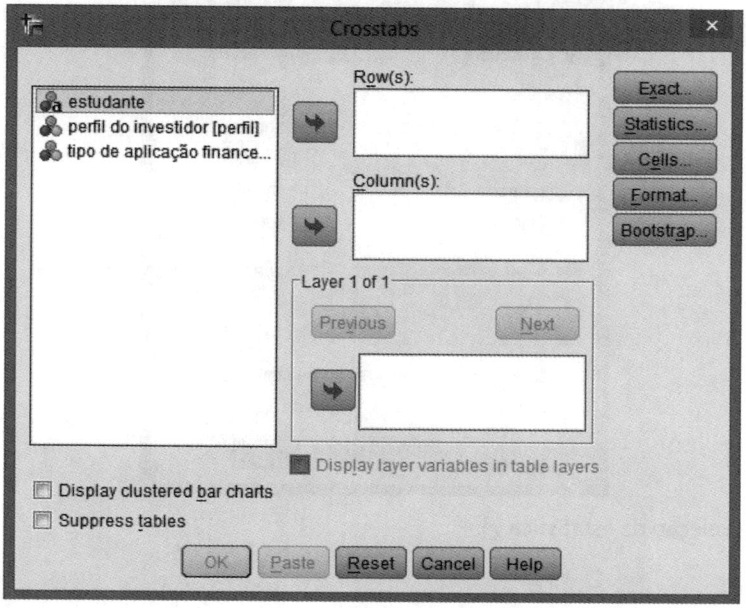


**Figura 3.13** Caixa de diálogo para elaboração das tabelas de frequências absolutas observadas e esperadas, dos resíduos e do teste $\chi^2$.

Conforme mostra a Figura 3.14, devemos inserir a variável *perfil* em **Row(s)**, e a variável *aplicação* em **Column(s)**. No botão **Statistics...**, devemos selecionar a opção **Chi-square**, conforme mostra a Figura 3.15.

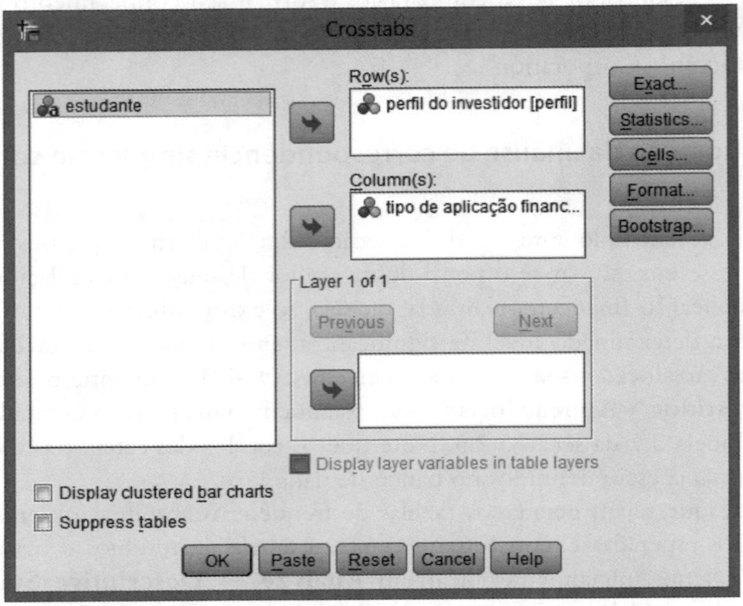


**Figura 3.14** Seleção das variáveis em **Row(s)** e em **Column(s).**

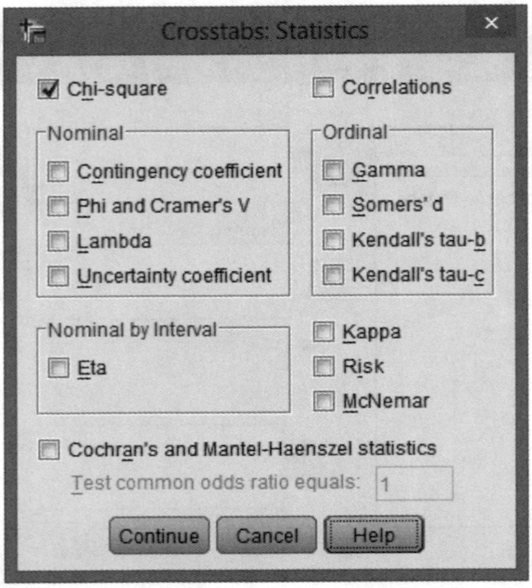


**Figura 3.15** Seleção da estatística $\chi^2$.

Ao clicarmos em **Continue**, voltaremos à caixa de diálogo anterior. No botão **Cells...**, marcaremos as opções **Observed** e **Expected**, em **Counts**, e **Unstandardized**, **Standardized** e **Adjusted standardized**, em **Residuals**, conforme mostra a Figura 3.16.

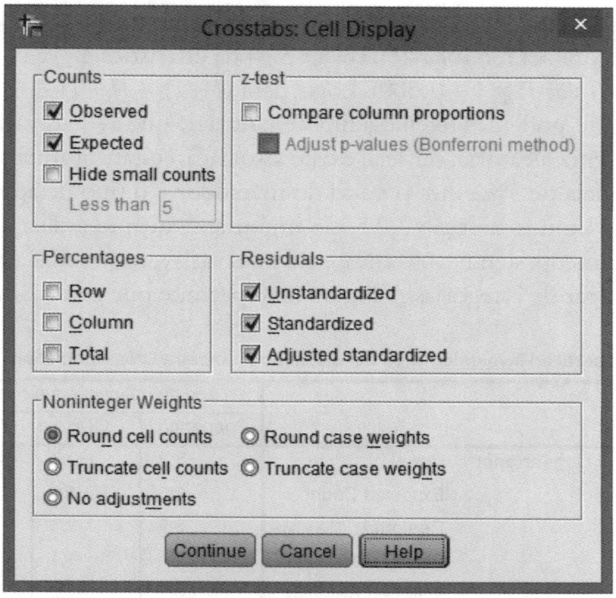


**Figura 3.16** Seleção das opções para elaboração das tabelas de frequências e dos resíduos.

Na sequência, podemos clicar em **Continue** e em **OK**. Os primeiros *outputs* encontram-se nas Figuras 3.17 e 3.18.

Conforme estudamos nas seções anteriores, a fim de verificarmos inicialmente a existência de associação estatisticamente significante entre as variáveis *perfil* e *aplicação*, devemos fazer uso do teste $\chi^2$. A Figura 3.17 apresenta a estatística correspondente, cujo cálculo é feito com base na somatória, para todas as células, da razão entre o resíduo ao quadrado e a respectiva frequência esperada, de acordo com a expressão (3.6).

**Chi-Square Tests**

| | Value | df | Asymp. Sig. (2-sided) |
|---|---|---|---|
| Pearson Chi-Square | 31,764[a] | 4 | ,000 |
| Likelihood Ratio | 30,777 | 4 | ,000 |
| Linear-by-Linear Association | 20,352 | 1 | ,000 |
| N of Valid Cases | 100 | | |

a. 2 cells (22,2%) have expected count less than 5. The minimum expected count is 2,55.

**Figura 3.17** Resultado do teste $\chi^2$ para verificação de associação entre *perfil* e *aplicação*.

Logo, temos que:

$$\chi^2_{4\,g.l.} = \sum_{i=1}^{3}\sum_{j=1}^{3} \frac{(resíduos_{ij})^2}{(frequências\ esperadas_{ij})} = 31{,}764$$

que é exatamente igual ao valor calculado algebricamente na seção 3.2.5. Assim, de acordo com a Figura 3.17, o *valor-P* (*Asymp. Sig.*) da estatística $\chi^2_{cal}$ é consideravelmente menor que 0,05 (*valor-P* $\chi^2_{cal} = 0{,}000$). Logo, para $(I-1) \times (J-1) = (3-1) \times (3-1) =$ 4 graus de liberdade, podemos rejeitar a hipótese nula de que as duas variáveis categóricas se associam de forma aleatória, ou seja, existe associação estatisticamente significante, ao nível de significância de 5%, entre o perfil do investidor e o tipo de aplicação financeira.

Conforme discutimos na seção 3.2.5, tão importante quanto avaliar a existência de associação estatisticamente significante entre essas duas variáveis é estudar a relação de dependência entre cada par de categorias. A Figura 3.18 permite que essa análise seja elaborada.

**perfil do investidor * tipo de aplicação financeira Crosstabulation**

| | | | tipo de aplicação financeira | | | |
|---|---|---|---|---|---|---|
| | | | Poupança | CDB | Ações | Total |
| perfil do investidor | Conservador | Count | 8 | 4 | 5 | 17 |
| | | Expected Count | 2,6 | 6,8 | 7,7 | 17,0 |
| | | Residual | 5,5 | -2,8 | -2,7 | |
| | | Std. Residual | 3,4 | -1,1 | -1,0 | |
| | | Adjusted Residual | 4,1 | -1,5 | -1,4 | |
| | Moderado | Count | 5 | 16 | 4 | 25 |
| | | Expected Count | 3,8 | 10,0 | 11,3 | 25,0 |
| | | Residual | 1,3 | 6,0 | -7,3 | |
| | | Std. Residual | ,6 | 1,9 | -2,2 | |
| | | Adjusted Residual | ,8 | 2,8 | -3,4 | |
| | Agressivo | Count | 2 | 20 | 36 | 58 |
| | | Expected Count | 8,7 | 23,2 | 26,1 | 58,0 |
| | | Residual | -6,7 | -3,2 | 9,9 | |
| | | Std. Residual | -2,3 | -,7 | 1,9 | |
| | | Adjusted Residual | -3,8 | -1,3 | 4,0 | |
| Total | | Count | 15 | 40 | 45 | 100 |
| | | Expected Count | 15,0 | 40,0 | 45,0 | 100,0 |

**Figura 3.18** Tabela de frequências e de resíduos para *perfil* e *aplicação*.

A Figura 3.18 mostra, para cada uma das células, as frequências absolutas observadas (*Count*), as frequências absolutas esperadas (*Expected Count*), os resíduos (*Residual*), os resíduos padronizados (*Std. Residual*) e os resíduos padronizados ajustados (*Adjusted Residual*), bem como os valores totais em linha e em coluna de *Count* e de *Expected Count* que, obviamente, são iguais. Note que, enquanto os valores de *Count* correspondem aos apresentados na Tabela 3.8, os valores de *Expected Count* e de *Residual* são os calculados e apresentados nas Tabelas 3.9 e 3.10, respectivamente. Além disso, os valores de *Std. Residual* e de *Adjusted Residual* correspondem, respectivamente, aos apresentados nas Tabelas 3.12 e 3.13.

Podemos verificar que, enquanto há uma maior proporção de estudantes que se consideram agressivos em termos de perfil de investidor, há também uma quantidade maior de estudantes que aplicam seus recursos financeiros em ações. No perfil *Conservador*, os resíduos são maiores para a categoria *Poupança*, o que indica que as diferenças entre as frequências absolutas observadas e esperadas nessa célula são maiores que para as demais células do perfil *Conservador* e, como o valor do resíduo padronizado ajustado nessa célula é igual a 4,1 (positivo e maior que 1,96), podemos concluir que há dependência entre as categorias *Conservador* e *Poupança*. O mesmo também pode ser dito em relação às categorias *Moderado* e *CDB* (resíduo padronizado ajustado igual a 2,8) e entre as categorias *Agressivo* e *Ações* (resíduo padronizado ajustado igual a 4,0).

Em muitos casos, o pesquisador pode restringir a análise apenas com base nos resultados do teste $\chi^2$ e nos resíduos padronizados ajustados, já que esses já oferecem muitos subsídios para a elaboração de uma interessante análise dos dados com foco para a tomada de decisão. Entretanto, para que seja construído o mapa perceptual no SPSS, é necessário elaborar mais alguns passos. Para tanto, vamos clicar em **Analyze → Dimension Reduction → Correspondence Analysis...**. Uma caixa de diálogo como a apresentada na Figura 3.19 será aberta.

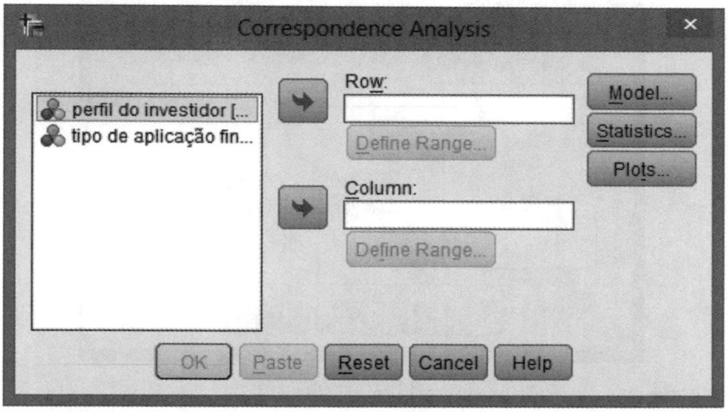


**Figura 3.19** Caixa de diálogo para elaboração da análise de correspondência simples no SPSS.

Devemos inicialmente selecionar a variável *perfil* e inseri-la em **Row**, conforme mostra a Figura 3.20.

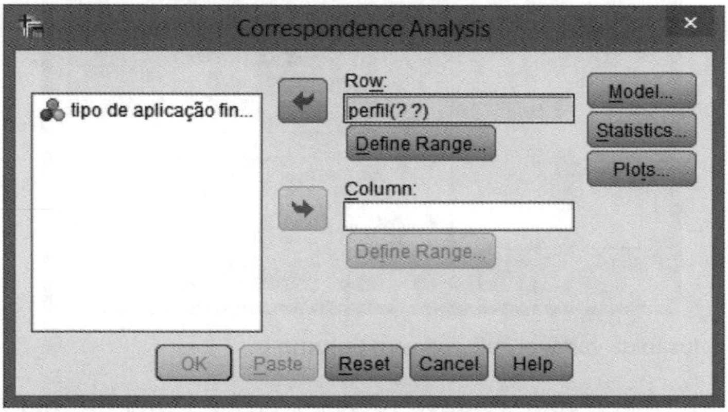


**Figura 3.20** Inclusão da variável *perfil* em **Row**.

Ao clicarmos em **Define Range...**, abrirá uma caixa de diálogo. Como a variável *perfil* apresenta três categorias (*Conservador, Moderado* e *Agressivo*), e nossa intenção é incluí-las, sem exceção, na análise de correspondência, devemos digitar 1 em **Minimum value**, 3 em **Maximum value** e clicar em **Update**, conforme mostra a Figura 3.21. É importante lembrar que os valores 1, 2 e 3 foram inseridos inicialmente no banco de dados, e, a eles, foram atribuídas, respectivamente, as categorias *Conservador, Moderado* e *Agressivo* como rótulos (*labels*). O pesquisador poderá, como bem entender, alterar os valores iniciais de preenchimento no banco de dados; porém, nesse momento, precisará digitar os valores correspondentes às categorias a serem incluídas na análise. Para retornarmos à caixa de diálogo principal, devemos clicar em **Continue**.

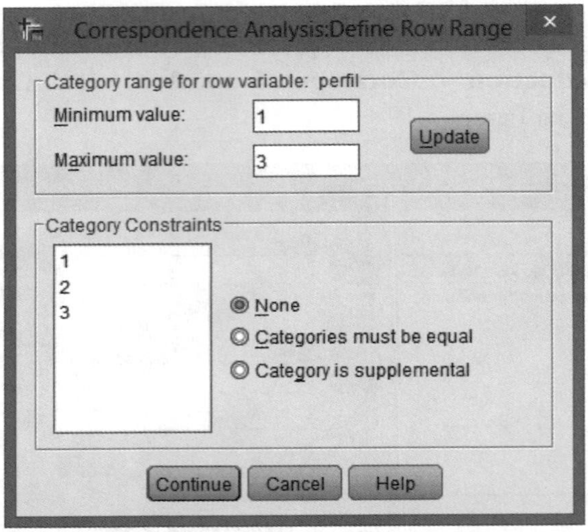


**Figura 3.21** Seleção das categorias da variável *perfil*.

Na sequência, vamos elaborar o mesmo procedimento para a variável *aplicação*. Conforme mostra a Figura 3.22, devemos inseri-la em **Column**.

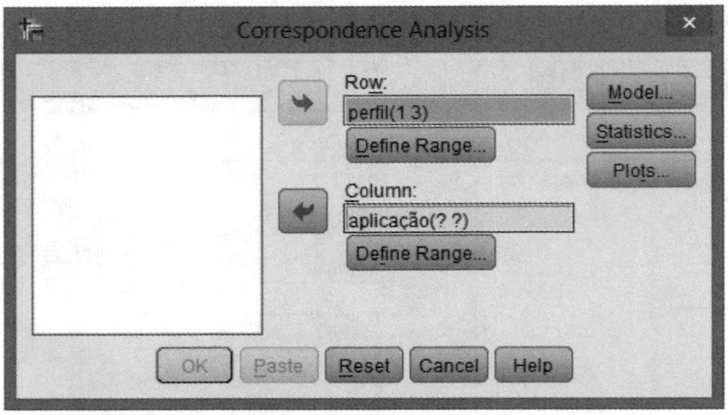


**Figura 3.22** Inclusão da variável *aplicação* em **Column**.

Analogamente, em **Define Range...**, devemos digitar 1 em **Minimum value**, 3 em **Maximum value** e clicar em **Update**, como mostra a Figura 3.23, visto que a variável *aplicação* também apresenta três categorias (*Poupança*, *CDB* e *Ações*). Na sequência, vamos clicar em **Continue** para voltarmos à caixa de diálogo inicial.

Na caixa de diálogo inicial, vamos agora clicar em **Model...**. Abrirá uma caixa em que deverão ser selecionadas as opções **Chi square** (em **Distance Measure**), **Row and column means are removed** (em **Standardization Method**) e **Symmetrical** (em **Normalization Method**), de acordo com a Figura 3.24. Por meio dessa mesma figura, é possível verificar que há o valor 2 em **Dimensions in solution**, correspondente ao número de dimensões do mapa perceptual. Nesse caso, o número de dimensões é, de fato, 2, uma vez que, conforme estudamos, o número de dimensões é igual a mín$(I - 1, J - 1)$. Caso tivéssemos mais categorias em cada uma das variáveis, ainda assim poderíamos elaborar um mapa perceptual bidimensional, plotando apenas as duas dimensões com as maiores inércias principais parciais.

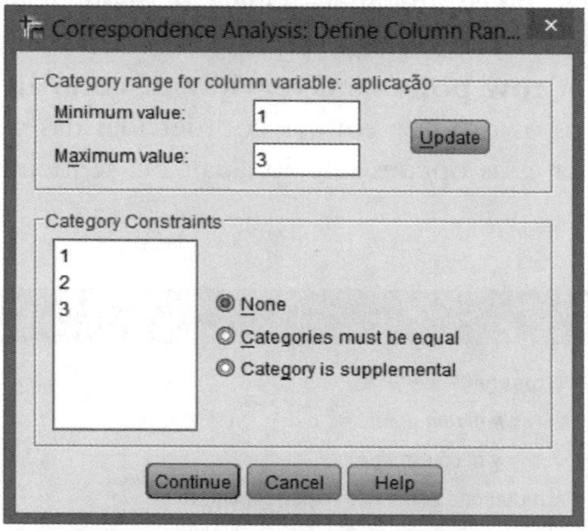


**Figura 3.23** Seleção das categorias da variável *aplicação*.

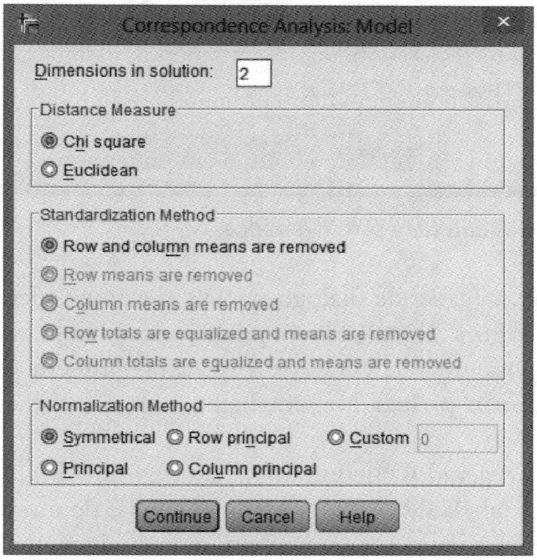


**Figura 3.24** Definição das características da análise de correspondência.

Conforme discutimos na seção 3.2.4, é possível que o pesquisador deseje privilegiar exclusivamente a visualização das massas em linha ou em coluna de determinada tabela de contingência para a construção do mapa perceptual. Nesse sentido, poderá abrir mão da normalização simétrica (**Symmetrical**) e optar pelas normalizações principal linha ou principal coluna, clicando, respetivamente, nas opções **Row principal** ou **Column principal** em **Normalization Method** (Figura 3.24). Nesses casos, as coordenadas das categorias serão calculadas com base nas expressões apresentadas no Quadro 3.1. Não apresentaremos, todavia, esses mapas específicos.

Para dar sequência à análise, devemos clicar em **Continue**. Na caixa de diálogo inicial, vamos clicar em **Statistics...** e, na caixa que será aberta, vamos marcar as opções **Correspondence table**, **Row profiles** e **Column profiles**, a fim de que sejam geradas, nos *outputs*, a tabela de contingência (tabela de frequências absolutas observadas) e as tabelas de massas *row profiles* e *column profiles*. Além disso, vamos também selecionar as opções **Overview of row points** e **Overview of column points**, por meio das quais serão apresentados os quadros com as coordenadas das categorias das variáveis. A Figura 3.25 apresenta essas opções selecionadas. Na sequência, devemos clicar em **Continue**.

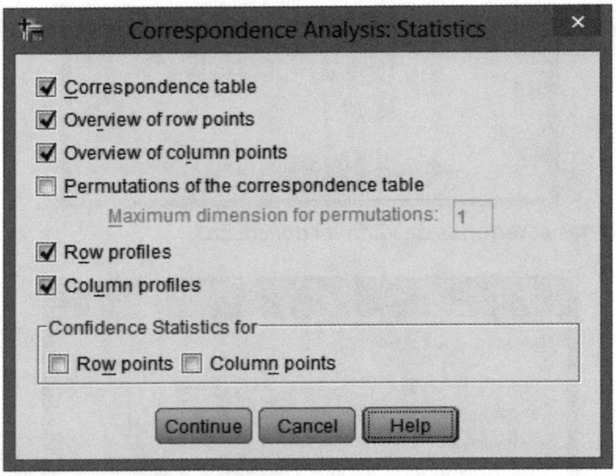


**Figura 3.25** Definição dos *outputs* a serem gerados.

Por fim, em **Plots...** (caixa de diálogo inicial), devemos apenas clicar em **Biplot**, conforme mostra a Figura 3.26. Caso o pesquisador deseje elaborar gráficos com as categorias de apenas uma das variáveis, poderá também selecionar as opções **Row points** ou **Column points**. Na sequência, podemos clicar em **Continue** e em **OK**.

Os primeiros *outputs* gerados encontram-se nas Figuras 3.27, 3.28 e 3.29 e referem-se, respectivamente, à tabela de contingência e às tabelas de massas *column profile* e *row profile*. Os valores nessas figuras correspondem, respectivamente, aos apresentados nas Tabelas 3.8, 3.14 e 3.15.

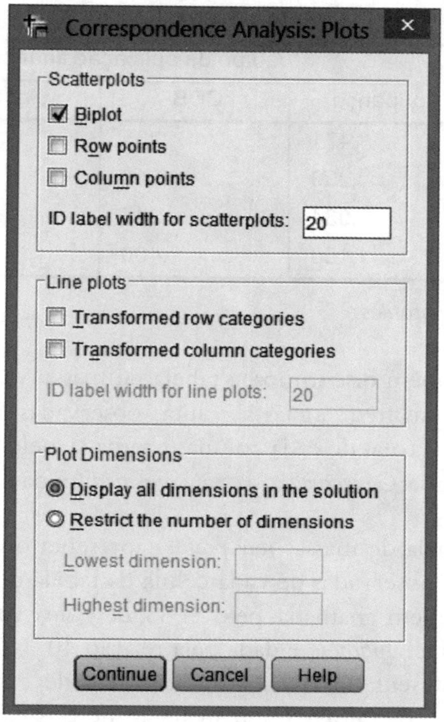


**Figura 3.26** Definição do mapa perceptual.

**Correspondence Table**

| perfil do investidor | tipo de aplicação financeira | | | |
|---|---|---|---|---|
| | Poupança | CDB | Ações | Active Margin |
| Conservador | 8 | 4 | 5 | 17 |
| Moderado | 5 | 16 | 4 | 25 |
| Agressivo | 2 | 20 | 36 | 58 |
| Active Margin | 15 | 40 | 45 | 100 |

**Figura 3.27** Tabela de contingência com frequências absolutas observadas para *perfil* e *aplicação*.

**Column Profiles**

| perfil do investidor | tipo de aplicação financeira | | | |
|---|---|---|---|---|
| | Poupança | CDB | Ações | Mass |
| Conservador | ,533 | ,100 | ,111 | ,170 |
| Moderado | ,333 | ,400 | ,089 | ,250 |
| Agressivo | ,133 | ,500 | ,800 | ,580 |
| Active Margin | 1,000 | 1,000 | 1,000 | |

**Figura 3.28** Massas – *Column profiles*.

**Row Profiles**

| perfil do investidor | tipo de aplicação financeira | | | |
|---|---|---|---|---|
| | Poupança | CDB | Ações | Active Margin |
| Conservador | ,471 | ,235 | ,294 | 1,000 |
| Moderado | ,200 | ,640 | ,160 | 1,000 |
| Agressivo | ,034 | ,345 | ,621 | 1,000 |
| Mass | ,150 | ,400 | ,450 | |

**Figura 3.29** Massas – *Row profiles.*

Logo, conforme também discutimos, a tabela de massas *column profiles* apresenta o cálculo das razões entre as frequências absolutas observadas de cada célula da tabela de contingência e a soma total de cada coluna (chamada, pelo SPSS, de *Active Margin*). Logo, a massa da categoria *Conservador* da variável *perfil* é dada pela relação 17/100 = 0,170.

Analogamente, a tabela de massas *row profiles* apresenta o cálculo das razões entre as frequências absolutas observadas de cada célula da tabela de contingência e a soma total de cada linha (também chamada, pelo SPSS, de *Active Margin*). Logo, a massa da categoria *CDB* da variável *aplicação* é dada pela relação 40/100 = 0,400.

Na sequência, são apresentados os *outputs* referentes à decomposição inercial (Figura 3.30), com destaque para os valores singulares e as inércias principais parciais de cada dimensão. Além disso, também são apresentados os valores da inércia principal total e da estatística $\chi^2$.

**Summary**

| Dimension | Singular Value | Inertia | Chi Square | Sig. | Proportion of Inertia | | Confidence Singular Value | |
|---|---|---|---|---|---|---|---|---|
| | | | | | | | | Correlation |
| | | | | | Accounted for | Cumulative | Standard Deviation | 2 |
| 1 | ,483 | ,233 | | | ,734 | ,734 | ,088 | ,179 |
| 2 | ,291 | ,084 | | | ,266 | 1,000 | ,100 | |
| Total | | ,318 | 31,764 | ,000ª | 1,000 | 1,000 | | |

a. 4 degrees of freedom

**Figura 3.30** Decomposição inercial para as duas dimensões e estatística $\chi^2$.

Assim como mostra o *output* da Figura 3.17, podemos inicialmente verificar, com base nos *outputs* da Figura 3.30, que o perfil do investidor e o tipo de aplicação financeira não se combinam aleatoriamente, visto que o *valor-P* da estatística $\chi^2_{cal}$ é menor que 0,05 (*Sig.* $\chi^2_{cal}$ = 0,000). Além disso, temos, para cada dimensão, os seguintes valores das inércias principais parciais:

$$\begin{cases} \lambda_1^2 = 0{,}233 \\ \lambda_2^2 = 0{,}084 \end{cases}$$

e, portanto, a inércia principal total é $I_T = \lambda_1^2 + \lambda_2^2 = 0{,}318$. Conforme estudamos na seção 3.2.5, podemos também verificar, por meio da expressão (3.7), que:

$$I_T = \frac{\chi^2}{N} = \frac{31{,}764}{100} = 0{,}318$$

Os valores singulares de cada dimensão são iguais a:

$$\begin{cases} \lambda_1 = 0{,}483 \\ \lambda_2 = 0{,}291 \end{cases}$$

Ainda com base nos *outputs* apresentados na Figura 3.30, podemos afirmar que as dimensões 1 e 2 explicam, respectivamente, 73,4% (0,233 / 0,318) e 26,6% (0,084 / 0,318) da inércia principal total. Esses valores já haviam sido calculados e apresentados na Tabela 3.16.

As Figuras 3.31 e 3.32 apresentam as coordenadas (abcissas e ordenadas) das categorias das duas variáveis. Enquanto as abcissas são denominadas *Score in Dimension* 1, as ordenadas são denominadas *Score in Dimension* 2.

**Overview Row Points**[a]

| perfil do investidor | Mass | Score in Dimension 1 | Score in Dimension 2 | Inertia | Contribution: Of Point to Inertia of Dimension 1 | Of Point to Inertia of Dimension 2 | Of Dimension to Inertia of Point 1 | Of Dimension to Inertia of Point 2 | Of Dimension to Inertia of Point Total |
|---|---|---|---|---|---|---|---|---|---|
| Conservador | ,170 | -1,132 | ,805 | ,137 | ,451 | ,379 | ,767 | ,233 | 1,000 |
| Moderado | ,250 | -,553 | -,829 | ,087 | ,158 | ,592 | ,425 | ,575 | 1,000 |
| Agressivo | ,580 | ,570 | ,122 | ,094 | ,391 | ,029 | ,973 | ,027 | 1,000 |
| Active Total | 1,000 | | | ,318 | 1,000 | 1,000 | | | |

a. Symmetrical normalization

**Figura 3.31** Coordenadas (*scores*) das categorias da variável *perfil*.

**Overview Column Points**[a]

| tipo de aplicação financeira | Mass | Score in Dimension 1 | Score in Dimension 2 | Inertia | Contribution: Of Point to Inertia of Dimension 1 | Of Point to Inertia of Dimension 2 | Of Dimension to Inertia of Point 1 | Of Dimension to Inertia of Point 2 | Of Dimension to Inertia of Point Total |
|---|---|---|---|---|---|---|---|---|---|
| Poupança | ,150 | -1,475 | ,582 | ,172 | ,675 | ,175 | ,914 | ,086 | 1,000 |
| CDB | ,400 | -,102 | -,655 | ,052 | ,009 | ,591 | ,039 | ,961 | 1,000 |
| Ações | ,450 | ,582 | ,389 | ,093 | ,316 | ,234 | ,789 | ,211 | 1,000 |
| Active Total | 1,000 | | | ,318 | 1,000 | 1,000 | | | |

a. Symmetrical normalization

**Figura 3.32** Coordenadas (*scores*) das categorias da variável *aplicação*.

Note, a partir dos *outputs* apresentados nas Figuras 3.31 e 3.32, que o SPSS apresenta as coordenadas das abcissas de cada categoria (*Score in Dimension* 1) com sinais invertidos em relação aos calculados algebricamente no final da seção 3.2.5. Isso faz o mapa perceptual ser construído de forma verticalmente espelhada se comparado ao mapa apresentado na Figura 3.9, porém não altera absolutamente a interpretação dos resultados da análise de correspondência. Ressalta-se que isso acontece apenas para algumas versões do SPSS.

Conforme discutimos, as coordenadas das categorias da variável em linha podem ser calculadas a partir das coordenadas das categorias da variável em coluna para determinada dimensão e vice-versa. Para tanto, devemos multiplicar a matriz de massas pelo vetor de coordenadas de uma variável e dividir pelo correspondente valor singular da dimensão em análise, para que sejam obtidas as coordenadas das categorias da outra variável, de acordo com as expressões (3.33) e (3.34). Assim, a abcissa da categoria *Ações* pode ser calculada da seguinte forma:

$$\mathbf{x}_{Ações} = \frac{[0{,}111 \times (-1{,}132)] + [0{,}089 \times (-0{,}553)] + [0{,}800 \times 0{,}570]}{0{,}483} = 0{,}582$$

e, analogamente, a ordenada da categoria *Moderado* pode ser calculada por meio da seguinte expressão:

$$\mathbf{y}_{Moderado} = \frac{[0{,}200 \times 0{,}582] + [0{,}640 \times (-0{,}655)] + [0{,}160 \times 0{,}389]}{0{,}291} = -0{,}829$$

Além disso, também mostramos, com base nas expressões (3.35) e (3.36), que os valores singulares de cada dimensão podem ser obtidos pela soma, em linha ou em coluna, da multiplicação da coordenada ao quadrado de cada categoria pela respectiva massa. Assim, para a primeira dimensão, e fazendo uso das coordenadas da variável *perfil*, podemos obter o valor singular da seguinte maneira:

$$\lambda_1 = [(-1{,}132)^2 \times 0{,}170] + [(-0{,}553)^2 \times 0{,}250] + [(0{,}570)^2 \times 0{,}580] = 0{,}483$$

e o mesmo resultado pode ser encontrado se forem utilizadas as coordenadas da variável *aplicação* e respectivas massas.

Analogamente, para a segunda dimensão, e fazendo uso das coordenadas da variável *aplicação*, podemos obter o valor singular da seguinte maneira:

$$\lambda_2 = [(0{,}582)^2 \times 0{,}150] + [(-0{,}655)^2 \times 0{,}400] + [(0{,}389)^2 \times 0{,}450] = 0{,}291$$

sendo o mesmo resultado obtido se utilizadas as coordenadas da variável *perfil* e respectivas massas.

As Figuras 3.31 e 3.32 apresentam também um importante *output*, chamado de ***Contribution of Point to Inertia of Dimension***, que oferece uma possibilidade de que sejam analisadas as categorias mais representativas de cada variável para a composição inercial de cada dimensão. Segundo Olariaga e Hernández (2000), se determinada categoria de uma variável apresentar, por exemplo, um valor de abcissa bastante alto em módulo, ou seja, mais distante horizontalmente da Origem, e possuir massa elevada, mais representativa essa categoria será para a composição inercial da primeira dimensão. Analogamente, se outra categoria apresentar, por exemplo, um valor de ordenada bastante alto em módulo, ou seja, mais distante verticalmente da Origem, e também possuir massa elevada, mais representativa essa outra categoria será para a composição inercial da segunda dimensão.

Por exemplo, a contribuição da categoria *Conservador* para a inércia da primeira dimensão pode ser calculada da seguinte forma:

$$\frac{[(-1{,}132)^2 \times 0{,}170]}{0{,}483} = 0{,}451$$

que torna a categoria *Conservador* a mais representativa da variável *perfil* para a composição inercial da primeira dimensão (45,1%). Para essa mesma variável, a categoria *Moderado* é a mais representativa para a composição inercial da segunda dimensão, com uma contribuição de 59,2% da inércia principal total. Já para a variável *aplicação*, enquanto a categoria *Poupança* é a mais representativa para a composição inercial da primeira dimensão (67,5%), a categoria *CDB* é a mais representativa para a composição inercial da segunda dimensão (59,1%).

Com base nas abcissas e ordenadas apresentadas nas Figuras 3.31 e 3.32, pode ser construído o mapa perceptual apresentado na Figura 3.33.

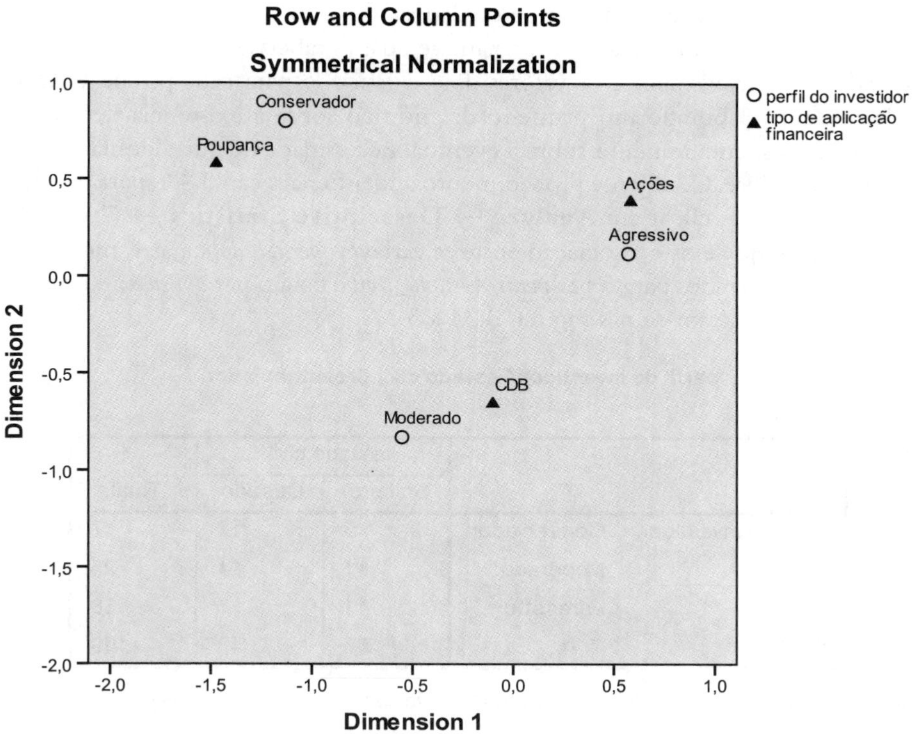


**Figura 3.33** Mapa perceptual para perfil do investidor e tipo de aplicação financeira.

Conforme discutido, como as abcissas das categorias calculadas pelo SPSS apresentam sinais opostos aos das abcissas calculadas algebricamente na seção 3.2.5, o mapa perceptual da Figura 3.33 é horizontalmente espelhado em relação ao mapa apresentado na Figura 3.9 (esse fato ocorre apenas para algumas versões do SPSS). Entretanto, em nada altera a análise e não impede que se comprove a existência de associação entre as variáveis *perfil* e *aplicação* e, mais que isso, a associação entre as categorias *Conservador* e *Poupança*, entre *Moderado* e *CDB*, e entre *Agressivo* e *Ações*.

Como são calculadas duas inércias principais parciais e, na sequência, é construído um mapa perceptual com duas dimensões (*biplot*), é importante enfatizar que 100% da inércia principal total estão representados no mapa bidimensional. Esse fato não ocorre para os casos em que há uma quantidade maior de categorias em ambas as variáveis e, na sequência, o pesquisador constrói um mapa perceptual bidimensional. Nessa situação, apenas as dimensões com as duas maiores inércias principais parciais serão plotadas no mapa.

## 3.4.2. Elaboração da análise de correspondência múltipla no software SPSS

Seguindo a lógica apresentada na seção 3.3.2, vamos elaborar a análise de correspondência múltipla no SPSS. Os dados encontram-se no arquivo **Perfil_Investidor × Aplicação × Estado_Civil.sav** e são exatamente iguais aos apresentados parcialmente na Tabela 3.21. Note que os rótulos das categorias das variáveis *perfil*, *aplicação* e *estado_civil* já estão definidos no banco de dados.

Inicialmente, é recomendável que sejam geradas as tabelas de frequências absolutas observadas (*cross-tabulations*) e os valores da estatística $\chi^2$ para cada par de variáveis, a fim de que seja elaborado um primeiro diagnóstico sobre a existência de associação entre elas e, consequentemente, sobre a eventual necessidade de que alguma precise ser eliminada da análise. Conforme procedimento adotado na seção 3.4.1, para essa análise preliminar, devemos clicar em **Analyze → Descriptive Statistics → Crosstabs...**. Como sabemos que existe associação entre as variáveis *perfil* e *aplicação*, vamos apresentar os resultados gerados para o par *perfil – estado_civil* e para o par *aplicação – estado_civil*. Esses *outputs* encontram-se nas Figuras 3.34 a 3.37.

**perfil do investidor * estado civil Crosstabulation**

Count

| | | estado civil | | Total |
|---|---|---|---|---|
| | | Solteiro | Casado | |
| perfil do investidor | Conservador | 5 | 12 | 17 |
| | Moderado | 11 | 14 | 25 |
| | Agressivo | 41 | 17 | 58 |
| Total | | 57 | 43 | 100 |

**Figura 3.34** Tabela de contingência com frequências absolutas observadas para *perfil* e *estado_civil*.

**Chi-Square Tests**

| | Value | df | Asymp. Sig. (2-sided) |
|---|---|---|---|
| Pearson Chi-Square | 11,438[a] | 2 | ,003 |
| Likelihood Ratio | 11,600 | 2 | ,003 |
| Linear-by-Linear Association | 11,073 | 1 | ,001 |
| N of Valid Cases | 100 | | |

a. 0 cells (,0%) have expected count less than 5. The minimum expected count is 7,31.

**Figura 3.35** Resultado do teste $\chi^2$ para verificação de associação entre *perfil* e *estado_civil*.

**tipo de aplicação financeira * estado civil Crosstabulation**

Count

| | | estado civil | | Total |
|---|---|---|---|---|
| | | Solteiro | Casado | |
| tipo de aplicação financeira | Poupança | 5 | 10 | 15 |
| | CDB | 16 | 24 | 40 |
| | Ações | 36 | 9 | 45 |
| Total | | 57 | 43 | 100 |

**Figura 3.36** Tabela de contingência com frequências absolutas observadas para *aplicação* e *estado_civil.*

**Chi-Square Tests**

| | Value | df | Asymp. Sig. (2-sided) |
|---|---|---|---|
| Pearson Chi-Square | 17,857[a] | 2 | ,000 |
| Likelihood Ratio | 18,690 | 2 | ,000 |
| Linear-by-Linear Association | 15,302 | 1 | ,000 |
| N of Valid Cases | 100 | | |

a. 0 cells (,0%) have expected count less than 5. The minimum expected count is 6,45.

**Figura 3.37** Resultado do teste $\chi^2$ para verificação de associação entre *aplicação* e *estado_civil.*

Com base nos *outputs* das Figuras 3.35 e 3.37, podemos afirmar que a variável *estado_civil* apresenta associação estatisticamente significante, ao nível de significância de 5%, com as variáveis *perfil* e *aplicação*, o que dá suporte à sua inclusão na análise de correspondência. Conforme discutimos no início da seção 3.3, se a variável *estado_civil* não apresentasse associação às demais, não faria sentido sua inclusão na análise, que voltaria a ser, nesse caso, bivariada.

Vamos, portanto, partir para a elaboração da análise de correspondência múltipla propriamente dita. Para tanto, devemos clicar em **Analyze → Dimension Reduction → Optimal Scaling...**. Uma caixa de diálogo como a apresentada na Figura 3.38 será aberta e devemos manter as opções selecionadas inicialmente, ou seja, **All variables are multiple nominal** em **Optimal Scaling Level** e **One set** em **Number of Sets of Variables**. Note que a análise escolhida é a **Multiple Corrrespondence Analyisis**.

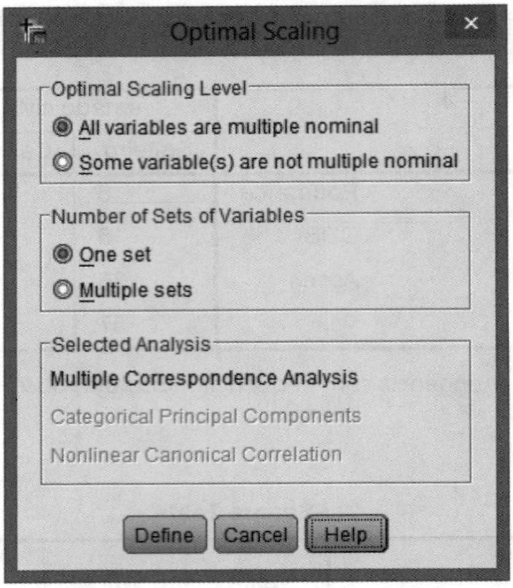


**Figura 3.38** Caixa de diálogo para seleção da análise de correspondência múltipla no SPSS.

Ao clicarmos em **Define**, será aberta uma caixa de diálogo como a apresentada na Figura 3.39.

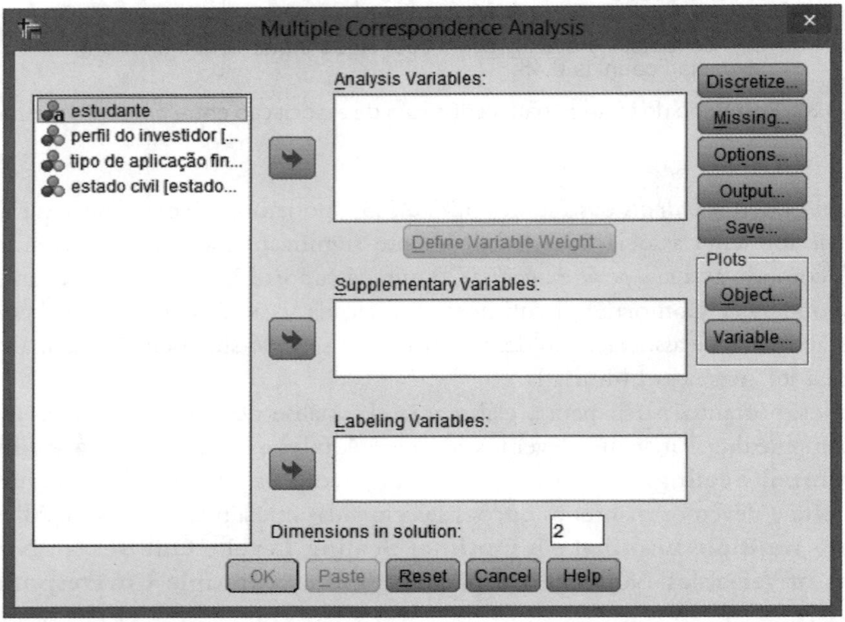


**Figura 3.39** Caixa de diálogo para elaboração da análise de correspondência múltipla no SPSS.

Primeiramente, devemos selecionar as três variáveis e inseri-las em **Analysis Variables**, conforme mostra a Figura 3.40.

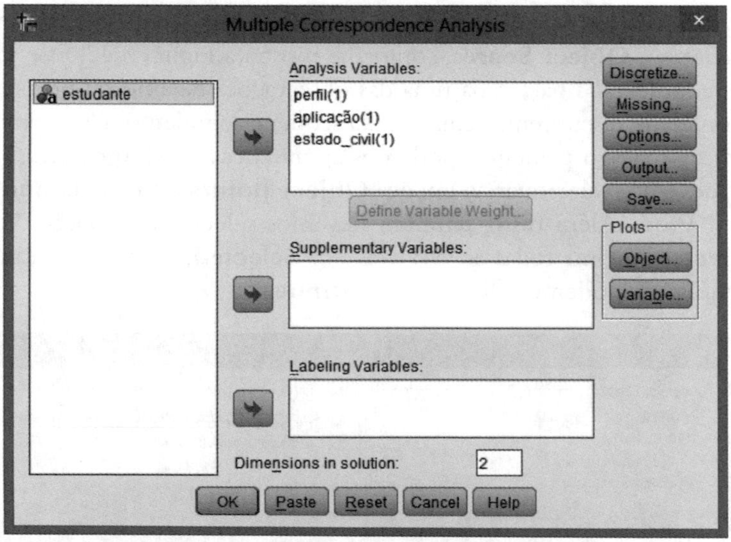


**Figura 3.40** Seleção das variáveis a serem incluídas na análise de correspondência múltipla.

Na sequência, ao clicarmos em **Output...**, será aberta uma caixa de diálogo como a da Figura 3.41. Nessa caixa, a fim de que sejam apresentadas as coordenadas de cada uma das categorias, devemos selecionar as três variáveis e inseri-las em **Category Quantifications and Contributions**. Em seguida, podemos clicar em **Continue**, a fim de retornarmos à caixa de diálogo principal.

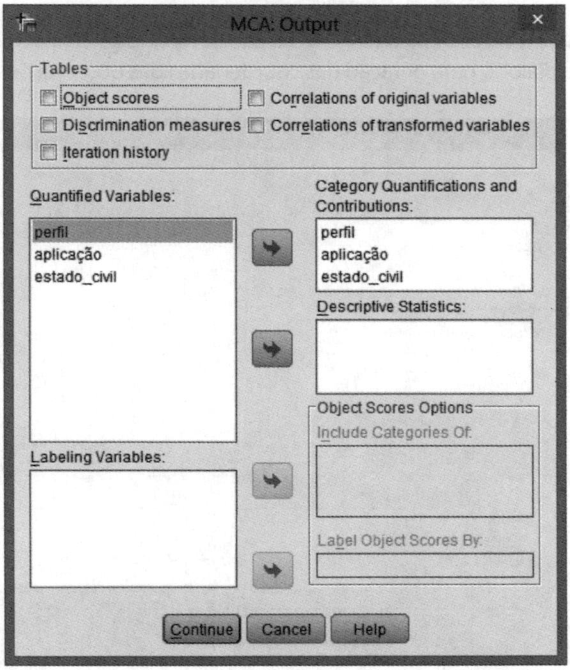


**Figura 3.41** Caixa de diálogo para geração das coordenadas das categorias nos *outputs*.

No botão **Save...**, devemos apenas selecionar a opção **Save object scores to the active dataset** em **Object Scores**, conforme mostra a Figura 3.42. Esse procedimento gerará as coordenadas para cada uma das observações da amostra no próprio banco de dados, conforme discutiremos adiante. Na sequência, podemos clicar em **Continue**.

Na caixa de diálogo principal, podemos agora clicar em **Object...**. Na caixa que será aberta, devemos selecionar as opções **Object points** e **Objects and centroids (biplot)** em **Plots**. Além disso, também devemos selecionar a opção **Variable** em **Label Objects** e incluir todas as variáveis em **Selected**, conforme mostra a Figura 3.43. Na sequência, podemos clicar em **Continue**.

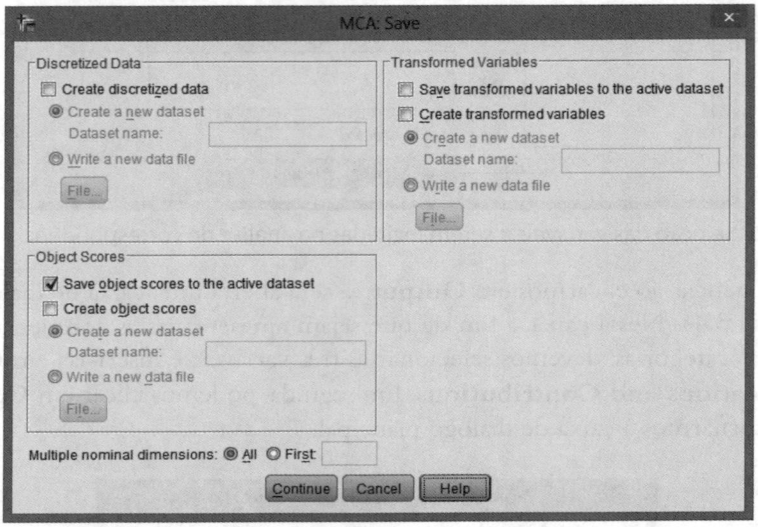


**Figura 3.42** Caixa de diálogo para geração das coordenadas das observações no banco de dados.

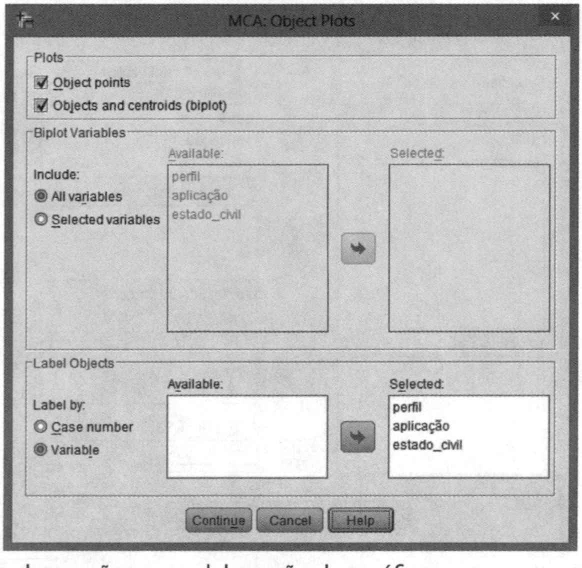


**Figura 3.43** Seleção das opções para elaboração dos gráficos.

Por fim, em **Variable...**, devemos selecionar as três variáveis e inseri-las em **Joint Category Plots**, conforme mostra a Figura 3.44. Esse procedimento gera nos *outputs* o mapa perceptual completo com as coordenadas de todas as categorias envolvidas na análise.

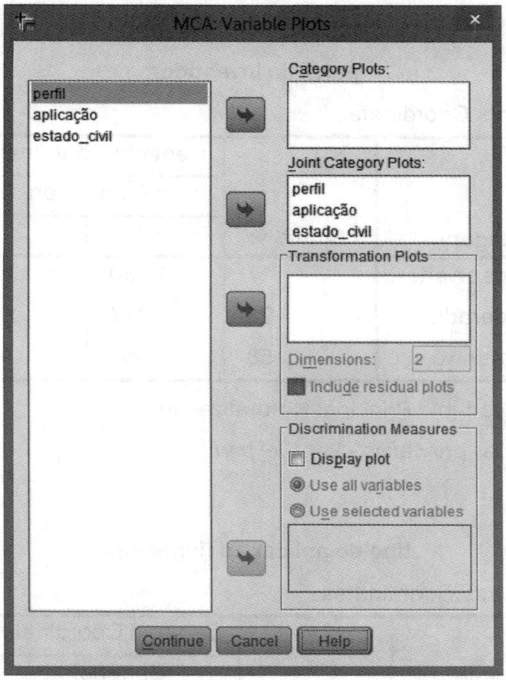


**Figura 3.44** Caixa de diálogo para elaboração do mapa perceptual com as coordenadas das categorias.

Na sequência, podemos clicar em **Continue** e em **OK**.

O primeiro *output* relevante encontra-se na Figura 3.45, em que são apresentados os valores das inércias principais parciais das duas primeiras dimensões, cujos valores são iguais aos apresentados na seção 3.3.2, ou seja:

$$\begin{cases} \lambda_1^2 = 0{,}602 \\ \lambda_2^2 = 0{,}436 \end{cases}$$

**Model Summary**

| Dimension | Cronbach's Alpha | Variance Accounted For | | |
|---|---|---|---|---|
| | | Total (Eigenvalue) | Inertia | % of Variance |
| 1 | ,670 | 1,807 | ,602 | 60,230 |
| 2 | ,353 | 1,308 | ,436 | 43,598 |
| Total | | 3,115 | 1,038 | |
| Mean | ,537[a] | 1,557 | ,519 | 51,914 |

a. Mean Cronbach's Alpha is based on the mean Eigenvalue.

**Figura 3.45** Inércias principais parciais.

É importante frisarmos que os procedimentos adotados para a elaboração da análise de correspondência no SPSS geram coordenadas principais das categorias das variáveis. As Figuras 3.46, 3.47 e 3.48 apresentam as coordenadas de cada categoria, por variável.

**perfil do investidor**

Points:Coordinates

| | | Centroid Coordinates | |
|---|---|---|---|
| | | Dimension | |
| Category | Frequency | 1 | 2 |
| Conservador | 17 | 1,130 | -1,481 |
| Moderado | 25 | ,747 | ,970 |
| Agressivo | 58 | -,653 | ,016 |

Variable Principal Normalization.

**Figura 3.46** Coordenadas principais – Variável *perfil.*

**tipo de aplicação financeira**

Points:Coordinates

| | | Centroid Coordinates | |
|---|---|---|---|
| | | Dimension | |
| Category | Frequency | 1 | 2 |
| Poupança | 15 | 1,382 | -1,335 |
| CDB | 40 | ,417 | ,937 |
| Ações | 45 | -,831 | -,388 |

Variable Principal Normalization.

**Figura 3.47** Coordenadas principais – Variável *aplicação.*

**estado civil**

Points:Coordinates

| | | Centroid Coordinates | |
|---|---|---|---|
| | | Dimension | |
| Category | Frequency | 1 | 2 |
| Solteiro | 57 | -,636 | -,101 |
| Casado | 43 | ,843 | ,134 |

Variable Principal Normalization.

**Figura 3.48** Coordenadas principais – Variável *estado_civil.*

Conforme discutimos na seção 3.3, as coordenadas principais geradas na análise de correspondência múltipla apresentam escala reduzida se comparadas às coordenadas-padrão, o que colabora para a construção de um mapa perceptual com pontos mais concentrados em torno da Origem. Além disso, podemos também perceber, a partir dos *outputs* apresentados nas Figuras 3.46, 3.47 e 3.48, que o SPSS apresenta as coordenadas das ordenadas de cada categoria (*Centroid Coordinates Dimension* 2) com sinais invertidos em relação aos calculados algebricamente no final da seção 3.3.2 e apresentados na Tabela 3.28 (esse fato ocorre apenas para algumas versões do SPSS). Isso, entretanto, não altera absolutamente a interpretação dos resultados da análise de correspondência. Com base nessas coordenadas principais, pode ser construído o mapa perceptual, apresentado na Figura 3.49.

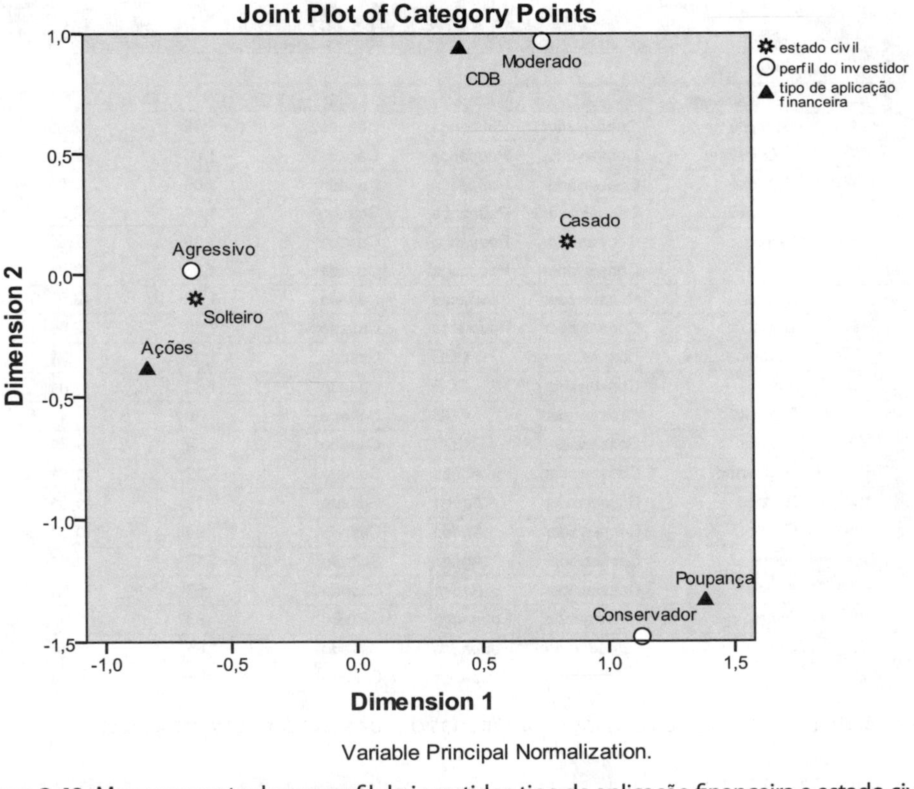


**Figura 3.49** Mapa perceptual para perfil do investidor, tipo de aplicação financeira e estado civil.

Com base no mapa perceptual da Figura 3.49, podemos verificar que a categoria *Solteiro* apresenta forte associação com as categorias *Agressivo* e *Ações*. Por outro lado, a categoria *Casado* encontra-se entre *Conservador* e *Moderado* e entre *Poupança* e *CDB*, porém com maior proximidade de *Moderado* e *CDB*.

Para fins didáticos, caso o pesquisador queira reproduzir os achados do exemplo desta seção por meio da elaboração de uma análise de correspondência simples (inércias, coordenadas principais e mapa perceptual), poderá fazer uso do arquivo **Burt.sav**, que mostra os dados oriundos da matriz de Burt, apresentada na Tabela 3.27 da seção 3.3.2. Nesse caso, o pesquisador irá perceber que os valores singulares de cada dimensão serão iguais aos valores das inércias principais parciais geradas por meio da análise de correspondência múltipla para as respectivas dimensões.

Por fim, podemos verificar, ao elaborarmos o procedimento descrito, que são geradas duas novas variáveis no banco de dados, chamadas pelo SPSS de *OBSCO1_1* e *OBSCO2_1*, conforme mostra a Figura 3.50 para as 20 primeiras observações. Essas variáveis referem-se às coordenadas da primeira e da segunda dimensões para cada uma das observações do banco de dados (*object scores*).

| | estudante | perfil | aplicação | estado_civil | OBSCO1_1 | OBSCO2_1 |
|---|---|---|---|---|---|---|
| 1 | Gabriela | Conservador | Poupança | Casado | 1,86 | -2,05 |
| 2 | Luiz Felipe | Conservador | Poupança | Casado | 1,86 | -2,05 |
| 3 | Patrícia | Conservador | Poupança | Casado | 1,86 | -2,05 |
| 4 | Gustavo | Conservador | Poupança | Solteiro | 1,04 | -2,23 |
| 5 | Letícia | Conservador | Poupança | Casado | 1,86 | -2,05 |
| 6 | Ovídio | Conservador | Poupança | Casado | 1,86 | -2,05 |
| 7 | Leonor | Conservador | Poupança | Casado | 1,86 | -2,05 |
| 8 | Dalila | Conservador | Poupança | Casado | 1,86 | -2,05 |
| 9 | Antônio | Conservador | CDB | Casado | 1,32 | -,31 |
| 10 | Júlia | Conservador | CDB | Casado | 1,32 | -,31 |
| 11 | Roberto | Conservador | CDB | Solteiro | ,50 | -,49 |
| 12 | Renata | Conservador | CDB | Casado | 1,32 | -,31 |
| 13 | Guilherme | Conservador | Ações | Solteiro | -,19 | -1,51 |
| 14 | Rodrigo | Conservador | Ações | Solteiro | -,19 | -1,51 |
| 15 | Giulia | Conservador | Ações | Casado | ,63 | -1,33 |
| 16 | Felipe | Conservador | Ações | Solteiro | -,19 | -1,51 |
| 17 | Karina | Conservador | Ações | Casado | ,63 | -1,33 |
| 18 | Pietro | Moderado | Poupança | Solteiro | ,83 | -,36 |
| 19 | Cecília | Moderado | Poupança | Casado | 1,65 | -,18 |
| 20 | Gisele | Moderado | Poupança | Casado | 1,65 | -,18 |

**Figura 3.50** Banco de dados com as coordenadas das observações (*object scores*).

A partir das coordenadas de cada observação, é possível elaborar um gráfico, que se encontra na Figura 3.51, com as posições relativas dos estudantes e por meio do qual podemos estudar as similaridades entre eles com base no comportamento das variáveis *perfil*, *aplicação* e *estado_civil*. Ao contrário do que poderia ser feito a partir de um procedimento errado de ponderação arbitrária das categorias das variáveis originais, essas similaridades podem, de fato, ser avaliadas fazendo-se uso das coordenadas (*object scores*) de cada observação, visto que são variáveis métricas e, portanto, quantitativas. Note, inclusive, que essas novas variáveis (*OBSCO1_1* e *OBSCO2_1*) são ortogonais, isto é, apresentam correlação de Pearson igual a 0, em conformidade com a ortogonalidade dos eixos do gráfico. Neste momento, é suscitada uma analogia com os fatores gerados a partir da elaboração de uma análise fatorial por componentes principais, estudada no capítulo anterior, que também podem ser ortogonais para determinados métodos de rotação.

Essa é uma das principais contribuições da análise de correspondência múltipla, uma vez que, a partir dessas coordenadas, pode-se, por exemplo, elaborar uma análise de agrupamentos. A própria inclusão das coordenadas como variáveis explicativas em técnicas confirmatórias, como análise de regressão, pode fazer algum sentido para efeitos de diagnóstico sobre o comportamento de determinado fenômeno em estudo, dependendo dos interesses e dos objetivos do pesquisador.

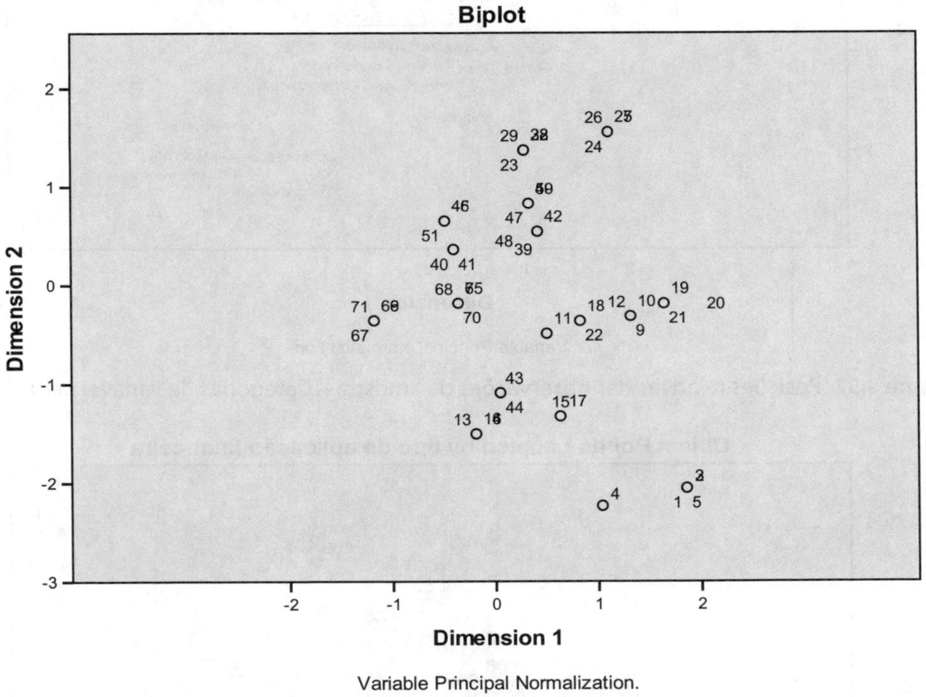


**Figura 3.51** Posições relativas das observações da amostra.

Como as variáveis *perfil* e *aplicação* possuem três categorias, e a variável *estado_civil*, duas categorias, existem 18 possibilidades de combinação para cada uma das observações da amostra (3 × 3 × 2 = 18), sendo que, dessas, 17 combinações ocorrem em nosso exemplo, uma vez que não há qualquer estudante que apresente perfil agressivo, aplique seus recursos financeiros em poupança e seja casado. Note, no gráfico da Figura 3.51, que realmente 17 pontos são plotados, e a maioria deles representa o comportamento de mais de um estudante.

Além disso, o pesquisador também pode desejar estudar as posições relativas dos estudantes com base na explicitação, no gráfico, das categorias de cada uma das variáveis, em vez da identificação de cada observação. Os gráficos das Figuras 3.52, 3.53 e 3.54 explicitam, para cada um dos 17 pontos, as categorias das variáveis *perfil*, *aplicação* e *estado_civil*, respectivamente.

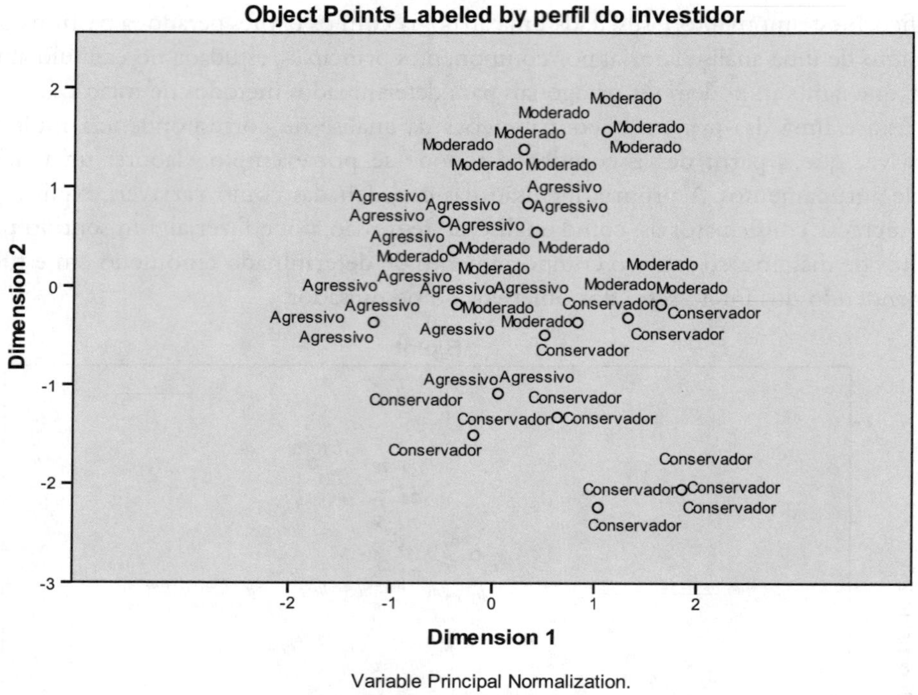


**Figura 3.52** Posições relativas das observações da amostra – Categorias da variável *perfil*.

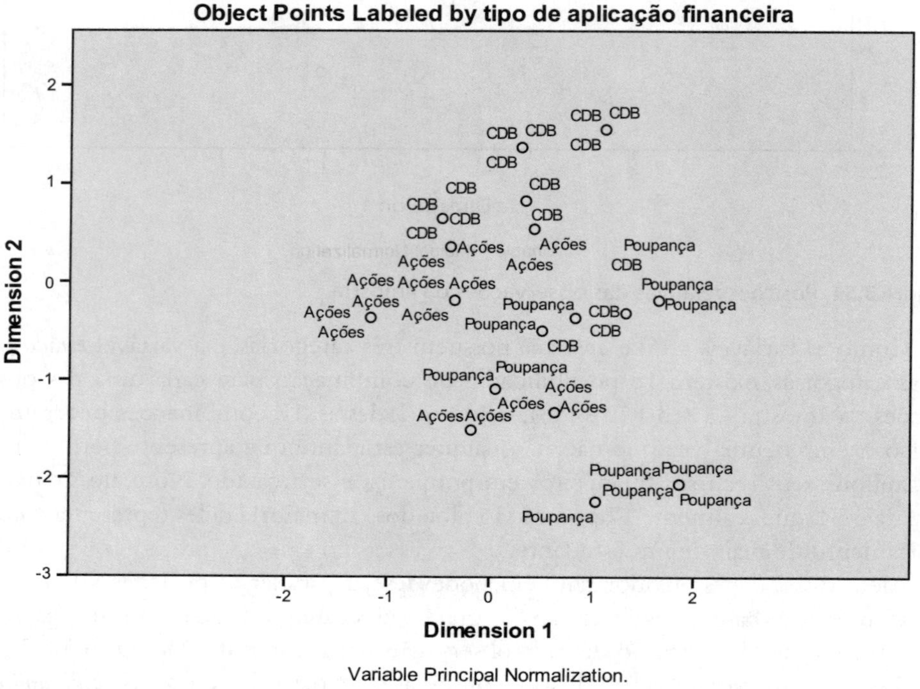


**Figura 3.53** Posições relativas das observações da amostra – Categorias da variável *aplicação*.

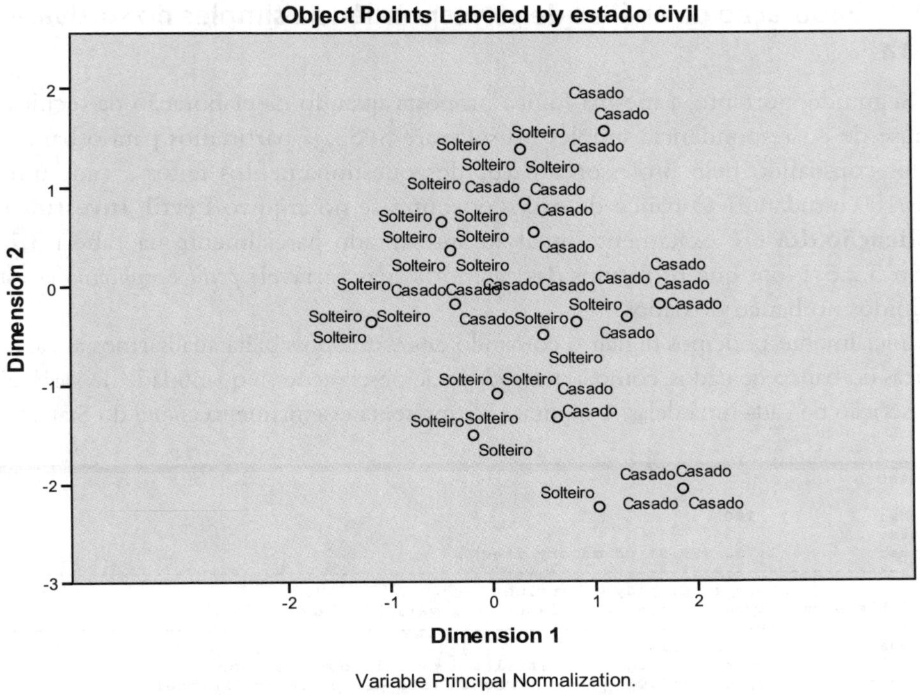


**Figura 3.54** Posições relativas das observações da amostra – Categorias da variável *estado_civil*.

Note que há certa separação entre as categorias das variáveis nos gráficos das Figuras 3.52, 3.53 e 3.54, principalmente para coordenadas mais afastadas da Origem, o que reforça ainda mais a existência de associação entre o perfil do investidor, o tipo de aplicação financeira e seu estado civil.

Apresentados os procedimentos para aplicação da análise de correspondência simples e da análise de correspondência múltipla no SPSS, partiremos para a elaboração das técnicas no Stata.

## 3.5. ANÁLISE DE CORRESPONDÊNCIA SIMPLES E MÚLTIPLA NO SOFTWARE STATA

Apresentaremos agora o passo a passo para a elaboração dos nossos exemplos no Stata Statistical Software®. Nosso objetivo, nesta seção, não é discutir novamente os conceitos pertinentes à análise de correspondência, porém propiciar ao pesquisador uma oportunidade de elaborar as técnicas por meio dos comandos desse software. A cada apresentação de um *output*, faremos menção ao respectivo resultado obtido quando da elaboração da técnica de forma algébrica e também por meio do SPSS. A reprodução das imagens apresentadas nesta seção tem autorização da StataCorp LP©.

### 3.5.1. Elaboração da análise de correspondência simples no software Stata

Seguindo, portanto, a mesma lógica proposta quando da elaboração da técnica de análise de correspondência simples no software SPSS, já partiremos para o banco de dados construído pelo professor a partir dos questionamentos feitos a cada um de seus 100 estudantes. O banco de dados encontra-se no arquivo **Perfil_Investidor × Aplicação.dta** e é exatamente igual ao apresentado parcialmente na Tabela 3.7 da seção 3.2.5. Note que os rótulos das categorias das variáveis *perfil* e *aplicação* já estão definidos no banco de dados.

Inicialmente, podemos digitar o comando **desc**, que possibilita analisarmos as características do banco de dados, como a quantidade de observações, a quantidade de variáveis e a descrição de cada uma delas. A Figura 3.55 apresenta esse primeiro *output* do Stata.

```
. desc

  obs:            100
 vars:              3
 size:          1,700 (99.9% of memory free)
-------------------------------------------------------------------------------
              storage  display     value
variable name   type   format      label      variable label
-------------------------------------------------------------------------------
estudante       str11  %11s
perfil          byte   %11.0g      perfil     perfil do investidor
aplicação       byte   %14.0g      aplicação  tipo de aplicação financeira
-------------------------------------------------------------------------------
Sorted by:
```

**Figura 3.55** Descrição do banco de dados **Perfil_Investidor × Aplicação.dta**.

O comando **tab2** permite gerar a tabela de contingência correspondente ao cruzamento das categorias de duas variáveis. Ao digitarmos o seguinte comando, poderemos analisar a distribuição das frequências absolutas observadas por categoria, bem como avaliar a significância estatística da associação entre as duas variáveis (termo **chi2**).

```
tab2 perfil aplicação, chi2
```

A Figura 3.56 apresenta o *output* gerado.

```
. tab perfil aplicação, chi2

  perfil do |  tipo de aplicação financeira
 investidor | Poupança        CDB      Ações |     Total
------------+---------------------------------+----------
Conservador |        8          4          5 |        17
   Moderado |        5         16          4 |        25
  Agressivo |        2         20         36 |        58
------------+---------------------------------+----------
      Total |       15         40         45 |       100

          Pearson chi2(4) =  31.7642   Pr = 0.000
```

**Figura 3.56** Tabela de contingência com frequências absolutas observadas e teste $\chi^2$.

A partir do resultado do teste $\chi^2$, podemos afirmar, para o nível de significância de 5% e para 4 graus de liberdade, que existe associação estatisticamente significante entre as variáveis *perfil* e *aplicação*, visto que $\chi^2_{cál} = 31,76$ ($\chi^2$ calculado para 4 graus de liberdade) e *Prob.* $\chi^2_{cal} < 0,05$. Dado que a associação entre as duas variáveis não se dá de forma aleatória, podemos, por meio da análise dos resíduos padronizados ajustados, estudar a relação de dependência entre cada par de categorias. No Stata, o comando **`tab2`** não permite gerar esses resíduos nos *outputs*, porém o comando **`tabchi`**, desenvolvido a partir de um módulo de tabulação criado por Nicholas J. Cox, faz os resíduos padronizados ajustados serem calculados. Para que esse comando seja utilizado, devemos inicialmente digitar:

```
findit tabchi
```

e instalá-lo no link **<u>`tab chi from http://fmwww.bc.edu/RePEc/bocode/t`</u>**. Feito isso, podemos digitar o seguinte comando:

```
tabchi perfil aplicação, a
```

Os *outputs* encontram-se na Figura 3.57, que mostra, além do apresentado na Figura 3.56, as frequências absolutas esperadas e os resíduos padronizados ajustados por célula, em conformidade com o apresentado nas Tabelas 3.9 e 3.13 da seção 3.2.5, e também na Figura 3.18 quando da elaboração da técnica no SPSS (seção 3.4.1).

```
. tabchi perfil aplicação, a

          observed frequency
          expected frequency
          adjusted residual

---------------------------------------------
perfil do   | tipo de aplicação financeira
investidor  | Poupança        CDB      Ações
------------+--------------------------------
Conservador |        8          4          5
            |    2.550      6.800      7.650
            |    4.063     -1.522     -1.418
            |
   Moderado |        5         16          4
            |    3.750     10.000     11.250
            |    0.808      2.828     -3.366
            |
  Agressivo |        2         20         36
            |    8.700     23.200     26.100
            |   -3.802     -1.323      4.032
---------------------------------------------

2 cells with expected frequency < 5

          Pearson chi2(4) =  31.7642   Pr = 0.000
 likelihood-ratio chi2(4) =  30.7767   Pr = 0.000
```

**Figura 3.57** Tabela de frequências e de resíduos padronizados ajustados para *perfil* e *aplicação*.

Assim como discutido anteriormente, podemos verificar que há dependência entre as categorias *Conservador* e *Poupança*, entre *Moderado* e *CDB* e entre *Agressivo* e *Ações*, uma vez que os resíduos padronizados das células correspondentes são, respectivamente, iguais a 4,063, 2,828 e 4,032 (positivos e maiores que 1,96).

Verificada a existência de associação estatisticamente significante entre as variáveis *perfil* e *aplicação* e identificadas as relações de dependência entre suas categorias, podemos digitar o comando da análise de correspondência simples, que faz com que sejam calculadas as coordenadas de cada categoria a partir das quais pode ser construído o mapa perceptual no Stata. O comando é:

**`ca perfil aplicação`**

Os *outputs* gerados encontram-se na Figura 3.58.

```
. ca perfil aplicação

Correspondence analysis                    Number of obs     =       100
                                           Pearson chi2(4)   =     31.76
                                           Prob > chi2       =    0.0000
                                           Total inertia     =    0.3176
    3 active rows                          Number of dim.    =         2
    3 active columns                       Expl. inertia (%) =    100.00

            |   singular    principal                            cumul
  Dimension |    value       inertia        chi2     percent   percent
------------+---------------------------------------------------------
      dim 1 |   .4829233    .2332149       23.32       73.42     73.42
      dim 2 |   .2905629    .0844268        8.44       26.58    100.00
------------+---------------------------------------------------------
      total |               .3176416       31.76         100

Statistics for row and column categories in symmetric normalization

            |          overall          |      dimension_1          |      dimension_2
 Categories |   mass  quality   %inert  |  coord   sqcorr  contrib  |  coord   sqcorr  contrib
------------+---------------------------+---------------------------+-------------------------
perfil      |                           |                           |
 Conservador|  0.170    1.000    0.432  |  1.132    0.767    0.451  |  0.805    0.233    0.379
    Moderado|  0.250    1.000    0.274  |  0.553    0.425    0.158  | -0.829    0.575    0.592
   Agressivo|  0.580    1.000    0.295  | -0.570    0.973    0.391  |  0.122    0.027    0.029
------------+---------------------------+---------------------------+-------------------------
aplicação   |                           |                           |
    Poupança|  0.150    1.000    0.542  |  1.475    0.914    0.675  |  0.582    0.086    0.175
         CDB|  0.400    1.000    0.164  |  0.102    0.039    0.009  | -0.655    0.961    0.591
       Ações|  0.450    1.000    0.294  | -0.582    0.789    0.316  | -0.389    0.211    0.234
--------------------------------------------------------------------------------------------
```

**Figura 3.58** *Outputs* da análise de correspondência simples no Stata.

Note, com base na análise dos *outputs* da Figura 3.58, que as inércias principais parciais correspondem às calculadas algebricamente na seção 3.2.5 e também apresentadas na Figura 3.30 da seção 3.4.1 e, por meio delas, é possível afirmar que as dimensões 1 e 2 explicam, respectivamente, 73,42% (0,2332 / 0,3176) e 26,58% (0,0844 / 0,3176) da inércia principal total. Além disso, as coordenadas (**`dimension_1 coord`** e **`dimension_2 coord`**) também correspondem às calculadas algebricamente, bem como às apresentadas pelo SPSS, conforme discutido na seção 3.4.1.

Ainda com base nos *outputs* da Figura 3.58, é possível afirmar, para a variável *perfil*, que, enquanto a categoria *Conservador* é a mais representativa para a composição inercial da primeira dimensão (**`dimension_1 contrib`** = 45,1%), a categoria *Moderado* é a mais representativa para a composição inercial da segunda dimensão (**`dimension_2`**

**contrib** = 59,2%). Já para a variável *aplicação*, enquanto a categoria *Poupança* é a mais representativa para a composição inercial da primeira dimensão (**dimension_1 contrib** = 67,5%), a categoria *CDB* é a mais representativa para a composição inercial da segunda dimensão (**dimension_2 contrib** = 59,1%).

Um primeiro gráfico pode ser construído a partir das coordenadas apresentadas na Figura 3.58 e é conhecido por **gráfico de projeção das coordenadas nas dimensões**, pois permite analisar isoladamente o comportamento de cada categoria em cada dimensão. Para elaborarmos esse gráfico, que se encontra na Figura 3.59, precisamos digitar o seguinte comando:

```
caprojection
```

que somente pode ser aplicado após a elaboração da Figura 3.58 (comando **ca**).

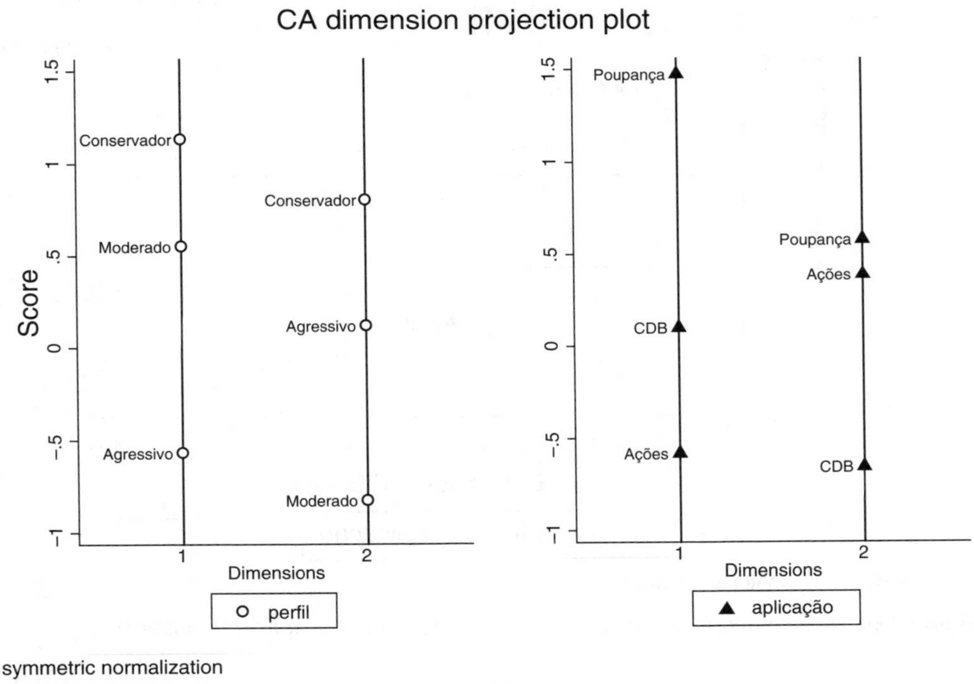


**Figura 3.59** Gráfico de projeção das coordenadas nas dimensões.

O gráfico de projeção das coordenadas nas dimensões pode ser bastante útil para estudar a lógica do sequenciamento das categorias, principalmente em variáveis qualitativas ordinais. Para os dados de nosso exemplo, podemos verificar que existe lógica na ordenação dos pontos referentes às categorias das variáveis para a primeira dimensão, com destaque para a variável *perfil*, de fato, ordinal. Além disso, também podemos observar que os pontos se encontram em lados opostos e relativamente afastados da

Origem para o eixo da primeira dimensão, o que é adequado para a elaboração da análise de correspondência simples, pois permite melhor visualização do mapa perceptual.

O mapa perceptual propriamente dito pode ser construído a partir da digitação do seguinte comando:

```
cabiplot, origin
```

que também só pode ser aplicado após a elaboração da Figura 3.58 (comando **ca**). O mapa perceptual que mostra a relação entre as categorias de *perfil* e *aplicação* encontra-se na Figura 3.60.

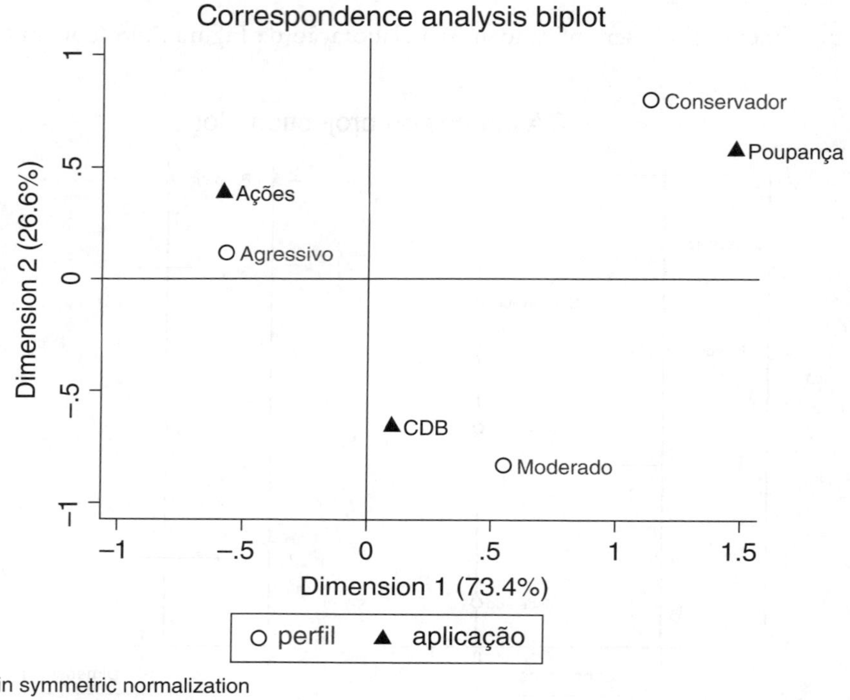


**Figura 3.60** Mapa perceptual para perfil do investidor e tipo de aplicação financeira.

Apresentados os comandos para a realização da análise de correspondência simples no Stata, partiremos para a elaboração da análise de correspondência múltipla no mesmo software.

### 3.5.2. Elaboração da análise de correspondência múltipla no software Stata

Seguindo a mesma lógica proposta quando da elaboração da técnica de análise de correspondência múltipla no SPSS, já partiremos para o banco de dados construído pelo professor a partir dos questionamentos feitos a cada um de seus 100 estudantes. O banco de dados encontra-se no arquivo **Perfil_Investidor × Aplicação × Estado_ Civil.dta** e é exatamente igual ao apresentado parcialmente na Tabela 3.21 da seção 3.3.2. Note que os rótulos das categorias das variáveis *perfil*, *aplicação* e *estado_civil* já estão definidos no banco de dados.

O primeiro *output*, que se encontra na Figura 3.61, gerado a partir do comando **desc**, apresenta as características do banco de dados, como a quantidade de observações e a descrição de cada variável.

```
. desc

  obs:              100
 vars:                4
 size:            2,100 (99.9% of memory free)
-------------------------------------------------------------------------------
              storage  display     value
variable name   type   format      label      variable label
-------------------------------------------------------------------------------
estudante       str11  %11s
perfil          byte   %11.0g      perfil     perfil do investidor
aplicação       byte   %14.0g      aplicação  tipo de aplicação financeira
estado_civil    float  %9.0g       est_civil  estado civil
-------------------------------------------------------------------------------
Sorted by:
```

**Figura 3.61** Descrição do banco de dados **Perfil_Investidor × Aplicação × Estado_Civil.dta**.

Conforme discutimos, a fim de que seja elaborado o diagnóstico sobre a existência de associação entre as variáveis e, consequentemente, sobre a eventual necessidade de que alguma delas precise ser eliminada da análise, devemos gerar as tabelas de frequências absolutas observadas para cada par de variáveis com os respectivos testes $\chi^2$. Para tanto, devemos digitar o seguinte comando:

**tab2 perfil aplicação estado_civil, chi2**

Os *outputs* encontram-se na Figura 3.62, por meio dos quais podemos verificar que todos os pares de variáveis apresentam associação estatisticamente significante, ao nível de significância de 5%. Para que determinada variável seja incluída em uma análise de correspondência múltipla, é preciso que se associe de maneira estatisticamente significante a pelo menos uma das demais variáveis.

Visto que todas as variáveis devem ser incluídas na análise de correspondência múltipla, podemos partir para a elaboração propriamente dita da técnica, digitando o seguinte comando:

**mca perfil aplicação estado_civil, method(indicator)**

em que o termo **method(indicator)** corresponde ao método da matriz binária **Z**, discutido na seção 3.3, que gera coordenadas-padrão para cada uma das categorias das variáveis. Os *outputs* encontram-se na Figura 3.63.

```
. tab2 perfil aplicação estado_civil, chi2

-> tabulation of perfil by aplicação

  perfil do |     tipo de aplicação financeira
 investidor |  Poupança        CDB      Ações |     Total
------------+---------------------------------+----------
Conservador |         8          4          5 |        17
   Moderado |         5         16          4 |        25
  Agressivo |         2         20         36 |        58
------------+---------------------------------+----------
      Total |        15         40         45 |       100

          Pearson chi2(4) =  31.7642   Pr = 0.000

-> tabulation of perfil by estado_civil

  perfil do |      estado civil
 investidor |  Solteiro     Casado |     Total
------------+----------------------+----------
Conservador |         5         12 |        17
   Moderado |        11         14 |        25
  Agressivo |        41         17 |        58
------------+----------------------+----------
      Total |        57         43 |       100

          Pearson chi2(2) =  11.4376   Pr = 0.003

-> tabulation of aplicação by estado_civil

   tipo de |
 aplicação |      estado civil
financeira |  Solteiro     Casado |     Total
-----------+----------------------+----------
  Poupança |         5         10 |        15
       CDB |        16         24 |        40
     Ações |        36          9 |        45
-----------+----------------------+----------
     Total |        57         43 |       100

          Pearson chi2(2) =  17.8567   Pr = 0.000
```

**Figura 3.62** Tabelas de contingência com frequências absolutas observadas e testes $\chi^2$.

```
. mca perfil aplicação estado_civil, method(indicator)

Multiple/Joint correspondence analysis      Number of obs    =       100
                                            Total inertia    =  1.666667
    Method: Indicator matrix                Number of axes   =         2

                 |   principal               cumul
       Dimension |    inertia    percent   percent
      -----------+---------------------------------
           dim 1 |    .6023045     36.14     36.14
           dim 2 |    .4359878     26.16     62.30
           dim 3 |    .2764728     16.59     78.89
           dim 4 |    .1798371     10.79     89.68
           dim 5 |    .1720645     10.32    100.00
      -----------+---------------------------------
           Total |    1.666667    100.00

Statistics for column categories in standard normalization

             |         overall         |        dimension_1        |        dimension_2
  Categories |  mass  quality  %inert  |  coord   sqcorr  contrib  |  coord   sqcorr  contrib
-------------+-------------------------+---------------------------+--------------------------
perfil       |                         |                           |
 Conservador | 0.057    0.712   0.166  |  1.456    0.262    0.093  |  2.247    0.451    0.189
    Moderado | 0.083    0.503   0.150  |  0.962    0.186    0.060  | -1.476    0.317    0.120
   Agressivo | 0.193    0.589   0.084  | -0.841    0.589    0.106  | -0.022    0.000    0.000
-------------+-------------------------+---------------------------+--------------------------
aplicação    |                         |                           |
    Poupança | 0.050    0.649   0.170  |  1.780    0.337    0.123  |  2.016    0.313    0.134
         CDB | 0.133    0.699   0.120  |  0.538    0.116    0.030  | -1.416    0.583    0.177
       Ações | 0.150    0.688   0.110  | -1.071    0.565    0.134  |  0.587    0.123    0.034
-------------+-------------------------+---------------------------+--------------------------
estado_civil |                         |                           |
    Solteiro | 0.190    0.549   0.086  | -0.820    0.536    0.099  |  0.150    0.013    0.003
      Casado | 0.143    0.549   0.114  |  1.086    0.536    0.131  | -0.199    0.013    0.004
----------------------------------------------------------------------------------------------
```

**Figura 3.63** *Outputs* da análise de correspondência múltipla no Stata – Coordenadas-padrão.

Note, com base nos *outputs* da Figura 3.63, que as coordenadas das categorias das variáveis *perfil*, *aplicação* e *estado_civil* para as duas dimensões (**dimension_1 coord** e **dimension_2 coord**) são exatamente iguais às calculadas algebricamente na seção 3.3.2 e apresentadas na Tabela 3.26 (coordenadas-padrão). Além disso, a inércia principal total da matriz binária **Z** é igual a:

$$I_T = \frac{J-Q}{Q} = \frac{8-3}{3} = 1{,}6667$$

em que $J$ representa o número de categorias de todas as variáveis envolvidas na análise ($J = 8$), e $Q$, o número de variáveis ($Q = 3$). Portanto, podem ser calculadas as inércias principais parciais das $J - Q = 8 - 3 = 5$ dimensões, cujos valores são:

$$\begin{cases} \lambda_1^2 = 0{,}6023 \\ \lambda_2^2 = 0{,}4360 \\ \lambda_3^2 = 0{,}2765 \\ \lambda_4^2 = 0{,}1798 \\ \lambda_5^2 = 0{,}1721 \end{cases}$$

de onde podemos comprovar que $I_T = \lambda_1^2 + \lambda_2^2 + \lambda_3^2 + \lambda_4^2 + \lambda_5^2 = 1{,}6667$, conforme também calculado algebricamente na seção 3.3.2.

Analogamente ao realizado na seção 3.5.1, podemos inicialmente construir, a partir das coordenadas-padrão apresentadas na Figura 3.63, o gráfico de projeção das coordenadas nas dimensões, que se encontra na Figura 3.64. Para tanto, devemos digitar o seguinte comando:

```
mcaprojection, normalize(standard)
```

Para os dados do nosso exemplo, podemos verificar, a partir do gráfico de projeção das coordenadas nas dimensões, que existe lógica na ordenação dos pontos referentes às categorias das variáveis para a primeira dimensão, com destaque para a variável *perfil*, de fato, ordinal. Além disso, também podemos observar que os pontos se encontram em lados opostos e relativamente afastados da Origem para o eixo da primeira dimensão, o que pode ser bastante adequado para melhor visualização do mapa perceptual da análise de correspondência múltipla.

Dando sequência à análise, caso o pesquisador queira obter a matriz binária **Z**, deve simplesmente digitar o comando a seguir:

```
xi i.perfil i.aplicação i.estado_civil, noomit
```

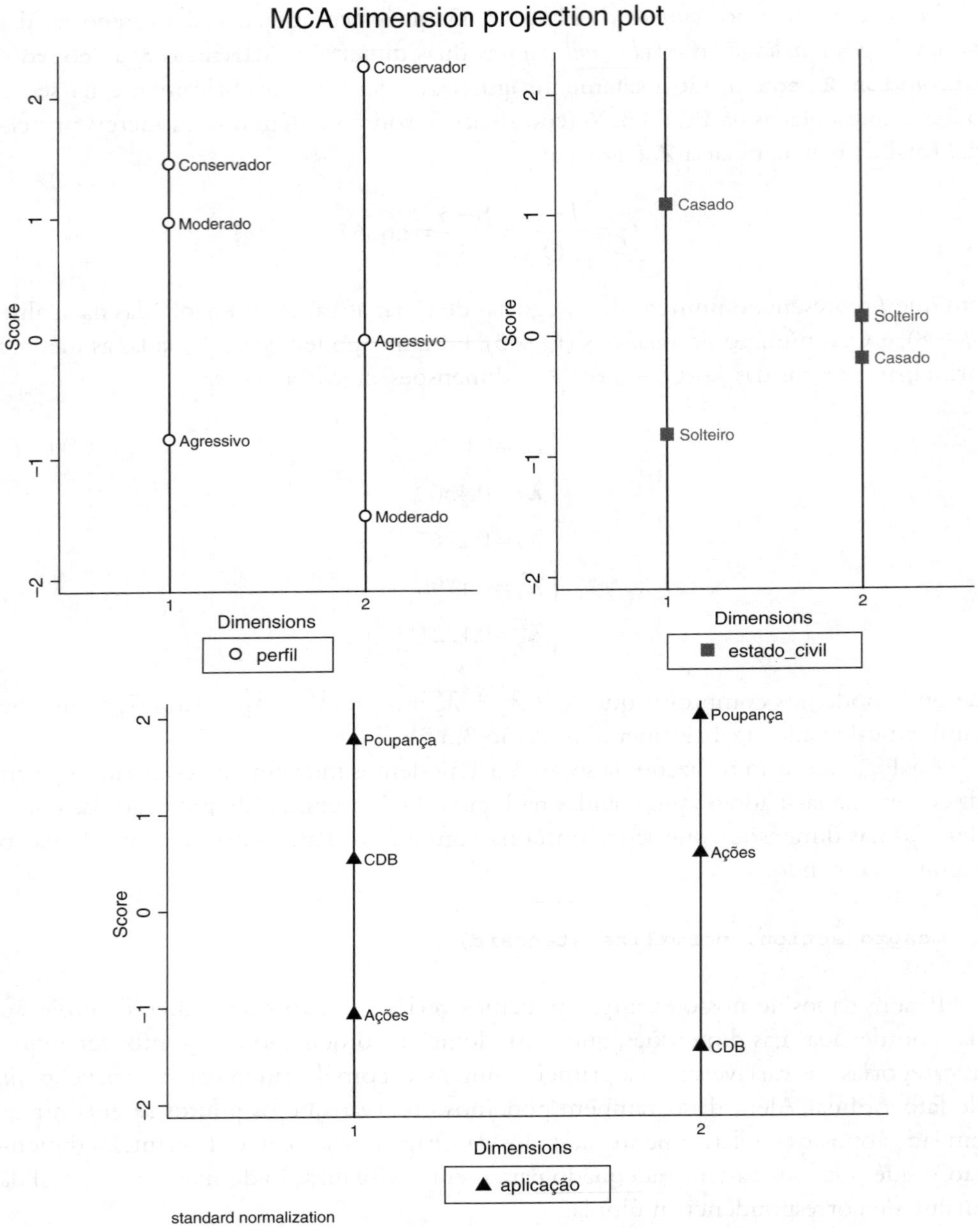


**Figura 3.64** Gráfico de projeção das coordenadas nas dimensões.

A Figura 3.65 mostra a matriz binária **Z** gerada no próprio banco de dados, para as 20 primeiras observações. É importante salientar que essa matriz pode ser utilizada para o cálculo das inércias principais parciais das cinco dimensões do nosso exemplo, desde que considerada uma tabela de contingência. Em outras palavras, para aplicar uma análise de correspondência simples e calcular as inércias principais parciais apresentadas na Figura 3.63, a matriz binária **Z** deve ser transformada em um banco de dados bivariado, que deverá possuir 300 linhas. O arquivo **Matriz Binária Z.dta** contém o banco de dados correspondente à matriz binária **Z** do nosso exemplo, e, caso o pesquisador deseje aplicar a análise de correspondência simples às suas duas variáveis, para efeitos didáticos, irá verificar que serão geradas exatamente as mesmas cinco inércias principais parciais obtidas quando da elaboração da análise de correspondência múltipla no banco de dados original.

| | estudante | perfil | aplicação | estado_civil | _Iperfil_1 | _Iperfil_2 | _Iperfil_3 | _Iaplicaçã~1 | _Iaplicaçã~2 | _Iaplicaçã~3 | _Iestado_c~1 | _Iestado_c~2 |
|---|---|---|---|---|---|---|---|---|---|---|---|---|
| 1 | Gabriela | Conservador | Poupança | Casado | 1 | 0 | 0 | 1 | 0 | 0 | 0 | 1 |
| 2 | Luiz Felipe | Conservador | Poupança | Casado | 1 | 0 | 0 | 1 | 0 | 0 | 0 | 1 |
| 3 | Patrícia | Conservador | Poupança | Casado | 1 | 0 | 0 | 1 | 0 | 0 | 0 | 1 |
| 4 | Gustavo | Conservador | Poupança | Solteiro | 1 | 0 | 0 | 1 | 0 | 0 | 1 | 0 |
| 5 | Letícia | Conservador | Poupança | Casado | 1 | 0 | 0 | 1 | 0 | 0 | 0 | 1 |
| 6 | Ovídio | Conservador | Poupança | Casado | 1 | 0 | 0 | 1 | 0 | 0 | 0 | 1 |
| 7 | Leonor | Conservador | Poupança | Casado | 1 | 0 | 0 | 1 | 0 | 0 | 0 | 1 |
| 8 | Dalila | Conservador | Poupança | Casado | 1 | 0 | 0 | 1 | 0 | 0 | 0 | 1 |
| 9 | Antônio | Conservador | CDB | Casado | 1 | 0 | 0 | 0 | 1 | 0 | 0 | 1 |
| 10 | Júlia | Conservador | CDB | Casado | 1 | 0 | 0 | 0 | 1 | 0 | 0 | 1 |
| 11 | Roberto | Conservador | CDB | Solteiro | 1 | 0 | 0 | 0 | 1 | 0 | 1 | 0 |
| 12 | Renata | Conservador | CDB | Casado | 1 | 0 | 0 | 0 | 1 | 0 | 0 | 1 |
| 13 | Guilherme | Conservador | Ações | Solteiro | 1 | 0 | 0 | 0 | 0 | 1 | 1 | 0 |
| 14 | Rodrigo | Conservador | Ações | Solteiro | 1 | 0 | 0 | 0 | 0 | 1 | 1 | 0 |
| 15 | Giulia | Conservador | Ações | Casado | 1 | 0 | 0 | 0 | 0 | 1 | 0 | 1 |
| 16 | Felipe | Conservador | Ações | Solteiro | 1 | 0 | 0 | 0 | 0 | 1 | 1 | 0 |
| 17 | Karina | Conservador | Ações | Casado | 1 | 0 | 0 | 0 | 0 | 1 | 0 | 1 |
| 18 | Pietro | Moderado | Poupança | Solteiro | 0 | 1 | 0 | 1 | 0 | 0 | 1 | 0 |
| 19 | Cecília | Moderado | Poupança | Casado | 0 | 1 | 0 | 1 | 0 | 0 | 0 | 1 |
| 20 | Gisele | Moderado | Poupança | Casado | 0 | 1 | 0 | 1 | 0 | 0 | 0 | 1 |

matriz binária Z

**Figura 3.65** Banco de dados com a matriz binária **Z**.

A partir das coordenadas-padrão apresentadas na Figura 3.63, podemos construir o mapa perceptual propriamente dito, que se encontra na Figura 3.66, por meio da digitação do seguinte comando:

```
mcaplot, overlay origin dim(2 1)
```

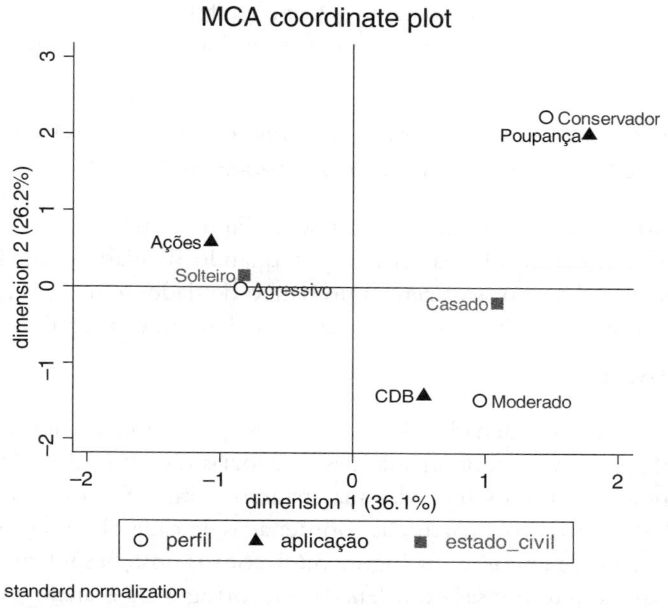


**Figura 3.66** Mapa perceptual para perfil do investidor, tipo de aplicação financeira e estado civil.

O mapa perceptual construído pelo Stata é o mesmo apresentado na Figura 3.12 da seção 3.3.2, porém possui uma escala menos reduzida se comparado àquele construído pelo SPSS, visto que, para o procedimento adotado na seção 3.4.2, o SPSS gera coordenadas principais para as categorias das variáveis. Conforme também discutido na seção 3.3.2, são somente plotadas no mapa perceptual as coordenadas-padrão das dimensões que apresentam inércias principais parciais superiores a 0,3333, valor da média da inércia principal total por dimensão (1,6667 / 5 = 0,3333). Portanto, como as inércias principais parciais das duas primeiras dimensões são iguais a 0,6023 e 0,4360, essas dimensões explicam, respectivamente, 36,1% e 26,2% da inércia principal total, conforme mostra o mapa perceptual da Figura 3.66.

Caso o pesquisador deseje elaborar o mapa perceptual destacando as massas das categorias no próprio mapa, poderá recorrer ao comando **svmat2**, desenvolvido por Nicholas J. Cox. Para usá-lo, devemos inicialmente digitar:

```
findit svmat2
```

e instalá-lo no link `dm79 from http://www.stata.com/stb/stb56&#8243`. Feito isso, podemos digitar a seguinte sequência de comandos:

```
mca perfil aplicação estado_civil, method(indicator)
mat mcamat=e(cGS)
mat colnames mcamat = mass qual inert co1 rel1 abs1 co2 rel2 abs2
svmat2 mcamat, rname(varname) name(col)
```

Esses comandos criam novas variáveis no banco de dados que trazem informações sobre as matrizes geradas após a elaboração da análise de correspondência múltipla, entre as quais as massas e as coordenadas de cada categoria. O novo mapa perceptual pode, portanto, ser construído, com os pontos referentes a cada categoria apresentando diâmetros proporcionais às respectivas massas. Para tanto, devemos digitar o seguinte comando:

```
graph twoway scatter co2 co1 [aweight=mass], xline(0) yline(0) ||
scatter co2 co1, mlabel(varname) legend(off)
```

O novo mapa perceptual encontra-se na Figura 3.67.

Assim como realizado na seção 3.4.1 quando da elaboração da técnica no SPSS, podemos criar duas novas variáveis no banco de dados, correspondentes às coordenadas de cada uma das observações da amostra, digitando o seguinte comando:

```
predict a1 a2
```

Note que as coordenadas de cada observação são exatamente as mesmas geradas pelo SPSS, embora as coordenadas das categorias tenham sido calculadas por meio de procedimentos distintos (coordenadas-padrão para o Stata e coordenadas principais para o SPSS). Portanto, a partir das coordenadas de cada observação, é possível elaborar um gráfico, que se encontra na Figura 3.68, com as posições relativas dos estudantes. As variáveis que contêm essas coordenadas são ortogonais e análogas aos fatores criados por meio de uma análise fatorial por componentes principais, e, a partir delas, podem

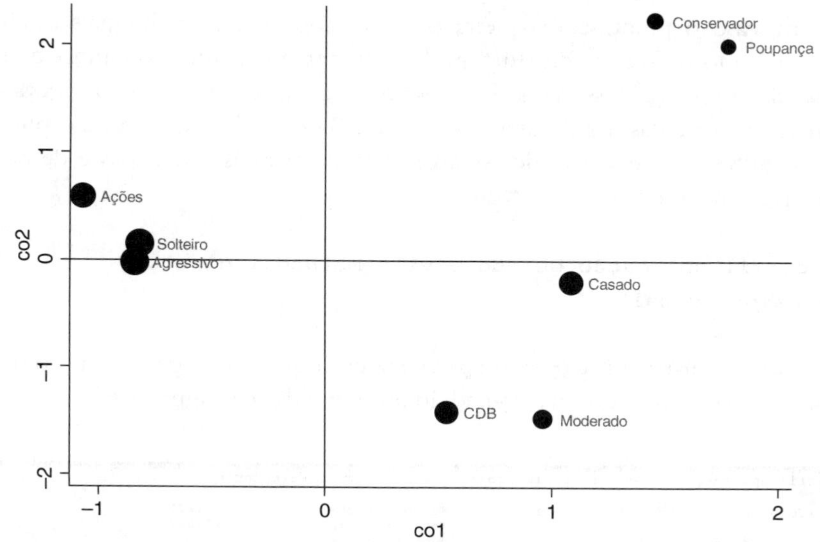


**Figura 3.67** Mapa perceptual para perfil do investidor, tipo de aplicação financeira e estado civil, com ponderações pelas massas de cada categoria.

ser elaboradas técnicas como análise de agrupamentos, a fim de que sejam, por exemplo, agrupados estudantes com características similares entre si. Para que esse gráfico seja construído, precisamos digitar o seguinte comando:

```
graph twoway scatter a2 a1, xline(0) yline(0) mlabel(estudante)
```

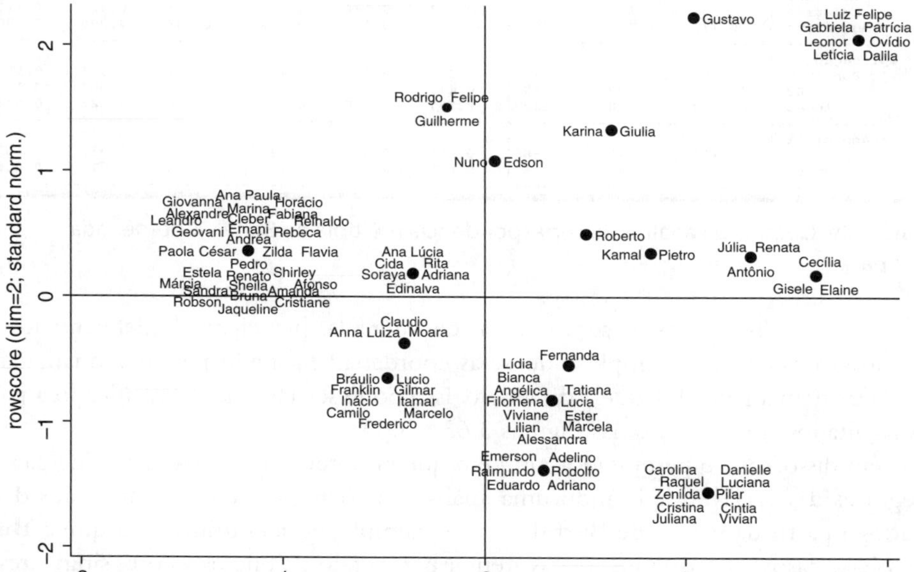


**Figura 3.68** Posições relativas das observações da amostra.

Por fim, caso o pesquisador queira obter as coordenadas principais calculadas a partir do método da matriz de Burt, poderá digitar o seguinte comando, que gerará os *outputs* da Figura 3.69. Note que as coordenadas apresentadas nessa figura correspondem às apresentadas nas Figuras 3.46, 3.47 e 3.48, obtidas quando da aplicação da técnica no SPSS, com exceção dos sinais invertidos para as ordenadas e de pequenos erros de arredondamento.

```
mca perfil aplicação estado_civil, method(indicator)
normalize(principal)
```

em que o termo **normalize(principal)** faz com que sejam geradas as coordenadas principais, em vez das coordenadas-padrão apresentadas na Figura 3.63.

```
. mca perfil aplicação estado_civil, method(indicator) normalize(principal)

Multiple/Joint correspondence analysis          Number of obs     =        100
                                                Total inertia     =   1.666667
    Method: Indicator matrix                    Number of axes    =          2

                 |   principal               cumul
       Dimension |    inertia     percent   percent
    -------------+---------------------------------
           dim 1 |   .6023045      36.14     36.14
           dim 2 |   .4359878      26.16     62.30
           dim 3 |   .2764728      16.59     78.89
           dim 4 |   .1798371      10.79     89.68
           dim 5 |   .1720645      10.32    100.00
    -------------+---------------------------------
           Total |   1.666667     100.00

Statistics for column categories in principal normalization

                 |         overall          |       dimension_1          |       dimension_2
      Categories |   mass   quality  %inert |   coord   sqcorr  contrib  |   coord   sqcorr  contrib
    -------------+--------------------------+----------------------------+---------------------------
    perfil       |                          |                            |
     Conservador |  0.057    0.712    0.166 |   1.130    0.262    0.093  |   1.484    0.451    0.189
        Moderado |  0.083    0.503    0.150 |   0.747    0.186    0.060  |  -0.975    0.317    0.120
       Agressivo |  0.193    0.589    0.084 |  -0.653    0.589    0.106  |  -0.015    0.000    0.000
    -------------+--------------------------+----------------------------+---------------------------
    aplicação    |                          |                            |
        Poupança |  0.050    0.649    0.170 |   1.381    0.337    0.123  |   1.331    0.313    0.134
             CDB |  0.133    0.699    0.120 |   0.417    0.116    0.030  |  -0.935    0.583    0.177
           Ações |  0.150    0.688    0.110 |  -0.831    0.565    0.134  |   0.388    0.123    0.034
    -------------+--------------------------+----------------------------+---------------------------
    estado_civil |                          |                            |
        Solteiro |  0.190    0.549    0.086 |  -0.636    0.536    0.099  |   0.099    0.013    0.003
          Casado |  0.143    0.549    0.114 |   0.843    0.536    0.131  |  -0.131    0.013    0.004
    ------------------------------------------------------------------------------------------------
```

**Figura 3.69** *Outputs* da análise de correspondência múltipla no Stata – Coordenadas principais.

Conforme discutimos na seção 3.3, as coordenadas principais de determinada dimensão são calculadas multiplicando-se as coordenadas-padrão pela raiz quadrada da inércia principal parcial daquela dimensão. Isso pode ser facilmente verificado a partir dos resultados apresentados nas Figuras 3.63 e 3.69.

Além disso, caso o pesquisador também queira obter as coordenadas principais das categorias das variáveis aplicando uma análise de correspondência simples aos dados gerados a partir da matriz de Burt do nosso exemplo, poderá utilizar o arquivo **Burt.dta**. Nesse caso, é importante apenas atentar para o fato de que os valores singulares de cada dimensão corresponderão aos valores das inércias principais parciais geradas por meio da análise de correspondência múltipla para as respectivas dimensões.

## 3.6. CONSIDERAÇÕES FINAIS

As tabelas de contingência se apresentam com bastante frequência em diversos campos do conhecimento, pela forte presença de variáveis categóricas, como sexo, faixas de idade ou de renda e características comportamentais, setoriais ou de localidade. O estudo aprofundado dessas tabelas, no entanto, ainda é pouco explorado no sentido de se construírem mapas perceptuais que permitem ao pesquisador avaliar, visualmente, as associações entre variáveis e entre suas categorias.

Nesse sentido, as técnicas de análise de correspondência simples e de análise de correspondência múltipla têm, por principal objetivo, avaliar a significância da associação entre variáveis categóricas e entre suas categorias, gerar coordenadas das categorias e construir, a partir dessas coordenadas, mapas perceptuais. Enquanto a primeira é uma técnica que permite avaliar a associação entre apenas duas variáveis categóricas e entre suas categorias, a segunda é uma técnica multivariada em que são estudadas as associações entre mais de duas variáveis categóricas e entre cada par de categorias. Essas técnicas permitem, portanto, aprimorar os processos decisórios com base no comportamento e na relação de interdependência entre variáveis que apresentam alguma forma de categorização.

Enfatiza-se que a aplicação de técnicas exploratórias, como a análise de correspondência, deve ser feita por meio do correto e consciente uso do software escolhido para a modelagem, com base na teoria subjacente e na experiência e intuição do pesquisador.

## 3.7. EXERCÍCIOS

**1.** Com o intuito de estudar a associação entre a percepção dos clientes sobre a qualidade do atendimento prestado e a percepção sobre o nível de preços praticados em relação à concorrência, um estabelecimento supermercadista realizou uma pesquisa com 3.000 consumidores dentro da loja, coletando dados de variáveis com as seguintes características:

| Variável | Descrição |
|---|---|
| *id* | Variável *string* (de 0001 a 3000) que identifica o consumidor e que não será utilizada na modelagem. |
| *atendimento* | Variável qualitativa ordinal com cinco categorias, correspondente à percepção sobre a qualidade do atendimento prestado pelo estabelecimento (péssimo = 1; ruim = 2; regular = 3; bom = 4; ótimo = 5). |
| *preço* | Variável qualitativa ordinal com cinco categorias, correspondente à percepção sobre o nível de preços praticados em relação à concorrência (péssimo = 1; ruim = 2; regular = 3; bom = 4; ótimo = 5). |

Por meio da análise do banco de dados presente nos arquivos **Atendimento × Preço.sav** e **Atendimento × Preço.dta**, pede-se:

**a.** Elabore uma tabela de contingência com os valores das frequências absolutas observadas em cada célula a partir do cruzamento das categorias das variáveis *atendimento* e *preço*.

**b.** Apresente a tabela de frequências absolutas esperadas a partir do mesmo cruzamento.

**c.** Com base na estatística $\chi^2$, é possível afirmar que existe associação estatisticamente significante, ao nível de significância de 5%, entre as variáveis *atendimento* e *preço*?

**d.** Apresente a tabela de resíduos padronizados ajustados. Com base nela, discuta a relação de dependência entre cada par de categorias.

**e.** A partir da elaboração da análise de correspondência simples entre *atendimento* e *preço*, pergunta-se: Quais os valores das inércias principais parciais de cada dimensão? Quais os percentuais da inércia principal total explicados por dimensão?

**f.** Com base nas coordenadas das categorias das variáveis *atendimento* e *preço*, obtidas a partir da elaboração da análise de correspondência simples, elabore o mapa perceptual bidimensional e faça uma breve discussão sobre o comportamento dos pontos correspondentes às categorias de cada variável.

**g.** Elabore o gráfico de projeção das coordenadas nas dimensões (Stata) e discuta, para a primeira dimensão, a lógica da ordenação das categorias das duas variáveis qualitativas ordinais (*atendimento* e *preço*).

**2.** O Ministério da Saúde de determinado país deseja implementar uma campanha para alertar a população sobre a importância de se praticar exercícios físicos para a redução do índice de colesterol LDL (mg/dL). Para tanto, realizou uma pesquisa com 2.304 indivíduos, em que foram levantadas as seguintes variáveis:

| Variável | Descrição |
|---|---|
| *colestclass* | Classificação do índice de colesterol LDL (mg/dL), a saber:<br>– Muito elevado: superior a 189 mg/dL;<br>– Elevado: de 160 a 189 mg/dL;<br>– Limítrofe: de 130 a 159 mg/dL;<br>– Subótimo: de 100 a 129 mg/dL;<br>– Ótimo: inferior a 100 mg/dL. |
| *esporte* | Número de vezes em que pratica atividades físicas semanalmente. |

Ao divulgar os resultados da pesquisa, o Ministério da Saúde apresentou a seguinte tabela de contingência, com as frequências absolutas observadas para cada cruzamento de categorias das duas variáveis.

| Classificação do índice de colesterol LDL (mg/dL) | Atividades físicas semanais (número de vezes) | | | | | |
|---|---|---|---|---|---|---|
| | **0** | **1** | **2** | **3** | **4** | **5** |
| **Muito elevado** | 32 | 158 | 264 | 140 | 40 | 0 |
| **Elevado** | 22 | 108 | 178 | 108 | 58 | 0 |
| **Limítrofe** | 0 | 26 | 98 | 190 | 86 | 36 |
| **Subótimo** | 0 | 16 | 114 | 166 | 104 | 54 |
| **Ótimo** | 0 | 0 | 82 | 118 | 76 | 30 |

Note que, enquanto a variável *colestclass* é qualitativa ordinal, a variável *esporte* é quantitativa, porém discreta e com poucas possibilidades de resposta e, portanto, pode ser considerada categórica para efeitos de análise de correspondência.

Nesse sentido, pede-se:

**a.** Apresente a tabela com frequências absolutas esperadas.
**b.** Elabore a tabela de resíduos.
**c.** Apresente a tabela de valores de $\chi^2$ por célula e calcule o valor total da estatística $\chi^2$.
**d.** Com base no valor calculado da estatística $\chi^2$ e nos graus de liberdade da tabela de contingência, é possível afirmar que o índice de colesterol LDL e a quantidade semanal de atividades esportivas não se associam de forma aleatória, ao nível de significância de 5%?
**e.** Construa o banco de dados a partir da tabela de contingência apresentada, e, por meio dele, elabore uma análise de correspondência simples entre *colestclass* e *esporte*. Quais os valores das inércias principais parciais de cada dimensão? Quais os percentuais da inércia principal total explicados por dimensão?
**f.** Com base nas coordenadas das categorias das variáveis *colestclass* e *esporte* obtidas a partir da elaboração da análise de correspondência simples, elabore o mapa perceptual bidimensional e faça uma breve discussão sobre o comportamento dos pontos correspondentes às categorias de cada variável.
**g.** Elabore o gráfico de projeção das coordenadas nas dimensões (Stata) e discuta, para a primeira dimensão, a lógica da ordenação das categorias das duas variáveis.

**3.** O prefeito de determinado município, com a intenção de avaliar a evolução anual de sua popularidade, encomendou a um instituto, em cada um dos três últimos anos (20X1, 20X2, 20X3), a realização de uma pesquisa aplicada a 3.000 cidadãos escolhidos aleatoriamente. Nas três pesquisas realizadas, foi coletada apenas uma variável, no formato Likert, a partir da seguinte afirmativa:

***Estou satisfeito com a gestão do atual prefeito!***

A variável coletada apresenta as seguintes categorias de resposta:

| Variável | Descrição |
|---|---|
| *avaliação* | – Discordo totalmente;<br>– Discordo parcialmente;<br>– Nem concordo, nem discordo;<br>– Concordo parcialmente;<br>– Concordo totalmente. |

A partir dos resultados das pesquisas, foi elaborada a seguinte tabela de contingência, porém os dados também podem ser acessados nos arquivos **Gestão do Prefeito.sav** e **Gestão do Prefeito.dta**.

| Estou satisfeito com a gestão do atual prefeito! | Ano | | |
|---|---|---|---|
| | **20X1** | **20X2** | **20X3** |
| **Discordo totalmente** | 0 | 1 | 997 |
| **Discordo parcialmente** | 1 | 998 | 1.005 |
| **Nem concordo, nem discordo** | 967 | 1.005 | 998 |
| **Concordo parcialmente** | 1.066 | 996 | 0 |
| **Concordo totalmente** | 966 | 0 | 0 |
| TOTAL | **3.000** | **3.000** | **3.000** |

Pede-se:

**a.** É possível afirmar que a evolução anual da popularidade do prefeito não se dá de forma aleatória, ao nível de significância de 5%?

**b.** Apresente a tabela de resíduos padronizados ajustados. Com base nela, discuta a relação de dependência entre as categorias da variável Likert e cada um dos anos em que foi aplicada a pesquisa?

**c.** Com base nas coordenadas das categorias das variáveis *avaliação* e *ano*, obtidas a partir da elaboração da análise de correspondência simples, elabore o mapa perceptual bidimensional. É possível afirmar que a popularidade do prefeito vem piorando com o decorrer dos anos?

**4.** Conforme propusemos ao final da resolução do exercício elaborado na seção 3.3.2, seria interessante também se avaliássemos a existência de associação entre o fato de se ter um ou mais filhos, o perfil do investidor e o tipo de aplicação financeira. Nesse sentido, foi elaborado o banco de dados presente nos arquivos **Perfil_Investidor × Aplicação × Filhos.sav** e **Perfil_Investidor × Aplicação × Filhos.dta**. Pede-se:

**a.** Apresente as tabelas de contingência e os resultados dos testes $\chi^2$ para cada par de variáveis. Há associação entre o fato de se ter um ou mais filhos, o perfil do investidor e o tipo de aplicação financeira, ao nível de significância de 5%, ou alguma das variáveis deve ser excluída da análise?

**b.** Caso nenhuma variável seja excluída da análise, elabore a análise de correspondência múltipla com as três variáveis (*perfil*, *aplicação* e *filhos*). Quais as coordenadas principais e padrão das categorias de cada uma delas?

**c.** Elabore o mapa perceptual bidimensional (com coordenadas-padrão) e faça uma breve discussão sobre o comportamento dos pontos correspondentes às categorias de cada variável. É possível afirmar que o fato de ter filhos aumenta a aversão ao risco?

**5.** Uma pesquisa com 500 executivos de empresas multinacionais foi realizada com o intuito de avaliar a percepção sobre a qualidade geral do serviço prestado e sobre o respeito aos prazos de projeto de três grandes empresas de consultoria (*Gabicks*, *Lipehigh* e *Montvero*). Cada executivo respondeu sobre sua percepção em relação a cada uma das três empresas, e as variáveis coletadas encontram-se a seguir:

| Variável | Descrição |
|---|---|
| *qualidade* | Percepção sobre a qualidade geral do serviço prestado, a saber:<br>– Péssima;<br>– Ruim;<br>– Regular;<br>– Boa;<br>– Ótima. |
| *pontualidade* | Respeito aos prazos de projeto:<br>– Não;<br>– Sim. |

Por meio da análise do banco de dados presente nos arquivos **Consultoria.sav** e **Consultoria.dta**, pede-se:

**a.** Apresente as tabelas de contingência e os resultados dos testes $\chi^2$ para as variáveis *qualidade* e *empresa* e para *pontualidade* e *empresa*. Há associação entre a variável *empresa* e as outras variáveis, ao nível de significância de 5%?

**b.** Se a resposta do item anterior for positiva, elabore uma análise de correspondência múltipla com as três variáveis. Quais as coordenadas principais e padrão das categorias de cada uma delas?

**c.** Elabore o gráfico de projeção das coordenadas-padrão nas dimensões (Stata) e discuta, para a primeira dimensão, a lógica da ordenação das categorias da variável *qualidade*.

**d.** Elabore o mapa perceptual bidimensional (com coordenadas-padrão) e discorra sobre a leitura que os executivos fazem sobre as três empresas de consultoria.

**e.** A partir das coordenadas de cada uma das respostas dadas (1.500 observações), geradas após a aplicação da análise de correspondência múltipla, elabore dois gráficos (SPSS) com as posições relativas dessas observações, tendo em vista a explicitação das categorias das variáveis *qualidade* e *empresa*, respectivamente. Há lógica nas respostas dadas pelos executivos em relação às categorias dessas variáveis?

APÊNDICE

# Configurações do Mapa Perceptual de uma Análise de Correspondência Simples

Muitas são as configurações que podem assumir os mapas perceptuais, em função das características das tabelas de contingência. A Figura 3.70 apresenta as configurações mais comuns. Enquanto as células em destaque e com setas ↑ representam valores elevados de frequências absolutas observadas, as células com setas ↓ representam valores baixos, ou até mesmo nulos, dessas frequências.

a) Nuvem de Pontos Dividida em Grupos sobre a Primeira Dimensão
(pelo menos uma variável com duas categorias)

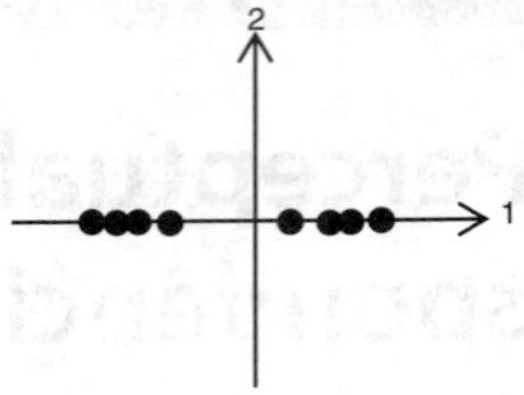


| | 1 | 2 |
|---|---|---|
| 1 | ↑ | ↓ |
| 2 | ↓ | ↑ |

b) Nuvem de Pontos Divida em Grupos nas Duas Dimensões
(variáveis com pelo menos três categorias)
(corresponde aos dados do exemplo da seção 3.2.5)

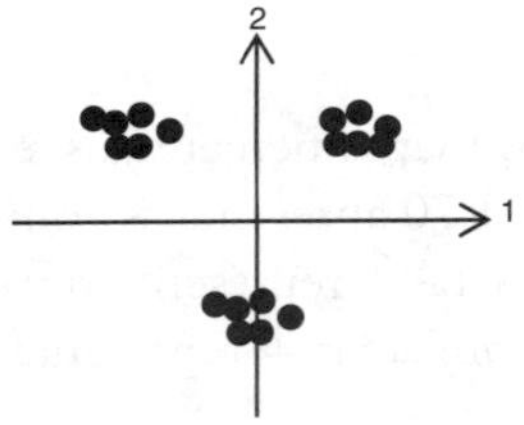


| | 1 | 2 | 3 |
|---|---|---|---|
| 1 | ↑ | ↓ | ↓ |
| 2 | ↓ | ↑ | ↓ |
| 3 | ↓ | ↓ | ↑ |

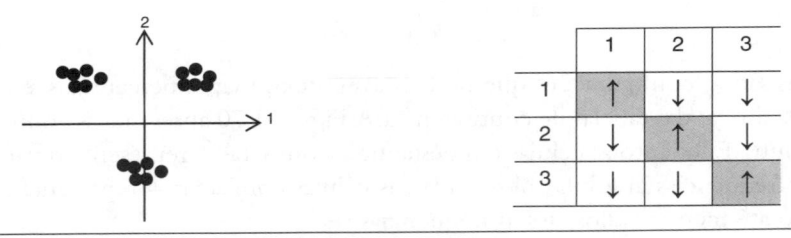

c) Forma Parabólica da Nuvem de Pontos
(estrutura diagonal da tabela de contingência para mais de três categorias em cada variável)

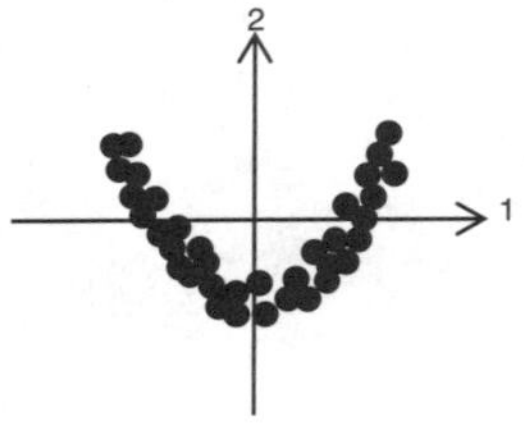


| | 1 | 2 | ... | *J* |
|---|---|---|---|---|
| 1 | ↑ | ↓ | ... | ↓ |
| 2 | ↓ | ↑ | | ↓ |
| ⋮ | | ⋮ | ↑ | ⋮ |
| *I* | ↓ | ↓ | ... | ↑ |

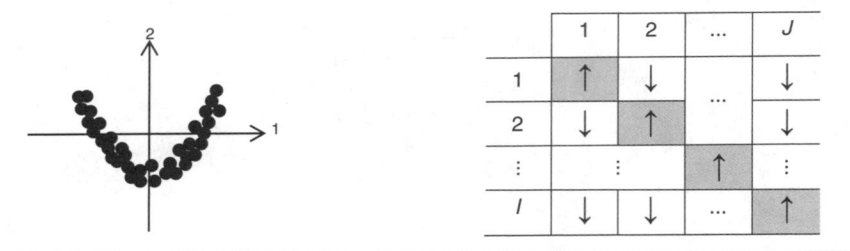

d) Forma Circular da Nuvem de Pontos
(mais de uma estrutura diagonal na tabela de contingência)

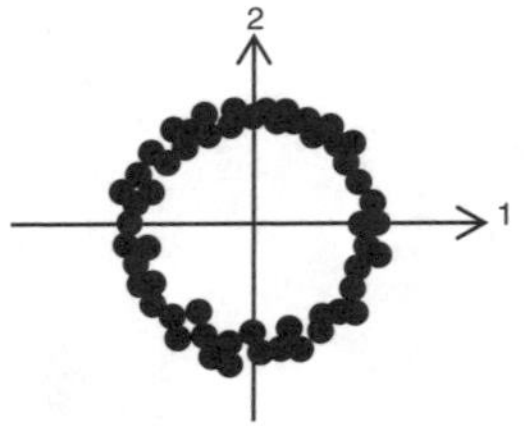


| | 1 | 2 | 3 | 4 | ... | *J* |
|---|---|---|---|---|---|---|
| 1 | ↓ | ↑ | ↓ | ↓ | | ↓ |
| 2 | ↑ | ↓ | ↑ | ↓ | ... | ↓ |
| 3 | ↓ | ↑ | ↓ | ↑ | | ↓ |
| 4 | ↓ | ↓ | ↑ | ↓ | | ↓ |
| ⋮ | | | ⋮ | | ↓ | ↑ |
| *I* | ↓ | ↓ | ↓ | ↓ | ↑ | ↓ |

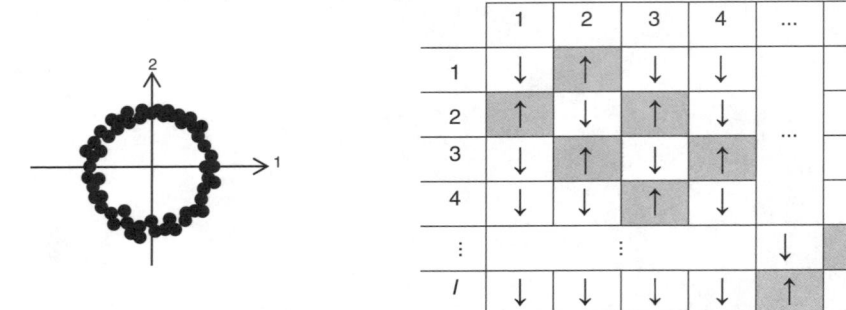

**Figura 3.70** Configurações do mapa perceptual de uma análise de correspondência simples em função das características da tabela de contingência.

*Fonte:* Pereira e Sousa (2015).

# Resolução dos Exercícios

CAPÍTULO 1

# Análise de Agrupamentos

**1. a.**

| | | | | | | |
|---|---|---|---|---|---|---|
| 77 | 5 | 13 | ,006 | 39 | 64 | 87 |
| 78 | 40 | 56 | ,014 | 56 | 53 | 88 |
| 79 | 25 | 58 | ,014 | 0 | 26 | 92 |
| 80 | 30 | 55 | ,014 | 62 | 61 | 86 |
| 81 | 38 | 48 | ,014 | 75 | 36 | 89 |
| 82 | 1 | 15 | ,024 | 71 | 55 | 91 |
| 83 | 2 | 14 | ,024 | 72 | 58 | 90 |
| 84 | 6 | 83 | ,024 | 74 | 0 | 95 |
| 85 | 4 | 7 | ,024 | 76 | 68 | 94 |
| 86 | 30 | 42 | ,038 | 80 | 0 | 91 |
| 87 | 5 | 39 | ,038 | 77 | 70 | 92 |
| 88 | 29 | 40 | ,055 | 65 | 78 | 96 |
| 89 | 31 | 38 | ,075 | 69 | 81 | 93 |
| 90 | 2 | 3 | ,075 | 83 | 73 | 93 |
| 91 | 1 | 30 | ,153 | 82 | 86 | 94 |
| 92 | 5 | 25 | ,209 | 87 | 79 | 95 |
| 93 | 2 | 31 | ,246 | 90 | 89 | 96 |
| 94 | 1 | 4 | ,246 | 91 | 85 | 97 |
| 95 | 5 | 6 | ,723 | 92 | 84 | 97 |
| 96 | 2 | 29 | ,760 | 93 | 88 | 98 |
| 97 | 1 | 5 | 2,764 | 94 | 95 | 98 |
| 98 | 1 | 2 | 8,466 | 97 | 96 | 99 |
| 99 | 1 | 9 | 173,124 | 98 | 0 | 0 |

A partir da tabela do esquema de aglomeração, é possível verificar que um grande salto de distância euclidiana ocorre do 98º estágio (quando restam apenas dois *clusters*) para o 99º estágio. A análise do dendrograma também auxilia nessa interpretação.

**b.**

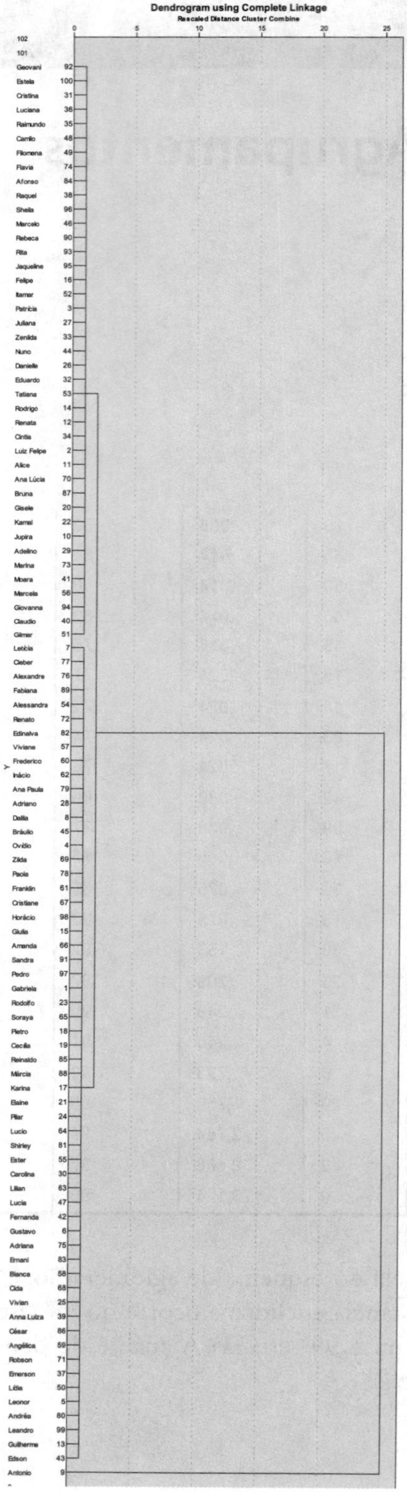
Dendrogram using Complete Linkage
Rescaled Distance Cluster Combine
0
5
10
15
20
25
Y
Geovani 92
Estela 100
Cristina 31
Luciana 36
Raimundo 35
Camilo 48
Filomena 49
Flavia 74
Afonso 84
Raquel 38
Sheila 96
Marcelo 46
Rebeca 90
Rita 93
Jaqueline 95
Felipe 16
Itamar 52
Patrícia 3
Juliana 27
Zenilda 33
Nuno 44
Danielle 26
Eduardo 32
Tatiana 53
Rodrigo 14
Renata 12
Cintia 34
Luiz Felipe 2
Alice 11
Ana Lúcia 70
Bruna 87
Gisele 20
Kamal 22
Jupira 10
Adelino 29
Marina 73
Moara 41
Marcela 56
Giovanna 94
Claudio 40
Gilmar 51
Letícia 7
Cleber 77
Alexandre 76
Fabiana 89
Alessandra 54
Renato 72
Edinalva 82
Viviane 57
Frederico 60
Inácio 62
Ana Paula 79
Adriano 28
Dalila 8
Bráulio 45
Ovídio 4
Zilda 69
Paola 78
Franklin 61
Cristiane 67
Horácio 98
Giulia 15
Amanda 66
Sandra 91
Pedro 97
Gabriela 1
Rodolfo 23
Soraya 65
Pietro 18
Cecília 19
Reinaldo 85
Márcia 88
Karina 17
Elaine 21
Pilar 24
Lucio 64
Shirley 81
Ester 55
Carolina 30
Lilian 63
Lucia 47
Fernanda 42
Gustavo 6
Adriana 75
Ernani 83
Bianca 58
Cida 68
Vivian 25
Anna Luiza 39
César 86
Angélica 59
Robson 71
Emerson 37
Lídia 50
Leonor 5
Andréa 80
Leandro 99
Guilherme 13
Edson 43
Antonio 9

De fato, a solução com dois agrupamentos é bastante recomendável neste momento.

**c.** Sim. A partir do esquema de aglomeração, é possível verificar que a observação 9 (**Antonio**) não havia se aglomerado até o momento anterior ao último estágio. Pelo dendrograma, também é possível verificar que esse estudante difere consideravelmente dos demais, o que resulta, nesta situação, na formação de apenas dois *clusters*.

**d.**

| | | | | | | |
|---|---|---|---|---|---|---|
| 77 | 13 | 34 | ,537 | 67 | 0 | 86 |
| 78 | 27 | 29 | ,537 | 62 | 60 | 91 |
| 79 | 1 | 4 | ,537 | 63 | 69 | 85 |
| 80 | 41 | 46 | ,754 | 0 | 0 | 94 |
| 81 | 6 | 82 | 1,103 | 72 | 0 | 92 |
| 82 | 30 | 55 | 1,103 | 58 | 53 | 90 |
| 83 | 5 | 74 | 1,584 | 68 | 0 | 92 |
| 84 | 16 | 57 | 1,584 | 55 | 73 | 88 |
| 85 | 1 | 38 | 1,584 | 79 | 66 | 91 |
| 86 | 13 | 39 | 1,584 | 77 | 64 | 90 |
| 87 | 2 | 15 | 2,045 | 74 | 76 | 89 |
| 88 | 14 | 16 | 2,149 | 61 | 84 | 96 |
| 89 | 2 | 28 | 2,149 | 87 | 71 | 95 |
| 90 | 13 | 30 | 3,091 | 86 | 82 | 93 |
| 91 | 1 | 27 | 3,091 | 85 | 78 | 94 |
| 92 | 5 | 6 | 4,411 | 83 | 81 | 96 |
| 93 | 9 | 13 | 4,835 | 75 | 90 | 98 |
| 94 | 1 | 41 | 7,134 | 91 | 80 | 95 |
| 95 | 1 | 2 | 10,292 | 94 | 89 | 97 |
| 96 | 5 | 14 | 12,374 | 92 | 88 | 97 |
| 97 | 1 | 5 | 18,848 | 95 | 96 | 98 |
| 98 | 1 | 9 | 26,325 | 97 | 93 | 0 |

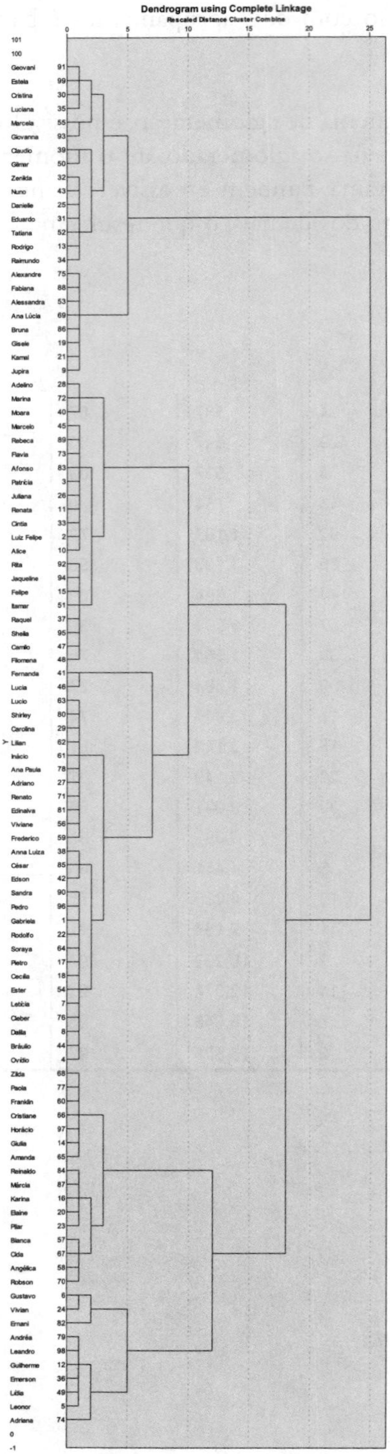


Sim, os novos resultados mostram que há um rearranjo dos agrupamentos na ausência da observação **Antonio**.

**e.** A existência de um *outlier* pode fazer outras observações não tão similares entre si acabarem alocadas em um mesmo agrupamento pelo fato de se diferenciarem substancialmente da primeira. Logo, a reaplicação da técnica, com a exclusão ou retenção de *outliers*, torna novos agrupamentos mais bem estruturados e formados com maior homogeneidade interna.

**2. a.**

**Proximity Matrix**

| Case | Euclidean Distance | | | | | | | | | | | | | | | | | |
|---|---|---|---|---|---|---|---|---|---|---|---|---|---|---|---|---|---|---|
| | 1:Regional 3 | 2:Regional 3 | 3:Regional 3 | 4:Regional 3 | 5:Regional 3 | 6:Regional 2 | 7:Regional 1 | 8:Regional 3 | 9:Regional 3 | 10:Regional 3 | 11:Regional 2 | 12:Regional 2 | 13:Regional 2 | 14:Regional 1 | 15:Regional 1 | 16:Regional 3 | 17:Regional 1 | 18:Regional 3 |
| 1:Regional 3 | ,000 | 8,944 | 3,464 | 2,828 | 2,000 | 106,132 | 86,579 | 2,000 | 3,464 | 2,000 | 98,509 | 108,333 | 121,951 | 112,872 | 100,598 | 4,472 | 79,875 | 4,000 |
| 2:Regional 3 | 8,944 | ,000 | 6,633 | 10,198 | 9,165 | 105,300 | 87,224 | 8,246 | 10,392 | 9,165 | 96,042 | 106,320 | 119,432 | 110,941 | 99,960 | 12,166 | 78,256 | 8,000 |
| 3:Regional 3 | 3,464 | 6,633 | ,000 | 4,472 | 2,828 | 104,365 | 86,741 | 2,828 | 4,000 | 4,899 | 96,437 | 106,301 | 120,349 | 112,463 | 100,020 | 6,325 | 78,994 | 3,464 |
| 4:Regional 3 | 2,828 | 10,198 | 4,472 | ,000 | 3,464 | 107,369 | 89,039 | 2,000 | 2,000 | 3,464 | 100,040 | 109,727 | 124,000 | 115,568 | 102,956 | 2,000 | 82,292 | 2,828 |
| 5:Regional 3 | 2,000 | 9,165 | 2,828 | 3,464 | ,000 | 104,326 | 85,814 | 2,828 | 2,828 | 4,000 | 96,850 | 106,602 | 120,582 | 112,285 | 99,539 | 4,899 | 78,842 | 4,472 |
| 6:Regional 2 | 106,132 | 105,300 | 104,365 | 107,369 | 104,326 | ,000 | 73,811 | 106,752 | 105,584 | 107,944 | 22,091 | 14,697 | 45,519 | 88,023 | 58,856 | 108,019 | 58,617 | 107,406 |
| 7:Regional 1 | 86,579 | 87,224 | 86,741 | 89,039 | 85,814 | 73,811 | ,000 | 88,250 | 88,295 | 87,384 | 67,941 | 75,366 | 64,187 | 38,833 | 24,495 | 89,867 | 26,306 | 89,933 |
| 8:Regional 3 | 2,000 | 8,246 | 2,828 | 2,000 | 2,828 | 106,752 | 88,250 | ,000 | 2,828 | 2,828 | 99,056 | 108,867 | 122,850 | 114,298 | 102,000 | 4,000 | 81,142 | 2,000 |
| 9:Regional 3 | 3,464 | 10,392 | 4,000 | 2,000 | 2,828 | 105,584 | 88,295 | 2,828 | ,000 | 4,899 | 98,407 | 108,019 | 122,654 | 114,996 | 101,922 | 2,828 | 81,290 | 3,464 |
| 10:Regional 3 | 2,000 | 9,165 | 4,899 | 3,464 | 4,000 | 107,944 | 87,384 | 2,828 | 4,899 | ,000 | 100,180 | 110,073 | 123,337 | 113,490 | 101,686 | 4,899 | 80,944 | 4,472 |
| 11:Regional 2 | 98,509 | 96,042 | 96,437 | 100,040 | 96,850 | 22,091 | 67,941 | 99,056 | 98,407 | 100,180 | ,000 | 12,329 | 35,665 | 76,131 | 52,154 | 101,054 | 46,690 | 99,639 |
| 12:Regional 2 | 108,333 | 106,320 | 106,301 | 109,727 | 106,602 | 14,697 | 75,366 | 108,867 | 108,019 | 110,073 | 12,329 | ,000 | 36,770 | 83,546 | 58,034 | 110,616 | 56,462 | 109,435 |
| 13:Regional 2 | 121,951 | 119,432 | 120,349 | 124,000 | 120,582 | 45,519 | 64,187 | 122,850 | 122,654 | 123,337 | 35,665 | 36,770 | ,000 | 56,391 | 40,497 | 125,172 | 48,539 | 123,774 |
| 14:Regional 1 | 112,872 | 110,941 | 112,463 | 115,568 | 112,285 | 88,023 | 38,833 | 114,298 | 114,996 | 113,490 | 76,131 | 83,546 | 56,391 | ,000 | 32,802 | 116,859 | 40,497 | 115,741 |
| 15:Regional 1 | 100,598 | 99,960 | 100,020 | 102,956 | 99,539 | 58,856 | 24,495 | 102,000 | 101,922 | 101,686 | 52,154 | 58,034 | 40,497 | 32,802 | ,000 | 103,942 | 23,409 | 103,421 |
| 16:Regional 3 | 4,472 | 12,166 | 6,325 | 2,000 | 4,899 | 108,019 | 89,867 | 4,000 | 2,828 | 4,899 | 101,054 | 110,616 | 125,172 | 116,859 | 103,942 | ,000 | 83,475 | 4,472 |
| 17:Regional 1 | 79,875 | 78,256 | 78,994 | 82,292 | 78,842 | 58,617 | 26,306 | 81,142 | 81,290 | 80,944 | 46,690 | 56,462 | 48,539 | 40,497 | 23,409 | 83,475 | ,000 | 82,438 |
| 18:Regional 3 | 4,000 | 8,000 | 3,464 | 2,828 | 4,472 | 107,406 | 89,933 | 2,000 | 3,464 | 4,472 | 99,639 | 109,435 | 123,774 | 115,741 | 103,421 | 4,472 | 82,438 | ,000 |

This is a dissimilarity matrix

**b.**

**Agglomeration Schedule**

| Stage | Cluster Combined | | Coefficients | Stage Cluster First Appears | | Next Stage |
|---|---|---|---|---|---|---|
| | Cluster 1 | Cluster 2 | | Cluster 1 | Cluster 2 | |
| 1 | 8 | 18 | 2,000 | 0 | 0 | 5 |
| 2 | 4 | 16 | 2,000 | 0 | 0 | 4 |
| 3 | 1 | 10 | 2,000 | 0 | 0 | 6 |
| 4 | 4 | 9 | 2,000 | 2 | 0 | 5 |
| 5 | 4 | 8 | 2,000 | 4 | 1 | 7 |
| 6 | 1 | 5 | 2,000 | 3 | 0 | 7 |
| 7 | 1 | 4 | 2,000 | 6 | 5 | 8 |
| 8 | 1 | 3 | 2,828 | 7 | 0 | 9 |
| 9 | 1 | 2 | 6,633 | 8 | 0 | 17 |
| 10 | 11 | 12 | 12,329 | 0 | 0 | 11 |
| 11 | 6 | 11 | 14,697 | 0 | 10 | 15 |
| 12 | 15 | 17 | 23,409 | 0 | 0 | 13 |
| 13 | 7 | 15 | 24,495 | 0 | 12 | 14 |
| 14 | 7 | 14 | 32,802 | 13 | 0 | 16 |
| 15 | 6 | 13 | 35,665 | 11 | 0 | 16 |
| 16 | 6 | 7 | 40,497 | 15 | 14 | 17 |
| 17 | 1 | 6 | 78,256 | 9 | 16 | 0 |

A partir da tabela do esquema de aglomeração, é possível verificar que um grande salto de distância euclidiana ocorre do 16º estágio (quando restam apenas dois *clusters*) para o 17º estágio. A análise do dendrograma também auxilia nessa interpretação.

**c.**

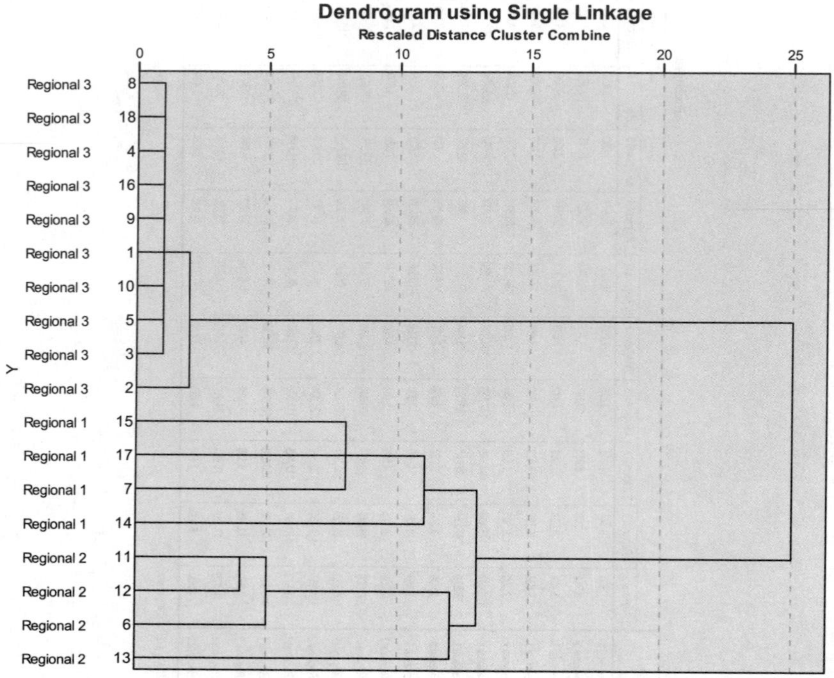


Há indícios, de fato, de dois agrupamentos de lojas.

**d.**

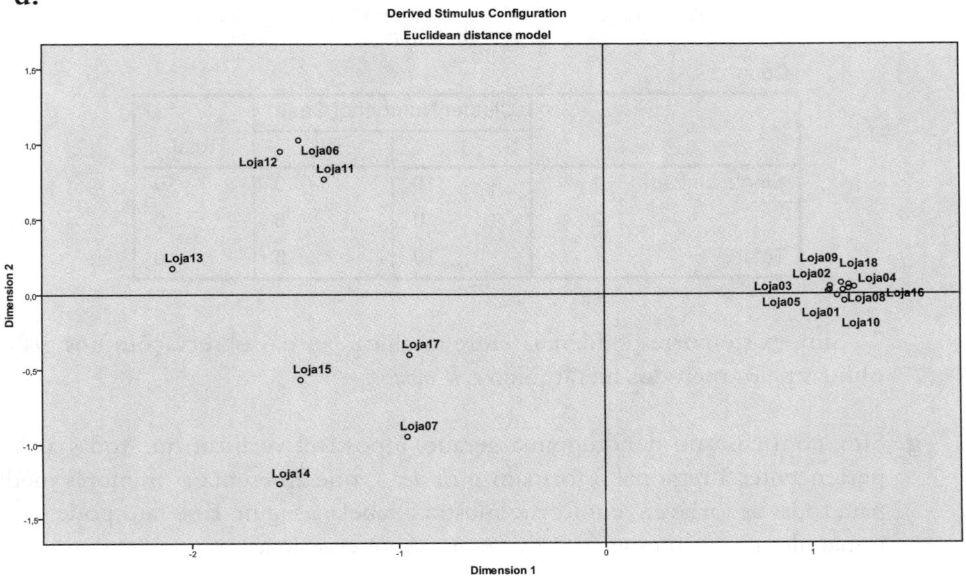


O gráfico bidimensional gerado por meio do escalonamento multidimensional permite que sejam visualizados esses dois *clusters*, sendo um mais homogêneo que o outro.

**e.**

**ANOVA**

| | Cluster | | Error | | | |
|---|---|---|---|---|---|---|
| | Mean Square | df | Mean Square | df | F | Sig. |
| avaliação média dos consumidores sobre o atendimento (0 a 100) | 10802,178 | 1 | 99,600 | 16 | 108,456 | ,000 |
| avaliação média dos consumidores sobre o sortimento (0 a 100) | 12626,178 | 1 | 199,100 | 16 | 63,416 | ,000 |
| avaliação média dos consumidores sobre a organização da loja (0 a 100) | 18547,378 | 1 | 314,900 | 16 | 58,899 | ,000 |

The F tests should be used only for descriptive purposes because the clusters have been chosen to maximize the differences among cases in different clusters. The observed significance levels are not corrected for this and thus cannot be interpreted as tests of the hypothesis that the cluster means are equal.

É possível afirmar que os dois *clusters* formados apresentam médias estatisticamente diferentes para as três variáveis consideradas no estudo, ao nível de significância de 5% (*Prob. F* < 0,05). A variável considerada mais discriminante dos grupos é a com maior estatística *F*, ou seja, a variável *atendimento* (*F* = 108,456).

f.

**Single Linkage * Cluster Number of Case Crosstabulation**

Count

| | | Cluster Number of Case | | Total |
|---|---|---|---|---|
| | | 1 | 2 | |
| Single Linkage | 1 | 10 | 0 | 10 |
| | 2 | 0 | 8 | 8 |
| Total | | 10 | 8 | 18 |

Sim, existe correspondência entre as alocações das observações nos grupos obtidas pelos métodos hierárquico e *k-means*.

**g.** Sim, com base no dendrograma gerado, é possível verificar que todas as lojas pertencentes à regional 3 formam o *cluster* 1, que apresenta as menores médias para todas as variáveis, conforme mostra a tabela a seguir. Esse fato pode determinar alguma ação específica de gestão sobre essas lojas.

**Descriptives**

| | | N | Mean | Std. Deviation | Std. Error | 95% Confidence Interval for Mean | | Minimum | Maximum |
|---|---|---|---|---|---|---|---|---|---|
| | | | | | | Lower Bound | Upper Bound | | |
| avaliação média dos consumidores sobre o atendimento (0 a 100) | 1 | 10 | 6,200 | 3,1903 | 1,0088 | 3,918 | 8,482 | 2,0 | 14,0 |
| | 2 | 8 | 55,500 | 14,6483 | 5,1789 | 43,254 | 67,746 | 38,0 | 78,0 |
| | Total | 18 | 28,111 | 27,0030 | 6,3647 | 14,683 | 41,539 | 2,0 | 78,0 |
| avaliação média dos consumidores sobre o sortimento (0 a 100) | 1 | 10 | 4,200 | 1,4757 | ,4667 | 3,144 | 5,256 | 2,0 | 6,0 |
| | 2 | 8 | 57,500 | 21,2670 | 7,5190 | 39,720 | 75,280 | 32,0 | 86,0 |
| | Total | 18 | 27,889 | 30,4976 | 7,1884 | 12,723 | 43,055 | 2,0 | 86,0 |
| avaliação média dos consumidores sobre a organização da loja (0 a 100) | 1 | 10 | 4,400 | 1,2649 | ,4000 | 3,495 | 5,305 | 2,0 | 6,0 |
| | 2 | 8 | 69,000 | 26,7902 | 9,4718 | 46,603 | 91,397 | 38,0 | 100,0 |
| | Total | 18 | 33,111 | 37,2478 | 8,7794 | 14,588 | 51,634 | 2,0 | 100,0 |

Após a elaboração de nova análise de agrupamentos, sem as lojas do *cluster* 1 (regional 3), são obtidos o novo esquema de aglomeração e o dendrograma correspondente, a partir dos quais pode-se visualizar de forma mais clara as diferenças entre as lojas das regionais 1 e 2.

**Agglomeration Schedule**

| Stage | Cluster Combined | | Coefficients | Stage Cluster First Appears | | Next Stage |
|---|---|---|---|---|---|---|
| | Cluster 1 | Cluster 2 | | Cluster 1 | Cluster 2 | |
| 1 | 11 | 12 | 12,329 | 0 | 0 | 2 |
| 2 | 6 | 11 | 14,697 | 0 | 1 | 6 |
| 3 | 15 | 17 | 23,409 | 0 | 0 | 4 |
| 4 | 7 | 15 | 24,495 | 0 | 3 | 5 |
| 5 | 7 | 14 | 32,802 | 4 | 0 | 7 |
| 6 | 6 | 13 | 35,665 | 2 | 0 | 7 |
| 7 | 6 | 7 | 40,497 | 6 | 5 | 0 |

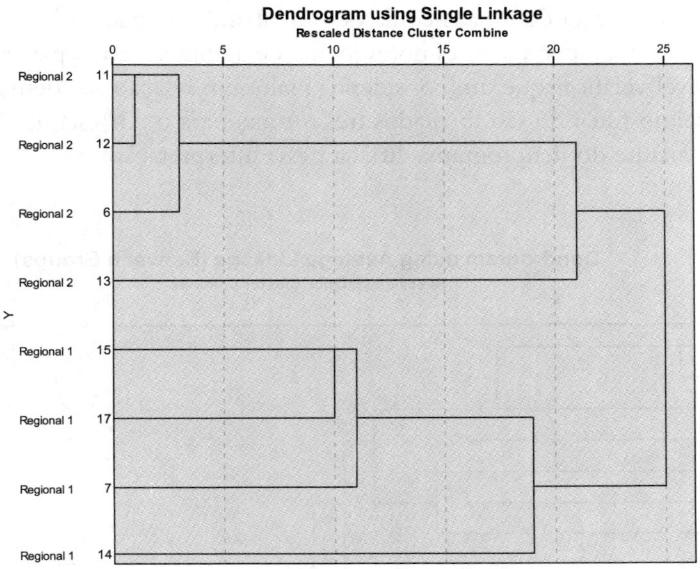


3. a.

**Agglomeration Schedule**

| Stage | Cluster Combined | | Coefficients | Stage Cluster First Appears | | Next Stage |
|---|---|---|---|---|---|---|
| | Cluster 1 | Cluster 2 | | Cluster 1 | Cluster 2 | |
| 1 | 18 | 33 | 1,000 | 0 | 0 | 8 |
| 2 | 19 | 34 | ,980 | 0 | 0 | 7 |
| 3 | 17 | 32 | ,980 | 0 | 0 | 7 |
| 4 | 16 | 31 | ,980 | 0 | 0 | 21 |
| 5 | 20 | 35 | ,960 | 0 | 0 | 17 |
| 6 | 23 | 27 | ,880 | 0 | 0 | 9 |
| 7 | 17 | 19 | ,880 | 3 | 2 | 20 |
| 8 | 18 | 26 | ,860 | 1 | 0 | 11 |
| 9 | 21 | 23 | ,860 | 0 | 6 | 18 |
| 10 | 11 | 14 | ,860 | 0 | 0 | 18 |
| 11 | 15 | 18 | ,853 | 0 | 8 | 19 |
| 12 | 13 | 30 | ,840 | 0 | 0 | 14 |
| 13 | 22 | 29 | ,840 | 0 | 0 | 25 |
| 14 | 2 | 13 | ,820 | 0 | 12 | 19 |
| 15 | 4 | 5 | ,820 | 0 | 0 | 26 |
| 16 | 6 | 24 | ,800 | 0 | 0 | 28 |
| 17 | 12 | 20 | ,800 | 0 | 5 | 27 |
| 18 | 11 | 21 | ,797 | 10 | 9 | 24 |
| 19 | 2 | 15 | ,793 | 14 | 11 | 23 |
| 20 | 17 | 25 | ,790 | 7 | 0 | 25 |
| 21 | 3 | 16 | ,790 | 0 | 4 | 23 |
| 22 | 1 | 10 | ,780 | 0 | 0 | 30 |
| 23 | 2 | 3 | ,770 | 19 | 21 | 28 |
| 24 | 9 | 11 | ,768 | 0 | 18 | 27 |
| 25 | 17 | 22 | ,764 | 20 | 13 | 31 |
| 26 | 4 | 8 | ,750 | 15 | 0 | 32 |
| 27 | 9 | 12 | ,749 | 24 | 17 | 30 |
| 28 | 2 | 6 | ,742 | 23 | 16 | 33 |
| 29 | 7 | 28 | ,740 | 0 | 0 | 31 |
| 30 | 1 | 9 | ,728 | 22 | 27 | 34 |
| 31 | 7 | 17 | ,727 | 29 | 25 | 32 |
| 32 | 4 | 7 | ,703 | 26 | 31 | 33 |
| 33 | 2 | 4 | ,513 | 28 | 32 | 34 |
| 34 | 1 | 2 | ,484 | 30 | 33 | 0 |

Como se trata de uma medida de semelhança (similaridade), os valores dos coeficientes são decrescentes no esquema de aglomeração. A partir dessa tabela, é possível verificar que um considerável salto em relação aos demais ocorre do 32º estágio (quando são formados três *clusters*) para o 33º estágio de aglomeração. A análise do dendrograma auxilia nessa interpretação.

**b.**

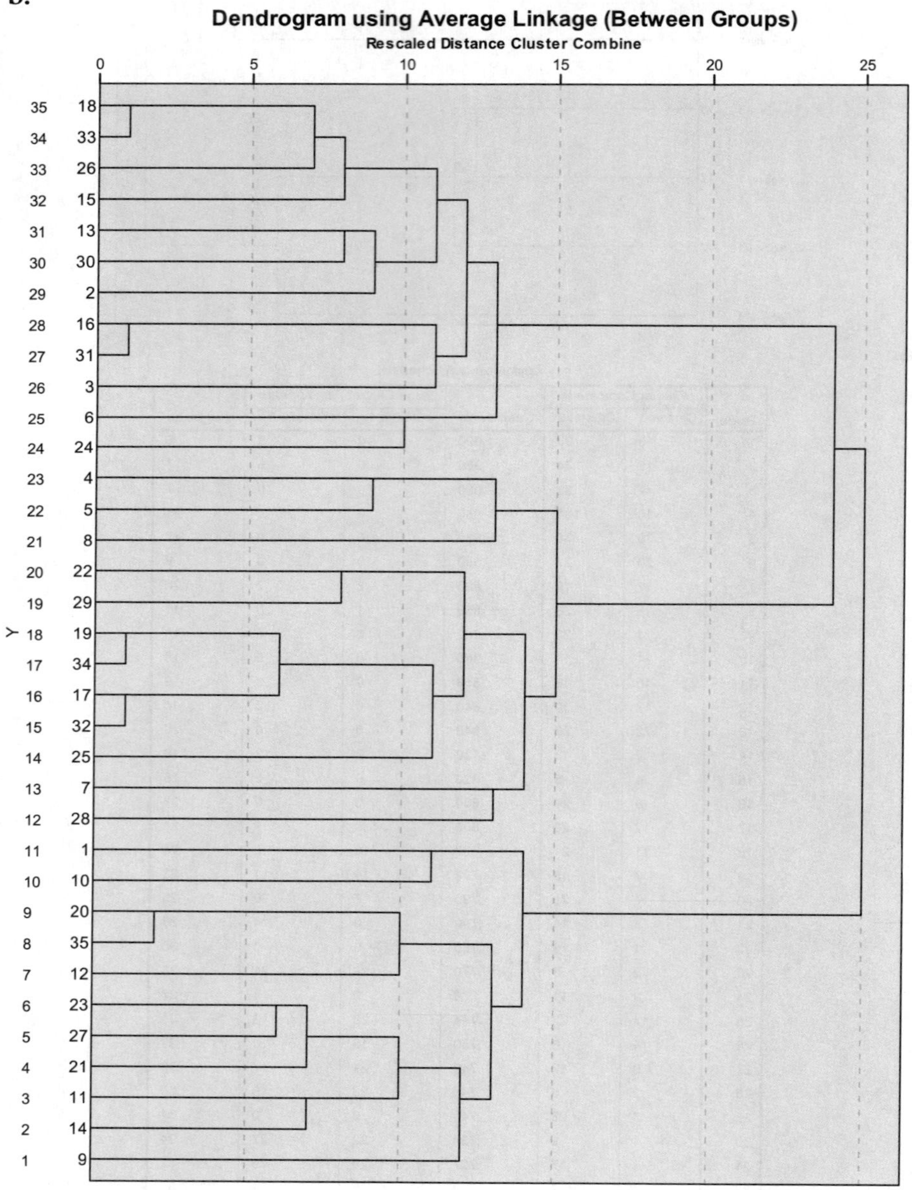


De fato, a solução com três agrupamentos é bastante recomendável.

c.

| | | Average Linkage (Between Groups) | | |
|---|---|---|---|---|
| | | 1 | 2 | 3 |
| | | Count | Count | Count |
| setor | Saúde | 11 | 0 | 0 |
| | Educação | 0 | 12 | 0 |
| | Transporte | 0 | 0 | 12 |

Sim, existe correspondência entre os setores de atuação e as alocações das empresas nos *clusters*, ou seja, pode-se afirmar, para a amostra em análise, que empresas atuantes no mesmo setor apresentam similaridades em relação ao modo como são realizados as operações e os processos de tomada de decisão, pelo menos em relação à percepção dos gestores.

4. a.

**Proximity Matrix**

| | Correlation between Vectors of Values | | | | | | | | | | | | | | | |
|---|---|---|---|---|---|---|---|---|---|---|---|---|---|---|---|---|
| Case | 1:1 | 2:2 | 3:3 | 4:4 | 5:1 | 6:2 | 7:3 | 8:4 | 9:1 | 10:2 | 11:3 | 12:4 | 13:1 | 14:2 | 15:3 | 16:4 |
| 1:1 | 1,000 | ,866 | -1,000 | ,000 | ,998 | ,945 | -,996 | ,000 | 1,000 | ,971 | -1,000 | -,500 | ,999 | ,997 | -1,000 | ,327 |
| 2:2 | ,866 | 1,000 | -,866 | -,500 | ,896 | ,655 | -,908 | -,500 | ,866 | ,721 | -,856 | -,866 | ,891 | ,822 | -,881 | -,189 |
| 3:3 | -1,000 | -,866 | 1,000 | ,000 | -,998 | -,945 | ,996 | ,000 | -1,000 | -,971 | 1,000 | ,500 | -,999 | -,997 | 1,000 | -,327 |
| 4:4 | ,000 | -,500 | ,000 | 1,000 | -,064 | ,327 | ,091 | 1,000 | ,000 | ,240 | -,020 | ,866 | -,052 | ,082 | ,030 | ,945 |
| 5:1 | ,998 | ,896 | -,998 | -,064 | 1,000 | ,922 | -1,000 | -,064 | ,998 | ,953 | -,996 | -,554 | 1,000 | ,989 | -,999 | ,266 |
| 6:2 | ,945 | ,655 | -,945 | ,327 | ,922 | 1,000 | -,911 | ,327 | ,945 | ,996 | -,951 | -,189 | ,926 | ,969 | -,935 | ,619 |
| 7:3 | -,996 | -,908 | ,996 | ,091 | -1,000 | -,911 | 1,000 | ,091 | -,996 | -,945 | ,994 | ,577 | -,999 | -,985 | ,998 | -,240 |
| 8:4 | ,000 | -,500 | ,000 | 1,000 | -,064 | ,327 | ,091 | 1,000 | ,000 | ,240 | -,020 | ,866 | -,052 | ,082 | ,030 | ,945 |
| 9:1 | 1,000 | ,866 | -1,000 | ,000 | ,998 | ,945 | -,996 | ,000 | 1,000 | ,971 | -1,000 | -,500 | ,999 | ,997 | -1,000 | ,327 |
| 10:2 | ,971 | ,721 | -,971 | ,240 | ,953 | ,996 | -,945 | ,240 | ,971 | 1,000 | -,975 | -,277 | ,957 | ,987 | -,963 | ,545 |
| 11:3 | -1,000 | -,856 | 1,000 | -,020 | -,996 | -,951 | ,994 | -,020 | -1,000 | -,975 | 1,000 | ,483 | -,997 | -,998 | ,999 | -,346 |
| 12:4 | -,500 | -,866 | ,500 | ,866 | -,554 | -,189 | ,577 | ,866 | -,500 | -,277 | ,483 | 1,000 | -,545 | -,427 | ,526 | ,655 |
| 13:1 | ,999 | ,891 | -,999 | -,052 | 1,000 | ,926 | -,999 | -,052 | ,999 | ,957 | -,997 | -,545 | 1,000 | ,991 | -1,000 | ,277 |
| 14:2 | ,997 | ,822 | -,997 | ,082 | ,989 | ,969 | -,985 | ,082 | ,997 | ,987 | -,998 | -,427 | ,991 | 1,000 | -,994 | ,404 |
| 15:3 | -1,000 | -,881 | 1,000 | ,030 | -,999 | -,935 | ,998 | ,030 | -1,000 | -,963 | ,999 | ,526 | -1,000 | -,994 | 1,000 | -,298 |
| 16:4 | ,327 | -,189 | -,327 | ,945 | ,266 | ,619 | -,240 | ,945 | ,327 | ,545 | -,346 | ,655 | ,277 | ,404 | -,298 | 1,000 |

This is a similarity matrix

b.

**Agglomeration Schedule**

| Stage | Cluster Combined | | Coefficients | Stage Cluster First Appears | | Next Stage |
|---|---|---|---|---|---|---|
| | Cluster 1 | Cluster 2 | | Cluster 1 | Cluster 2 | |
| 1 | 1 | 9 | 1,000 | 0 | 0 | 6 |
| 2 | 4 | 8 | 1,000 | 0 | 0 | 11 |
| 3 | 5 | 13 | 1,000 | 0 | 0 | 6 |
| 4 | 3 | 11 | 1,000 | 0 | 0 | 5 |
| 5 | 3 | 15 | 1,000 | 4 | 0 | 7 |
| 6 | 1 | 5 | ,999 | 1 | 3 | 8 |
| 7 | 3 | 7 | ,998 | 5 | 0 | 15 |
| 8 | 1 | 14 | ,997 | 6 | 0 | 10 |
| 9 | 6 | 10 | ,996 | 0 | 0 | 10 |
| 10 | 1 | 6 | ,987 | 8 | 9 | 12 |
| 11 | 4 | 16 | ,945 | 2 | 0 | 13 |
| 12 | 1 | 2 | ,896 | 10 | 0 | 14 |
| 13 | 4 | 12 | ,866 | 11 | 0 | 14 |
| 14 | 1 | 4 | ,619 | 12 | 13 | 15 |
| 15 | 1 | 3 | ,577 | 14 | 7 | 0 |

Como a correlação de Pearson está sendo utilizada como medida de semelhança (similaridade) entre observações, os valores dos coeficientes são decrescentes no esquema de aglomeração. A partir dessa tabela, é possível verificar que um relevante salto em relação aos demais ocorre do 13º estágio (quando são formados três *clusters* de períodos semanais) para o 14º estágio de aglomeração. A análise do dendrograma auxilia nessa interpretação.

c.

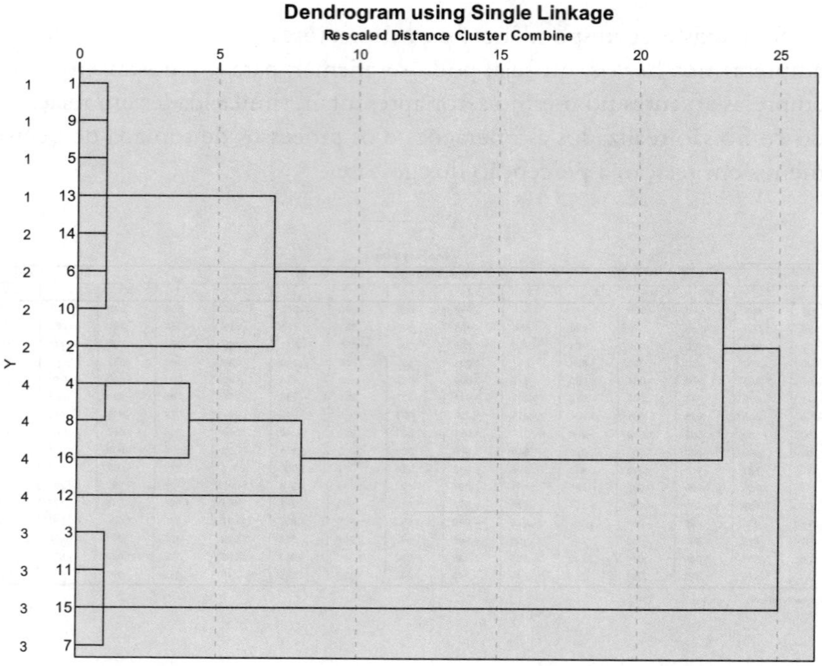


De fato, a solução com três agrupamentos de semanas é bastante recomendável neste momento. Mais que isso, é possível verificar que o segundo e o terceiro agrupamentos são formados exclusivamente por períodos referentes às terceiras e quartas semanas de cada mês, respectivamente, o que pode oferecer subsídios à comprovação de existência, para os dados do exemplo, de recorrência do comportamento conjunto de vendas de banana, laranja e maçã nesses períodos. A tabela a seguir mostra a associação entre a variável *semana_mês* e a alocação de cada observação em determinado *cluster*.

| | | Single Linkage | | |
|---|---|---|---|---|
| | | 1 | 2 | 3 |
| | | Count | Count | Count |
| semana_mês | 1 | 4 | 0 | 0 |
| | 2 | 4 | 0 | 0 |
| | 3 | 0 | 4 | 0 |
| | 4 | 0 | 0 | 4 |

CAPÍTULO 2

# Análise Fatorial por Componentes Principais

**1. a.** Temos, para cada fator, os seguintes autovalores:

$$\text{Fator 1: } (0{,}917)^2 + (0{,}874)^2 + (-0{,}844)^2 + (0{,}031)^2 = 2{,}318$$

$$\text{Fator 2: } (0{,}047)^2 + (0{,}077)^2 + (0{,}197)^2 + (0{,}979)^2 = 1{,}005$$

**b.** Os percentuais de variância compartilhada por todas as variáveis para a composição de cada fator são:

$$\text{Fator 1: } \frac{2{,}318}{4} = 0{,}580\ (58{,}0\%)$$

$$\text{Fator 2: } \frac{1{,}005}{4} = 0{,}251\ (25{,}1\%)$$

O percentual total de variância perdida das quatro variáveis para a extração desses dois fatores é:

$$1 - 0{,}580 - 0{,}251 = 0{,}169\ (16{,}9\%)$$

**c.** Os percentuais de variância compartilhada para a formação dos dois fatores (comunalidades) são:

$$\text{comunalidade}_{idade} = (0{,}917)^2 + (0{,}047)^2 = 0{,}843$$

$$\text{comunalidade}_{rfixa} = (0{,}874)^2 + (0{,}077)^2 = 0{,}770$$

$$\text{comunalidade}_{rvariável} = (-0{,}844)^2 + (0{,}197)^2 = 0{,}751$$

$$\text{comunalidade}_{pessoas} = (0{,}031)^2 + (0{,}979)^2 = 0{,}959$$

**d.** As expressões de cada variável padronizada, em função dos dois fatores extraídos, são:

$$Zidade_i = 0{,}917 \cdot F_{1i} + 0{,}047 \cdot F_{2i} + u_i, R^2 = 0{,}843$$

$$Zrfixa_i = 0{,}874 \cdot F_{1i} + 0{,}077 \cdot F_{2i} + u_i, R^2 = 0{,}770$$

$$Zvariável_i = -0{,}844 \cdot F_{1i} + 0{,}197 \cdot F_{2i} + u_i, R^2 = 0{,}751$$

$$Zpessoas_i = 0{,}031 \cdot F_{1i} + 0{,}979 \cdot F_{2i} + u_i, R^2 = 0{,}959$$

**e.**

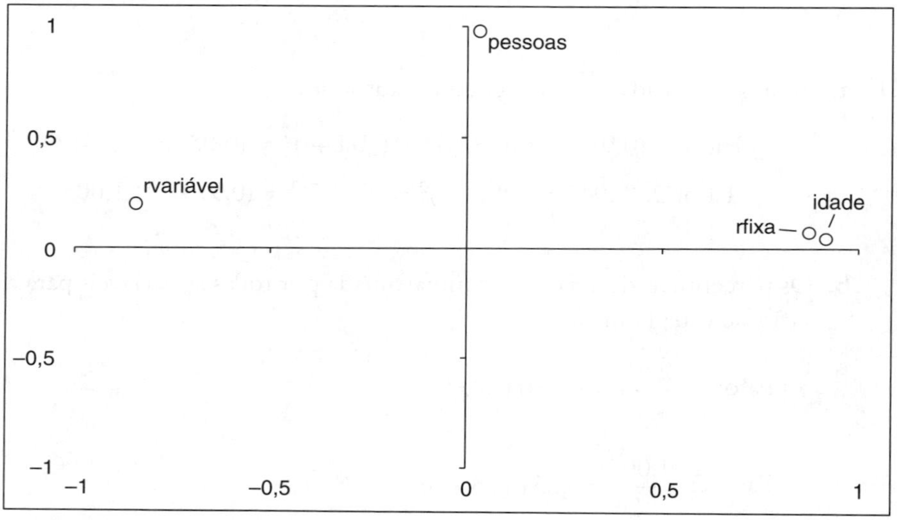


**f.** Enquanto as variáveis *idade*, *rfixa* e *rvariável* apresentam elevada correlação em módulo com o primeiro fator (eixo das abcissas), a variável *pessoas* apresenta forte correlação com o segundo fator (eixo das ordenadas). Esse fenômeno pode ser decorrente do fato de clientes com idade mais avançada, por apresentarem maior aversão a risco, destinam maior percentual de seus investimentos para fundos de renda fixa, como poupança ou CDB. Por outro lado, embora a variável *rvariável* apresente elevada correlação em módulo com o primeiro fator, a carga fatorial absoluta apresenta sinal negativo. Isso mostra que clientes mais jovens investem uma proporção maior de seus investimentos em fundos de renda variável, como ações. Por fim, a quantidade de pessoas que mora na residência (variável *pessoas*) apresenta baixa correlação com as demais variáveis e, nesse sentido, acaba por apresentar elevada carga fatorial com o segundo fator.

**2. a.**

**ANO 1**

**KMO and Bartlett's Test**

| | | |
|---|---|---|
| Kaiser-Meyer-Olkin Measure of Sampling Adequacy. | | ,719 |
| Bartlett's Test of Sphericity | Approx. Chi-Square | 89,637 |
| | df | 6 |
| | Sig. | ,000 |

**ANO 2**

**KMO and Bartlett's Test**

| | | |
|---|---|---|
| Kaiser-Meyer-Olkin Measure of Sampling Adequacy. | | ,718 |
| Bartlett's Test of Sphericity | Approx. Chi-Square | 86,483 |
| | df | 6 |
| | Sig. | ,000 |

Com base nas estatísticas KMO, pode-se afirmar que a adequação global da análise fatorial é considerada **média** para cada um dos anos de estudo (KMO = 0,719 para o primeiro ano, e KMO = 0,718 para o segundo ano).

Em ambos os períodos, as estatísticas $\chi^2_{\text{Bartlett}}$ permitem-nos rejeitar, ao nível de significância de 5% e com base nas hipóteses do teste de esfericidade de Bartlett, que as matrizes de correlações sejam estatisticamente iguais à matriz identidade de mesma dimensão, visto que $\chi^2_{\text{Bartlett}}$ = 89,637 (*Sig.* $\chi^2_{\text{Bartlett}}$ < 0,05 para 6 graus de liberdade) para o primeiro ano e $\chi^2_{\text{Bartlett}}$ = 86,483 (*Sig.* $\chi^2_{\text{Bartlett}}$ < 0,05 para 6 graus de liberdade) para o segundo ano.

Portanto, análise fatorial por componentes principais é apropriada para cada um dos anos de estudo.

**b.**

**ANO 1**

**Total Variance Explained**

| Component | Initial Eigenvalues | | | Extraction Sums of Squared Loadings | | |
|---|---|---|---|---|---|---|
| | Total | % of Variance | Cumulative % | Total | % of Variance | Cumulative % |
| 1 | 2,589 | 64,718 | 64,718 | 2,589 | 64,718 | 64,718 |
| 2 | ,730 | 18,247 | 82,965 | | | |
| 3 | ,536 | 13,391 | 96,357 | | | |
| 4 | ,146 | 3,643 | 100,000 | | | |

Extraction Method: Principal Component Analysis.

**ANO 2**

**Total Variance Explained**

| Component | Initial Eigenvalues | | | Extraction Sums of Squared Loadings | | |
|---|---|---|---|---|---|---|
| | Total | % of Variance | Cumulative % | Total | % of Variance | Cumulative % |
| 1 | 2,566 | 64,149 | 64,149 | 2,566 | 64,149 | 64,149 |
| 2 | ,737 | 18,435 | 82,584 | | | |
| 3 | ,543 | 13,577 | 96,162 | | | |
| 4 | ,154 | 3,838 | 100,000 | | | |

Extraction Method: Principal Component Analysis.

Com base no critério da raiz latente, é extraído apenas um fator em cada um dos anos, com o respectivo autovalor:

Ano 1: 2,589
Ano 2: 2,566

O percentual de variância compartilhada por todas as variáveis para a composição do fator em cada ano é:

Ano 1: 64,718%
Ano 2: 64,149%

**c.**

**ANO 1**

**Component Matrix[a]**

| | Component |
|---|---|
| | 1 |
| Corruption Perception Index no ano 1 (Transparência Internacional) | ,900 |
| Assassinatos a cada 100.000 habitantes no ano 1 (OMS, UNODC e GIMD) | -,614 |
| PIB/capita no ano 1 (em US$ ajustado pela inflação - base 2000) (Banco Mundial) | ,911 |
| Anos de escolaridade por pessoas com mais de 25 anos de vida no ano 1 (IHME) | ,755 |

Extraction Method: Principal Component Analysis.

a. 1 components extracted.

**ANO 1**

**Communalities**

| | Initial | Extraction |
|---|---|---|
| Corruption Perception Index no ano 1 (Transparência Internacional) | 1,000 | ,810 |
| Assassinatos a cada 100.000 habitantes no ano 1 (OMS, UNODC e GIMD) | 1,000 | ,378 |
| PIB/capita no ano 1 (em US$ ajustado pela inflação - base 2000) (Banco Mundial) | 1,000 | ,830 |
| Anos de escolaridade por pessoas com mais de 25 anos de vida no ano 1 (IHME) | 1,000 | ,571 |

Extraction Method: Principal Component Analysis.

**ANO 2**

**Component Matrix[a]**

| | Component |
|---|---|
| | 1 |
| Corruption Perception Index no ano 2 (Transparência Internacional) | ,899 |
| Assassinatos a cada 100.000 habitantes no ano 2 (OMS, UNODC e GIMD) | -,608 |
| PIB/capita no ano 2 (em US$ ajustado pela inflação - base 2000) (Banco Mundial) | ,908 |
| Anos de escolaridade por pessoas com mais de 25 anos de vida no ano 2 (IHME) | ,750 |

Extraction Method: Principal Component Analysis.

a. 1 components extracted.

**ANO 2**

**Communalities**

| | Initial | Extraction |
|---|---|---|
| Corruption Perception Index no ano 2 (Transparência Internacional) | 1,000 | ,808 |
| Assassinatos a cada 100.000 habitantes no ano 2 (OMS, UNODC e GIMD) | 1,000 | ,370 |
| PIB/capita no ano 2 (em US$ ajustado pela inflação - base 2000) (Banco Mundial) | 1,000 | ,825 |
| Anos de escolaridade por pessoas com mais de 25 anos de vida no ano 2 (IHME) | 1,000 | ,563 |

Extraction Method: Principal Component Analysis.

Podemos verificar que ocorreram reduções pouco expressivas nas comunalidades de todas as variáveis do primeiro para o segundo ano.

**d.**

**ANO 1**

**Component Score Coefficient Matrix**

| | Component |
|---|---|
| | 1 |
| Corruption Perception Index no ano 1 (Transparência Internacional) | ,348 |
| Assassinatos a cada 100.000 habitantes no ano 1 (OMS, UNODC e GIMD) | -,237 |
| PIB/capita no ano 1 (em US$ ajustado pela inflação - base 2000) (Banco Mundial) | ,352 |
| Anos de escolaridade por pessoas com mais de 25 anos de vida no ano 1 (IHME) | ,292 |

Extraction Method: Principal Component Analysis.

**ANO 2**

**Component Score Coefficient Matrix**

| | Component |
|---|---|
| | 1 |
| Corruption Perception Index no ano 2 (Transparência Internacional) | ,350 |
| Assassinatos a cada 100.000 habitantes no ano 2 (OMS, UNODC e GIMD) | -,237 |
| PIB/capita no ano 2 (em US$ ajustado pela inflação - base 2000) (Banco Mundial) | ,354 |
| Anos de escolaridade por pessoas com mais de 25 anos de vida no ano 2 (IHME) | ,292 |

Extraction Method: Principal Component Analysis.

A expressão do fator extraído em cada ano, em função das variáveis padronizadas, é:

**Ano 1:**

$F_i = 0{,}348 \cdot Zcpi1_i - 0{,}237 \cdot Zviolência1_i + 0{,}352 \cdot Zpib\_capita1_i + 0{,}292 \cdot Zescol1_i$

**Ano** 2:

$F_i = 0{,}350 \cdot Zcpi2_i - 0{,}237 \cdot Zviolência2_i + 0{,}354 \cdot Zpib\_capita2_i + 0{,}292 \cdot Zescol2_i$

Ainda que tenham ocorrido pequenas alterações nos *scores* fatoriais de um ano para o outro, esse fato reforça a importância de se reaplicar a técnica para a obtenção de fatores com *scores* mais precisos e atualizados, principalmente quando utilizados para a criação de indicadores e *rankings*.

**e.**

| Ano 1 | | | Ano 2 | | |
|---|---|---|---|---|---|
| **país** | **indicador** | ***ranking*** | **país** | **indicador** | ***ranking*** |
| Switzerland | 1,6923 | 1 | Norway | 1,6885 | 1 |
| Norway | 1,6794 | 2 | Switzerland | 1,6594 | 2 |
| Denmark | 1,4327 | 3 | Sweden | 1,4388 | 3 |
| Sweden | 1,4040 | 4 | Denmark | 1,4225 | 4 |
| Japan | 1,3806 | 5 | Japan | 1,3848 | 5 |
| United States | 1,3723 | 6 | Canada | 1,3844 | 6 |
| Canada | 1,3430 | 7 | United States | 1,3026 | 7 |
| United Kingdom | 1,1560 | 8 | United Kingdom | 1,1321 | 8 |
| Netherlands | 1,1086 | 9 | Netherlands | 1,1007 | 9 |
| Australia | 1,0607 | 10 | Australia | 1,0660 | 10 |
| Germany | 1,0297 | 11 | Germany | 1,0401 | 11 |
| Austria | 0,9865 | 12 | Austria | 0,9903 | 12 |
| Ireland | 0,9439 | 13 | Ireland | 0,9411 | 13 |
| New Zealand | 0,9269 | 14 | Singapore | 0,9184 | 14 |
| Singapore | 0,8781 | 15 | New Zealand | 0,9063 | 15 |
| Belgium | 0,8175 | 16 | Belgium | 0,8265 | 16 |
| Israel | 0,6322 | 17 | Israel | 0,6444 | 17 |
| France | 0,5545 | 18 | France | 0,5448 | 18 |
| Cyprus | 0,5099 | 19 | Cyprus | 0,4606 | 19 |
| United Arab Emirates | 0,3157 | 20 | United Arab Emirates | 0,2849 | 20 |
| Czech Rep. | 0,2244 | 21 | Czech Rep. | 0,1857 | 21 |
| Italy | 0,0859 | 22 | Poland | 0,0868 | 22 |
| Poland | 0,0373 | 23 | Spain | 0,0334 | 23 |
| Spain | 0,0303 | 24 | Chile | 0,0170 | 24 |
| Chile | -0,0517 | 25 | Italy | 0,0064 | 25 |
| Greece | -0,1432 | 26 | Kuwait | -0,1462 | 26 |
| Kuwait | -0,2276 | 27 | Greece | -0,2247 | 27 |
| Portugal | -0,2980 | 28 | Portugal | -0,2794 | 28 |
| Romania | -0,3028 | 29 | Romania | -0,3150 | 29 |
| Oman | -0,4742 | 30 | Saudi Arabia | -0,4321 | 30 |
| Saudi Arabia | -0,5111 | 31 | Oman | -0,5034 | 31 |
| Serbia | -0,5407 | 32 | Argentina | -0,5342 | 32 |
| Argentina | -0,5556 | 33 | Serbia | -0,5544 | 33 |
| Turkey | -0,6476 | 34 | Malaysia | -0,6098 | 34 |
| Ukraine | -0,7109 | 35 | Turkey | -0,6401 | 35 |
| Kazakhstan | -0,7423 | 36 | Ukraine | -0,6807 | 36 |
| Malaysia | -0,7459 | 37 | Kazakhstan | -0,6970 | 37 |
| Lebanon | -0,7966 | 38 | Lebanon | -0,8060 | 38 |
| Russia | -0,8534 | 39 | Russia | -0,8513 | 39 |
| Mexico | -0,8803 | 40 | China | -0,8982 | 40 |
| China | -0,8840 | 41 | Mexico | -0,9323 | 41 |
| Egypt | -0,9792 | 42 | Egypt | -0,9485 | 42 |
| Thailand | -1,0632 | 43 | Thailand | -1,0800 | 43 |
| Indonesia | -1,2245 | 44 | Indonesia | -1,2431 | 44 |
| India | -1,2272 | 45 | India | -1,2533 | 45 |
| Brazil | -1,3294 | 46 | Brazil | -1,3468 | 46 |
| Philippines | -1,3466 | 47 | Philippines | -1,3885 | 47 |
| Venezuela | -1,3916 | 48 | Venezuela | -1,4149 | 48 |
| South Africa | -1,8215 | 49 | Colombia | -1,7697 | 49 |
| Colombia | -1,8534 | 50 | South Africa | -1,9173 | 50 |

Do primeiro para o segundo ano, houve algumas alterações nas posições relativas dos países no *ranking*.

**3. a.**

**Correlation Matrix**

| | | Percepção sobre o sortimento de produtos (0 a 10) | Percepção sobre a qualidade e rapidez na reposição dos produtos (0 a 10) | Percepção sobre o layout da loja (0 a 10) | Percepção sobre conforto térmico, acústico e visual na loja (0 a 10) | Percepção sobre a limpeza geral da loja (0 a 10) | Percepção sobre a qualidade do atendimento prestado (0 a 10) | Percepção sobre o nível de preços praticados em relação à concorrência (0 a 10) | Percepção sobre política de descontos (0 a 10) |
|---|---|---|---|---|---|---|---|---|---|
| Correlation | Percepção sobre o sortimento de produtos (0 a 10) | 1,000 | ,753 | ,898 | ,733 | ,640 | ,193 | ,084 | ,053 |
| | Percepção sobre a qualidade e rapidez na reposição dos produtos (0 a 10) | ,753 | 1,000 | ,429 | ,633 | ,548 | ,208 | -,449 | -,367 |
| | Percepção sobre o layout da loja (0 a 10) | ,898 | ,429 | 1,000 | ,641 | ,567 | ,142 | ,413 | ,318 |
| | Percepção sobre conforto térmico, acústico e visual na loja (0 a 10) | ,733 | ,633 | ,641 | 1,000 | ,864 | ,227 | ,235 | ,174 |
| | Percepção sobre a limpeza geral da loja (0 a 10) | ,640 | ,548 | ,567 | ,864 | 1,000 | ,194 | ,220 | ,173 |
| | Percepção sobre a qualidade do atendimento prestado (0 a 10) | ,193 | ,208 | ,142 | ,227 | ,194 | 1,000 | ,137 | ,113 |
| | Percepção sobre o nível de preços praticados em relação à concorrência (0 a 10) | ,084 | -,449 | ,413 | ,235 | ,220 | ,137 | 1,000 | ,906 |
| | Percepção sobre política de descontos (0 a 10) | ,053 | -,367 | ,318 | ,174 | ,173 | ,113 | ,906 | 1,000 |

Sim. Com base na magnitude de alguns coeficientes de correlação de Pearson, é possível identificar um primeiro indício de que a análise fatorial poderá agrupar as variáveis em fatores.

**b.**

**KMO and Bartlett's Test**

| | | |
|---|---|---|
| Kaiser-Meyer-Olkin Measure of Sampling Adequacy. | | ,610 |
| Bartlett's Test of Sphericity | Approx. Chi-Square | 13752,938 |
| | df | 28 |
| | Sig. | ,000 |

Sim. Por meio do resultado da estatística $\chi^2_{\text{Bartlett}}$, é possível rejeitar, ao nível de significância de 5% e com base nas hipóteses do teste de esfericidade de Bartlett, que a matriz de correlações seja estatisticamente igual à matriz identidade de mesma dimensão, visto que $\chi^2_{\text{Bartlett}} = 13.752,938$ (*Sig.* $\chi^2_{\text{Bartlett}} < 0,05$ para 28 graus de liberdade). Portanto, análise fatorial por componentes principais pode ser considerada apropriada.

**c.**

**Total Variance Explained**

| Component | Initial Eigenvalues | | | Extraction Sums of Squared Loadings | | |
|---|---|---|---|---|---|---|
| | Total | % of Variance | Cumulative % | Total | % of Variance | Cumulative % |
| 1 | 3,825 | 47,812 | 47,812 | 3,825 | 47,812 | 47,812 |
| 2 | 2,254 | 28,174 | 75,986 | 2,254 | 28,174 | 75,986 |
| 3 | ,944 | 11,794 | 87,780 | | | |
| 4 | ,597 | 7,458 | 95,238 | | | |
| 5 | ,214 | 2,679 | 97,917 | | | |
| 6 | ,126 | 1,570 | 99,486 | | | |
| 7 | ,025 | ,313 | 99,799 | | | |
| 8 | ,016 | ,201 | 100,000 | | | |

Extraction Method: Principal Component Analysis.

Levando-se em consideração o critério da raiz latente, são extraídos dois fatores, com os respectivos autovalores:

Fator 1: 3,825
Fator 2: 2,254

O percentual de variância compartilhada por todas as variáveis para a composição de cada fator é:

Fator 1: 47,812%
Fator 2: 28,174%

Logo, o percentual total de variância compartilhada por todas as variáveis para a composição dos dois fatores é igual a 75,986%.

**d.** O percentual total de variância perdida de todas as variáveis para a extração desses dois fatores é:

$$1 - 0,75986 = 0,24014 \ (24,014\%)$$

**e.**

**Component Matrix[a]**

| | Component | |
|---|---|---|
| | 1 | 2 |
| Percepção sobre o sortimento de produtos (0 a 10) | ,918 | -,174 |
| Percepção sobre a qualidade e rapidez na reposição dos produtos (0 a 10) | ,692 | -,660 |
| Percepção sobre o layout da loja (0 a 10) | ,855 | ,185 |
| Percepção sobre conforto térmico, acústico e visual na loja (0 a 10) | ,909 | -,029 |
| Percepção sobre a limpeza geral da loja (0 a 10) | ,849 | -,010 |
| Percepção sobre a qualidade do atendimento prestado (0 a 10) | ,311 | ,065 |
| Percepção sobre o nível de preços praticados em relação à concorrência (0 a 10) | ,274 | ,950 |
| Percepção sobre política de descontos (0 a 10) | ,232 | ,920 |

Extraction Method: Principal Component Analysis.

a. 2 components extracted.

**Communalities**

| | Initial | Extraction |
|---|---|---|
| Percepção sobre o sortimento de produtos (0 a 10) | 1,000 | ,873 |
| Percepção sobre a qualidade e rapidez na reposição dos produtos (0 a 10) | 1,000 | ,914 |
| Percepção sobre o layout da loja (0 a 10) | 1,000 | ,766 |
| Percepção sobre conforto térmico, acústico e visual na loja (0 a 10) | 1,000 | ,827 |
| Percepção sobre a limpeza geral da loja (0 a 10) | 1,000 | ,721 |
| Percepção sobre a qualidade do atendimento prestado (0 a 10) | 1,000 | ,101 |
| Percepção sobre o nível de preços praticados em relação à concorrência (0 a 10) | 1,000 | ,978 |
| Percepção sobre política de descontos (0 a 10) | 1,000 | ,900 |

Extraction Method: Principal Component Analysis.

Note que as cargas e a comunalidade da variável *atendimento* são consideravelmente baixas, o que pode demonstrar a necessidade de extração de um terceiro fator, descaracterizando o critério da raiz latente.

**f.**

**Component Matrix**[a]

| | Component | | |
|---|---|---|---|
| | 1 | 2 | 3 |
| Percepção sobre o sortimento de produtos (0 a 10) | ,918 | -,174 | -,119 |
| Percepção sobre a qualidade e rapidez na reposição dos produtos (0 a 10) | ,692 | -,660 | ,051 |
| Percepção sobre o layout da loja (0 a 10) | ,855 | ,185 | -,196 |
| Percepção sobre conforto térmico, acústico e visual na loja (0 a 10) | ,909 | -,029 | -,021 |
| Percepção sobre a limpeza geral da loja (0 a 10) | ,849 | -,010 | -,033 |
| Percepção sobre a qualidade do atendimento prestado (0 a 10) | ,311 | ,065 | ,942 |
| Percepção sobre o nível de preços praticados em relação à concorrência (0 a 10) | ,274 | ,950 | -,011 |
| Percepção sobre política de descontos (0 a 10) | ,232 | ,920 | -,003 |

Extraction Method: Principal Component Analysis.

a. 3 components extracted.

**Communalities**

| | Initial | Extraction |
|---|---|---|
| Percepção sobre o sortimento de produtos (0 a 10) | 1,000 | ,887 |
| Percepção sobre a qualidade e rapidez na reposição dos produtos (0 a 10) | 1,000 | ,917 |
| Percepção sobre o layout da loja (0 a 10) | 1,000 | ,804 |
| Percepção sobre conforto térmico, acústico e visual na loja (0 a 10) | 1,000 | ,828 |
| Percepção sobre a limpeza geral da loja (0 a 10) | 1,000 | ,722 |
| Percepção sobre a qualidade do atendimento prestado (0 a 10) | 1,000 | ,987 |
| Percepção sobre o nível de preços praticados em relação à concorrência (0 a 10) | 1,000 | ,978 |
| Percepção sobre política de descontos (0 a 10) | 1,000 | ,900 |

Extraction Method: Principal Component Analysis.

Sim, é possível confirmar o constructo do questionário proposto pelo gerente-geral da loja, visto que as variáveis *sortimento*, *reposição*, *layout*, *conforto* e *limpeza* apresentam maior correlação com um fator específico, as variáveis *preço* e *desconto*, com outro fator, e, por fim, a variável *atendimento*, com um terceiro fator.

**g.** A decisão de extração de três fatores, em detrimento da extração com base no critério da raiz latente, aumenta as comunalidades das variáveis, com destaque para a variável *atendimento*, agora mais fortemente correlacionada com o terceiro fator.

**h.**

**Rotated Component Matrix**[a]

| | Component | | |
|---|---|---|---|
| | 1 | 2 | 3 |
| Percepção sobre o sortimento de produtos (0 a 10) | ,940 | -,038 | ,044 |
| Percepção sobre a qualidade e rapidez na reposição dos produtos (0 a 10) | ,761 | -,558 | ,161 |
| Percepção sobre o layout da loja (0 a 10) | ,840 | ,311 | -,036 |
| Percepção sobre conforto térmico, acústico e visual na loja (0 a 10) | ,893 | ,099 | ,142 |
| Percepção sobre a limpeza geral da loja (0 a 10) | ,834 | ,110 | ,120 |
| Percepção sobre a qualidade do atendimento prestado (0 a 10) | ,128 | ,065 | ,983 |
| Percepção sobre o nível de preços praticados em relação à concorrência (0 a 10) | ,130 | ,979 | ,057 |
| Percepção sobre política de descontos (0 a 10) | ,092 | ,943 | ,056 |

Extraction Method: Principal Component Analysis.
Rotation Method: Varimax with Kaiser Normalization.

a. Rotation converged in 4 iterations.

A rotação Varimax redistribui as cargas das variáveis em cada fator, o que facilita a confirmação do constructo proposto pelo gerente-geral da loja.

**i.**

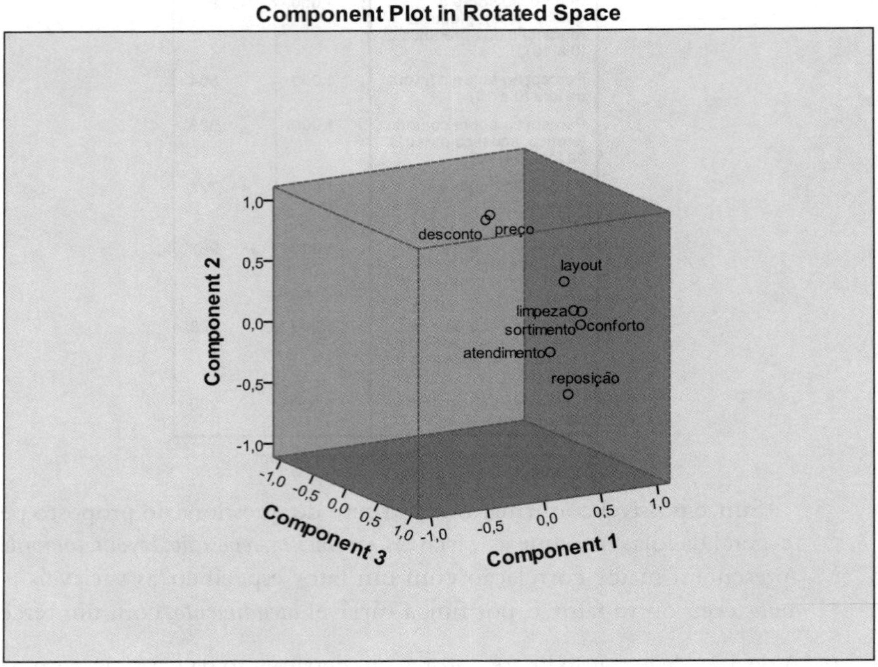


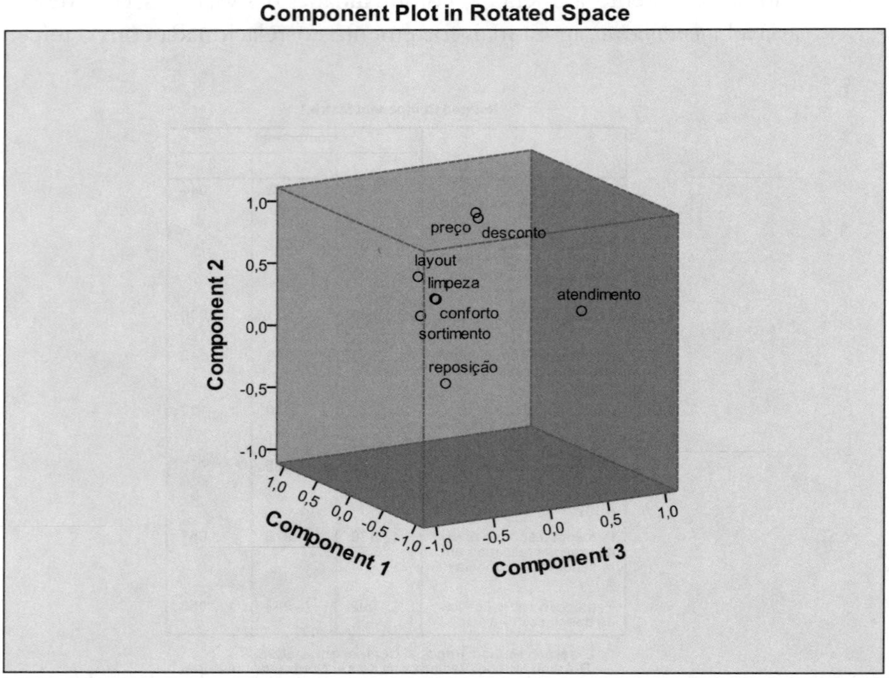

CAPÍTULO 3

# Análise de Correspondência Simples e Múltipla

1. a.

**percepção sobre a qualidade do atendimento prestado pelo estabelecimento * percepção sobre o nível de preços praticados em relação à concorrência Crosstabulation**

Count

| | | percepção sobre o nível de preços praticados em relação à concorrência | | | | | Total |
|---|---|---|---|---|---|---|---|
| | | péssimo | ruim | regular | bom | ótimo | |
| percepção sobre a qualidade do atendimento prestado pelo estabelecimento | péssimo | 30 | 60 | 60 | 0 | 0 | 150 |
| | ruim | 60 | 150 | 60 | 30 | 0 | 300 |
| | regular | 30 | 360 | 270 | 60 | 30 | 750 |
| | bom | 60 | 540 | 540 | 210 | 180 | 1530 |
| | ótimo | 0 | 60 | 60 | 90 | 60 | 270 |
| Total | | 180 | 1170 | 990 | 390 | 270 | 3000 |

b.

**percepção sobre a qualidade do atendimento prestado pelo estabelecimento * percepção sobre o nível de preços praticados em relação à concorrência Crosstabulation**

Expected Count

| | | percepção sobre o nível de preços praticados em relação à concorrência | | | | | Total |
|---|---|---|---|---|---|---|---|
| | | péssimo | ruim | regular | bom | ótimo | |
| percepção sobre a qualidade do atendimento prestado pelo estabelecimento | péssimo | 9,0 | 58,5 | 49,5 | 19,5 | 13,5 | 150,0 |
| | ruim | 18,0 | 117,0 | 99,0 | 39,0 | 27,0 | 300,0 |
| | regular | 45,0 | 292,5 | 247,5 | 97,5 | 67,5 | 750,0 |
| | bom | 91,8 | 596,7 | 504,9 | 198,9 | 137,7 | 1530,0 |
| | ótimo | 16,2 | 105,3 | 89,1 | 35,1 | 24,3 | 270,0 |
| Total | | 180,0 | 1170,0 | 990,0 | 390,0 | 270,0 | 3000,0 |

c.

**Chi-Square Tests**

| | Value | df | Asymp. Sig. (2-sided) |
|---|---|---|---|
| Pearson Chi-Square | 509,859[a] | 16 | ,000 |
| Likelihood Ratio | 502,756 | 16 | ,000 |
| Linear-by-Linear Association | 321,266 | 1 | ,000 |
| N of Valid Cases | 3000 | | |

a. 0 cells (,0%) have expected count less than 5. The minimum expected count is 9,00.

Como o *valor-P* (*Asymp. Sig.*) da estatística $\chi^2_{cal}$ é consideravelmente menor que 0,05 (*valor-P* $\chi^2_{cal}$ = 0,000), podemos, para (5 – 1) × (5 – 1) = 16 graus de liberdade, rejeitar a hipótese nula de que as duas variáveis categóricas se associam de forma aleatória, ou seja, existe associação estatisticamente significante, ao nível de significância de 5%, entre a percepção dos clientes sobre a qualidade do atendimento prestado e a percepção sobre o nível de preços praticados em relação à concorrência.

**d.**

**percepção sobre a qualidade do atendimento prestado pelo estabelecimento * percepção sobre o nível de preços praticados em relação à concorrência Crosstabulation**

Adjusted Residual

| | | percepção sobre o nível de preços praticados em relação à concorrência | | | | |
|---|---|---|---|---|---|---|
| | | péssimo | ruim | regular | bom | ótimo |
| percepção sobre a qualidade do atendimento prestado pelo estabelecimento | péssimo | 7,4 | ,3 | 1,9 | -4,9 | -4,0 |
| | ruim | 10,8 | 4,1 | -5,0 | -1,6 | -5,7 |
| | regular | -2,7 | 5,8 | 2,0 | -4,7 | -5,5 |
| | bom | -4,9 | -4,2 | 2,7 | 1,2 | 5,4 |
| | ótimo | -4,4 | -5,9 | -3,9 | 10,4 | 8,0 |

As associações entre os pares de categorias estão em destaque na tabela de resíduos padronizados, visto que os valores positivos superiores a 1,96 correspondem ao excesso de ocorrências em cada célula, ao nível de significância de 5%. É possível afirmarmos que existe associação lógica entre as categorias consideradas negativas (e positivas) de cada uma das variáveis.

**e.**

**Summary**

| Dimension | Singular Value | Inertia | Chi Square | Sig. | Proportion of Inertia | | Confidence Singular Value | |
|---|---|---|---|---|---|---|---|---|
| | | | | | Accounted for | Cumulative | Standard Deviation | Correlation 2 |
| 1 | ,354 | ,1256 | | | ,739 | ,739 | ,016 | ,502 |
| 2 | ,188 | ,0352 | | | ,207 | ,946 | ,020 | |
| 3 | ,094 | ,0089 | | | ,052 | ,999 | | |
| 4 | ,016 | ,0003 | | | ,001 | 1,000 | | |
| Total | | ,1700 | 509,859 | ,000[a] | 1,000 | 1,000 | | |

a. 16 degrees of freedom

Temos, para cada dimensão, os seguintes valores das inércias principais parciais:

$$\begin{cases} \lambda_1^2 = 0{,}1256 \\ \lambda_2^2 = 0{,}0352 \\ \lambda_3^2 = 0{,}0089 \\ \lambda_4^2 = 0{,}0003 \end{cases}$$

e, portanto, a inércia principal total é igual a 0,1700. As quatro dimensões explicam, respectivamente, 73,9% (0,1256 / 0,1700), 20,7% (0,0352 / 0,1700), 5,2% (0,0089 / 0,1700) e 0,1% (0,0003 / 0,1700) da inércia principal total.

**f.**

**Overview Row Points[a]**

| percepção sobre a qualidade do atendimento prestado pelo estabelecimento | Mass | Score in Dimension | | Inertia | Contribution | | | | |
|---|---|---|---|---|---|---|---|---|---|
| | | | | | Of Point to Inertia of Dimension | | Of Dimension to Inertia of Point | | |
| | | 1 | 2 | | 1 | 2 | 1 | 2 | Total |
| péssimo | ,050 | -1,155 | ,265 | ,028 | ,188 | ,019 | ,842 | ,023 | ,865 |
| ruim | ,100 | -,990 | ,888 | ,051 | ,277 | ,421 | ,687 | ,293 | ,980 |
| regular | ,250 | -,274 | -,464 | ,019 | ,053 | ,288 | ,344 | ,524 | ,868 |
| bom | ,510 | ,216 | -,099 | ,011 | ,067 | ,027 | ,779 | ,087 | ,865 |
| ótimo | ,090 | 1,279 | ,716 | ,061 | ,415 | ,246 | ,852 | ,142 | ,994 |
| Active Total | 1,000 | | | ,170 | 1,000 | 1,000 | | | |

a. Symmetrical normalization

**Overview Column Points[a]**

| percepção sobre o nível de preços praticados em relação à concorrência | Mass | Score in Dimension | | Inertia | Contribution | | | | |
|---|---|---|---|---|---|---|---|---|---|
| | | | | | Of Point to Inertia of Dimension | | Of Dimension to Inertia of Point | | |
| | | 1 | 2 | | 1 | 2 | 1 | 2 | Total |
| péssimo | ,060 | -1,400 | 1,226 | ,060 | ,332 | ,481 | ,698 | ,283 | ,981 |
| ruim | ,390 | -,297 | -,130 | ,017 | ,097 | ,035 | ,733 | ,074 | ,807 |
| regular | ,330 | -,026 | -,359 | ,011 | ,001 | ,227 | ,008 | ,757 | ,765 |
| bom | ,130 | ,827 | ,581 | ,041 | ,251 | ,234 | ,771 | ,201 | ,973 |
| ótimo | ,090 | 1,122 | ,222 | ,042 | ,320 | ,024 | ,950 | ,020 | ,970 |
| Active Total | 1,000 | | | ,170 | 1,000 | 1,000 | | | |

a. Symmetrical normalization

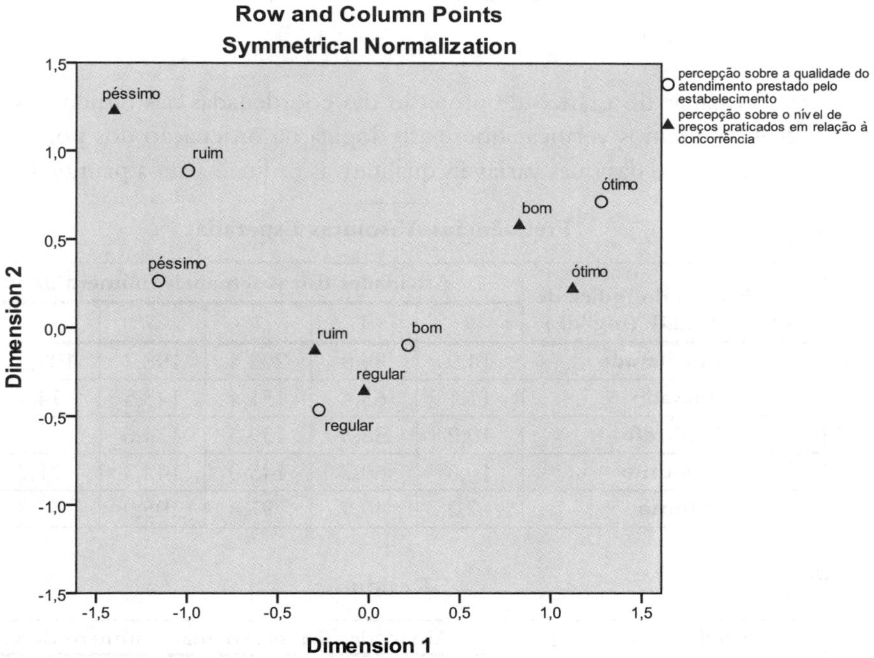


A partir do mapa perceptual, podemos verificar a existência de associação entre as variáveis *atendimento* e *preço* e, mais que isso, a associação lógica entre as categorias consideradas negativas (e positivas) de cada uma das variáveis. Em outras palavras, uma percepção negativa sobre a qualidade do atendimento prestado pelo estabelecimento varejista pode influenciar a formação de uma imagem negativa de preços e vice-versa.

g.

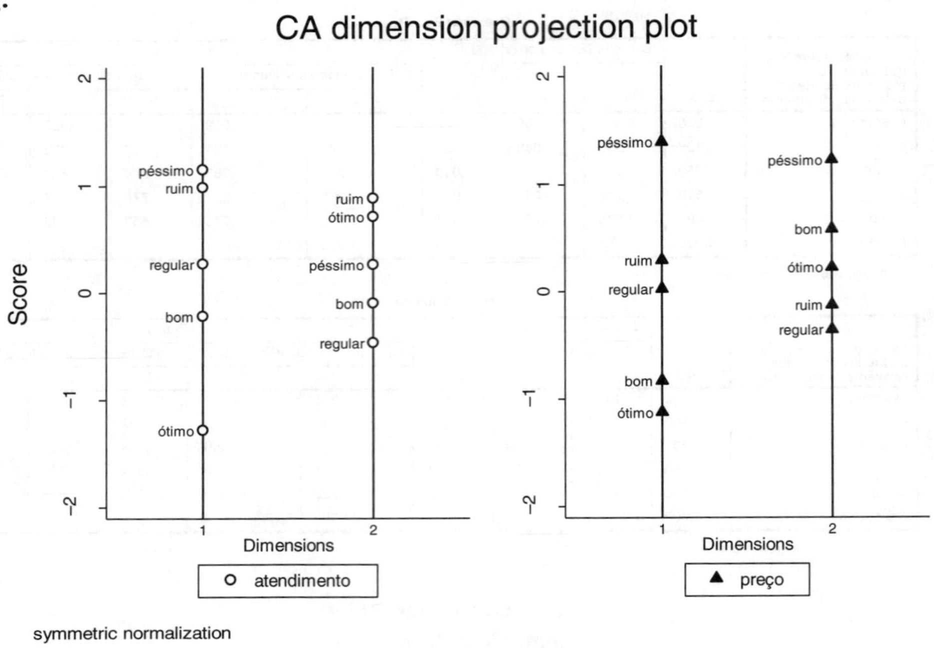


A partir do gráfico de projeção das coordenadas nas dimensões gerado no Stata, podemos verificar que existe lógica na ordenação dos pontos referentes às categorias das duas variáveis qualitativas ordinais para a primeira dimensão.

2. a.

**Frequências Absolutas Esperadas**

| Classificação do índice de colesterol LDL (mg/dL) | Atividades físicas semanais (número de vezes) | | | | | |
|---|---|---|---|---|---|---|
| | 0 | 1 | 2 | 3 | 4 | 5 |
| **Muito elevado** | 14,9 | 84,8 | 202,5 | 198,7 | 100,2 | 33,0 |
| **Elevado** | 11,1 | 63,4 | 151,4 | 148,5 | 74,9 | 24,7 |
| **Limítrofe** | 10,2 | 58,3 | 139,3 | 136,6 | 68,9 | 22,7 |
| **Subótimo** | 10,6 | 60,7 | 145,0 | 142,3 | 71,7 | 23,6 |
| **Ótimo** | 7,2 | 40,9 | 97,8 | 95,9 | 48,3 | 15,9 |

b.

**Resíduos**

| Classificação do índice de colesterol LDL (mg/dL) | Atividades físicas semanais (número de vezes) | | | | | |
|---|---|---|---|---|---|---|
| | 0 | 1 | 2 | 3 | 4 | 5 |
| **Muito elevado** | 17,1 | 73,2 | 61,5 | -58,7 | -60,2 | -33,0 |
| **Elevado** | 10,9 | 44,6 | 26,6 | -40,5 | -16,9 | -24,7 |
| **Limítrofe** | -10,2 | -32,3 | -41,3 | 53,4 | 17,1 | 13,3 |
| **Subótimo** | -10,6 | -44,7 | -31,0 | 23,7 | 32,3 | 30,4 |
| **Ótimo** | -7,2 | -40,9 | -15,8 | 22,1 | 27,7 | 14,1 |

**c.**

$\chi^2$

| Classificação do índice de colesterol LDL (mg/dL) | Atividades físicas semanais (número de vezes) | | | | | |
|---|---|---|---|---|---|---|
| | **0** | **1** | **2** | **3** | **4** | **5** |
| **Muito elevado** | 19,6 | 63,2 | 18,7 | 17,3 | 36,2 | 33,0 |
| **Elevado** | 10,7 | 31,4 | 4,7 | 11,0 | 3,8 | 24,7 |
| **Limítrofe** | 10,2 | 17,9 | 12,2 | 20,9 | 4,2 | 7,8 |
| **Subótimo** | 10,6 | 32,9 | 6,6 | 3,9 | 14,6 | 39,2 |
| **Ótimo** | 7,2 | 40,9 | 2,6 | 5,1 | 15,9 | 12,5 |

valor total da estatística $\chi^2 = 539,4$

**d.** Sim. Para $(5 - 1) \times (6 - 1) = 20$ graus de liberdade, temos, por meio da Tabela B do Apêndice II, que $\chi_c^2 = 31,410$ ($\chi^2$ crítico para 20 graus de liberdade e para o nível de significância de 5%). Dessa forma, como o $\chi^2$ calculado $\chi_{cal}^2 = 539,4 > \chi_c^2 = 31,410$, podemos rejeitar a hipótese nula de que as duas variáveis se associam de forma aleatória, ou seja, existe associação estatisticamente significante, ao nível de significância de 5%, entre o índice de colesterol LDL e a quantidade semanal de atividades esportivas.

**e.**

**Summary**

| Dimension | Singular Value | Inertia | Chi Square | Sig. | Proportion of Inertia | | Confidence Singular Value | |
|---|---|---|---|---|---|---|---|---|
| | | | | | Accounted for | Cumulative | Standard Deviation | Correlation 2 |
| 1 | ,475 | ,2255 | | | ,963 | ,963 | ,015 | ,019 |
| 2 | ,071 | ,0050 | | | ,021 | ,985 | ,023 | |
| 3 | ,050 | ,0025 | | | ,011 | ,995 | | |
| 4 | ,033 | ,0011 | | | ,005 | 1,000 | | |
| Total | | ,2341 | 539,357 | ,000[a] | 1,000 | 1,000 | | |

a. 20 degrees of freedom

Temos, para cada dimensão, os seguintes valores das inércias principais parciais:

$$\begin{cases} \lambda_1^2 = 0,2255 \\ \lambda_2^2 = 0,0050 \\ \lambda_3^2 = 0,0025 \\ \lambda_4^2 = 0,0011 \end{cases}$$

e, portanto, a inércia principal total é igual a 0,2341. As quatro dimensões explicam, respectivamente, 96,3% (0,2255 / 0,2341), 2,1% (0,0050 / 0,2341), 1,1% (0,0025 / 0,2341) e 0,5% (0,0011 / 0,2341) da inércia principal total.

f.

**Overview Row Points[a]**

| classificação do índice de colesterol | Mass | Score in Dimension | | Inertia | Contribution | | | | |
|---|---|---|---|---|---|---|---|---|---|
| | | | | | Of Point to Inertia of Dimension | | Of Dimension to Inertia of Point | | |
| | | 1 | 2 | | 1 | 2 | 1 | 2 | Total |
| muito elevado: superior a 189 mg/dL | ,275 | -,787 | -,008 | ,082 | ,359 | ,000 | ,991 | ,000 | ,991 |
| elevado: de 160 a 189 mg/dL | ,206 | -,609 | ,065 | ,037 | ,160 | ,012 | ,966 | ,002 | ,967 |
| limítrofe: de 130 a 159 mg/dL | ,189 | ,562 | -,504 | ,032 | ,126 | ,681 | ,893 | ,107 | 1,000 |
| subótimo: de 100 a 129 mg/dL | ,197 | ,693 | ,271 | ,047 | ,199 | ,206 | ,962 | ,022 | ,984 |
| ótimo: inferior a 100 mg/dL | ,133 | ,745 | ,232 | ,036 | ,155 | ,101 | ,960 | ,014 | ,974 |
| Active Total | 1,000 | | | ,234 | 1,000 | 1,000 | | | |

a. Symmetrical normalization

**Overview Column Points[a]**

| atividades físicas semanais (número de vezes) | Mass | Score in Dimension | | Inertia | Contribution | | | | |
|---|---|---|---|---|---|---|---|---|---|
| | | | | | Of Point to Inertia of Dimension | | Of Dimension to Inertia of Point | | |
| | | 1 | 2 | | 1 | 2 | 1 | 2 | Total |
| 0 | ,023 | -1,505 | ,307 | ,025 | ,112 | ,031 | ,993 | ,006 | ,999 |
| 1 | ,134 | -1,124 | -,139 | ,081 | ,356 | ,037 | ,991 | ,002 | ,994 |
| 2 | ,319 | -,346 | ,192 | ,019 | ,081 | ,167 | ,937 | ,043 | ,979 |
| 3 | ,313 | ,390 | -,343 | ,025 | ,100 | ,523 | ,895 | ,103 | ,998 |
| 4 | ,158 | ,638 | ,231 | ,032 | ,135 | ,119 | ,943 | ,018 | ,961 |
| 5 | ,052 | 1,404 | ,409 | ,051 | ,216 | ,123 | ,961 | ,012 | ,973 |
| Active Total | 1,000 | | | ,234 | 1,000 | 1,000 | | | |

a. Symmetrical normalization

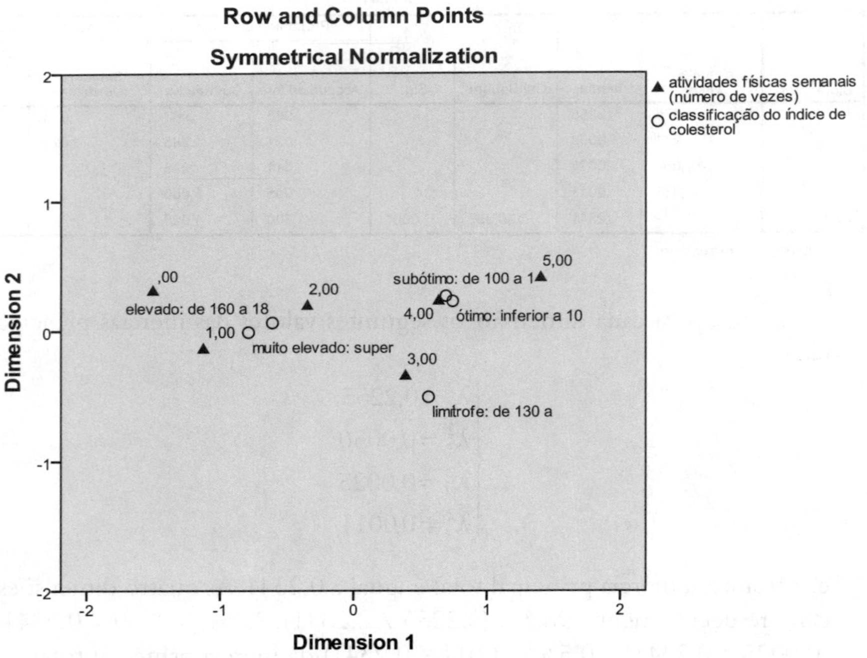


A partir do mapa perceptual, podemos verificar a existência de associação entre as variáveis *colestclass* e *esporte* e, mais que isso, a associação entre suas categorias, visto que pessoas que praticam esporte com maior frequência semanal tendem a apresentar melhores, isto é, mais baixos, índices de colesterol LDL.

**g.**

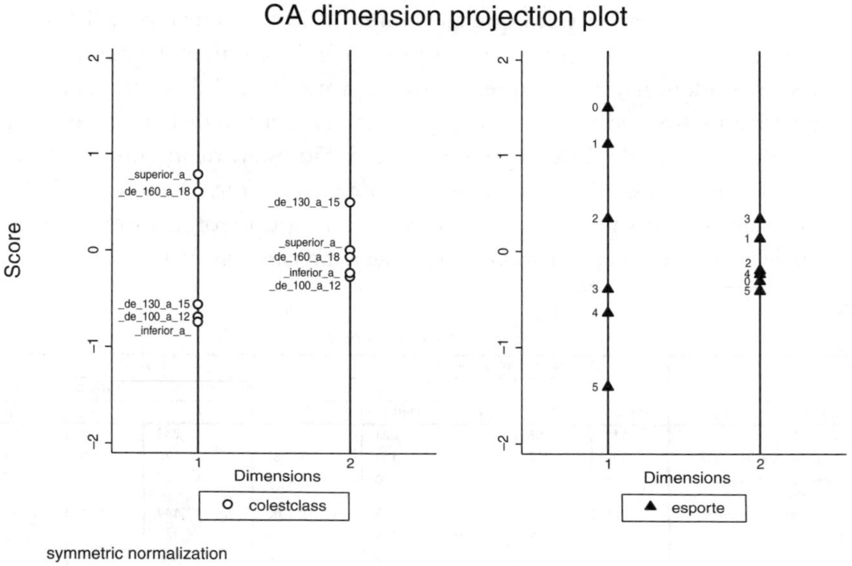


A partir do gráfico de projeção das coordenadas nas dimensões gerado no Stata, podemos verificar que existe lógica na ordenação dos pontos referentes às categorias das duas variáveis para a primeira dimensão.

**3. a.**

**Chi-Square Tests**

| | Value | df | Asymp. Sig. (2-sided) |
|---|---|---|---|
| Pearson Chi-Square | 5956,436[a] | 8 | ,000 |
| Likelihood Ratio | 7584,192 | 8 | ,000 |
| Linear-by-Linear Association | 4522,903 | 1 | ,000 |
| N of Valid Cases | 9000 | | |

a. 0 cells (,0%) have expected count less than 5. The minimum expected count is 322,00.

Sim. Como o *valor-P* (*Asymp. Sig.*) da estatística $\chi^2_{cal}$ é consideravelmente menor do que 0,05 (*valor-P* $\chi^2_{cal}$ = 0,000), podemos afirmar que a evolução anual da popularidade do prefeito não se dá de forma aleatória.

**b.**

**estou satisfeito com a gestão do atual prefeito! * ano Crosstabulation**

Adjusted Residual

| | | ano | | |
|---|---|---|---|---|
| | | 20X1 | 20X2 | 20X3 |
| estou satisfeito com a gestão do atual prefeito! | Discordo totalmente | -23,7 | -23,6 | 47,3 |
| | Discordo parcialmente | -35,8 | 17,7 | 18,1 |
| | Nem concordo, nem discordo | -1,1 | ,7 | ,4 |
| | Concordo parcialmente | 20,1 | 16,4 | -36,6 |
| | Concordo totalmente | 46,5 | -23,3 | -23,3 |

As associações entre os pares de categorias estão em destaque na tabela de resíduos padronizados, visto que os valores positivos superiores a 1,96 correspondem ao excesso de ocorrências em cada célula, ao nível de significância de 5%. Assim, podemos verificar que, enquanto o ano de 20X1 apresenta associação estatisticamente significante com as categorias *Concordo totalmente* e *Concordo parcialmente*, o ano de 20X3 apresenta associação estatisticamente significante com as categorias *Discordo totalmente* e *Discordo parcialmente*. O ano de 20X2 apresenta associação estatisticamente significante com as categorias intermediárias da variável Likert (*Discordo parcialmente* e *Concordo parcialmente*).

**c.**

**Overview Row Points[a]**

| estou satisfeito com a gestão do atual prefeito! | Mass | Score in Dimension | | Inertia | Contribution | | | | |
|---|---|---|---|---|---|---|---|---|---|
| | | | | | Of Point to Inertia of Dimension | | Of Dimension to Inertia of Point | | |
| | | 1 | 2 | | 1 | 2 | 1 | 2 | Total |
| Discordo totalmente | ,111 | -1,455 | -1,111 | ,221 | ,331 | ,343 | ,753 | ,247 | 1,000 |
| Discordo parcialmente | ,223 | -,727 | ,556 | ,111 | ,166 | ,173 | ,753 | ,247 | 1,000 |
| Nem concordo, nem discordo | ,330 | -,015 | ,017 | ,000 | ,000 | ,000 | ,585 | ,415 | 1,000 |
| Concordo parcialmente | ,229 | ,753 | ,500 | ,115 | ,183 | ,144 | ,801 | ,199 | 1,000 |
| Concordo totalmente | ,107 | 1,452 | -1,125 | ,215 | ,319 | ,341 | ,748 | ,252 | 1,000 |
| Active Total | 1,000 | | | ,662 | 1,000 | 1,000 | | | |

a. Symmetrical normalization

**Overview Column Points[a]**

| ano | Mass | Score in Dimension | | Inertia | Contribution | | | | |
|---|---|---|---|---|---|---|---|---|---|
| | | | | | Of Point to Inertia of Dimension | | Of Dimension to Inertia of Point | | |
| | | 1 | 2 | | 1 | 2 | 1 | 2 | Total |
| 20X1 | ,333 | 1,030 | -,449 | ,277 | ,498 | ,168 | ,903 | ,097 | 1,000 |
| 20X2 | ,333 | ,003 | ,893 | ,106 | ,000 | ,667 | ,000 | 1,000 | 1,000 |
| 20X3 | ,333 | -1,033 | -,444 | ,278 | ,502 | ,165 | ,906 | ,094 | 1,000 |
| Active Total | 1,000 | | | ,662 | 1,000 | 1,000 | | | |

a. Symmetrical normalization

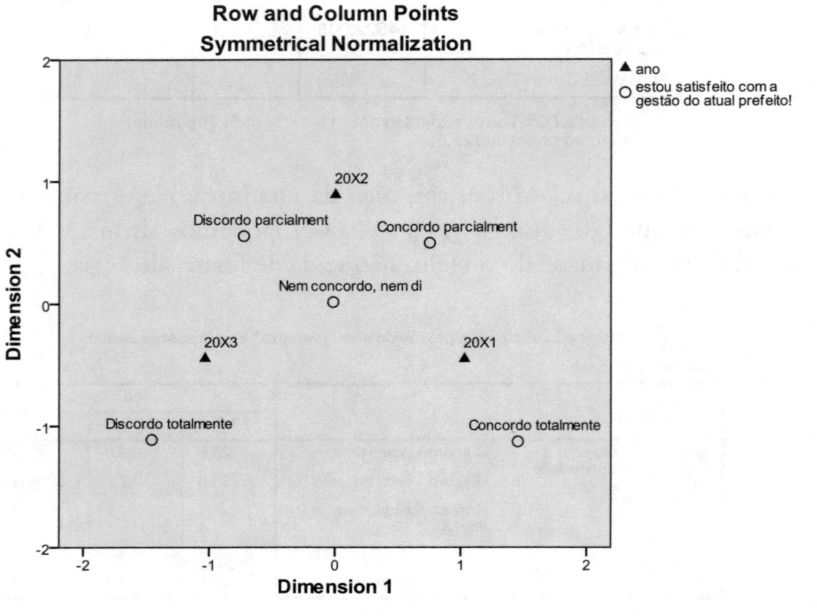

Conforme discutido na resposta do item anterior, podemos afirmar que a popularidade do prefeito vem piorando com o decorrer dos anos.

**4. a.**

**perfil do investidor * tipo de aplicação financeira Crosstabulation**

Count

| | | tipo de aplicação financeira | | | Total |
|---|---|---|---|---|---|
| | | Poupança | CDB | Ações | |
| perfil do investidor | Conservador | 8 | 4 | 5 | 17 |
| | Moderado | 5 | 16 | 4 | 25 |
| | Agressivo | 2 | 20 | 36 | 58 |
| Total | | 15 | 40 | 45 | 100 |

**Chi-Square Tests**

| | Value | df | Asymp. Sig. (2-sided) |
|---|---|---|---|
| Pearson Chi-Square | 31,764[a] | 4 | ,000 |
| Likelihood Ratio | 30,777 | 4 | ,000 |
| Linear-by-Linear Association | 20,352 | 1 | ,000 |
| N of Valid Cases | 100 | | |

a. 2 cells (22,2%) have expected count less than 5. The minimum expected count is 2,55.

**perfil do investidor * possui um ou mais filhos? Crosstabulation**

Count

| | | possui um ou mais filhos? | | Total |
|---|---|---|---|---|
| | | Não | Sim | |
| perfil do investidor | Conservador | 6 | 11 | 17 |
| | Moderado | 19 | 6 | 25 |
| | Agressivo | 48 | 10 | 58 |
| Total | | 73 | 27 | 100 |

**Chi-Square Tests**

| | Value | df | Asymp. Sig. (2-sided) |
|---|---|---|---|
| Pearson Chi-Square | 15,179[a] | 2 | ,001 |
| Likelihood Ratio | 13,699 | 2 | ,001 |
| Linear-by-Linear Association | 12,575 | 1 | ,000 |
| N of Valid Cases | 100 | | |

a. 1 cells (16,7%) have expected count less than 5. The minimum expected count is 4,59.

**tipo de aplicação financeira * possui um ou mais filhos? Crosstabulation**

Count

| | | possui um ou mais filhos? | | Total |
|---|---|---|---|---|
| | | Não | Sim | |
| tipo de aplicação financeira | Poupança | 0 | 15 | 15 |
| | CDB | 34 | 6 | 40 |
| | Ações | 39 | 6 | 45 |
| Total | | 73 | 27 | 100 |

**Chi-Square Tests**

| | Value | df | Asymp. Sig. (2-sided) |
|---|---|---|---|
| Pearson Chi-Square | 47,742[a] | 2 | ,000 |
| Likelihood Ratio | 47,494 | 2 | ,000 |
| Linear-by-Linear Association | 28,799 | 1 | ,000 |
| N of Valid Cases | 100 | | |

a. 1 cells (16,7%) have expected count less than 5. The minimum expected count is 4,05.

Com base nos resultados dos testes $\chi^2$, podemos verificar que há associação entre o fato de ter um ou mais filhos, o perfil do investidor e o tipo de aplicação financeira, ao nível de significância de 5%, e, portanto, todas as variáveis serão incluídas na análise de correspondência múltipla.

**b.**

**Coordenadas Principais**

| Variável | Categoria | Coordenadas da 1ª Dimensão (Abcissas) | Coordenadas da 2ª Dimensão (Ordenadas) |
|---|---|---|---|
| Perfil do Investidor | Conservador | $\mathbf{x}_{11} = 1{,}474$ | $\mathbf{y}_{11} = 0{,}459$ |
| | Moderado | $\mathbf{x}_{12} = 0{,}112$ | $\mathbf{y}_{12} = -1{,}408$ |
| | Agressivo | $\mathbf{x}_{13} = -0{,}480$ | $\mathbf{y}_{13} = 0{,}472$ |
| Tipo de Aplicação Financeira | Poupança | $\mathbf{x}_{21} = 2{,}105$ | $\mathbf{y}_{21} = 0{,}077$ |
| | CDB | $\mathbf{x}_{22} = -0{,}271$ | $\mathbf{y}_{22} = -0{,}945$ |
| | Ações | $\mathbf{x}_{23} = -0{,}460$ | $\mathbf{y}_{23} = 0{,}814$ |
| Filhos | Não | $\mathbf{x}_{31} = -0{,}522$ | $\mathbf{y}_{31} = -0{,}069$ |
| | Sim | $\mathbf{x}_{32} = 1{,}410$ | $\mathbf{y}_{32} = 0{,}187$ |

O SPSS apresenta as coordenadas principais de cada categoria com sinais invertidos.

**Coordenadas-Padrão**

| Variável | Categoria | Coordenadas da 1ª Dimensão (Abcissas) | Coordenadas da 2ª Dimensão (Ordenadas) |
|---|---|---|---|
| Perfil do Investidor | Conservador | $\mathbf{x}_{11} = 1{,}791$ | $\mathbf{y}_{11} = 0{,}686$ |
| | Moderado | $\mathbf{x}_{12} = 0{,}136$ | $\mathbf{y}_{12} = -2{,}117$ |
| | Agressivo | $\mathbf{x}_{13} = -0{,}584$ | $\mathbf{y}_{13} = 0{,}711$ |
| Tipo de Aplicação Financeira | Poupança | $\mathbf{x}_{21} = 2{,}558$ | $\mathbf{y}_{21} = 0{,}117$ |
| | CDB | $\mathbf{x}_{22} = -0{,}330$ | $\mathbf{y}_{22} = -1{,}418$ |
| | Ações | $\mathbf{x}_{23} = -0{,}559$ | $\mathbf{y}_{23} = 1{,}221$ |
| Filhos | Não | $\mathbf{x}_{31} = -0{,}634$ | $\mathbf{y}_{31} = -0{,}105$ |
| | Sim | $\mathbf{x}_{32} = 1{,}714$ | $\mathbf{y}_{32} = 0{,}283$ |

c.

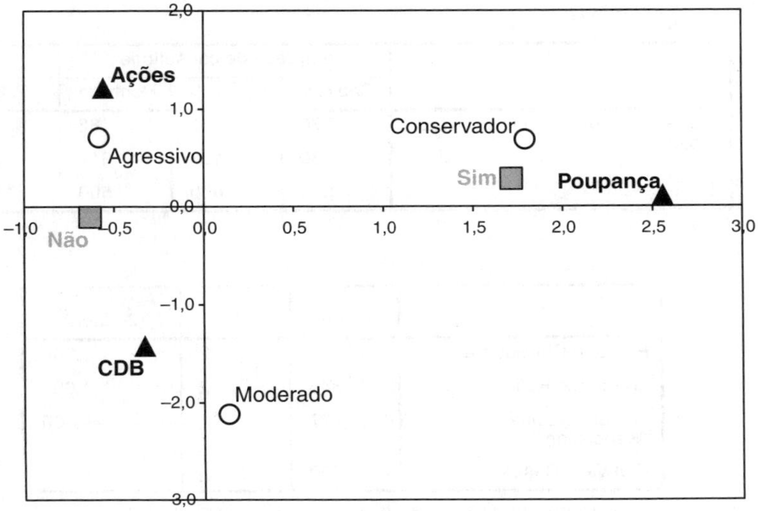


Podemos verificar que a categoria *Sim* (pelo menos um filho) apresenta forte associação com as categorias *Conservador* e *Poupança*. Por outro lado, a categoria *Não* (sem filhos) encontra-se entre as categorias *Agressivo* e *Moderado* e entre *Ações* e *CDB*, porém com maior proximidade de *Agressivo* e *Ações*. A partir dessa análise, podemos afirmar que o fato de ter filhos aumenta consideravelmente a aversão ao risco.

5. a.

**percepção sobre a qualidade geral do serviço prestado * empresa de consultoria Crosstabulation**

Count

| | | empresa de consultoria | | | Total |
|---|---|---|---|---|---|
| | | Gabicks | Lipehigh | Montvero | |
| percepção sobre a qualidade geral do serviço prestado | Péssima | 0 | 263 | 0 | 263 |
| | Ruim | 183 | 237 | 0 | 420 |
| | Regular | 150 | 0 | 0 | 150 |
| | Boa | 167 | 0 | 244 | 411 |
| | Ótima | 0 | 0 | 256 | 256 |
| Total | | 500 | 500 | 500 | 1500 |

**Chi-Square Tests**

| | Value | df | Asymp. Sig. (2-sided) |
|---|---|---|---|
| Pearson Chi-Square | 1785,553[a] | 8 | ,000 |
| Likelihood Ratio | 2165,300 | 8 | ,000 |
| Linear-by-Linear Association | 307,358 | 1 | ,000 |
| N of Valid Cases | 1500 | | |

a. 0 cells (,0%) have expected count less than 5. The minimum expected count is 50,00.

**respeito aos prazos de projeto * empresa de consultoria Crosstabulation**

Count

| | | empresa de consultoria | | | Total |
|---|---|---|---|---|---|
| | | Gabicks | Lipehigh | Montvero | |
| respeito aos prazos de projeto | Não | 270 | 317 | 183 | 770 |
| | Sim | 230 | 183 | 317 | 730 |
| Total | | 500 | 500 | 500 | 1500 |

**Chi-Square Tests**

| | Value | df | Asymp. Sig. (2-sided) |
|---|---|---|---|
| Pearson Chi-Square | 74,010[a] | 2 | ,000 |
| Likelihood Ratio | 74,846 | 2 | ,000 |
| Linear-by-Linear Association | 30,277 | 1 | ,000 |
| N of Valid Cases | 1500 | | |

a. 0 cells (,0%) have expected count less than 5. The minimum expected count is 243,33.

Com base nos resultados dos testes $\chi^2$, podemos verificar que há associação entre a variável *empresa* e as outras variáveis (*qualidade* e *pontualidade*), ao nível de significância de 5%, e, portanto, todas as variáveis serão incluídas na análise de correspondência.

**b.**

**Coordenadas Principais**

| Variável | Categoria | Coordenadas da 1ª Dimensão (Abcissas) | Coordenadas da 2ª Dimensão (Ordenadas) |
|---|---|---|---|
| Percepção sobre a Qualidade Geral do Serviço Prestado | Péssima | $\mathbf{x}_{11} = 1{,}293$ | $\mathbf{y}_{11} = 1{,}080$ |
| | Ruim | $\mathbf{x}_{12} = 0{,}720$ | $\mathbf{y}_{12} = -0{,}271$ |
| | Regular | $\mathbf{x}_{13} = 0{,}069$ | $\mathbf{y}_{13} = -2{,}032$ |
| | Boa | $\mathbf{x}_{14} = -0{,}744$ | $\mathbf{y}_{14} = -0{,}267$ |
| | Ótima | $\mathbf{x}_{15} = -1{,}354$ | $\mathbf{y}_{15} = 0{,}953$ |
| Respeito aos Prazos de Projeto | Não | $\mathbf{x}_{21} = 0{,}391$ | $\mathbf{y}_{21} = -0{,}031$ |
| | Sim | $\mathbf{x}_{22} = -0{,}412$ | $\mathbf{y}_{22} = 0{,}033$ |
| Empresa | Gabicks | $\mathbf{x}_{31} = 0{,}058$ | $\mathbf{y}_{31} = -1{,}274$ |
| | Lipehigh | $\mathbf{x}_{32} = 1{,}141$ | $\mathbf{y}_{32} = 0{,}688$ |
| | Montvero | $\mathbf{x}_{33} = -1{,}200$ | $\mathbf{y}_{33} = 0{,}586$ |

O SPSS apresenta as coordenadas principais das ordenadas de cada categoria com sinais invertidos.

**Coordenadas-Padrão**

| Variável | Categoria | Coordenadas da 1ª Dimensão (Abcissas) | Coordenadas da 2ª Dimensão (Ordenadas) |
|---|---|---|---|
| Percepção sobre a Qualidade Geral do Serviço Prestado | Péssima | $x_{11} = 1{,}592$ | $y_{11} = 1{,}468$ |
| | Ruim | $x_{12} = 0{,}886$ | $y_{12} = -0{,}367$ |
| | Regular | $x_{13} = 0{,}087$ | $y_{13} = -2{,}760$ |
| | Boa | $x_{14} = -0{,}917$ | $y_{14} = -0{,}361$ |
| | Ótima | $x_{15} = -1{,}667$ | $y_{15} = 1{,}291$ |
| Respeito aos Prazos de Projeto | Não | $x_{21} = 0{,}481$ | $y_{21} = -0{,}045$ |
| | Sim | $x_{22} = -0{,}507$ | $y_{22} = 0{,}048$ |
| Empresa | Gabicks | $x_{31} = 0{,}072$ | $y_{31} = -1{,}730$ |
| | Lipehigh | $x_{32} = 1{,}405$ | $y_{32} = 0{,}935$ |
| | Montvero | $x_{33} = -1{,}477$ | $y_{33} = 0{,}795$ |

**c.**

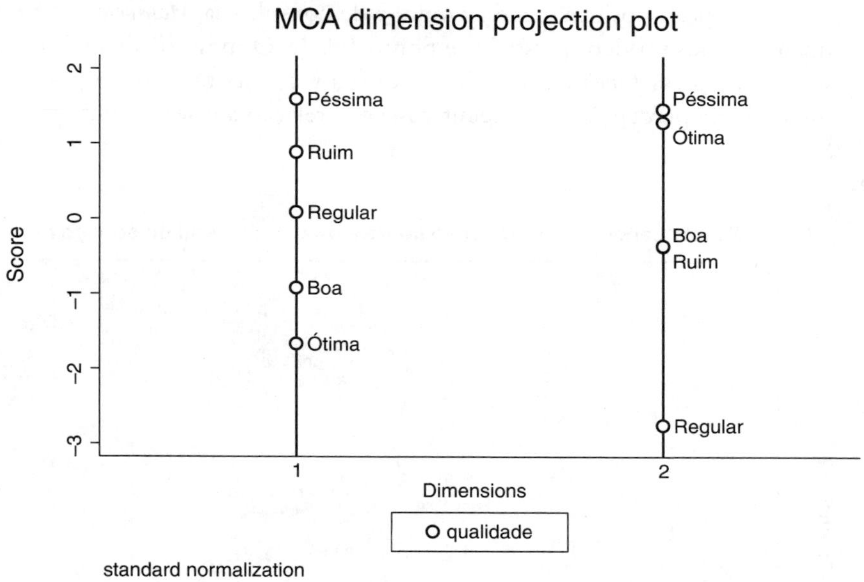


A partir do gráfico de projeção das coordenadas-padrão nas dimensões gerado no Stata, podemos verificar que existe lógica na ordenação dos pontos referentes às categorias da variável *qualidade* para a primeira dimensão.

**d.**

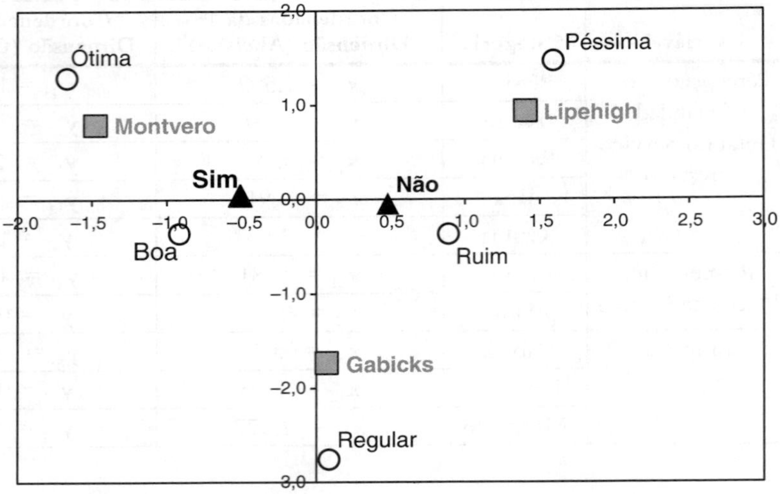


A partir do mapa perceptual, é possível afirmar que os executivos possuem uma percepção positiva sobre a empresa de consultoria *Montvero*, com relação à qualidade dos serviços prestados e pontualidade. O mesmo já não pode ser dito sobre a empresa *Lipehigh*. A *Gabicks*, por sua vez, encontra-se em posição intermediária na percepção dos executivos, com relação a esses atributos.

**e.**

**Object Points Labeled by percepção sobre a qualidade geral do serviço prestado**

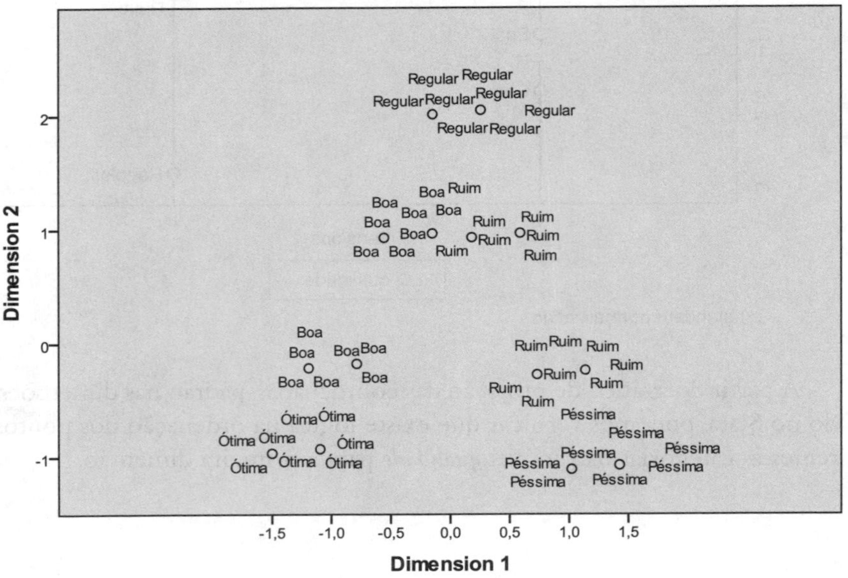


Variable Principal Normalization.

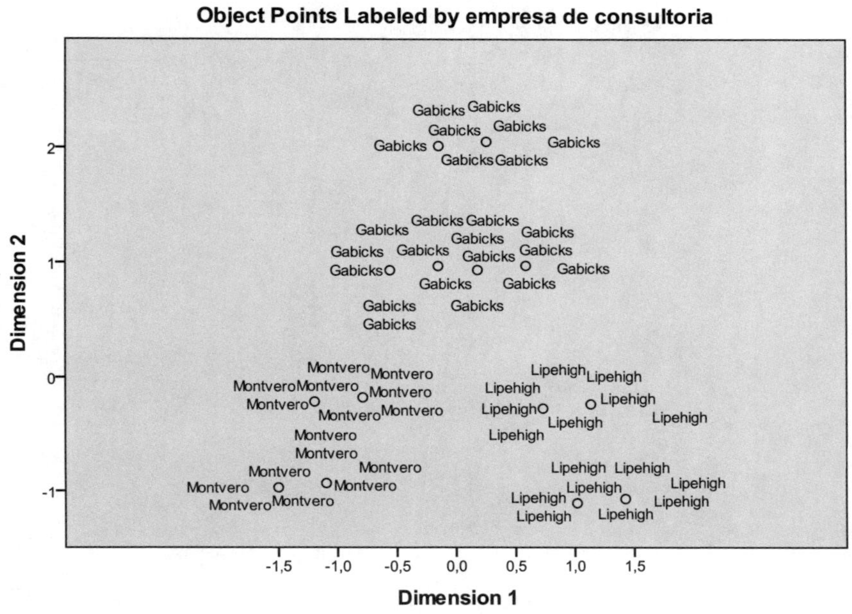


Variable Principal Normalization.

Sim. É possível perceber que há bastante lógica nas respostas dos executivos em relação às categorias das variáveis *qualidade* e *empresa*.

APÊNDICE *I*

# ÁLGEBRA MATRICIAL[1]

## 1. REPRESENTAÇÃO E NOTAÇÃO GERAL DE UMA MATRIZ

Seja **A** uma matriz com $i$ linhas e $j$ colunas. Logo, ela contém $i \times j$ elementos. Denotaremos por $a_{ij}$ o elemento na $i$-ésima linha e $j$-ésima coluna.

### Exemplo 1

Seja **A** uma matriz 3×3, isto é, possui três linhas e três colunas:

$$\mathbf{A} = \begin{pmatrix} 8 & -4 & -6 \\ 0 & 5 & 1 \\ 2 & 3 & 5 \end{pmatrix}$$

Podemos verificar que $a_{12} = -4$, ou seja, o elemento na primeira linha e na segunda coluna.

### 1.1. Definição de uma matriz quadrada

Dizemos que uma matriz **A** é quadrada se $i = j$, isto é, se o número de linhas for igual ao número de colunas. Podemos verificar facilmente que, no **Exemplo 1**, a matriz **A** é quadrada de ordem 3, o que implica que possui três linhas e três colunas.

### 1.2. Definição de uma matriz simétrica

Uma matriz quadrada **A** é considerada simétrica se, para qualquer $i$ e $j$, temos que $a_{ij} = a_{ji}$.

[1] Agradecemos a Roberto Bomgiovani Cazzari por sua importante contribuição quando da elaboração deste apêndice.

### Exemplo 2

Seja **A** a seguinte matriz 3×3:

$$\mathbf{A}=\begin{pmatrix}1 & 0 & 2\\ 0 & 1 & 3\\ 2 & 3 & 1\end{pmatrix}$$

A matriz **A** é simétrica, pois:

$$a_{12} = a_{21} = 0$$

$$a_{13} = a_{31} = 2$$

$$a_{23} = a_{32} = 3$$

## 1.3. Definição de uma matriz diagonal

Dizemos que uma matriz quadrada **A** é diagonal se, para $i \neq j$, temos que $a_{ij} = 0$. Chamaremos de diagonal principal o vetor formado por todos os elementos em que $i = j$.

### Exemplo 3

Podemos facilmente verificar que a seguinte matriz **A** é diagonal, dado que todos os elementos que não estão na diagonal principal são iguais a 0.

$$\mathbf{A}=\begin{pmatrix}1 & 0 & 0\\ 0 & 2 & 0\\ 0 & 0 & 1\end{pmatrix}$$

Por sua vez, o vetor da diagonal principal é dado por:

$$\mathbf{Diag} = [1 \quad 2 \quad 1]$$

## 1.4. Definição de uma matriz identidade

Uma matriz diagonal **A** é considerada uma matriz identidade se todos os elementos da diagonal principal forem iguais a 1. Por notação, definiremos a matriz $\mathbf{I}_n$ como a matriz identidade de ordem $n$.

### Exemplo 4

A seguinte matriz é uma matriz identidade de ordem 3:

$$\mathbf{I}_3=\begin{pmatrix}1 & 0 & 0\\ 0 & 1 & 0\\ 0 & 0 & 1\end{pmatrix}$$

## 2. PRINCIPAIS OPERAÇÕES COM MATRIZES

### 2.1. Multiplicação de matriz por escalar (número real)

Seja $k$ um número real e **A** uma matriz composta pelos elementos $a_{ij}$. Ao multiplicarmos a referida matriz pelo escalar, multiplicam-se cada elemento da matriz por $k$.

**Exemplo 5**

Sejam:

$$\mathbf{A}=\begin{pmatrix} 1 & 6 & 3 \\ -2 & 2 & 0 \\ 5 & 1 & 6 \end{pmatrix} \quad \text{e} \quad k=3$$

Logo:

$$3\cdot\mathbf{A}=\begin{pmatrix} 3\cdot 1 & 3\cdot 6 & 3\cdot 3 \\ 3\cdot(-2) & 3\cdot 2 & 3\cdot 0 \\ 3\cdot 5 & 3\cdot 1 & 3\cdot 6 \end{pmatrix}=\begin{pmatrix} 3 & 18 & 9 \\ -6 & 6 & 0 \\ 15 & 3 & 18 \end{pmatrix}$$

### 2.2. Adição e subtração de matrizes

Sejam **A** e **B** duas matrizes de dimensão $i \times j$. Cada elemento da matriz **A** é denotado por $a_{ij}$ e, da matriz **B**, por $b_{ij}$. A matriz **A + B** terá seus elementos dados por $a_{ij} + b_{ij}$.

**Exemplo 6**

Sejam:

$$\mathbf{A}=\begin{pmatrix} 1 & 6 & 3 \\ -2 & 2 & 0 \\ 5 & 1 & 6 \end{pmatrix} \quad \text{e} \quad \mathbf{B}=\begin{pmatrix} 1 & 5 & 1 \\ 2 & 6 & 0 \\ 0 & 2 & 6 \end{pmatrix}$$

Logo:

$$\mathbf{A}+\mathbf{B}=\begin{pmatrix} 1+1 & 6+5 & 3+1 \\ -2+2 & 2+6 & 0+0 \\ 5+0 & 1+2 & 6+6 \end{pmatrix}=\begin{pmatrix} 2 & 11 & 4 \\ 0 & 8 & 0 \\ 5 & 3 & 12 \end{pmatrix}$$

Podemos verificar que a operação de subtração **A – B** é análoga à soma **A + (–B)**, já que a matriz **–B** corresponde à matriz **B** multiplicada por (–1). Assim, temos que:

$$\mathbf{A}-\mathbf{B}=\begin{pmatrix} 1-1 & 6-5 & 3-1 \\ -2-2 & 2-6 & 0-0 \\ 5-0 & 1-2 & 6-6 \end{pmatrix}=\begin{pmatrix} 0 & 1 & 2 \\ -4 & -4 & 0 \\ 5 & -1 & 0 \end{pmatrix}$$

## 2.3. Transposição de matrizes

Seja **A** determinada matriz. Chamaremos de $\mathbf{A}^T$ ou **A'** sua matriz transposta. Transpor equivale a trocar ordenadamente as linhas pelas colunas.

### Exemplo 7

Seja:

$$\mathbf{A} = \begin{pmatrix} 1 & 8 & 2 \\ -2 & 2 & 3 \\ 5 & 1 & 6 \end{pmatrix}$$

Assim, sua transposta é dada por:

$$\mathbf{A}^T = \mathbf{A}' = \begin{pmatrix} 1 & -2 & 5 \\ 8 & 2 & 1 \\ 2 & 3 & 6 \end{pmatrix}$$

Note que cada vetor linha da matriz **A** foi transposto na matriz $\mathbf{A}^T$, sendo os respectivos vetores coluna da matriz transposta. Dessa forma, podemos facilmente verificar que, se **A** for simétrica, teremos $\mathbf{A} = \mathbf{A}^T$.

## 2.4. Multiplicação de matrizes

A multiplicação de matrizes só é possível se o número de colunas da primeira matriz for igual ao número de linhas da segunda. A matriz resultante terá o número de linhas da primeira matriz e o número de colunas da segunda.

Assim sendo, seja **A** uma matriz de dimensão $i \times j$ e **B** uma matriz de dimensão $j \times n$, a matriz resultante $\mathbf{A} \cdot \mathbf{B}$ terá dimensão $i \times n$. Suponha que os elementos de **A** sejam dados por $a_{ij}$ e que os elementos de **B** sejam dados por $b_{jn}$. Os elementos de $\mathbf{A} \cdot \mathbf{B} = \mathbf{C}$ serão dados por:

$$c_{in} = \sum_{k=1}^{j} a_{ik} \cdot b_{kn}$$

### Exemplo 8

Sejam:

$$\mathbf{A} = \begin{pmatrix} 3 & 1 \\ 4 & 0 \end{pmatrix} \text{ e } \mathbf{B} = \begin{pmatrix} 2 & 3 \\ 2 & 1 \end{pmatrix}$$

temos que:

$$\mathbf{C} = \mathbf{A} \cdot \mathbf{B} = \begin{pmatrix} 3 \cdot 2 + 1 \cdot 2 & 3 \cdot 3 + 1 \cdot 1 \\ 4 \cdot 2 + 0 \cdot 2 & 4 \cdot 3 + 0 \cdot 1 \end{pmatrix} = \begin{pmatrix} 8 & 10 \\ 8 & 12 \end{pmatrix}$$

Note que $\mathbf{A} \cdot \mathbf{B} \neq \mathbf{B} \cdot \mathbf{A}$.

## 2.5. Inversão de matrizes

Seja **A** uma matriz quadrada de ordem $n$. Podemos dizer que $\mathbf{A}^{-1}$ é sua matriz inversa se for possível existir a seguinte relação:

$$\mathbf{A} \cdot \mathbf{A}^{-1} = \mathbf{I}_n$$

## Exemplo 9

Seja:

$$\mathbf{A} = \begin{pmatrix} 2 & 0 \\ 0 & 1 \end{pmatrix}$$

O intuito é determinar os elementos da seguinte matriz $\mathbf{A}^{-1}$:

$$\mathbf{A}^{-1} = \begin{pmatrix} a_{11} & a_{12} \\ a_{21} & a_{22} \end{pmatrix}$$

Logo, podemos escrever que:

$$\begin{pmatrix} 2 & 0 \\ 0 & 1 \end{pmatrix} \cdot \begin{pmatrix} a_{11} & a_{12} \\ a_{21} & a_{22} \end{pmatrix} = \begin{pmatrix} 1 & 0 \\ 0 & 1 \end{pmatrix}$$

de onde vem que:

$$\begin{pmatrix} 2 \cdot a_{11} & 2 \cdot a_{12} \\ a_{21} & a_{22} \end{pmatrix} = \begin{pmatrix} 1 & 0 \\ 0 & 1 \end{pmatrix}$$

e, portanto:

$$a_{11} = \tfrac{1}{2}$$
$$a_{12} = 0$$
$$a_{21} = 0$$
$$a_{22} = 1$$

Logo:

$$\mathbf{A}^{-1} = \begin{pmatrix} \tfrac{1}{2} & 0 \\ 0 & 1 \end{pmatrix}$$

Se determinada matriz **A** não admite matriz inversa, dizemos que se trata de uma **matriz singular**.

# 3. DETERMINANTES

## 3.1. Determinante de uma matriz quadrada de ordem 2

Seja **A** uma matriz quadrada de ordem 2. Seu determinante, denotado por det **A**, é dado por:

$$\det \mathbf{A} = \begin{vmatrix} a_{11} & a_{12} \\ a_{21} & a_{22} \end{vmatrix} = a_{11}\,a_{22} - a_{12}\,a_{21}$$

### Exemplo 10

Seja:

$$\mathbf{A} = \begin{pmatrix} 2 & 3 \\ 4 & 1 \end{pmatrix}$$

Assim, temos que:

$$\det \mathbf{A} = \begin{vmatrix} 2 & 3 \\ 4 & 1 \end{vmatrix} = 2\cdot 1 - 3\cdot 4 = -10$$

## 3.2. Determinante de uma matriz quadrada de ordem 3 (teorema de Laplace)

Seja **A** uma matriz quadrada de ordem 3. Seu determinante é dado por:

$$\det \mathbf{A} = \begin{vmatrix} a_{11} & a_{12} & a_{13} \\ a_{21} & a_{22} & a_{23} \\ a_{31} & a_{32} & a_{33} \end{vmatrix} = a_{11}\,a_{22}\,a_{33} + a_{12}\,a_{23}\,a_{31} + a_{13}\,a_{21}\,a_{32} - a_{13}\,a_{22}\,a_{31} - a_{11}\,a_{23}\,a_{32} - a_{12}a_{21}\,a_{33}$$

### Exemplo 11

Seja:

$$\mathbf{A} = \begin{pmatrix} 0 & 1 & 2 \\ 3 & 2 & 0 \\ 5 & 1 & 6 \end{pmatrix}$$

Assim, chegamos a:

$$\det \mathbf{A} = \begin{vmatrix} 0 & 1 & 2 \\ 3 & 2 & 0 \\ 5 & 1 & 6 \end{vmatrix} = 0\cdot 2\cdot 6 + 1\cdot 0\cdot 5 + 2\cdot 3\cdot 1 - 2\cdot 2\cdot 5 - 0\cdot 0\cdot 1 - 1\cdot 3\cdot 6 = 6 - 20 - 18 = -32$$

# 4. AUTOVALORES E AUTOVETORES

## 4.1. Definição geral

Seja **A** uma matriz quadrada de ordem $n$. Um escalar $\lambda$ é considerado **autovalor** de **A** se existe um vetor não nulo **V**, tal que:

$$\mathbf{A}\cdot\mathbf{V} = \lambda\cdot\mathbf{V}$$

Nesse caso, **V** é conhecido por **autovetor** de **A**.

A obtenção de autovalores é de fundamental importância para o processo de diagonalização de uma matriz **A**. Denotaremos por $\mathbf{\Lambda}$ a matriz diagonal de ordem $n$, cuja diagonal principal é composta pelos autovalores.

### Exemplo 12

A seguinte matriz $\Lambda$ é uma matriz diagonalizada de ordem 3:

$$\mathbf{\Lambda} = \begin{pmatrix} \lambda_1 & 0 & 0 \\ 0 & \lambda_2 & 0 \\ 0 & 0 & \lambda_3 \end{pmatrix}$$

## 4.2. Polinômio característico

Seja **A** uma matriz quadrada de ordem $n$. O polinômio característico de **A** é definido por:

$$p(\lambda) = \det(\lambda\cdot\mathbf{I}_n - \mathbf{A})$$

As soluções deste polinômio são os autovalores associados à matriz **A**.

### Exemplo 13

Seja:

$$\mathbf{A} = \begin{pmatrix} 2 & 1 \\ 0 & 1 \end{pmatrix}$$

podemos escrever que:

$$\lambda\cdot\mathbf{I}_2 - \mathbf{A} = \lambda\cdot\begin{pmatrix} 1 & 0 \\ 0 & 1 \end{pmatrix} - \begin{pmatrix} 2 & 1 \\ 0 & 1 \end{pmatrix} = \begin{pmatrix} \lambda-2 & -1 \\ 0 & \lambda-1 \end{pmatrix}$$

de onde vem que:

$$p(\lambda) = \det(\lambda\cdot\mathbf{I}_2 - \mathbf{A}) = (\lambda-2)\cdot(\lambda-1) = 2-\lambda-2\lambda+\lambda^2 = \lambda^2-3\lambda+2$$

que gera os seguintes autovalores:

$$\lambda_1 = 2$$
$$\lambda_2 = 1$$

e, portanto:

$$\mathbf{\Lambda} = \begin{pmatrix} 2 & 0 \\ 0 & 1 \end{pmatrix}$$

APÊNDICE II

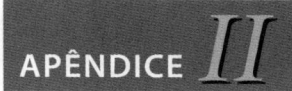

# TABELAS: DISTRIBUIÇÕES DE PROBABILIDADE

**Tabela A** Distribuição *F* de *Snedecor*

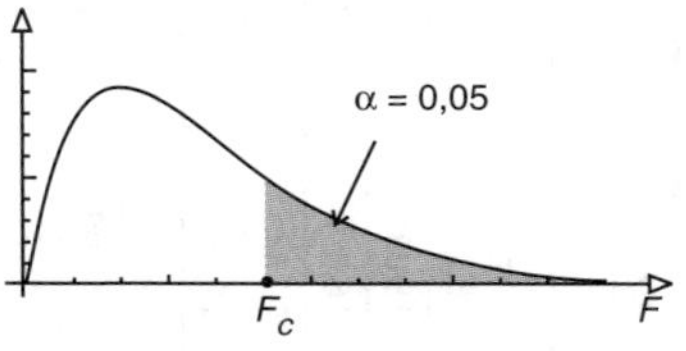


Valores críticos de distribuição *F* de *Snedecor*

| $\nu_2$ denominador | Graus de liberdade no numerador ($\nu_1$) | | | | | | | | | |
|---|---|---|---|---|---|---|---|---|---|---|
| | **1** | **2** | **3** | **4** | **5** | **6** | **7** | **8** | **9** | **10** |
| **1** | 161,45 | 199,50 | 215,71 | 224,58 | 230,16 | 233,99 | 236,77 | 238,88 | 240,54 | 241,88 |
| **2** | 18,51 | 19,00 | 19,16 | 19,25 | 19,30 | 19,33 | 19,35 | 19,37 | 19,38 | 19,40 |
| **3** | 10,13 | 9,55 | 9,28 | 9,12 | 9,01 | 8,94 | 8,89 | 8,85 | 8,81 | 8,79 |
| **4** | 7,71 | 6,94 | 6,59 | 6,39 | 6,26 | 6,16 | 6,09 | 6,04 | 6,00 | 5,96 |
| **5** | 6,61 | 5,79 | 5,41 | 5,19 | 5,05 | 4,95 | 4,88 | 4,82 | 4,77 | 4,74 |
| **6** | 5,99 | 5,14 | 4,76 | 4,53 | 4,39 | 4,28 | 4,21 | 4,15 | 4,10 | 4,06 |
| **7** | 5,59 | 4,74 | 4,35 | 4,12 | 3,97 | 3,87 | 3,79 | 3,73 | 3,68 | 3,64 |
| **8** | 5,32 | 4,46 | 4,07 | 3,84 | 3,69 | 3,58 | 3,50 | 3,44 | 3,39 | 3,35 |
| **9** | 5,12 | 4,26 | 3,86 | 3,63 | 3,48 | 3,37 | 3,29 | 3,23 | 3,18 | 3,14 |
| **10** | 4,96 | 4,10 | 3,71 | 3,48 | 3,33 | 3,22 | 3,14 | 3,07 | 3,02 | 2,98 |
| **11** | 4,84 | 3,98 | 3,59 | 3,36 | 3,20 | 3,09 | 3,01 | 2,95 | 2,90 | 2,85 |
| **12** | 4,75 | 3,89 | 3,49 | 3,26 | 3,11 | 3,00 | 2,91 | 2,85 | 2,80 | 2,75 |
| **13** | 4,67 | 3,81 | 3,41 | 3,18 | 3,03 | 2,92 | 2,83 | 2,77 | 2,71 | 2,67 |
| **14** | 4,60 | 3,74 | 3,34 | 3,11 | 2,96 | 2,85 | 2,76 | 2,70 | 2,65 | 2,60 |
| **15** | 4,54 | 3,68 | 3,29 | 3,06 | 2,90 | 2,79 | 2,71 | 2,64 | 2,59 | 2,54 |
| **16** | 4,49 | 3,63 | 3,24 | 3,01 | 2,85 | 2,74 | 2,66 | 2,59 | 2,54 | 2,49 |
| **17** | 4,45 | 3,59 | 3,20 | 2,96 | 2,81 | 2,70 | 2,61 | 2,55 | 2,49 | 2,45 |
| **18** | 4,41 | 3,55 | 3,16 | 2,93 | 2,77 | 2,66 | 2,58 | 2,51 | 2,46 | 2,60 |
| **19** | 4,38 | 3,52 | 3,13 | 2,90 | 2,74 | 2,63 | 2,54 | 2,48 | 2,42 | 2,38 |
| **20** | 4,35 | 3,49 | 3,10 | 2,87 | 2,71 | 2,60 | 2,51 | 2,45 | 2,39 | 2,35 |
| **21** | 4,32 | 3,47 | 3,07 | 2,84 | 2,68 | 2,57 | 2,49 | 2,42 | 2,37 | 2,32 |
| **22** | 4,30 | 3,44 | 3,05 | 2,82 | 2,66 | 2,55 | 2,46 | 2,40 | 2,34 | 2,30 |
| **23** | 4,28 | 3,42 | 3,03 | 2,80 | 2,64 | 2,53 | 2,44 | 2,37 | 2,32 | 2,27 |
| **24** | 4,26 | 3,40 | 3,01 | 2,78 | 2,62 | 2,51 | 2,42 | 2,36 | 2,30 | 2,25 |
| **25** | 4,24 | 3,39 | 2,99 | 2,76 | 2,00 | 2,49 | 2,40 | 2,34 | 2,28 | 2,24 |
| **26** | 4,23 | 3,37 | 2,98 | 2,74 | 2,59 | 2,47 | 2,39 | 2,32 | 2,27 | 2,22 |
| **27** | 4,21 | 3,35 | 2,96 | 2,73 | 2,57 | 2,46 | 2,37 | 2,31 | 2,25 | 2,20 |
| **28** | 4,20 | 3,34 | 2,95 | 2,71 | 2,56 | 2,45 | 2,36 | 2,29 | 2,24 | 2,19 |
| **29** | 4,18 | 3,33 | 2,93 | 2,70 | 2,55 | 2,43 | 2,35 | 2,28 | 2,22 | 2,18 |
| **30** | 4,17 | 3,32 | 2,92 | 2,69 | 2,53 | 2,42 | 2,33 | 2,27 | 2,21 | 2,16 |
| **35** | 4,12 | 3,27 | 2,87 | 2,64 | 2,49 | 2,37 | 2,29 | 2,22 | 2,16 | 2,11 |
| **40** | 4,08 | 3,23 | 2,84 | 2,61 | 2,45 | 2,34 | 2,25 | 2,18 | 2,12 | 2,08 |
| **45** | 4,06 | 3,20 | 2,81 | 2,58 | 2,42 | 2,31 | 2,22 | 2,15 | 2,10 | 2,05 |
| **50** | 4,03 | 3,18 | 2,79 | 2,56 | 2,40 | 2,29 | 2,20 | 2,13 | 2,07 | 2,03 |
| **100** | 3,94 | 3,09 | 2,70 | 2,46 | 2,31 | 2,19 | 2,10 | 2,03 | 1,97 | 1,93 |

**Tabela B** Distribuição Qui-quadrado

P ($\chi^2_{cal}$ com $v$ graus de liberdade > $\chi^2_c$) = α

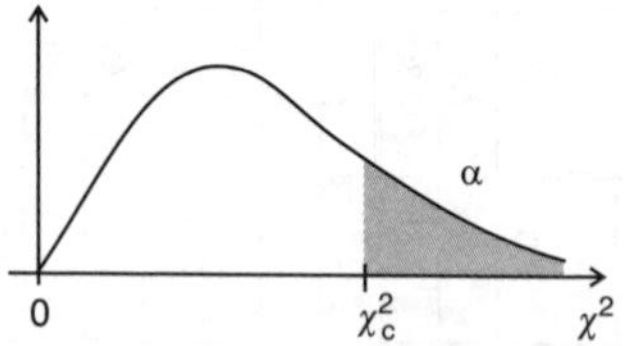


Valores críticos (unilaterais à direita) da distribuição Qui-Quadrado

| Graus de liberdade $v$ | 0,99 | 0,975 | 0,95 | 0,9 | 0,1 | 0,05 | 0,025 | 0,01 | 0,005 |
|---|---|---|---|---|---|---|---|---|---|
| **1** | 0,000 | 0,001 | 0,004 | 0,016 | 2,706 | 3,841 | 5,024 | 6,635 | 7,879 |
| **2** | 0,020 | 0,051 | 0,103 | 0,211 | 4,605 | 5,991 | 7,378 | 9,210 | 10,597 |
| **3** | 0,115 | 0,216 | 0,352 | 0,584 | 6,251 | 7,815 | 9,348 | 11,345 | 12,838 |
| **4** | 0,297 | 0,484 | 0,711 | 1,064 | 7,779 | 9,488 | 11,143 | 13,277 | 14,860 |
| **5** | 0,554 | 0,831 | 1,145 | 1,610 | 9,236 | 11,070 | 12,832 | 15,086 | 16,750 |
| **6** | 0,872 | 1,237 | 1,635 | 2,204 | 10,645 | 12,592 | 14,449 | 16,812 | 18,548 |
| **7** | 1,239 | 1,690 | 2,167 | 2,833 | 12,017 | 14,067 | 16,013 | 18,475 | 20,278 |
| **8** | 1,647 | 2,180 | 2,733 | 3,490 | 13,362 | 15,507 | 17,535 | 20,090 | 21,955 |
| **9** | 2,088 | 2,700 | 3,325 | 4,168 | 14,684 | 16,919 | 19,023 | 21,666 | 23,589 |
| **10** | 2,558 | 3,247 | 3,940 | 4,865 | 15,987 | 18,307 | 20,483 | 23,209 | 25,188 |
| **11** | 3,053 | 3,816 | 4,575 | 5,578 | 17,275 | 19,675 | 21,920 | 24,725 | 26,757 |
| **12** | 3,571 | 4,404 | 5,226 | 6,304 | 18,549 | 21,026 | 23,337 | 26,217 | 28,300 |
| **13** | 4,107 | 5,009 | 5,892 | 7,041 | 19,812 | 22,362 | 24,736 | 27,688 | 29,819 |
| **14** | 4,660 | 5,629 | 6,571 | 7,790 | 21,064 | 23,685 | 26,119 | 29,141 | 31,319 |
| **15** | 5,229 | 6,262 | 7,261 | 8,547 | 22,307 | 24,996 | 27,488 | 30,578 | 32,801 |
| **16** | 5,812 | 6,908 | 7,962 | 9,312 | 23,542 | 26,296 | 28,845 | 32,000 | 34,267 |
| **17** | 6,408 | 7,564 | 8,672 | 10,085 | 24,769 | 27,587 | 30,191 | 33,409 | 35,718 |
| **18** | 7,015 | 8,231 | 9,390 | 10,865 | 25,989 | 28,869 | 31,526 | 34,805 | 37,156 |
| **19** | 7,633 | 8,907 | 10,117 | 11,651 | 27,204 | 30,144 | 32,852 | 36,191 | 38,582 |
| **20** | 8,260 | 9,591 | 10,851 | 12,443 | 28,412 | 31,410 | 34,170 | 37,566 | 39,997 |
| **21** | 8,897 | 10,283 | 11,591 | 13,240 | 29,615 | 32,671 | 35,479 | 38,932 | 41,401 |

**Tabela B** (*Continuação*)

| Graus de liberdade $\nu$ | 0,99 | 0,975 | 0,95 | 0,9 | 0,1 | 0,05 | 0,025 | 0,01 | 0,005 |
|---|---|---|---|---|---|---|---|---|---|
| **22** | 9,542 | 10,982 | 12,338 | 14,041 | 30,813 | 33,924 | 36,781 | 40,289 | 42,796 |
| **23** | 10,196 | 11,689 | 13,091 | 14,848 | 32,007 | 35,172 | 38,076 | 41,638 | 44,181 |
| **24** | 10,856 | 12,401 | 13,848 | 15,659 | 33,196 | 36,415 | 39,364 | 42,980 | 45,558 |
| **25** | 11,524 | 13,120 | 14,611 | 16,473 | 34,382 | 37,652 | 40,646 | 44,314 | 46,928 |
| **26** | 12,198 | 13,844 | 15,379 | 17,292 | 35,563 | 38,885 | 41,923 | 45,642 | 48,290 |
| **27** | 12,878 | 14,573 | 16,151 | 18,114 | 36,741 | 40,113 | 43,195 | 46,963 | 49,645 |
| **28** | 13,565 | 15,308 | 16,928 | 18,939 | 37,916 | 41,337 | 44,461 | 48,278 | 50,994 |
| **29** | 14,256 | 16,047 | 17,708 | 19,768 | 39,087 | 42,557 | 45,722 | 49,588 | 52,335 |
| **30** | 14,953 | 16,791 | 18,493 | 20,599 | 40,256 | 43,773 | 46,979 | 50,892 | 53,672 |
| **31** | 15,655 | 17,539 | 19,281 | 21,434 | 41,422 | 44,985 | 48,232 | 52,191 | 55,002 |
| **32** | 16,362 | 18,291 | 20,072 | 22,271 | 42,585 | 46,194 | 49,480 | 53,486 | 56,328 |
| **33** | 17,073 | 19,047 | 20,867 | 23,110 | 43,745 | 47,400 | 50,725 | 54,775 | 57,648 |
| **34** | 17,789 | 19,806 | 21,664 | 23,952 | 44,903 | 48,602 | 51,966 | 56,061 | 58,964 |
| **35** | 18,509 | 20,569 | 22,465 | 24,797 | 46,059 | 49,802 | 53,203 | 57,342 | 60,275 |
| **36** | 19,233 | 21,336 | 23,269 | 25,643 | 47,212 | 50,998 | 54,437 | 58,619 | 61,581 |
| **37** | 19,960 | 22,106 | 24,075 | 26,492 | 48,363 | 52,192 | 55,668 | 59,893 | 62,883 |
| **38** | 20,691 | 22,878 | 24,884 | 27,343 | 49,513 | 53,384 | 56,895 | 61,162 | 64,181 |
| **39** | 21,426 | 23,654 | 25,695 | 28,196 | 50,660 | 54,572 | 58,120 | 62,428 | 65,475 |
| **40** | 22,164 | 24,433 | 26,509 | 29,051 | 51,805 | 55,758 | 59,342 | 63,691 | 66,766 |
| **41** | 22,906 | 25,215 | 27,326 | 29,907 | 52,949 | 56,942 | 60,561 | 64,950 | 68,053 |
| **42** | 23,650 | 25,999 | 28,144 | 30,765 | 54,090 | 58,124 | 61,777 | 66,206 | 69,336 |
| **43** | 24,398 | 26,785 | 28,965 | 31,625 | 55,230 | 59,304 | 62,990 | 67,459 | 70,616 |
| **44** | 25,148 | 27,575 | 29,787 | 32,487 | 56,369 | 60,481 | 64,201 | 68,710 | 71,892 |
| **45** | 25,901 | 28,366 | 30,612 | 33,350 | 57,505 | 61,656 | 65,410 | 69,957 | 73,166 |
| **46** | 26,657 | 29,160 | 31,439 | 34,215 | 58,641 | 62,830 | 66,616 | 71,201 | 74,437 |
| **47** | 27,416 | 29,956 | 32,268 | 35,081 | 59,774 | 64,001 | 67,821 | 72,443 | 75,704 |
| **48** | 28,177 | 30,754 | 33,098 | 35,949 | 60,907 | 65,171 | 69,023 | 73,683 | 76,969 |
| **49** | 28,941 | 31,555 | 33,930 | 36,818 | 62,038 | 66,339 | 70,222 | 74,919 | 78,231 |
| **50** | 29,707 | 32,357 | 34,764 | 37,689 | 63,167 | 67,505 | 71,420 | 76,154 | 79,490 |

**Tabela C** Distribuição normal padrão

$P(z_{cal} > z_c) = \alpha$

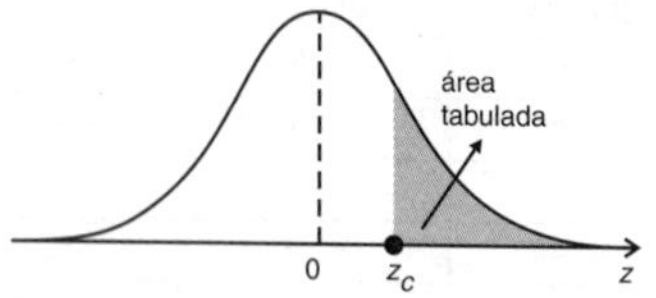


Probabilidades associadas na cauda superior

| $z_c$ | Segunda decimal de $z_c$ | | | | | | | | | |
|---|---|---|---|---|---|---|---|---|---|---|
| | **0,00** | **0,01** | **0,02** | **0,03** | **0,04** | **0,05** | **0,06** | **0,07** | **0,08** | **0,09** |
| **0,0** | 0,5000 | 0,4960 | 0,4920 | 0,4880 | 0,4840 | 0,4801 | 0,4761 | 0,4721 | 0,4681 | 0,4641 |
| **0,1** | 0,4602 | 0,4562 | 0,4522 | 0,4483 | 0,4443 | 0,4404 | 0,4364 | 0,4325 | 0,4286 | 0,4247 |
| **0,2** | 0,4207 | 0,4168 | 0,4129 | 0,4090 | 0,4052 | 0,4013 | 0,3974 | 0,3936 | 0,3897 | 0,3859 |
| **0,3** | 0,3821 | 0,3783 | 0,3745 | 0,3707 | 0,3669 | 0,3632 | 0,3594 | 0,3557 | 0,3520 | 0,3483 |
| **0,4** | 0,3446 | 0,3409 | 0,3372 | 0,3336 | 0,3300 | 0,3264 | 0,3228 | 0,3192 | 0,3156 | 0,3121 |
| **0,5** | 0,3085 | 0,3050 | 0,3015 | 0,2981 | 0,2946 | 0,2912 | 0,2877 | 0,2842 | 0,2810 | 0,2776 |
| **0,6** | 0,2743 | 0,2709 | 0,2676 | 0,2643 | 0,2611 | 0,2578 | 0,2546 | 0,2514 | 0,2483 | 0,2451 |
| **0,7** | 0,2420 | 0,2389 | 0,2358 | 0,2327 | 0,2296 | 0,2266 | 0,2236 | 0,2206 | 0,2177 | 0,2148 |
| **0,8** | 0,2119 | 0,2090 | 0,2061 | 0,2033 | 0,2005 | 0,1977 | 0,1949 | 0,1922 | 0,1894 | 0,1867 |
| **0,9** | 0,1841 | 0,1814 | 0,1788 | 0,1762 | 0,1736 | 0,1711 | 0,1685 | 0,1660 | 0,1635 | 0,1611 |
| **1,0** | 0,1587 | 0,1562 | 0,1539 | 0,1515 | 0,1492 | 0,1469 | 0,1446 | 0,1423 | 0,1401 | 0,1379 |
| **1,1** | 0,1357 | 0,1335 | 0,1314 | 0,1292 | 0,1271 | 0,1251 | 0,1230 | 0,1210 | 0,1190 | 0,1170 |
| **1,2** | 0,1151 | 0,1131 | 0,1112 | 0,1093 | 0,1075 | 0,1056 | 0,1038 | 0,1020 | 0,1003 | 0,0985 |
| **1,3** | 0,0968 | 0,0951 | 0,0934 | 0,0918 | 0,0901 | 0,0885 | 0,0869 | 0,0853 | 0,0838 | 0,0823 |
| **1,4** | 0,0808 | 0,0793 | 0,0778 | 0,0764 | 0,0749 | 0,0735 | 0,0722 | 0,0708 | 0,0694 | 0,0681 |
| **1,5** | 0,0668 | 0,0655 | 0,0643 | 0,0630 | 0,0618 | 0,0606 | 0,0594 | 0,0582 | 0,0571 | 0,0559 |
| **1,6** | 0,0548 | 0,0537 | 0,0526 | 0,0516 | 0,0505 | 0,0495 | 0,0485 | 0,0475 | 0,0465 | 0,0455 |
| **1,7** | 0,0446 | 0,0436 | 0,0427 | 0,0418 | 0,0409 | 0,0401 | 0,0392 | 0,0384 | 0,0375 | 0,0367 |
| **1,8** | 0,0359 | 0,0352 | 0,0344 | 0,0336 | 0,0329 | 0,0322 | 0,0314 | 0,0307 | 0,0301 | 0,0294 |
| **1,9** | 0,0287 | 0,0281 | 0,0274 | 0,0268 | 0,0262 | 0,0256 | 0,0250 | 0,0244 | 0,0239 | 0,0233 |

**Tabela C** (*Continuação*)

| $z_c$ | Segunda decimal de $z_c$ | | | | | | | | | |
|---|---|---|---|---|---|---|---|---|---|---|
| | **0,00** | **0,01** | **0,02** | **0,03** | **0,04** | **0,05** | **0,06** | **0,07** | **0,08** | **0,09** |
| **2,0** | 0,0228 | 0,0222 | 0,0217 | 0,0212 | 0,0207 | 0,0202 | 0,0197 | 0,0192 | 0,0188 | 0,0183 |
| **2,1** | 0,0179 | 0,0174 | 0,0170 | 0,0166 | 0,0162 | 0,0158 | 0,0154 | 0,0150 | 0,0146 | 0,0143 |
| **2,2** | 0,0139 | 0,0136 | 0,0132 | 0,0129 | 0,0125 | 0,0122 | 0,0119 | 0,0116 | 0,0113 | 0,0110 |
| **2,3** | 0,0107 | 0,0104 | 0,0102 | 0,0099 | 0,0096 | 0,0094 | 0,0091 | 0,0089 | 0,0087 | 0,0084 |
| **2,4** | 0,0082 | 0,0080 | 0,0078 | 0,0075 | 0,0073 | 0,0071 | 0,0069 | 0,0068 | 0,0066 | 0,0064 |
| **2,5** | 0,0062 | 0,0060 | 0,0059 | 0,0057 | 0,0055 | 0,0054 | 0,0052 | 0,0051 | 0,0049 | 0,0048 |
| **2,6** | 0,0047 | 0,0045 | 0,0044 | 0,0043 | 0,0041 | 0,0040 | 0,0039 | 0,0038 | 0,0037 | 0,0036 |
| **2,7** | 0,0035 | 0,0034 | 0,0033 | 0,0032 | 0,0031 | 0,0030 | 0,0029 | 0,0028 | 0,0027 | 0,0026 |
| **2,8** | 0,0026 | 0,0025 | 0,0024 | 0,0023 | 0,0023 | 0,0022 | 0,0021 | 0,0021 | 0,0020 | 0,0019 |
| **2,9** | 0,0019 | 0,0018 | 0,0017 | 0,0017 | 0,0016 | 0,0016 | 0,0015 | 0,0015 | 0,0014 | 0,0014 |
| **3,0** | 0,0013 | 0,0013 | 0,0013 | 0,0012 | 0,0012 | 0,0011 | 0,0011 | 0,0011 | 0,0010 | 0,0010 |
| **3,1** | 0,0010 | 0,0009 | 0,0009 | 0,0009 | 0,008 | 0,0008 | 0,0008 | 0,0008 | 0,007 | 0,007 |
| **3,2** | 0,0007 | | | | | | | | | |
| **3,3** | 0,0005 | | | | | | | | | |
| **3,4** | 0,0003 | | | | | | | | | |
| **3,5** | 0,00023 | | | | | | | | | |
| **3,6** | 0,00016 | | | | | | | | | |
| **3,7** | 0,00011 | | | | | | | | | |
| **3,8** | 0,00007 | | | | | | | | | |
| **3,9** | 0,00005 | | | | | | | | | |
| **4,0** | 0,00003 | | | | | | | | | |

# REFERÊNCIAS


AGRESTI, A. **Categorical data analysis.** 3. ed. Hoboken: John Wiley & Sons, 2013.

AKAIKE, H. Factor analysis and AIC. **Psychometrika**, v. 52, n. 3, p. 317-332, 1987.

AL-DAOUD, M. B.; ROBERTS, S. A. New methods for the initialisation of clusters. **Pattern Recognition Letters**, v. 17, n. 5, p. 451-455, 1996.

ALDENDERFER, M. S.; BLASHFIELD, R. K. Cluster analysis and archaeological classification. **American Antiquity**, v. 43, n. 3, p. 502-505, 1978.

ALDENDERFER, M. S.; BLASHFIELD, R. K. **Cluster analysis.** Thousand Oaks: Sage Publications, 1984.

ALDENDERFER, M. S.; BLASHFIELD, R. K. Computer programs for performing hierarchical cluster analysis. **Applied Psychological Measurement**, v. 2, n. 3, p. 403-411, 1978.

ALIAGA, F. M. Análisis de correspondencias: estudo bibliométrico sobre su uso en la investigación educativa. **Revista Electrónica de Investigación y Evaluación Educativa**, v. 5, n. 1_1, 1999.

ANDERBERG, M. R. **Cluster analysis for applications.** New York: Academic Press, 1973.

ARANHA, F.; ZAMBALDI, F. **Análise fatorial em administração.** São Paulo: Cengage Learing, 2008.

ARAÚJO, M. E.; FEITOSA, C. V. Análise de agrupamento da Ictiofauna Recifal do Brasil com base em dados secundários: uma avaliação crítica. **Tropical Oceanography**, v. 31, n. 2, p. 171-192, 2003.

ARTES, R. Aspectos estatísticos da análise fatorial de escalas de avaliação. **Revista de Psiquiatria Clínica**, v. 25, n. 5, p. 223-228, 1998.

AZEN, R.; WALKER, C. M. **Categorical data analysis for the behavioral and social sciences.** New York: Routledge, 2011.

BAILEY, K. D. Sociological classification and cluster analysis. **Quality and Quantity**, v. 17, n. 4, p. 251-268, 1983.

BAKKE, H. A.; LEITE, A. S. M.; SILVA, L. B. Estatística multivariada: aplicação da análise fatorial na engenharia de produção. **Revista Gestão Industrial**, v. 4, n. 4, p. 1-14, 2008.

BALAKRISHNAN, P.V.; COOPER, M. C.; JACOB, V. S.; LEWIS, P. A. A study of the classification capabilities of neural networks using unsupervised learning: a comparison with k-means clustering. **Psychometrika**, v. 59, n. 4, p. 509-525, 1994.

BANFIELD, J. D.; RAFTERY, A. E. Model-based gaussian and non-gaussian clustering. **Biometrics**, v. 49, n. 3, p. 803-821, 1993.

BARIONI JR., W. **Análise de correspondência na identificação dos fatores de risco associados à diarréia e à performance de leitões na fase de lactação.** Piracicaba. 97 f. Dissertação (Mestrado em Agronomia) - Escola Superior de Agricultura Luiz de Queiroz, Universidade de São Paulo, 1995.

BARNETT, V.; LEWIS, T. **Outliers in statistical data.** 3. ed. Chichester: John Wiley & Sons, 1994.

BARRADAS, J. M.; FONSECA, E. C.; SILVA, E. F.; PEREIRA, H. G. Identification and mapping of pollution indices using a multivariate statistical methodology. **Applied Geochemistry**, v. 7, n. 6, p. 563-572, 1992.

BARTHOLOMEW, D.; KNOTT, M.; MOUSTAKI, I. **Latent variable models and factor analysis:** a unified approach. 3. ed. New York: John Wiley & Sons, 2011.

BARTLETT, M. S. A note on the multiplying factors for various $\chi^2$ approximations. **Journal of the Royal Statistical Society**, Series B, v. 16, n. 2, p. 296-298, 1954.

BARTLETT, M. S. Properties of sufficiency and statistical tests. **Proceedings of the Royal Society of London**, Series A, Mathematical and Physical Sciences, v. 160, n. 901, p. 268-282, 1937.

BARTLETT, M. S. The statistical significance of canonical correlations. **Biometrika**, v. 32, n. 1, p. 29-37, 1941.

BATISTA, L. E.; ESCUDER, M. M. L.; PEREIRA, J. C. R. A cor da morte: causas de óbito segundo características de raça no Estado de São Paulo, 1999 a 2001. **Revista de Saúde Pública**, v. 38, n. 5, p. 630-636, 2004.

BAZELEY, P. **Qualitative data analysis:** practical strategies. London: Sage Publications, 2013.

BEH, E. J. A comparative study of scores for correspondence analysis with ordered categories. **Biometrical Journal**, v. 40, n. 4, p. 413-429, 1998.

BEH, E. J. Correspondence analysis of ranked data. **Communication in Statistics - Theory and Methods**, v. 28, n. 7, p. 1511-1533, 1999.

BEH, E. J. Simple correspondence analysis: a bibliographic review. **International Statistical Review**, v. 72, n.2, p. 257-284, 2004.

BEH, E. J.; LOMBARDO, R. **Correspondence analysis:** theory, practice and new strategies. New York: John Wiley & Sons, 2014.

BELFIORE, P.; FÁVERO, L. P.; ANGELO, C. F. Análise multivariada para avaliação do comportamento de grupos supermercadistas brasileiros. **Administração em Diálogo**, n. 7, p. 53-75, 2005.

BELFIORE, P.; FÁVERO, L. P.; ANGELO, C. F. Análise multivariada para avaliação dos principais setores latino-americanos. **Revista de Administração FACES Journal**, v. 6, n. 1, p. 73-90, 2006.

BELFIORE, P.; FÁVERO, L. P.; ANGELO, C. F. Aplicação de técnicas multivariadas em empresas de operação logística no Brasil em função de indicadores econômico--financeiros. **Revista Eletrônica de Administração (REAd UFRGS)**, v. 12, n. 3, p. 1-15, 2006.

BENSMAIL, H.; CELEUX, G.; RAFTERY, A. E.; ROBERT, C. P. Inference in model-based cluster analysis. **Statistics and Computing**, v. 7, n. 1, p. 1-10, 1997.

BENZÉCRI, J. P. **Correspondence analysis handbook.** 2. ed. New York: Marcel Dekker, 1992.

BENZÉCRI, J. P. El análisis de correspondencias. **Les Cahiers de l' Analyse des Données**, v. 2, n. 2, p. 125-142, 1977.

BENZÉCRI, J. P. Sur le calcul des taux d'inertie dans l'analyse d'un questionnaire. **Les Cahiers de l'Analyse des Données**, v. 4, n. 3, p. 377-378, 1979.

BEZERRA, F. A.; CORRAR, L. J. Utilização da análise fatorial na identificação dos principais indicadores para avaliação do desempenho financeiro: uma aplicação nas empresas de seguros. **Revista Contabilidade e Finanças**, v. 4, n. 42, p. 50-62, 2006.

BILLOR, N.; HADI, A. S.; VELLEMAN, P. F. BACON: blocked adaptive computationally efficient outlier nominators. **Computational Statistics & Data Analysis**, v. 34, n. 3, p. 279-298, 2000.

BINDER, D. A. Bayesian cluster analysis. **Biometrika**, v. 65, n. 1, p. 31-38, 1978.

BLASHFIELD, R. K.; ALDENDERFER. M. S. The literature on cluster analysis. **Multivariate Behavioral Research**, v. 13, n. 3, p. 271-295, 1978.

BLUNSDON, B.; REED, K. Social innovators or lagging behind: factors that influence manager's time use. **Women in Management Review**, v. 78, p. 544-561, 2005.

BOCK, H. H. On some significance tests in cluster analysis. **Journal of Classification**, v. 2, n. 1, p. 77-108, 1985.

BONETT, D. G. Varying coefficient meta-analytic methods for alpha reliability. **Psychological Methods**, v. 15, n. 4, p. 368-385, 2010.

BOTTON, L.; BENGIO, Y. Convergence properties of the k-means algorithm. **Advances in Neural Information Processing Systems**, v. 7, p. 585-592, 1995.

BOUROCHE, J. M.; SAPORTA, G. **Análise de dados.** Rio de Janeiro: Zahar, 1982.

BRAND M. Fast low-rank modifications of the thin singular value decomposition. **Linear Algebra and its Applications**, v. 415, n. 1, p. 20-30, 2006.

BUSSAB, W. O.; MIAZAKI, E. S.; ANDRADE, D. F. Introdução à análise de agrupamentos: In: **Simpósio Brasileiro de Probabilidade e Estatística**, 1990, São Paulo. Anais do Congresso.

CALINSKI, T.; HARABASZ, J. A dendrite method for cluster analysis. **Communications in Statistics**, v. 3, n. 1, p. 1-27, 1974.

CAMIZ, S.; GOMES, G. C. Joint correspondence analysis versus multiple correspondence analysis: a solution to an undetected problem. In: GIUSTI, A.; RITTER, G.; VICHI, M. (Ed.). Classification and data mining. **Studies in classification, data analysis, and knowledge organization.** Berlin: Springer-Verlag, p. 11-18, 2013.

CAROLL, J. D.; GREEN, P. E.; SCHAFFER, C. M. Interpoint distance comparisons in correspondence analysis. **Journal of Marketing Research**, v. 23, n. 3, p. 271-280, 1986.

CARVALHO, H. **Análise multivariada de dados qualitativos:** utilização da análise de correspondências múltiplas com o SPSS. Lisboa: Edições Sílabo, 2008.

CATTELL, R. B. The scree test for the number of factors. **Multivariate Behavioral Research**, v. 1, n. 2, p. 245-276, 1966.

CATTELL, R. B.; BALCAR, K. R.; HORN, J. L.; NESSELROADE, J. R. Factor matching procedures: an improvement of the s index; with tables. **Educational and Psychological Measurement**, v. 29, n. 4, p. 781-792, 1969.

CELEUX, G.; GOVAERT, G. A classification EM algorithm for clustering and two stochastic versions. **Computational Statistics & Data Analysis**, v. 14, n. 3, p. 315-332, 1992.

CHATTERJEE, S.; JAMIESON, L.; WISEMAN, F. Identifying most influential observations in factor analysis. **Marketing Science**, v. 10, n. 2, p. 145-160, 1991.

CHENG, R.; MILLIGAN, G. W. K-Means clustering methods with influence detection. **Educational and Psychological Measurement**, v. 56, n. 5, p. 833-838, 1996.

CLIFF, N.; HAMBURGER, C. D. The study of sampling errors in factor analysis by means of artificial experiments. **Psychological Bulletin**, v. 68, n. 6, p. 430-445, 1967.

CORTINA, J. M. What is coefficient alpha? An examination of theory and applications. **Journal of Applied Psychology**, v. 78, n. 1, p. 98-104, 1993.

COSTA, P. S.; SANTOS, N. C.; CUNHA, P.; COTTER, J.; SOUSA, N. The use of multiple correspondence analysis to explore associations between categories of qualitative variables in healthy ageing. **Journal of Aging Research**, v. 2013, 2013.

COVARSI, M. G. A. Técnicas de análisis factorial aplicadas al análisis de la información financiera: fundamentos, limitaciones, hallazgo y evidencia empírica española. **Revista Española de Financiación y Contabilidad**, v. 26, n. 86, p. 57-101, 1996.

COXON, A. P. M. **The User's guide to multidimensional scaling:** with special reference to the MDS (X library of computer programs). London: Heinemann Educational Books, 1982.

CRONBACH, L. J. Coefficient alpha and the internal structure of tests. **Psychometrika**, v. 16, n. 3, p. 297-334, 1951.

CZEKANOWSKI, J. Coefficient of racial "likeness" und "durchschnittliche differenz". **Anthropologischer Anzeiger**, v. 9, n. 3/4, p. 227-249, 1932.

D'ENZA, A. I.; GREENACRE, M. J. Multiple correspondence analysis for the quantification and visualization of large categorical data sets. In: DI CIACCIO, A.; COLI, M.; IBANEZ, J. M. A. (Ed.). Advanced statistical methods for the analysis of large data-sets. **Studies in theoretical and applied statistics.** Berlin: Springer-Verlag, p. 453-463, 2012.

DANSECO, E. R.; HOLDEN, E. W. Are there different types of homeless families? A typology of homeless families based on cluster analysis. **Family Relations**, v. 47, n. 2, p. 159-165, 1998.

DAVIS, P. B. Conjoint measurement and the canonical analysis of contingency tables. **Sociological Methods & Research**, v. 5, n. 3, p. 347-365, 1977.

DAY, G. S.; HEELER, R. M. Using cluster analysis to improve marketing experiments. **Journal of Marketing Research**, v. 8, n. 3, p. 340-347, 1971.

DE LEEUW, J. **Canonical analysis of categorical data.** Leiden: DSWO Press, 1984.

DEUS, J. E. R. **Escalamiento multidimensional.** Madrid: Editorial La Muralla, 2001.

DEVILLE, J. C.; SAPORTA, G. Correspondence analysis, with an extension towards nominal time series. **Journal of Econometrics**, v. 22, p. 169-189, 1983.

DICE, L. R. Measures of the amount of ecologic association between species. **Ecology**, v. 26, n. 3, p. 297-302, 1945.

DIGBY, P. G. N.; KEMPTON, R. A. **Multivariate analysis of ecological communities.** London: Chapman & Hall / CRC Press, 1987.

DORE, J. C.; OJASOO, T. Correspondence factor analysis of the publication patterns of 48 countries over the period 1981-1992. **Journal of the American Society for Information Science**, v. 47, p. 588-602, 1996.

DRIVER, H. E.; KROEBER, A. L. Quantitative expression of cultural relationships. **University of California Publications in American Archaeology and Ethnology**, v. 31, n. 4, p. 211-256, 1932.

DZIUBAN, C. D.; SHIRKEY, E. C. When is a correlation matrix appropriate for factor analysis? Some decision rules. **Psychological Bulletin**, v. 81, n. 6, p. 358-361, 1974.

ESPINOZA, F. S.; HIRANO, A. S. As dimensões de avaliação dos atributos importantes na compra de condicionadores de ar: um estudo aplicado. **Revista de Administração Contemporânea (RAC)**, v. 7, n. 4, p. 97-117, 2003.

EVERITT, B. S.; LANDAU, S.; LEESE, M.; STAHL, D. **Cluster analysis.** 5. ed. Chichester: John Wiley & Sons, 2011.

FABRIGAR, L. R.; WEGENER, D. T.; MacCALLUM, R. C.; STRAHAN, E. J. Evaluating the use of exploratory factor analysis in psychological research. **Psychological Methods**, v. 4, n. 3, p. 272-299, 1999.

FARNSTROM, F.; LEWIS, J.; ELKAN, C. Scalability for clustering algorithms revisited. **SIGKDD Explorations**, v. 2, n. 1, p. 51-57, 2000.

FÁVERO, L. P. **Análise de dados:** modelos de regressão com Excel®, Stata® e SPSS®. Rio de Janeiro: Campus Elsevier, 2015.

FÁVERO, L. P.; BELFIORE, P.; FOUTO, N. Escolha de meios de pagamento por populações de média e baixa renda: uma abordagem sob a perspectiva da análise fatorial e de correspondência. **Revista de Economia e Administração**, v. 5, n. 2, p. 184-200, 2006.

FÁVERO, L. P.; BELFIORE, P.; NÉLO, A. M. Formação de conglomerados no setor de lojas de departamento e eletrodomésticos no Brasil: uma aplicação de análise multivariada em indicadores econômico-financeiros. **Gestão & Regionalidade**, v. 23, n. 66, p. 6-16, 2007.

FÁVERO, L. P.; BELFIORE, P.; SILVA, F. L.; CHAN, B. L. **Análise de dados:** modelagem multivariada para tomada de decisões. Rio de Janeiro, 2009.

FÁVERO, L. P.; BELFIORE, P.; TAKAMATSU, R. T.; SUZART, J. **Métodos quantitativos com Stata.** Rio de Janeiro: Campus Elsevier, 2014.

FÁVERO, L. P.; CONFORTINI, D. Qualitative assessment of stock prices listed on the São Paulo Stock Exchange: an approach from the perspective of homogeneity analysis. **Academia: Revista Latinoamericana de Administración**, v. 42, n. 1, p. 20-33, 2009.

FÁVERO, L. P.; MARTINS, G. A.; LIMA, G. A. S. F. Associação entre níveis de governança, indicadores contábeis e setor: uma análise sob as perspectivas da Anacor e da Homals. **Revista de Informação Contábil**, v. 1, n. 2, p. 1-17, 2007.

FERRANDO, P. J. **Introducción al análisis factorial.** Barcelona: PPU, 1993.

FERREIRA, S. C. R. **Análise multivariada sobre bases de dados criminais.** Coimbra. 81 f. Dissertação (Mestrado em Química Forense) - Faculdade de Ciências e Tecnologia da Universidade de Coimbra, 2012.

FIENBERG, S. E. **Analysis of cross-classified categorical data.** New York: Springer-Verlag, 2007.

FIGUEIRA, A. P. C. Procedimento HOMALS: instrumentalidade no estudo das orientações metodológicas dos professores portugueses de língua estrangeira. In: **V SNIP** – Simpósio Nacional de Investigação em Psicologia, 2003, Lisboa. Anais do Congresso.

FIGUEIREDO FILHO, D. B.; SILVA JÚNIOR, J. A.; ROCHA, E. C. Classificando regimes políticos utilizando análise de conglomerados. **Opinião Pública**, v. 18, n. 1, p. 109-128, 2012.

FLEISCHER, G. A. **Contingency table analysis for road safety studies.** New York: Springer, 2011.

FLEISHMAN, J. A. Types of political attitude structure: results of a cluster analysis. **The Public Opinion Quarterly**, v. 50, n. 3, p. 371-386, 1986.

FRALEY, C.; RAFTERY, A. E. Model-based clustering, discriminant analysis and density estimation. **Journal of the American Statistical Association**, v. 97, n. 458, p. 611-631, 2002.

FREI, F. **Introdução à análise de agrupamentos:** teoria e prática. São Paulo: Editora Unesp, 2006.

FREI, F.; LESSA, B. S.; NOGUEIRA, J. C. G.; ZOPELLO, R.; SILVA, S. R.; LESSA, V. A. M. Análise de agrupamentos para a classificação de pacientes submetidos à cirurgia bariátrica Fobi-Capella. **ABCD. Arquivos Brasileiros de Cirurgia Digestiva**, v. 26, n. 1, p. 33-38, 2013.

GALANTUCCI, L. M.; DI GIOIA, E.; LAVECCHIA, F.; PERCOCO, G. Is principal component analysis an effective tool to predict face attractiveness? A contribution based on real 3D faces of highly selected attractive women, scanned with stereophotogrammetry. **Medical and Biological Engineering and Computing**, v. 52, n. 5, p. 475-489, 2014.

GARSON, G. D. **Factor analysis.** Asheboro: Statistical Associates Publishers, 2013.

GILBERT, G. K. Finley's tornado predictions. **American Meteorological Journal**, v. 1, p. 166-172, 1884.

GNECCO, G.; SANGUINETI, M. Accuracy of suboptimal solutions to kernel principal component analysis. **Computational Optimization and Applications**, v. 42, n. 2, p. 265-287, 2009.

GORDON, A. D. A review of hierarchical classification. **Journal of the Royal Statistical Society**, Series A, v. 150, n. 2, p. 119-137, 1987.

GORSUCH, R. L. Common factor analysis versus component analysis: some well and little known facts. **Multivariate Behavioral Research**, v. 25, n. 1, p. 33-39, 1990.

GORSUCH, R. L. **Factor analysis.** 2. ed. Mahwah: Lawrence Erlbaum Associates, 1983.

GOWER, J. C. A comparison of some methods of cluster analysis. **Biometrics**, v. 23, n. 4, p. 623-637, 1967.

GREENACRE, M. J. **Correspondence analysis in practice.** 2. ed. Boca Raton: Chapman & Hall / CRC Press, 2007.

GREENACRE, M. J. Correspondence analysis of multivariate categorical data by weighted least-squares. **Biometrika**, v. 75, n. 3, p. 457-467, 1988.

GREENACRE, M. J. Correspondence analysis of square asymmetric matrices. **Journal of the Royal Statistical Society**, Series C (Applied Statistics), v. 49, n. 3, p. 297-310, 2000.

GREENACRE, M. J. **La práctica del análisis de correspondencias.** Barcelona: Fundación BBVA, 2008.

GREENACRE, M. J. Singular value decomposition of matched matrices. **Journal of Applied Statistics**, v. 30, n. 10, p. 1101-1113, 2003.

GREENACRE, M. J. The Carroll-Green-Schaffer scaling in correspondence analysis: a theoretical and empirical appraisal. **Journal of Marketing Research**, v. 26, n. 3, p. 358-365, 1989.

GREENACRE, M. J. **Theory and applications of correspondence analysis.** London: Academic Press, 1984.

GREENACRE, M. J.; BLASIUS, J. **Correspondence analysis in the social sciences.** London: Academic Press, 1994.

GREENACRE, M. J.; BLASIUS, J. **Multiple correspondence analysis and related methods.** Boca Raton: Chapman & Hall / CRC Press, 2006.

GREENACRE, M. J.; HASTIE, T. The geometric interpretation of correspondence analysis. **Journal of the American Statistical Association**, v. 82, n. 398, p. 437-447, 1987.

GREENACRE, M. J.; PARDO, R. Subset correspondence analysis: visualization of selected response categories in a questionnaire survey. **Sociological Methods and Research**, v. 35, n. 2, p. 193-218, 2006.

GUJARATI, D. N.; PORTER, D. C. **Econometria básica.** 5. ed. New York: McGraw-Hill, 2008.

GUTTMAN, L. The quantification of a class of attributes: a theory and method of scale construction. In: **The prediction of personal adjustment**, P. HORST et al. (Ed.) New York: Social Science Research Council, 1941.

HABERMAN, S. J. The analysis of residuals in cross-classified tables. **Biometrics**, v. 29, n. 1, p. 205-220, 1973.

HABIB, F.; ETESAM, I.; GHODDUSIFAR, S. H.; MOHAJERI, N. Correspondence analysis: a new method for analyzing qualitative data in architecture. **Nexus Network Journal**, v. 14, n. 3, p. 517-538, 2012.

HADI, A. S. A modification of a method for the detection of outliers in multivariate samples. **Journal of the Royal Statistical Society**, Series B, v. 56, n. 2, p. 393-396, 1994.

HADI, A. S. Identifying multiple outliers in multivariate data. **Journal of the Royal Statistical Society**, Series B, v. 54, n. 3, p. 761-771, 1992.

HAIR JR., J. F.; BLACK, W. C.; BABIN, B. J.; ANDERSON, R. E.; TATHAM, R. L. **Análise multivariada de dados.** 6. ed. Porto Alegre: Bookman, 2009.

HAMANN, U. Merkmalsbestand und verwandtschaftsbeziehungen der Farinosae: ein beitrag zum system der monokotyledonen. **Willdenowia**, v. 2, n. 5, p. 639-768, 1961.

HAMILTON, L. C. **Statistics with Stata:** version 12. 8. ed. Belmont: Brooks/Cole Cengage Learning, 2013.

HÄRDLE, W. K.; SIMAR, L. **Applied multivariate statistical analysis.** 3. ed. Heidelberg: Springer, 2012.

HARDY, A. On the number of clusters. **Computational Statistics & Data Analysis**, v. 23, n. 1, p. 83-96, 1996.

HARMAN, H. H. **Modern factor analysis.** 3. ed. Chicago: University of Chicago Press, 1976.

HAYASHI, C.; SASAKI, M.; SUZUKI, T. **Data analysis for comparative social research:** international perspectives. Amsterdam: North Holland, 1992.

HERBST, A. F. A Factor analysis approach to determining the relative endogeneity of trade credit. **The Journal of Finance**, v. 29, n. 4, p. 1087-1103, 1974.

HIGGS, N. T. Practical and innovative uses of correspondence analysis. **The Statistician**, v. 40, n. 2, p. 183-194, 1991.

HIRSCHFELD, H. O. A connection between correlation and contingency. **Mathematical Proceedings of the Cambridge Philosophical Society**, v. 31, n. 4, p. 520–524, 1935.

HO, H. F.; HUNG, C. C. Marketing mix formulation for higher education: an integrated analysis employing analytic hierarchy process, cluster analysis and correspondence analysis. **International Journal of Educational Management**, v. 22, n. 4, p. 328-340, 2008.

HOFFMAN, D.; FRANKE, G. R. Correspondence analysis: graphical representation of categorical data in marketing research. **Journal of Marketing Research**, v. 23, n. 3, p. 213-227, 1986.

HOTELLING, H. Analysis of a complex of statistical variables into principal components. **Journal of Educational Psychology**, v. 24, n. 6, p. 417-441, 1933.

HUBERT, L.; ARABIE, P. Comparing partitions. **Journal of Classification**, v. 2, n. 1, p. 193-218, 1985.

HWANG, H.; DILLON, W. R.; TAKANE, Y. An extension of multiple correspondence analysis for identifying heterogeneous subgroups of respondents. **Psychometrika**, v. 71, n. 1, p. 161-171, 2006.

IEZZI, D. F. A method to measure the quality on teaching evaluation of the university system: the Italian case. **Social Indicators Research**, v. 73, p. 459-477, 2005.

ISRAËLS, A. **Eigenvalue techniques for qualitative data.** Leiden: DSWO Press, 1987.

JACCARD, P. Distribution de la flore alpine dans le Bassin des Dranses et dans quelques régions voisines. **Bulletin de la Société Vaudoise des Sciences Naturelles**, v. 37, n. 140, p. 241-272, 1901.

JACCARD, P. Nouvelles recherches sur la distribution florale. **Bulletin de la Société Vaudoise des Sciences Naturelles**, v. 44, n. 163, p. 223-270, 1908.

JAIN, A. K.; MURTY, M. N.; FLYNN, P. J. Data clustering: a review. **ACM Computing Surveys**, v. 31, n. 3, p. 264-323, 1999.

JAK, S.; OORT, F. J.; DOLAN, C.V. Using two-level factor analysis to test for cluster bias in ordinal data. **Multivariate Behavioral Research**, v. 49, n. 6, p. 544-553, 2014.

JÉRÔME. P. **Multiple factor analysis by example using R.** London: Chapman & Hall / CRC Press, 2014.

JIMÉNEZ, E. G.; FLORES, J. G.; GÓMEZ, G. R. **Análisis factorial.** Madrid: Editorial La Muralla, 2000.

JOHNSON, R. A.; WICHERN, D. W. **Applied multivariate statistical analysis.** 6. ed. Upper Saddle River: Pearson Education, 2007.

JOHNSON, S. C. Hierarchical clustering schemes. **Psychometrika**, v. 32, n. 3, p.241-254, 1967.

JOLLIFFE, I. T.; JONES, B.; MORGAN, B. J. T. Identifying influential observations in hierarchical cluster analysis. **Journal of Applied Statistics**, v. 22, n. 1, p. 61-80, 1995.

JONES, M. R. Identifying critical factors that predict quality management program success: data mining analysis of Baldrige award data. **The Quality Management Journal**, v. 21, n. 3, p. 49-61, 2014.

JÖRESKOG, K. G. Some contributions to maximum likelihood factor analysis. **Psychometrika**, v. 32, n. 4, p. 443-482, 1967.

KAISER, H. F. A second generation little jiffy. **Psychometrika**, v. 35, n. 4, p. 401-415, 1970.

KAISER, H. F. An index of factorial simplicity. **Psychometrica**, v. 39, n. 1, p. 31-36, 1974.

KAISER, H. F. The varimax criterion for analytic rotation in factor analysis. **Psychometrika**, v. 23, n. 3, p. 187-200, 1958.

KAISER, H. F.; CAFFREY, J. Alpha factor analysis. **Psychometrika**, v. 30, n. 1, p. 1-14, 1965.

KANUNGO, T.; MOUNT, D. M.; NETANYAHU, N. S.; PIATKO, C. D.; SILVERMAN, R.; WU, A. Y. The efficient k-means clustering algorithm: analysis and implementation. **IEEE Transactions on Pattern Analysis and Machine Intelligence**, v. 24, n. 7, p. 881-892, 2002.

KAUFMAN, L.; ROUSSEEUW, P. J. **Finding groups in data:** an introduction to cluster analysis. Hoboken: John Wiley & Sons, 2005.

KIM, J. O.; MUELLER, C. W. **Factor analysis:** statistical methods and practical issues. Thousand Oaks: Sage Publications, 1978.

KIM, J. O.; MUELLER, C. W. **Introduction to factor analysis:** what it is and how to do it. Thousand Oaks: Sage Publications, 1978.

KINTIGH, K. W.; AMMERMAN, A. J. Heuristic approaches to spatial analysis in archaeology. **American Antiquity**, v. 47, n. 1, p. 31-63, 1982.

KLASTORIN, T. D. Assessing cluster analysis results. **Journal of Marketing Research**, v. 20, n. 1, p. 92-98, 1983.

KOHLER, U.; KREUTER, F. **Data analysis using Stata.** 3. ed. College Station: Stata Press, 2012.

KRUSKAL, J. B. Multidimensional scaling by optimizing goodness of fit to a nonmetric hypothesis. **Psychometrika**, v. 29, n. 1, p. 1-27, 1964.

KRUSKAL, J. B. Nonmetric multidimensional scaling: a numerical method . **Psychometrika**, v. 29, n. 2, p. 115-129, 1964.

LANCE, G. N.; WILLIAMS, W. T. A general theory of classificatory sorting strategies: 1. Hierarchical systems. **Computer Journal**, v. 9, n. 4, p. 373-380, 1967.

LE FOLL, Y.; BURTSCHY, B. Representations optimales des matrices imports-exports. **Revue de Statistique Appliquée**, v. 31, n. 3, p. 57-72, 1983.

LE ROUX, B.; ROUANET, H. **Geometric data analysis:** from correspondence analysis to structured data analysis. Dordrecht: Kluwer, 2004.

LE ROUX, B.; ROUANET, H. **Multiple correspondence analysis.** Thousand Oaks: Sage Publications, 2010.

LEBART, L.; PIRON, M.; MORINEAU, A. **Statistique exploratoire multidimensionnelle.** 3. ed. Paris: Dunod, 2000.

LIKERT, R. A technique for the measurement of attitudes. **Archives of Psychology**, v. 22, n. 140, p. 5-55, 1932.

LOMBARDO, R.; BEH, E. J.; D'AMBRA, L. Non-symmetric correspondence analysis with ordinal variables using orthogonal polynomials. **Computational Statistics & Data Analysis**, v. 52, p. 566-577, 2007.

LOPEZ, C. P. **Principal components, factor analysis, correspondence analysis and scaling:** examples with SPSS. CreateSpace Independent Publishing Platform, 2013.

LU, Y.; THILL, J. C. Cross-scale analysis of cluster correspondence using different operational neighborhoods. **Journal of Geographical Systems**, v. 10, n. 3, p, 241-261, 2008.

MacCALLUM, R. C.; WIDAMAN, K. F.; ZHANG, S.; HONG, S. Sample size in factor analysis. **Psychological Methods**, v. 4, n. 1, p. 84-99, 1999.

MAKLES, A. Stata tip 110: how to get the optimal k-means cluster solution. **Stata Journal**, v. 12, n. 2, p. 347-351, 2012.

MALHOTRA, N. K. **Pesquisa de marketing:** uma orientação aplicada. 6. ed. Porto Alegre: Bookman, 2012.

MANGIAMELI, P. CHEN, S. K.; WEST, D. A comparison of SOM neural network and hierarchical clustering methods. **European Journal of Operational Research**, v. 93, n. 2, p. 402-417, 1996.

MANLY, B. F. J. **Statistics for environmental science and management.** 2. ed. London: Chapman and Hall / CRC Press, 2011.

MARCOULIDES, G. A.; HERSHBERGER, S. L. **Multivariate statistical methods:** a first course. New York: Psychology Press, 2014.

MAROCO, J. **Análise estatística com utilização do SPSS.** 5. ed. Lisboa: Edições Sílabo, 2011.

MARRIOTT, F. H. C. Practical problems in a method of cluster analysis. **Biometrics**, v. 27, n. 3, p. 501-514, 1971.

MASON, R. L.; YOUNG, J. C. Multivariate tools: principal component analysis. **Quality Progress**, v. 38, n. 2, p. 83-85, 2005.

MAZZAROL, T. W.; SOUTAR, G. N. Australian educational institutions' international markets: a correspondence analysis. **International Journal of Educational Management**, v. 22, n. 3, p. 229-238, 2008.

McINTYRE, R. M.; BLASHFIELD, R. K. A nearest-centroid technique for evaluating the minimum-variance clustering procedure. **Multivariate Behavioral Research**, v. 15, p. 225-238, 1980.

MILES, M. B.; HUBERMAN, A. M.; SALDAÑA, J. **Qualitative data analysis:** a methods sourcebook. 3. ed. Thousand Oaks: Sage Publications, 2014.

MILLIGAN, G. W. A Montecarlo study of thirty internal criterion measures for cluster analysis. **Psychometrika**, v. 46, p. 325-342, 1981.

MILLIGAN, G. W. An examination of the effect of six types of error perturbation on fifteen clustering algorithms. **Psychometrika**, v. 45, n. 3, p. 325-342, 1980.

MILLIGAN, G. W.; COOPER, M. C. An examination of procedures for determining the number of clusters in a data set. **Psychometrika**, v. 50, p. 159-179, 1985.

MILLIGAN, G. W.; COOPER, M. C. Methodology review: clustering methods. **Applied Psychological Measurement**, v.11, n. 4, p. 329-354, 1987.

MINGOTI, S. A. **Análise de dados através de métodos de estatística multivariada:** uma abordagem aplicada. Belo Horizonte: Editora UFMG, 2005.

MORGAN. B. J. T.; RAY, A. P. G. Non-uniqueness and inversions in cluster analysis. **Journal of the Royal Statistical Society**, Series C, v. 44, n. 1, p. 117-134, 1995.

MULAIK, S. A. Blurring the distinction between component analysis and common factor analysis. **Multivariate Behavioral Research**, v. 25, n. 1, p. 53-59, 1990.

MULAIK, S. A. **Foundations of factor analysis.** 2. ed. Boca Raton: Chapman & Hall / CRC Press, 2011.

MULAIK, S. A.; McDONALD, R. P. The effect of additional variables on factor indeterminancy in models with a single common factor. **Psychometrika**, v. 43, n. 2, p. 177-192, 1978.

NAITO, S. D. N. P. **Análise de correspondências generalizada.** Lisboa. 156 f. Dissertação (Mestrado em Bioestatística) - Faculdade de Ciências, Universidade de Lisboa, 2007.

NANCE, C. R.; DE LEEUW, J.; WEIGAND, P. C.; PRADO, K.; VERITY, D. S. **Correspondence analysis and West Mexico archaeology:** ceramics from the long-Glassow collection. Albuquerque: University of New Mexico Press, 2013.

NASCIMENTO, A.; ALMEIDA, R. M.V. R.; CASTILHO, S. R.; INFANTOSI, A. F. C. Análise de correspondência múltipla na avaliação de serviços de farmácia hospitalar no Brasil. **Cadernos de Saúde Pública**, v. 29, n. 6, p. 1161-1172, 2013.

NISHISATO, S. On quantifying different types of categorical data. **Psychometrika**, v. 58, n. 1, p. 617-629, 1993.

NUNNALLY, J. C.; BERNSTEIN, I. H. **Psychometric theory.** 3. ed. New York: McGraw-Hill, 1994.

OCHIAI, A. Zoogeographic studies on the soleoid fishes found in Japan and its neighbouring regions [em japonês]. **Bulletin of the Japanese Society of Scientific Fisheries**, v. 22, n. 9, p. 522-525, 1957.

OLARIAGA, L. J.; HERNÁNDEZ, L. L. **Análisis de correspondencias.** Madrid: Editorial La Muralla, 2000.

OU, H.; WEI, C.; DENG, Y.; GAO, N.; REN, Y. Principal component analysis to assess the efficiency and mechanism for enhanced coagulation of natural algae-laden water using a novel dual coagulant system. **Environmental Science and Pollution Research International**, v. 21, n. 3, p. 2122-2131, 2014.

PALMER, M. W. Putting things in even better order: the advantages of canonical correspondence analysis. **Ecology**, v. 74, n. 8, p. 2215-2230, 1993.

PEARSON, K. Mathematical contributions to the theory of evolution. III. Regression, Heredity, and Panmixia. **Philosophical Transactions of the Royal Society of London**, v. 187, p. 253-318, 1896.

PEÑA, J. M.; LAZANO, J. A.; LARRAÑAGA, P. An empirical comparison of four initialisation methods for the k-means algorithm. **Pattern Recognition Letters**, v. 20, n. 10, p. 1027-1040, 1999.

PEREIRA, H. C.; SOUSA, A. J. **Análise de dados para o tratamento de quadros multidimensionais.** < http://biomonitor.ist.utl.pt/~ajsousa/AnalDadosTratQuadMult.html >. 2015. Acesso em 20/01/2015.

PEREIRA, J. C. R. **Análise de dados qualitativos:** estratégias metodológicas para as ciências da saúde, humanas e sociais. 3. ed. São Paulo: EDUSP, 2004.

PEREIRA, M. A.; VIDAL, T. L.; AMORIM, T. N.; FÁVERO, L. P. Decision process based on personal finance books: is there any direction to take? **Revista de Economia e Administração**, v. 9, n. 3, p. 407-425, 2010.

PESTANA, M. H.; GAGEIRO, J. N. **Análise de dados para ciências sociais:** a complementaridade do SPSS. 5. ed. Lisboa: Edições Sílabo, 2008.

PETERS, W. S. Cluster analysis in urban demography. **Social Forces**, v. 37, n. 1, p. 38-44, 1958.

PIRES, P. J.; MARCHETTI, R. Z. O perfil dos usuários de caixa-automáticos em agências bancárias na cidade de Curitiba. **Revista de Administração Contemporânea (RAC)**, v. 1, n. 3, p. 57-76, 1997.

POLLARD, D. Strong consistency of k-means clustering. **The Annals of Statistics**, v. 9, n. 1, p. 135-140, 1981.

PUNJ, G.; STEWART, D.W. Cluster analysis in marketing research: review and suggestions for application. **Journal of Marketing Research**, v. 20, n. 2. p. 134-148, 1983.

REIS, E. **Estatística multivariada aplicada.** 2. ed. Lisboa: Edições Sílabo, 2001.

RODRIGUES, M. C. P. Potencial de desenvolvimento dos municípios fluminenses: uma metodologia alternativa ao IQM, com base na análise fatorial exploratória e na análise de clusters. **Caderno de Pesquisas em Administração**, v. 9, n. 1, p. 75-89, 2002.

RODRIGUES, P. C.; LIMA, A. T. Analysis of an European union election using principal component analysis. **Statistical Papers**, v. 50, n. 4, p. 895-904, 2009.

ROGERS, D. J.; TANIMOTO, T. T. A computer program for classifying plants. **Science**, v. 132, n. 3434, p. 1115-1118, 1960.

ROGERS, W. M.; SCHMITT, N.; MULLINS, M. E. Correction for unreliability of multifactor measures: comparison of alpha and parallel forms approaches. **Organizational Research Methods**, v. 5, n. 2, p. 184-199. 2002.

ROUBENS, M. Fuzzy clustering algorithms and their cluster validity. **European Journal of Operational Research**, v. 10, n. 3, p. 294-301, 1982.

RUMMEL, R. J. **Applied factor analysis.** Evanston: Northwestern University Press, 1970.

RUSSELL, P. F.; RAO, T. R. On habitat and association of species of Anopheline Larvae in South-eastern Madras. **Journal of the Malaria Institute of India**, v. 3, n. 1, p. 153-178, 1940.

SCHEFFÉ, H. A method for judging all contrasts in the analysis of variance. **Biometrika**, v. 40, n. 1/2, p. 87-104, 1953.

SCOTT, A. J.; SYMONS, M. J. Clustering methods based on likelihood ratio criteria. **Biometrics**, v. 27, n. 2, p. 387-397, 1971.

SHI, J.; MALIK, J. Normalized cuts and image segmentation. **IEEE Transactions on Pattern Analysis and Machine Intelligence**, v. 22, n. 8, p. 888-905, 2000.

SNEATH, P. H. A.; SOKAL, R. R. Numerical taxonomy. **Nature**, v. 193, p. 855-860, 1962.

SNOOK, S. C.; GORSUCH, R. L. Principal component analysis versus common factor analysis: a Monte Carlo study. **Psychological Bulletin**, v. 106, n. 1, p. 148-154, 1989.

SOKAL, R. R.; MICHENER, C. D. A statistical method for evaluating systematic relationships. **The University of Kansas Science Bulletin**, v. 38, n. 22, p. 1409-1438, 1958.

SOKAL, R. R.; ROHLF, F. J. The comparison of dendrograms by objectives methods. **Taxon**, v. 11, n. 2, p. 33-40, 1962.

SOKAL, R. R.; SNEATH, P. H. A. **Principles of numerical taxonomy.** San Francisco: W.H. Freeman and Company, 1963.

SØRENSEN, T. J. A method of establishing groups of equal amplitude in plant sociology based on similarity of species content, and its application to analyses of the vegetation on Danish commons. **Royal Danish Academy of Sciences and Letters**, Biological Series, v. 5, p. 1-34, 1948.

SPEARMAN, C. E. "General intelligence," objectively determined and measured. **The American Journal of Psychology**, v. 15, n. 2, p. 201-292, 1904.

STATACORP. **Stata statistical software:** release 12. College Station: Stata Press, 2011.

STEMMLER, M. **Person-centered methods:** configural frequency analysis (CFA) and other methods for the analysis of contingency tables. Erlangen: Springer, 2014.

STEWART, D. W. The application and misapplication of factor analysis in marketing research. **Journal of Marketing Research**, v. 18, n. 1. p. 51-62, 1981.

STREINER, D. L. Being inconsistent about consistency: when coefficient alpha does and doesn´t matter. **Journal of Personality Assessment**, v. 80, n. 3, p. 217-222, 2003.

TAKANE, Y.; YOUNG, F. W.; DE LEEW, J. Nonmetric individual differences multidimensional scaling: an alternating least squares method with optimal scaling features. **Psychometrika**, v. 42, n. 1, p. 7-67, 1977.

TANG, W.; HE, H.; TU, X. M. **Applied categorical and count data analysis.** Boca Raton: Chapman & Hall / CRC Press, 2012.

TENENHAUS, M; YOUNG, F. An analysis and synthesis of multiple correspondence analysis, optimal scaling, dual scaling, homogeneity analysis, and other methods for quantifying categorical multivariate data. **Psychometrika**, v. 50, n. 1, p. 91-119, 1985.

THURSTONE, L. L. **Multiple factor analysis:** a development and expansions of "The vectors of the mind". Chicago: University of Chicago Press, 1969.

THURSTONE, L. L. **The vectors of the mind.** Chicago: University of Chicago Press, 1935.

THURSTONE, L. L.; THURSTONE, T. G. **Factorial studies of intelligence.** Chicago: University of Chicago Press, 1941.

TRAISSAC, P.; MARTIN-PREVEL Y. Alternatives to principal components analysis to derive asset-based indices to measure socio-economic position in low- and middle-income countries: the case for multiple correspondence analysis. **International Journal of Epidemiology**, v. 41, n. 4, p. 1207-1208, 2012.

TRYON, R. C. **Cluster analysis.** New York: McGraw-Hill, 1939.

UCLA. **Statistical Consulting Group of the Institute for Digital Research and Education.** < http://www.ats.ucla.edu/stat/stata/faq/casummary.htm >. Acesso em 05/02/2015.

VALENTIN, J. L. **Ecologia numérica:** uma introdução à análise multivariada de dados ecológicos. 2. ed. Rio de Janeiro: Interciência, 2012.

VANCE, P. S.; FÁVERO, L. P.; LUPPE, M. R. Franquia empresarial: um estudo das características do relacionamento entre franqueadores e franqueados no Brasil. **Revista de Administração (RAUSP)**, v. 43, n. 1, p. 59-71, 2008.

VANNEMAN, R. The occupational composition of American classes: results from cluster analysis. **American Journal of Sociology**, v. 82, n. 4, p. 783-807, 1977.

VELICER, W. F.; JACKSON, D. N. Component analysis versus common factor analysis: some issues in selecting an appropriate procedure. **Multivariate Behavioral Research**, v. 25, n. 1, p. 1-28, 1990.

VERMUNT, J. K.; ANDERSON, C. J. Joint correspondence analysis (JCA) by maximum likelihood. **Methodology: European Journal of Research Methods for the Behavioral and Social Sciences**, v. 1, n. 1, p. 18-26, 2005.

VICINI, L.; SOUZA, A. M. **Análise multivariada da teoria à prática.** Santa Maria. 215 f. Monografia (Especialização em Estatística e Modelagem Quantitativa) - Centro de Ciências Naturais e Exatas, Universidade Federal de Santa Maria, 2005.

WARD JR., J. H. Hierarchical grouping to optimize an objective function. **Journal of the American Statistical Association**, v. 58, n. 301, p. 236-244, 1963.

WATHIER, J. L.; DELL'AGLIO, D. D.; BANDEIRA, D. R. Análise fatorial do inventário de depressão infantil (CDI) em amostra de jovens brasileiros. **Avaliação Psicológica**, v. 7, n. 1, p. 75-84, 2008.

WEBER, S. bacon: an effective way to detect outliers in multivariate data using Stata (and Mata). **Stata Journal**, v. 10, n. 3, p. 331-338, 2010.

WELLER, S. C.; ROMNEY, A. K. **Metric scaling:** correspondence analysis. London: Sage, 1990.

WEN, C. H.; YEH, W. Y. Positioning of international air passenger carriers using multidimensional scaling and correspondence analysis. **Transportation Journal**, v. 49, n. 1, p. 7-23, 2010.

WERMUTH, N.; RÜSSMANN, H. Eigenanalysis of symmetrizable matrix products: a result with statistical applications. **Scandinavian Journal of Statistics**, v. 20, p. 361-367, 1993.

WHITLARK, D. B.; SMITH, S. M. Using correspondence analysis to map relationships. **Marketing Research**, v. 13, n. 3, p. 22-27, 2001.

WOLFE, J. H. Comparative cluster analysis of patterns of vocational interest. **Multivariate Behavioral Research**, v. 13, n. 1, p. 33-44, 1978.

WOLFE, J. H. Pattern clustering by multivariate mixture analysis. **Multivariate Behavioral Research**, v. 5, n. 3, p. 329-350, 1970.

WONG, M. A.; LANE, T. A kth nearest neighbour clustering procedure. **Journal of the Royal Statistical Society**, Series B, v. 45, n. 3, p. 362-368, 1983.

YAVAS, U.; SHEMWELL, D. J. Bank image: exposition and illustration of correspondence analysis. **International Journal of Bank Marketing**, v. 14, n. 1, p. 15-21, 1996.

YOUNG, F. Quantitative analysis of qualitative data. **Psychometrika**, v. 46, n. 4, p. 357-388, 1981.

YOUNG, G.; HOUSEHOLDER, A. S. Discussion of a set of points in terms of their mutual distances. **Psychometrika**, v. 3, n. 1, p. 19-22, 1938.

YULE, G. U. On the association of attributes in statistics: with illustrations from the material of the childhood society, etc. **Philosophical Transactions of the Royal Society of London**, v. 194, p. 257-319, 1900.

YULE, G. U.; KENDALL, M. G. **An introduction to the theory of statistics.** 14. ed. London: Charles Griffin, 1950.

ZUBIN, J. A technique for measuring like-mindedness. **Journal of Abnormal and Social Psychology**, v. 33, n. 4, p. 508-516, 1938a.

ZUBIN, J. Socio-biological types and methods for their isolation. **Psychiatry: Journal for the Study of Interpersonal Processes**, v. 2, p. 237-247, 1938b.

# ÍNDICE REMISSIVO


## A

ACM, 211, 215
adequação global da análise fatorial, 107
adição e subtração de matrizes, 311
agrupamento de variáveis, 99, 111
algoritmo BACON, 93
alocação das observações, 2, 11, 21, 29,35, 49, 53
alpha de Cronbach, 110, 171
Anacor, 179, 191
análise de agrupamentos, 7, 54, 75
análise de clusters, 1
análise de conglomerados, 1
análise de correspondência, 179, 211
análise de correspondência múltipla, 179
análise de correspondência simples, 211
análise de variância de um fator, 41, 52, 64, 65
análise discriminante, 2
análise dos resíduos, 180, 184
análise fatorial confirmatória, 100
análise fatorial por componentes principais, 102
ângulo de rotação, 121, 132, 133, 147
ANOVA, 41, 49, 52
associação entre as categorias, 137, 205, 233
associação entre variáveis, 180, 259
autovalor, 156, 315
autovetor, 156, 315
*average linkage,* 20-24, 35

## B

*between groups,* 20, 22, 24, 35, 65
*biplot,* 191, 201, 228, 233, 238
blocked adaptative computationally efficient outlier nominators, 93

## C

cargas fatoriais, 116
cargas fatoriais rotacionadas, 120, 121
clusters, 1-7, 20
codificação binária, 213, 217
coeficiente de ajuste $R^2$, 117, 131
coeficientes de correlação de ordem superior, 107
coeficientes de correlação de ordem zero, 107
coeficientes de correlação de primeira ordem, 107, 108, 123
coeficientes de correlação de segunda ordem, 107, 123

coeficientes de correlação parcial, 107, 108, 109, 123
*column profiles,* 186, 190, 197, 202, 203, 228
*complete linkage,* 20-22, 24, 31
comunalidades, 116
consistência interna, 110, 171, 172
constructo, 54, 63, 121
coordenadas com escala reduzida, 220
coordenadas das categorias, 189, 190, 197, 209, 214, 228
coordenadas-padrão, 214, 218, 220, 253
coordenadas principais, 214, 215
correlação de Pearson, 12, 13, 14, 39, 101
critério da soma ponderada e ordenamento, 136, 151
critério do fator principal, 136
*cross-tabulation,* 179, 234

## D

decomposição inercial, 184, 187
dendrograma, 28, 29
determinação de autovalores, 182, 184
determinante de uma matriz quadrada, 314
diagnóstico, 53, 54, 101
diagramas de dispersão, 178
dimensão, 100, 187
dimensões latentes, 104
distância absoluta, 11
distância bloco, 11
distância de Canberra, 12
distância de Chebychev, 11
distância de Mahalanobis, 93
distância de Manhattan, 11
distância de Minkowski, 11
distância de Pitágoras, 9
distância euclidiana, 9, 11
distância quadrática euclidiana, 11
distribuição de frequências, 193
distribuição normal padronizada, 184

## E

elaboração de rankings, 100
encadeamento, 20, 22, 23
equações estruturais, 100
escala de mensuração, xii
escala Likert, 6, 101, 178
escalonamento multidimensional, 67, 68, 83
esquema de aglomeração, 20, 21
esquema de aglomeração não hierárquico, 39, 54, 70, 84
esquemas aglomerativos, 20
esquemas de aglomeração hierárquicos, 20, 21
esquemas divisivos, 20
estatística $\chi^2$, 181, 182, 193, 194, 195, 204
estatística F, 41, 42
estatística Kaiser-Meyer-Olkin (KMO), 107
exclusão de outliers, 97
extração de fatores, 102, 106, 107

## F

fator, 102, 103
fatores não correlacionados, 100
fatores originais, 119
fatores ortogonais, 100, 115, 118
fatores rotacionados, 119
fenograma, 24, 28
frequências absolutas esperadas, 180, 182
frequências absolutas observadas, 179, 180
frequências relativas observadas, 184, 185
*furthest neighbor,* 20, 22, 24

## G

gráfico de projeção das coordenadas nas dimensões, 249, 253
grau de confiabilidade, 171

## H

homogeneidade interna, 1, 5, 6

## I

identificação da quantidade de clusters, 30, 60
inércia principal parcial, 202, 218
inércia principal total, 182, 187
inversão de matrizes, 313

## K

*k-means,* 21, 39, 70, 84
k-médias, 21

## L

*loading plot,* 118, 131, 134, 140, 144

## M

mapa perceptual, 178, 184
massa, 185
matriz binária, 212, 213
matriz de Burt, 214
matriz de correlações de Pearson, 102, 155
matriz de resíduos, 181
matriz de resíduos padronizados, 182
matriz de resíduos padronizados ajustados, 183
matriz diagonal, 310
matriz identidade, 310
matriz quadrada, 309
matriz simétrica, 309
medida antiDice, 17
medida de Dice, 17
medida de dissimilaridade, 11, 12, 19
medida de distância, 2, 7, 15
medida de emparelhamento simples, 17
medida de Hamann, 18
medida de Jaccard, 17
medida de Ochiai, 18
medida de Rogers e Tanimoto, 18
medida de Russell e Rao, 17
medida de semelhança, 18, 90
medida de similaridade, 12, 14, 17
medida de Sneath e Sokal, 18
medida de Yule, 18
método da matriz binária, 214, 215
método da matriz de Burt, 214, 215
método de encadeamento completo, 24, 31
método de encadeamento médio, 24, 35
método de encadeamento único, 24, 26
método de rotação ortogonal, 120
método Eckart-Young, 184, 202
método hierárquico, 23, 55
método não hierárquico, 71
multicolinearidade, 100, 101
multiplicação de matriz por escalar, 311
multiplicação de matrizes, 312

## N

*nearest neighbor,* 20, 22, 26
normalização simétrica, 191

## O

one-way analysis of variance, 41, 49
one-way ANOVA, 41, 49, 64
ordenamento das observações, 23, 39, 60

ortogonalidade, 137
outliers, 6, 39
outliers multivariados, 93, 94

**P**

padronização, 10
polinômio característico, 315
ponderação arbitrária, 6, 15, 101
principal coluna, 191
principal linha, 191
procedimento *Zscores*, 14, 15, 25
procedimentos estáticos, 6

**R**

ranking, 100, 115
redistribuição das cargas, 119, 120
redução estrutural, 100, 102, 115
regressão logística, 101
regressão logística multinomial, 2, 54, 137
regressão múltipla, 101
relação de interdependência, 177
*reliability,* 171, 173
resíduos, 151, 180
resíduos padronizados, 182
resíduos padronizados ajustados, 182
retenção de outliers, 6
rotação de fatores, 118
row profiles, 186, 190, 197, 198

**S**

salto de distância, 30, 34
scores fatoriais, 111
scores fatoriais rotacionados, 120, 148
similaridade correlacional, 12, 13
single linkage, 20-22, 24, 26
software Excel, 51, 125, 195
software SPSS, 54, 70, 137, 221, 234
software Stata, 75, 76, 84, 153, 246, 250
substancialidade, 54

**T**

tabela de classificação cruzada, 179, 193
tabela de contingência, 179, 180, 182, 189
tabela de correspondência, 179
técnica de interdependência, 1, 100
técnica multivariada exploratória, 100
técnicas confirmatórias, 54, 132
técnicas exploratórias, 99, 101, 177
teorema de Laplace, 314
teste $\chi^2$, 180
teste de esfericidade de Bartlett, 107, 109, 110
teste F, 41, 49
transformação de Karhunen-Loève, 102
transposição de matrizes, 312

**V**

validade de constructos, 100, 115
valores singulares, 187, 189
valor-P, 125, 195
variância compartilhada, 115, 117, 120, 126, 135
variáveis categóricas, 179, 180
variáveis métricas, 8, 77
variáveis qualitativas ordinais, 249
variável binária, 15
variável *dummy*, 15
Varimax, 120, 121